LA LOI ET VOS DROITS

- Maquette de la couverture:

  MICHEL BÉRARD

- Maquette intérieure:

  MICHEL-GÉRALD BOUTET

DISTRIBUTEURS EXCLUSIFS:

- Pour le Canada
  AGENCE DE DISTRIBUTION POPULAIRE INC., *
  955, rue Amherst, Montréal H2L 3K4, (514/523-1182)
  * Filiale du groupe Sogides Ltée

- Pour l'Europe (Belgique, France, Portugal, Suisse, Yougoslavie et pays de l'Est)
  OYEZ S.A. Muntstraat, 10 — 3000 Louvain, Belgique
  tél.: 016/220421 (3 lignes)

- Ventes aux libraires
  PARIS: 4, rue de Fleurus; tél.: 548 40 92
  BRUXELLES: 21, rue Defacqz; tél.: 538 69 73

- Pour tout autre pays
  DÉPARTEMENT INTERNATIONAL HACHETTE
  79, boul. Saint-Germain, Paris 6e, France; tél.: 325 22 11

Bibliothèque Nationale du Québec
Dépôt légal — 3e trimestre 1977

ISBN-0-7759-0554-2

Me Paul-Emile Marchand

LA LOI ET VOS DROITS

LES ÉDITIONS DE L'HOMME*

CANADA: 955, rue Amherst, Montréal 132
EUROPE: 21, rue Defacqz — 1050 Bruxelles, Belgique

* Filiale du groupe Sogides Ltée

Les lois changent. Elles peuvent être nouvelles, amendées ou abrogées. Pour répondre aux besoins de la société et pour protéger les individus. Cet ouvrage traite des lois civiles et criminelles en vigueur dans la province de Québec et mises à jour au moment de la présente édition. Il faudra en conséquence tenir compte des dispositions législatives futures, parfois importantes, susceptibles de modifier l'information se rapportant à certains sujets.

SOMMAIRE

Avant-propos

Nul n'est censé ignorer la loi. Cette maxime de droit s'applique aux lois en général. Elle établit un principe qui, au départ, surprend et paraît arbitraire. Comment peut-on imposer à un individu l'obligation de posséder une connaissance quasi infuse des lois auxquelles il est soumis et le forcer à offrir un comportement naturel, sûr et droit envers la société et à l'égard de ses semblables? Pourtant, cette maxime, en plus d'être universellement acceptée, se justifie pleinement. Parce qu'elle dépasse l'individu et s'adresse au citoyen. Le citoyen digne de ce nom doit posséder un jugement prudent et éclairé. Il admet la nécessité de certains cadres qui protègent l'être humain contre les abus d'une liberté mal comprise et mal dirigée. Si je visite un pays étranger pour la première fois, la vertu de prudence m'incite à me poser des questions. Je dois soupçonner qu'il existe des lois comme partout ailleurs, et je suis tenu de me renseigner sur leur portée pour ne pas entrer en conflit avec elles. En d'autres termes, je n'ai pas le droit de lâcher les brides, sous prétexte que je suis étranger et que je ne connais pas les lois en usage à cet endroit. Il faut un minimum de jugement pour comprendre cela.

Tout citoyen doit posséder une connaissance au moins élémentaire de la loi naturelle et être en mesure de se douter des torts qu'il peut causer à son prochain ou à la communauté par action ou par omission. Quand on parle de loi naturelle, on entend les principes de base que l'être humain doit respecter dans la vie de chaque jour sous peine de déchoir. C'est respecter la vie et la liberté de son semblable. C'est la prise de conscience de l'individu envers son voisin même si celui-ci ne fonctionne pas au même rythme que soi. "Si ton compagnon d'armes, a dit Henry D. Thoreau, philosophe américain, marche d'un pas différent du tien, c'est qu'il entend peut-être les battements d'un autre tambour. Laisse-le à son pas même si tu ne peux percevoir la musique qui le guide." (1) C'est également la prise de conscience du citoyen vis-à-vis de la société. Même si, parfois, on est tenté de la changer malgré la résistance de la majorité.

Le citoyen ordinaire doit pouvoir discerner le bien du mal. Il est un individu responsable.

On ne va pas cependant jusqu'à exiger de lui qu'il ait une connaissance approfondie des lois. Car si l'ignorance de la loi n'est pas en soi une excuse, on tiendra compte, dans son application, de la capacité d'apprécier de l'individu: la nécessité de discerner le bien du mal demeurera une règle obligatoire, mais la responsabilité à établir dépendra de l'évaluation du cas en litige.

Le but de cet ouvrage n'est pas de défendre les lois existantes et les institutions qui les entourent, mais de mieux les faire connaître. L'ouvrage s'adresse aux Canadiens de la province de Québec désireux d'acquérir une meilleure connaissance des lois auxquelles ils sont soumis. Il est renversant de constater que chez nous trop de gens tranchent les questions légales sans rien connaître au sujet. Ils affirment, par exemple, sans sourciller, que des membres d'une même famille ne pourraient témoigner les uns en faveur des autres. Ils soutiennent encore qu'on ne pourrait entendre comme témoin une personne qui, à travers une fenêtre, voit se produire un événement quelconque! Que dire alors du témoignage de personnes parentes, portant des verres et qui auraient vu se produire un accident depuis l'intérieur de leur voiture toutes fenêtres closes!

La meilleure façon de protéger l'individu contre de tels bobards est de le renseigner. Il faut dissiper l'impression chez les gens que la loi est faite de ficelles que le juge, l'avocat ou le notaire peut manipuler suivant le caprice de ses ulcères, de sa fantaisie ou de son bon plaisir.

C'est la raison du titre: "La loi et vos droits".

Paul-Emile Marchand

---

(1) *"If a man does not keep pace with his companions perhaps it is because he hears a different drummer. Let him step to the music which he hears however measured or far away".* (Traduction par l'auteur). Henry David Thoreau, *Walden*, Lancer Books, Inc. New-York, 1968.

PREMIÈRE PARTIE

Les définitions

La société

Qu'on le veuille ou non, il faut vivre en société, s'intégrer à un groupe de personnes. A moins de vivre seul sur une île déserte, à la manière de Robinson Crusoé, chacun est tenu de régler son comportement à l'égard des autres — L'être humain découvre d'abord la nécessité d'assurer sa propre protection et celle de sa famille, il prévoit ensuite la sécurité des biens qu'il peut produire ou acquérir et il détermine enfin une façon de vivre en paix avec ses voisins, en respectant leurs droits essentiels. C'est là qu'interviennent nécessairement les notions de justice, de droit et de loi.

On pourrait discuter longuement sur les définitions à donner à ces mots. Ils trouvent chez les humains une résonance profonde. Si on en ignore le sens, on ne peut aspirer à une société parfaite. Contentons-nous des définitions sur lesquelles les philosophes et les juristes s'entendent assez bien. Elles sont classiques et les termes qui les servent ont subi l'épreuve du temps.

1. La justice

La justice, suivant la définition la plus reconnue, est une disposition constante et perpétuelle de la volonté qui nous presse d'accorder à chacun son droit. Cette disposition vise à atteindre l'ordre. La justice a son siège dans la volonté. La fermeté, nécessaire à toutes les vertus, se dit particulièrement d'elle, dont l'inébranlable constance fait contraste avec les inclinations mobiles du moment ou de l'intérêt. Si la justice nous incite à laisser à chacun son droit, c'est qu'elle a autrui pour objet. Elle se réalise entre personnes indépendantes les unes des autres, entre personnes physiquement ou moralement distinctes. La justice protège toutes les formes du vrai droit et respecte les droits de tous. Ses prescriptions sont absolues, sans restriction, sans exception. On peut encore dire de la justice qu'elle est une vertu morale qui pousse celui qui la pratique à rendre à chacun ce qui lui appartient et à respecter les droits d'autrui.

Elle est générale quand elle embrasse le droit des sociétés. Elle porte l'individu et, d'une manière toute spéciale, le chef de la société à rendre à la communauté tout ce qui lui est dû en fonction du bien commun. En d'autres termes, il s'agit des devoirs de l'homme envers la société, de la partie envers le tout.

Quand elle est particulière, elle se dit distributive ou commutative. Distributive, elle considère les devoirs qu'a la société de distribuer les charges et les récompenses, les honneurs et les obligations, en proportion des mérites et des facultés de chacun. Commutative, elle règle les devoirs de l'homme envers l'homme: elle porte alors l'individu à rendre à son semblable son droit strict, en gardant l'égalité absolue entre la chose à rendre et la chose reçue.

Mais en ce domaine, particulièrement, l'écart est grand entre la théorie et la pratique et on peut se demander si les principes déjà établis sont toujours valables ou s'ils ne doivent pas être modifiés selon l'évolution de la société. Les philosophes nous ont habitués à considérer les règles de justice comme quelque chose d'inaccessible, qui visaient à une aspiration tellement parfaite qu'on a toujours eu peine à les concilier avec la réalité. Ils ont institué des cadres d'une logique tellement admirable qu'on a mis du temps à les repenser. Ils partaient de haut, selon des principes bien assis, immuables, intouchables, et ils les appliquaient en descendant, faisant une division ici, une subdivision là, un licet ici, un non licet là, et ils terminaient par un réseau de ramifications qui comprenait tout, englobait tout, sans rien laisser en plan.

La société avançait mais les cadres restaient les mêmes.

La réaction est venue subitement de toutes parts, avec ses tâtonnements, avec ses erreurs. Puis, on a fait une découverte si simple qu'on s'est demandé pourquoi on n'y avait pas pensé auparavant.

On s'est alors posé cette question: pourquoi ne pas reprendre toutes ces notions par la base à l'aide des connaissances nouvelles acquises dans les domaines sociologiques et psychologiques, voire médicaux, et découvrir où elles aboutiront. L'exploration nous a parfois conduits de la surprise à la stupeur. Par exemple, on nous avait dit que l'autorité venait de Dieu. Le postulat était sans appel. Le principe est vrai en soi, toute personne croyante ne peut le nier, mais il a été faussé dans son application. On a ainsi fait Dieu complice de bien des petitesses et bassesses humaines. Au nom de l'autorité, on pouvait tout se permettre, se permettre même d'être injuste. Le chef nominal menait tout au doigt et à l'oeil. Il avait toujours raison, sans jamais avoir tort. Si quelqu'un osait lui résister, il réprimait aussitôt cette désobéissance par des sanctions aussi cruelles qu'arbitraires. Il faisait sentir le poids de l'autorité dont il était investi. Il lançait des directives et des ordres pour le plaisir de la chose et il hurlait à ses subordonnés des commandements pour faire exécuter des actes que ceux-ci, d'eux-mêmes, avaient déjà commencé à accomplir. Dans son esprit, il était le seul à pouvoir penser correctement et les mots qu'il avait toujours à la bouche, pour désigner les gens qui se trouvaient sous sa tutelle, traduisaient bien le mépris profond qu'il entretenait à leur égard: mes *serviteurs*, mes *subalternes*, mes *adjoints*, mes *employés*. Il eût été impensable qu'il parlât de ses collaborateurs.

Semblable comportement relève aujourd'hui de la clinique psychiatrique!

Il est vrai que les philosophes anciens, quand ils ont posé leurs principes sur le sujet, l'ont fait par rapport à ce qui se passait autour d'eux. Les régimes dans lesquels ils vivaient avaient, la plupart du temps, été installés par la force ou par la violence et ils composaient avec eux quand ils ne tentaient pas de les justifier. D'où les thèses de ce genre: "Doit-on résister au tyran?".

Les recherches sur la dynamique des groupes ont fait éclater le schème classique supérieur-subordonné. On sait maintenant:

Que l'autorité n'origine pas nécessairement du statut hiérarchique mais qu'elle réside plutôt à l'intérieur du groupe et qu'elle ne peut être exercée sans le consentement de ce dernier.

Qu'un groupe de personnes libres, dans un cadre déterminé, détient une certaine forme d'autorité à la fois sur le chef nominal et sur la marche du groupe. Que celui-ci conserve un pouvoir de pression sur le chef nominal, celui de lui résister, de trouver en dehors de lui des points d'appui, et de s'organiser pour l'amener à modifier sa conduite.

Que si les termes autorité et contrainte peuvent être associés, ils ne doivent jamais être confondus.

On s'est alors rendu compte que l'autorité, loin d'être le pouvoir spécifique attaché à un certain statut (la concentration des pouvoirs de direction sur une seule tête apparaissant même contre nature), était plutôt d'essence collégiale, c'est-à-dire une fonction de l'ensemble du groupe reflétant la part que prend chacun de ses membres dans la définition et l'orientation de la conduite du groupe (1). En termes plus simples, on appelle cela le partage du leadership.

Enfin, que la seule autorité acceptable est détenue par celui qui, à un moment donné, réalise le mieux la syntalité du groupe, qui intègre et qui exprime le mieux la valeur et les normes du groupe ainsi que les besoins et les aspirations des personnes qui le composent. (2)

On est déjà loin de nos philosophes qui ignoraient tout cela et de leurs formules figées dans le temps.

Il ne faut pas, après cela, être surpris de ce que les contestataires actuels aient quelque chose à se mettre sous la dent.

Par sa sagesse, le jugement du grand roi Salomon sert d'inspiration à ceux qui sont appelés à rendre la justice.

> ... Alors deux prostituées vinrent vers le roi et se tinrent devant lui. L'une des femmes dit: "S'il te plaît, Monseigneur! Moi et cette femme nous habitons la même maison, et j'ai eu un enfant, alors qu'elle était dans la maison. Il est arrivé que, le troisième jour après ma délivrance, cette femme aussi a eu un enfant; nous étions ensemble, il n'y avait pas d'étranger avec nous, rien que nous deux dans la maison. Or le fils de cette femme est mort une nuit parce qu'elle s'était couchée sur lui. Elle se leva au milieu de la nuit, prit mon fils d'à côté de moi pendant que ta servante dormait; elle le mit sur son sein, et son fils mort elle le mit sur mon sein. Je me levai pour allaiter mon fils, et voici qu'il était mort? Mais, au matin, je l'examinai, et voici que ce n'était pas mon fils que j'avais enfanté! Alors l'autre femme dit: "Ce n'est pas vrai! Mon fils est celui qui est vivant, et ton fils est celui qui est mort!" et celle-là reprenait: "Ce n'est pas vrai! Ton fils est celui qui est mort et mon fils est celui qui est vivant!" Elles se disputaient ainsi devant le roi qui prononça. "Celle-ci dit: Voici mon fils qui est vivant et c'est ton fils qui est mort! et celle-là dit: Ce n'est

---

(1) Françoise Lugassy, Etude psychosociologique de l'autorité; revue *Gestion,* 1963.

(2) Levy Strauss — Psychologie sociale — Dunod, Paris — 1965.

pas vrai! Ton fils est celui qui est mort et mon fils est celui qui est vivant! Apportez-moi une épée", ordonna le roi; et on apporta l'épée devant le roi, qui dit: "Partagez l'enfant vivant en deux et donnez la moitié à l'une et la moitié à l'autre." Alors la femme dont le fils était vivant s'adressa au roi, car sa pitié s'était enflammée pour son fils, et elle dit: "S'il te plaît, Monseigneur! Qu'on lui donne l'enfant, qu'on ne le tue pas!" mais celle-là disait: "Il ne sera ni à moi ni à toi, partagez!" Alors le roi prit la parole et dit: "Donnez l'enfant à la première, ne le tuez pas. C'est elle la mère." Tout Israël apprit le jugement qu'avait rendu le roi, et ils révérèrent le roi car ils virent qu'il y avait en lui une sagesse divine pour rendre la justice. — Bible de Jérusalem, 1er livre des Rois, ch. III, v. 16-28.

Gayot de Pitaval, avocat au Parlement de Paris, édita, entre 1739 et 1757 chez Théodore Le Gras et successeurs, à Paris, une oeuvre en vingt volumes intitulée "Causes célèbres et intéressantes avec les jugements qui les ont décidées". Il n'a jamais eu les honneurs du dictionnaire. Parce qu'il est oublié, plusieurs s'en sont inspirés en prenant bien garde de dévoiler leur source de renseignements. Cela vous donne un air de chercheur au crâne chauve!

L'ouvrage, agrémenté d'un style délicieux, fait la somme du droit qui existait à l'époque. Se basant sur les documents du temps, l'auteur traite, entre autres, du célèbre procès de Jeanne d'Arc, de "l'empoisonneuse", la marquise de Brinvillier, de l'histoire du faux Martin Guerre, reconnu pour le vrai par "sa propre épouse" après plusieurs années d'absence, et du prêtre Urbain Grandier de Loudun contre qui on avait exercé des religieuses à jouer les possédées du démon pour le faire condamner comme magicien. Parce qu'on convoitait sa cure... Or, ce dernier fut brûlé vif après avoir subi le supplice de la question. Avec le supplice de la question, pas d'erreurs judiciaires possibles: on réussissait toujours à obtenir des aveux, donc à trouver un coupable!

Gayot de Pitaval rapporte des jugements aussi curieux qu'intéressants par lesquels les princes et les rois tentaient d'imiter la sagesse de Salomon. Citons-en quelques-uns en conservant au texte toute sa saveur.

...Zeleuque, Législateur des Locriens, établit une Loi qui condamnait ceux qui seraient convaincus d'adultère à la peine d'avoir les yeux crevés. Son fils fut surpris dans ce crime; il ne subit qu'à demi la peine de la Loi, parce que le père en supporta l'autre moitié. Il se creva un oeil, et en fit crever un à son fils.

...Charondas ayant fait une Loi qui portait que quiconque aurait crevé un oeil à quelqu'un, on lui en ferait autant; l'ennemi d'un borgne lui creva un oeil, et le rendit aveugle, tandis qu'il ne devint que borgne par l'exécution de la Loi. L'aveugle désespéré d'avoir perdu la clarté pour jamais, et du triomphe de la malice de son ennemi, se plaignit de ce que la Loi du Talion était défectueuse, puisqu'elle se contentait d'ôter un oeil à un homme qui l'avait fait aveugle. L'affaire mise en délibération, on condamna l'autre à perdre l'oeil qui lui restait.

...Une femme de Smyrne fut accusée, devant Dolabella Proconsul d'Asie, d'avoir empoisonné son mari, parce qu'il avait tué un fils qu'elle avait eu d'un premier lit. Dolabella fut embarassé: il ne pouvait absoudre une femme criminelle; mais il ne pouvait aussi condamner une mère qui n'était devenue coupable que par un excès de tendresse. Il renvoya la connaissance de cette affaire à l'Aréopage, qui, ne pouvant la décider, ordonna que les parties comparaissent dans cent ans pour être jugées.

...Le sévère Aréopage voulut bien juger une contestation sur le prix des faveurs d'une belle courtisane intéressée. Un jeune Troyen en était amoureux jusqu'à en perdre la raison. Qu'on serait heureux si une ivresse d'amour ne durait pas plus que celle que Bacchus procure! Elle s'était prévalue du trouble de la raison de son amant, pour mettre ses faveurs à un très grand prix: elle crut qu'enchanté comme il était, il ne les trouverait pas trop chères. Il allait se ruiner pour les acheter, lorsqu'une douce illusion dans un songe le rendit possesseur de la belle, et le guérit de son amour. Il raconta son aventure à ses amis, et la publia partout. La courtisane le traduisit devant les Aréopagistes, pour lui demander le salaire de ses faveurs: elle prétendit que ce songe était l'ouvrage de ses charmes. Les Aréopagistes ne dédaignèrent pas d'opiner gravement sur une pareille cause: ils ordonnèrent que le jeune homme fasse entendre à la courtisane le son de l'argent qu'elle lui avait demandé.

...Il y a des professions où l'on expose sa vie pour la gagner, telle est celle de couvreur. Un homme de ce métier sur une maison fort haute perdit la tramontane, et après que son corps eut balancé quelque temps pour se dérober à sa triste destinée. Il l'évita, non pas en se préservant de la chute qui le menaçait, car il fut précipité d'un toit fort haut; mais un passant le recueillit, à qui sa chute fut funeste, et fut par là salutaire pour le sauteur. Le fils du passant qui avait péri ayant intenté au couvreur un procès en dommages et intérêts, Dom Pedre le Cruel voulut juger la cause. Il ordonna que le couvreur serait renvoyé de la demande, si mieux n'aimait le demandeur faire la même expérience qu'avait faite le couvreur, en se précipitant d'un lieu fort élevé; et il ordonna au couvreur de se tenir dessous en bas, et de s'exposer à recevoir celui qui ferait le saut périlleux. On juge bien que le demandeur ne jugea pas à propos de faire le saut.

...Deux dames à peu près de la même qualité, disputant sur la préséance, portèrent leur différend devant Charles V, qui décida que la plus folle des deux passerait la première.

Confrère Gayot, te voilà vengé!

2. Le droit et ses sources

Le droit est ce qui est dû à quelqu'un selon un rapport d'égalité. Cette définition se compose de trois éléments: la matière due, le sujet apte à recevoir et un rapport d'égalité. L'ouvrier qui fournit son travail a droit à un salaire qui correspond à la valeur de l'ouvrage accompli. La matière due est le salaire, le sujet apte, l'ouvrier, et le rapport d'égalité s'établit entre la valeur du travail et son paiement. La matière due l'est en justice en vertu d'une nécessité morale car le droit est l'objet de la justice. Le droit se rapporte à autrui: il suppose nécessairement un sujet apte, un possesseur, qui est l'individu ou la société. Le rapport d'égalité est l'élément spécifique du droit: il le caractérise par la stricte mesure, par l'ajustement parfait à l'obligation envers autrui. C'est là une définition objective. Subjectivement, le droit est la faculté de poser un acte ou non, de jouir d'une chose, d'y prétendre, de l'exiger. Dans un troisième sens, le mot droit est employé comme synonyme de loi. Il désigne une loi ou tel ensemble de lois portant sur un sujet donné. Par exemple, le droit civil, le droit criminel, le droit commercial. Il couvre alors l'ensemble des activités humaines.

Les aspects du droit se distinguent comme suit:

Droit naturel

Ensemble de règles que l'homme juge nécessaires à ses besoins fondamentaux.

Droit positif humain

Il détermine ce que le droit naturel n'a pas établi et il est édicté selon les exigences de la société en évolution. Il est international ou national.

Le droit international

Public

Le droit international public régit les rapports des Etats entre eux.

Privé

Il a pour objet de résoudre les conflits de législation et de juridiction entre les Etats au sujet des individus. Il réglemente les migrations des nationaux d'un pays dans un autre pays ou les rapports entre nationaux de divers Etats.

Le droit national

Public

Constitutionnel: Le droit constitutionnel est l'ensemble des règles, écrites ou traditionnelles qui concernent la forme du gouvernement, l'organisation et les attributions des pouvoirs publics, les rapports de ces pouvoirs entre eux et les principes généraux d'après lesquels la société politique doit être gouvernée.

Administratif: Le droit administratif est l'ensemble des règles concernant l'organisation et le fonctionnement des autorités administratives, et les rapports de ces autorités entre elles et avec les particuliers.

Criminel: Le droit criminel a pour objet de définir les crimes ou les infractions, avec sanctions appropriées, et d'en organiser la répression ou la prévention au nom de la société.

Privé

Civil: Le droit civil est l'ensemble des dispositions du droit privé qui règlent les rapports juridiques des particuliers entre eux.

Maritime: Le droit maritime règle les rapports juridiques qui s'établissent entre particuliers à l'occasion des expéditions maritimes.

Commercial: Le droit commercial concerne la spéculation sur les biens et la circulation de ceux-ci.

Ouvrier: Le droit ouvrier règle les conditions de travail et les relations entre employeurs et employés.

ADDENDA: Une division classique, qui est encore de mise, ajoute le plan divin au plan humain. Elle donne ceci:

I. Droit naturel

II. Droit positif

1. *Divin:* Dieu en est l'Auteur immédiat par la Révélation.
2. *Humain:*

A. ecclésiastique: édicté par l'autorité religieuse;

a public: Le droit ecclésiastique public est l'ensemble des lois qui régissent cette société à la fois divine et humaine, qui en fixent la constitution, qui en marquent les propriétés et qui en gouvernent les actes extérieurs et les relations diverses avec les autres sociétés.

b privé: Le droit ecclésiastique privé comporte une discipline et une réglementation ordonnées en vue du salut individuel des fidèles.

B. séculier: provenant de l'autorité civile
- a international
  - 1a public
  - 2a privé
- b national
  - 1a public
    - 1b constitutionnel
    - 2b administratif
    - 3b criminel
  - 2a privé
    - 1b civil
    - 2b maritime
    - 3b commercial
    - 4b ouvrier

Il est souhaitable que le droit soit à l'avant-garde de la société. Il appartient aux gouvernements et aux hommes de loi de le faire évoluer en vue de rendre les citoyens meilleurs encore dans leurs rapports entre eux et à l'égard de la société.

Le droit s'exprime par les lois, par la jurisprudence, par les auteurs et par la coutume.

Au Canada, les lois sont promulguées, soit par l'autorité fédérale, soit par l'autorité provinciale et celles-ci indiquent bien les intentions du législateur.

La jurisprudence, de son côté, fixe le droit sur certains points et supplée parfois au silence de la loi. Un juge, par exemple, a rendu tel jugement sur un cas déterminé. Un autre juge, en face d'un cas à peu près identique, qui présente à peu près les mêmes caractéristiques, aura tendance à rendre un jugement semblable. Et ainsi de suite. On en arrive alors à créer une habitude de droit, à consacrer la même interprétation d'une donnée légale. La jurisprudence établit une sorte de précédent. Elle est au droit ce que le précédent est à la politique. Le droit anglais repose énormément sur la jurisprudence. Celle-ci l'a marqué d'une stabilité indéniable pendant plusieurs siècles. Cependant, on le constate mieux aujourd'hui, quand la jurisprudence est exploitée jusqu'à l'abus, elle crée de graves inconvénients. Elle risque d'atrophier le droit en lui faisant perdre les élans de renouveau que la société toujours en action peut lui imprimer. Avec le temps, elle s'installe imperceptiblement dans les moeurs judiciaires, arrive parfois à prendre la place de la loi et conduit malheureusement le juriste à compiler les jugements plutôt qu'à étudier les auteurs. La jurisprudence, c'est le cerveau électronique avant son invention.

Les auteurs, eux, expliquent le droit. En se basant sur les notions générales et logiques de la science juridique et en s'appuyant sur leur expérience, ils servent de guide dans l'interprétation des textes de la loi.

La coutume est un droit basé sur l'usage, et transmis oralement dans une région ou dans un pays au cours des siècles. Autrefois, elle était l'unique source du droit. En France, la coutume de Paris était devenue avec le temps un monument considérable. Comme on commençait à s'y perdre, on sentit le besoin, vers 1510, d'en fixer le texte par écrit.

La coutume ne sert plus aujourd'hui qu'en droit constitutionnel. Il existe encore beaucoup de coutumes dérivées des institutions anglaises. Par exemple, on cherchera en vain, dans les textes écrits, le principe de la responsabilité ministérielle. La coutume veut que les ministres d'un cabinet répondent solidairement de leurs actes.

3. La loi

D'après Ulpien, la loi est "une ordonnance de la raison, en vue du bien commun, émanant de l'autorité et manifestée par elle".

La loi découle, avant tout, de la raison, de la raison libre, de la raison en possession des principes qui président au règlement des choses, de la raison qui sait discerner les conditions de temps, de milieu, de personnes, de la raison pratique, non pas seulement spéculative. Le mot "ordonnance" évoque une idée de direction et une idée d'obligation pour marquer l'intervention de la volonté mais commandée par la raison.

La loi a pour objet direct le bien commun, le bien public, le bien de la communauté entière. Le bien commun est le bien général lié et ordonné à la fin propre de la société. La loi s'occupe du bien particulier mais de façon indirecte. Elle s'occupe d'abord du bien de l'ensemble ou du tout; si elle s'intéresse ensuite à la partie ou à l'individu, c'est en tant que ce dernier est censé concourir au bien de l'ensemble.

Cette ordonnance émane de la raison de celui ou de ceux qui ont reçu le soin de gouverner la société. Comme la loi oblige, elle doit être édictée par un supérieur ayant la charge ou le mandat de procurer le bien commun de la société. Pourquoi l'autorité? Parce que les hommes sont des êtres jouissant du libre arbitre. Ils possèdent la volonté d'établir un choix dans les biens qui leur conviennent. Et, comme la liberté de chacun doit s'arrêter là où commence celle de l'autre, il est nécessaire que l'autorité intervienne, pour fixer une limite à l'expression de cette faculté, en vue du bien commun de la communauté. En d'autres termes, la loi est une règle établie par les hommes pour le maintien et l'organisation de la société. La notion de loi se déduit de la notion de société. Une société, c'est la réunion de personnes poursuivant un but commun. C'est le but commun qui constitue le lien entre les personnes et, pour maintenir ce lien, il faut des lois et une autorité qui les fait, qui les applique.

Les lois ne doivent cependant jamais nier les droits fondamentaux de l'individu. Quand elles le font, elles deviennent abusives. Elles oublient les sources du vrai droit car le droit positif humain ne vient que déterminer ce que la loi naturelle n'a pas établi. Une société créée uniquement en fonction du pouvoir et de l'autorité sert l'oppression et la dictature et n'est pas digne de ce nom.

Lorsque les nations de l'univers ne peuvent s'entendre, elles règlent leurs différends par la force, la guerre ou la diplomatie. Il en est autrement à l'intérieur des nations. Là, il existe une autorité qui détermine le bien commun et qui amène les hommes à y contribuer.

La source première de toute loi véritable est la loi éternelle. Par opposition, on a la loi temporelle qui règle les actes humains manifestés dans le temps. Celle-ci se divise en loi naturelle (règle de conduite fondée sur la nature même de l'homme et de la société) et en loi positive (ordonnance de la raison complétant ce que la loi naturelle n'a pas déterminé, ordonnance conforme à cette loi et promulguée en vue du bien commun par celui qui a charge de la communauté).

La loi positive est divine ou humaine selon qu'elle a Dieu ou l'homme pour auteur immédiat et elle est ecclésiastique ou séculière selon qu'elle est édictée par l'autorité religieuse ou civile.

A l'encontre du droit qui devrait évoluer plus vite que la société, la loi ne fait que constater l'état de cette dernière. Les gouvernements ne passent des lois que lorsque le besoin s'en fait sentir. Il ne servirait à rien de faire une loi qui ne s'appliquerait à aucun besoin. Une loi n'est pas généralement le résultat de bonnes intentions. Elle est plus pratique: elle confirme un droit actuel ou elle réprime un abus existant. Quand on se plaint que la loi est mal faite, c'est parce que la société l'est également et que les lois, promulguées par cette société, en sont le miroir fidèle.

DEUXIÈME PARTIE

Les institutions juridiques du Canada et de la province de Québec

I. Système constitutionnel

C'est l'ensemble des lois fondamentales qui régissent le Canada et ses provinces, qui déterminent la forme de leurs gouvernements, l'organisation et les attributions des pouvoirs publics qui en dépendent, les rapports de ces pouvoirs entre eux, et les principes généraux d'après lesquels la société politique canadienne doit être gouvernée. Ces lois occupent une place à part: elles déterminent comment les autres seront faites. C'est en somme la source des lois qui fixent les cadres de notre vie en société.

Au Canada, il existe un gouvernement fédéral et dix gouvernements provinciaux. Ces provinces forment ensemble la Confédération du Canada. En 1867, lors de la passation de l'Acte de l'Amérique du Nord britannique, quatre provinces seulement composaient la Confédération du Canada: le Québec, l'Ontario, le Nouveau-Brunswick et la Nouvelle-Ecosse. Y sont entrés par la suite, le Manitoba (1870), la Colombie-Britannique (1871), l'Ile-du-Prince-Edouard (1873), l'Alberta et la Saskatchewan (1905) et Terre-Neuve (1949).

En plus de ces provinces, sont intégrés au pays deux territoires, le Territoire du Nord-Ouest (1870) et le Territoire du Yukon (1898). Une Confédération, c'est l'union de plusieurs Etats qui se soumettent à un pouvoir général tout en conservant un certain degré d'autonomie. Le pouvoir central, dont le siège est à Ottawa, possède, du fait de cette Confédération, une autorité bien définie qui lui est donnée par la constitution appelée "l'Acte de l'Amérique du Nord britannique" (AANB), sur des sujets d'intérêt général. La province de Québec et les autres provinces ont également des pouvoirs et une autorité propres qu'elles appliquent, dans leurs limites, à des objets locaux.

1. Forme des gouvernements fédéral et provincial

La forme d'un gouvernement dépend des lois et des institutions qui ont présidé à sa naissance. Au Canada, nous vivons sous le régime d'une monarchie constitutionnelle. Mais il ne faut pas trop sursauter quand on parle de monarchie. Quand Elizabeth II est Reine du Canada, elle n'est pas Reine d'Angleterre et quand elle est Reine d'Angleterre, elle n'est pas Reine du Canada. Par une fiction de la loi, elle est divisible!

Cela sent sûrement le colonialisme. Cependant, le rôle du souverain anglais, au Canada ou dans une province, est effacé et plutôt symbolique. Le roi ou la reine y incarne l'autorité mais ne l'applique pas. C'est une monarchie de forme. En pratique, notre système de gouvernement est démocratique. La reine, c'est la Couronne et la Couronne, c'est l'autorité détenue par des gens élus par le peuple. Le gouverneur général représente la personne royale au pays et, dans chaque province, un lieutenant-gouverneur remplit le même office.

En 1952, l'honorable Vincent Massey fut le premier Canadien à occuper le poste de gouverneur général. Avant lui, on réservait cette fonction aux Anglais "méritants". On dit du gouverneur général qu'il est un gouverneur qui ne gouverne rien et un général qui ne commande à personne. Il reste que le gouverneur général et les lieutenants-gouverneurs sont des personnages de parade officiels. Quand on parle de la Couronne, on parle de l'Etat, ce n'est pas plus dangereux que cela.

Notre système constitutionnel renferme trois formes de gouvernement. La monarchie où un individu détient le pouvoir et le transmet à sa descendance. Chez nous, elle est représentée, on l'a déjà dit, par le gouverneur général et les lieutenants-gouverneurs. L'aristocratie où une élite exerce le pouvoir. Ici, c'est le Sénat. Enfin, la démocratie où les députés du peuple sont les maîtres. Elle se manifeste par la Chambre des communes et par les Assemblées législatives. Le système a tellement évolué qu'aujourd'hui l'élément démocratique domine presque exclusivement. Au fédéral, on a conservé les trois formes avec le gouverneur général, le Sénat et la Chambre des communes.

Dans les provinces, il ne reste plus que deux éléments: le lieutenant-gouverneur et l'Assemblée législative.

2. Les pouvoirs

Ces gouvernements, qu'ils soient fédéral ou provinciaux, exercent trois pouvoirs: le pouvoir législatif, le pouvoir exécutif et le pouvoir judiciaire.

A. Le pouvoir législatif

Le pouvoir législatif est détenu par le Parlement. A Ottawa, il est exercé par la Chambre des communes ou Chambre basse — et par le Sénat ou Chambre haute, dans les provinces, par l'Assemblée législative seule. Au Québec, depuis 1968, l'Assemblée législative porte le nom d'Assemblée nationale. Cette année-là, on a également aboli le Conseil législatif, pendant du Sénat canadien. Les autres provinces s'étaient débarrassées de leurs Conseils législatifs depuis longtemps. Il s'agissait simplement de ce qu'on a appelé "le dortoir de la race" où on casait les créatures politiques jusqu'à la fin de leurs jours. A Ottawa, on a conservé le Sénat, mais on se demande pour combien de temps encore. Les membres du Sénat ne sont pas choisis par le peuple. Le parti politique au pouvoir les nomme jusqu'à l'âge de la retraite fixée à 75 ans. Ils sont au nombre de 102 (1) dont 24 de la province de Québec.

Le pouvoir législatif consiste dans l'autorité pour le Parlement de faire des lois. Suivant le mot de Cromwell, le pouvoir du Parlement est illimité: "Il peut tout faire, sauf changer un homme en femme".

---

(1) Un amendement apporté à la constitution canadienne par 1915, 5-6 Georges V c. 45 (R.-U.) fixe, à l'article 28, un nombre maximum de 110 sénateurs.

Les réunions du Parlement sont connues sous le nom de sessions. Il s'en fait au moins une par année.

B. Le pouvoir exécutif

Le pouvoir exécutif est détenu et exercé par le Gouvernement, qu'il ne faut pas confondre avec le Parlement. Le Gouvernement se compose du Cabinet des ministres et du représentant de la Reine, le gouverneur général ou le lieutenant-gouverneur suivant le cas. En réalité, c'est le Cabinet qui mène et la fonction du représentant de la Reine ne consiste qu'à entériner les décisions. Le pouvoir exécutif assume la direction des politiques ministérielles et les exécute. Il répond de ses actes devant le Parlement.

C. Le pouvoir judiciaire

Enfin, le pouvoir judiciaire. Les juges qui l'exercent sont nommés par le pouvoir exécutif mais n'en dépendent pas. Pour dégager les juges de toute pression politique et pour assurer leur indépendance, on les a entourés de protection: leur nomination dure jusqu'à l'âge de la retraite et leurs salaires sont intéressants. De plus, un prestige social considérable s'attache à cette haute fonction.

3. Fonctionnement des pouvoirs législatif et exécutif

Il peut être intéressant de décrire en gros une session du Parlement. Inspirons-nous de la brochure "Les institutions politiques du Canada" publiée par le gouvernement fédéral à l'intention des immigrants. Disons d'abord que les membres de la Chambre des communes ou de l'Assemblée nationale doivent être élus par le peuple. Au fédéral, la Chambre des communes se compose de 264 députés dont 74 de la province de Québec (1). Ce chiffre peut fluctuer suivant les recensements décennaux. A Québec, la législature compte 110 députés. Le parti qui obtient le plus grand nombre d'élus et qui détient ou contrôle la majorité absolue des sièges par ses propres moyens ou en s'alliant à d'autres partis (coalition) est appelé à former le Gouvernement. Il s'est auparavant élu un chef qui prend le titre de Premier ministre. C'est un député, élu comme les autres dans un comté, mais qui est le leader du parti. Tandis qu'aux Etats-Unis et en France, le président doit être élu par l'ensemble de la population. Le parti au pouvoir nomme les ministres.

Les députés qui appartiennent aux autres groupements politiques constituent l'opposition.

Le chef du parti qui compte le plus grand nombre de députés après le parti majoritaire se nomme chef de l'opposition. A Ottawa, les deux Chambres siègent séparément. Aux réunions, les députés ou les sénateurs étudient les projets de loi à leur mérite. Ceux-ci doivent passer par trois étapes ou lectures successives. Les discussions qui ont lieu sur un projet s'appellent "le débat". Elles sont rapportées fidèlement par sténographie et imprimées dans le Hansard à Ottawa, et dans le journal des Débats à Québec. Les discussions les plus importantes sur les projets de loi se tiennent au moment de la deuxième lecture alors que tous les députés peuvent exprimer leurs vues. Les travaux sont conduits selon des règlements établis. Un membre nommé par les députés est chargé de les faire appliquer. On le nomme orateur à Ottawa et président à Québec.

Les projets de loi sont de trois sortes: les uns présentés par les membres du gouvernement se rapportent au programme législatif, d'autres ont trait au droit public et peuvent être soumis par n'importe quel député. Il y a en dernier lieu les "bills" d'intérêt privé qui concernent les droits et privilèges des particuliers et des compagnies et qui sont pilotés par les intéressés. Le projet de loi, adopté par la Chambre des communes, doit passer par le Sénat pour y subir semblable examen. D'habitude, le Sénat ne proteste pas trop parce que la Chambre basse détient une arme efficace: elle contrôle les subsides et pourrait refuser de payer aux sénateurs les émolu-

---

(1) Art. 37 A A N B; Ontario 88, Québec 74, Colombie-Britannique 23, Alberta 19, Manitoba 13, Saskatchewan 13, Nouvelle-Ecosse 11, Nouveau-Brunswick 10, Terre-Neuve 7, Ile du Prince-Edouard 4, Yukon 1 et T.N.O. 1.

ments prévus. Dans les législatures provinciales le projet devient loi aussitôt après son adoption en troisième lecture à cause de la disparition des Conseils législatifs.

Pour présenter un projet de loi, le parti au pouvoir doit être assuré de sa majorité car, si le projet est battu, cela signifie un vote de non-confiance qui peut entraîner la démission du Cabinet et déclencher de nouvelles élections.

II. Sources de nos institutions

Il ne faudrait pas croire que l'assise ou la source de nos institutions juridiques est consignée au complet dans les textes de lois.

En France, la constitution ne crée aucun problème. A chaque changement de République, on met par écrit les principes nouveaux. Nos institutions juridiques, en plus d'être un ensemble de lois où l'AANB prédomine, sont également constituées de principes, d'usages, de traditions et d'habitudes d'inspiration britannique. Ainsi, on assiste non pas à des changements brusques mais à une lente évolution. Toute la théorie de la responsabilité ministérielle est uniquement traditionnelle. "Le Roi suit l'avis de ses ministres": la coutume le veut. L'usage veut qu'un ministre soit membre de la Chambre.

Il faut donc remonter aux sources et consulter l'histoire.

1. En Angleterre

Notre constitution, s'inspirant de la constitution anglaise, a adopté ses traditions et ses usages. C'est loin d'être un exposé méthodique de principes ou un ensemble cohérent: le plus souvent, on doit prendre connaissance de règles isolées. Il répugne aux Anglais de codifier leurs règles de droit: ils ont toujours peur d'oublier quelque chose. Ils prévoient un tas de cas particuliers; ils demeurent dans des solutions d'espèces. Il est intéressant de comparer les articles du code criminel canadien, d'inspiration anglaise, avec ceux du code civil de la province de Québec, de source française. Les premiers contiennent des énumérations tandis que les deuxièmes posent des principes. Lisons, pour en juger, quelques paragraphes de l'article 186 du code criminel et l'article 1053 du code civil.

186 (Code criminel) Commet une infraction, quiconque:

a) emploie ou sciemment permet qu'on emploie un local sous son contrôle dans le dessein d'inscrire ou d'enregistrer des paris ou de vendre quelque mise collective (pool);

b) importe, fait, achète, vend, loue, prend à bail ou garde, expose, emploie ou sciemment permet que soit gardé, exposé ou employé, dans quelque endroit sous son contrôle un dispositif ou appareil destiné à inscrire ou à enregistrer des paris ou la vente d'une mise collective (pool), ou une machine ou dispositif de jeu ou de pari;

e) se livre à la vente d'une mise collective (pool) ou au bookmaking, ou à l'entreprise ou à la profession de parieur, ou fait quelque convention pour l'achat ou la vente de privilèges de pari ou de jeu, ou pour l'achat ou la vente de renseignements destinés à aider au bookmaking, à la vente d'une mise collective (pool) ou au pari;

1053 (Code civil): "Toute personne, capable de discerner le bien du mal, est responsable du dommage causé par sa faute à autrui, soit par son fait, soit par imprudence, négligence ou inhabileté."

Il est renversant de constater que la constitution anglaise, quoique d'une grande instabilité juridique, ait résisté à l'usure du temps. Ceci probablement à cause du droit non écrit dont elle est faite en grande partie et qui lui communique une vigueur et une souplesse étonnantes. En suivant le cours de l'histoire anglaise, on assiste à des changements insensibles et pourtant on aboutit de l'absolutisme d'autrefois à la démocratie à tendance socialiste d'aujourd'hui. Les libertés qui ont été gagnées sont le résultat d'une série de réactions plus ou moins prononcées selon la force ou la faiblesse de la dynastie régnante.

A. La Grande Charte

En 1066, Guillaume le Conquérant défait le roi Harold II à Hastings. Il établit une monarchie absolue. Il gouverne avec l'appui des seigneurs féodaux et des vassaux, le peuple comptant pour peu. Les barons et les seigneurs forment, avec quelques prélats, le Grand Conseil du royaume (magnum concilium). Il existe aussi un "commune concilium" où les bourgeois sont représentés. On voit dans le "commune concilium" un lointain ancêtre de la Chambre des communes. Mais les prérogatives du souverain restent absolues. En 1215, le roi Jean (Sans Terre) revient de France, dépouillé de ses terres, et les barons mécontents obtiennent de lui une loi destinée à mettre fin à certains griefs et à réduire les prérogatives royales. C'est la Grande Charte, étape importante dans la vie constitutionnelle anglaise.

Les principales dispositions de la Grande Charte (Magna Carta) accordaient à chaque citoyen le droit au procès par jury, soit celui d'être jugé par 12 de ses pairs, et le droit à l'habeas corpus, qui était le privilège de tout détenu d'obtenir d'un juge qu'il statue sur la légalité de son emprisonnement. Elles prévoyaient encore que nul ne sera emprisonné, si ce n'est sur l'ordre d'un juge, en vertu d'une loi, ce qui mettait fin à l'arbitraire.

Enfin, elles établissaient le principe de "no taxation without representation" en déclarant qu'aucun impôt ne sera levé sans le consentement du Parlement et décrétaient la liberté du commerce.

B. Le Bill of Rights

Il ne faudrait pas croire que tout le monde s'est aussitôt mis d'accord sur les principes de la Grande Charte. L'arbitraire se fait encore sentir. Il a fallu des siècles pour les consacrer définitivement. Les luttes entre le parlement et la royauté sur la responsabilité ministérielle et sur le contrôle des subsides par le Parlement atteignent leur paroxysme sous le règne de Jacques II. En 1688, les Chambres détrônent le roi despote et passent le Bill of Rights, dont les principales dispositions se résument comme suit:

— Le roi ne peut dispenser de l'observance de la loi.

— Il ne peut lever d'impôts ni maintenir d'armée permanente sans le consentement du Parlement.

Malgré ce "bill", le Parlement ne put contrôler l'exécutif. Celui-ci siégeait à huis clos sous la direction du roi.

En 1695, le roi Guillaume III établit, pour la première fois, un ministère entièrement choisi dans un même parti politique mais il regretta vite son geste et retira ce privilège au Parlement.

2. Au Canada

Après la cession de 1760, nous commençons à subir l'influence du droit anglais. Nous passons de la tutelle française à la tutelle anglaise. A cette époque, la démocratie est à peu près inconnue dans le monde. En France, elle n'est pas plus en avance qu'en Angleterre. Les idées sociales et les théories politiques de Jean-Jacques Rousseau et de Voltaire se propagent lentement. Après la Révolution française, quelques années plus tard, on tentera de les appliquer.

A. Le régime français

Sous le régime français, la liberté est à peu près inexistante. Même si on conteste à Louis XIV la paternité de la phrase célèbre: "L'Etat, c'est moi", celle-ci rend bien ce qui s'y passe. Retenons que l'autorité relève du roi qui garde la haute main sur l'administration du pays et qui nomme les gouverneurs et les intendants. On peut noter, vers 1663, une participation effacée du peuple dans l'administration; on lui laisse le droit d'élire des syndics dans les places importantes comme Québec, Montréal et Trois-Rivières. Ces syndics sont un peu les ancêtres de nos maires.

Les droits des individus comptent cependant pour peu. On n'accorde aucun respect à la personne humaine. L'autorité réprime les crimes et les infractions de façon barbare. Le procès contre un accusé est tenu dans le secret; on lui refuse le droit aux services d'un défenseur. Les avocats ne sont pas autorisés à pratiquer leur profession. La torture est une méthode courante pour provoquer les aveux et les peines imposées dépassent souvent la gravité de l'offense. Les bourreaux se servent à qui mieux mieux du carcan, du cheval de bois, du fer chaud. Les voleurs sont étranglés. Pour une pécadille, on coupe les lèvres et la langue du malfaiteur et on applique la peine du pilori, même sur son cadavre. Certes ces procédés font partie des moeurs du temps mais ne les justifient pas pour autant.

B. Le régime anglais

La cession n'apporte pas tellement de changement au point de vue politique. De colonie qu'il était, le Canada reste colonie. Le Canada n'est passé à l'Angleterre que par voie de conséquence. La France a perdu la guerre de Sept Ans, elle perd donc ses possessions.

a) Le Traité de Paris

Le Traité de Paris constitue une cession pure et simple. Il ne contient que des stipulations sur la religion catholique. Il tolère le libre exercice de la religion "en autant que le permettent les lois de la Grande-Bretagne". Or, les lois de la Grande-Bretagne n'acceptaient pas la religion catholique. Elles contenaient même des mesures punitives contre ceux qui la pratiquaient. Entre autres, le fameux Test Act, établi en 1673, par lequel tout fonctionnaire du gouvernement anglais devait déclarer qu'il ne croyait pas au dogme catholique de la transsubstantiation. On excluait ainsi, automatiquement, les Canadiens français de toute fonction publique. Sur le plan politique, rien: "Ils (les Canadiens) deviennent sujets du Roi."

C'est le régime militaire, régime toujours provisoire. Le droit public est supprimé et le droit privé subsiste dans la mesure où il ne dérange pas le vainqueur.

Dans la Proclamation Royale du 7 octobre 1763 qui a suivi, on avait bien prévu la convocation éventuelle d'assemblées représentatives, "dès que l'état et les conditions des colonies le permettront." L'état et les conditions ne s'y prêtèrent jamais.

Le gouverneur faisait la loi, assisté d'un conseil composé de douze membres, non élus, et cumulait les pouvoirs législatif, exécutif et judiciaire.

b) L'Acte de Québec

A cause de la guerre de l'Indépendance américaine, l'Angleterre désire conserver la province de Québec et entreprend de l'amadouer par certaines dispositions de l'Acte de Québec, (1774-14 Geo. III, chap. 83 R.-U.). L'Acte de Québec n'accorde pas encore de représentation populaire mais restreint les pouvoirs du gouverneur dans le prélèvement des taxes en les limitant aux taxes municipales.

Il établit un Conseil législatif devant être composé de 17 à 23 membres choisis par le gouverneur parmi les habitants de la colonie, avec droit de veto de ce dernier sur leurs délibérations. D'après les documents du temps, il semble que les Canadiens français ne désiraient pas de représentation populaire parce qu'ils n'étaient pas habitués à ce régime et aussi parce qu'ils redoutaient de se faire berner dans un domaine où ils ne se sentaient pas à l'aise. L'Acte de Québec confirme de plus l'emploi du droit criminel anglais, introduit par la Proclamation Royale de 1763, et laisse l'usage du droit civil français déjà existant. Il abolit enfin l'obligation, pour le fonctionnaire canadien, de prêter le serment du Test en le remplaçant par un simple serment d'allégeance envers le souverain.

c) L'Acte Constitutionnel

L'Acte Constitutionnel de 1791 ne met pas fin aux dispositions de l'Acte de Québec, mais le complète quant à la forme de gouvernement. Il divise le pays en deux, le Haut-Canada et le Bas-Canada. Le Haut-Canada, c'est l'Ontario et le Bas-Canada, c'est le Québec. Il ne faut pas oublier que les provinces maritimes existent déjà et jouissent d'institutions représentatives: la Nouvelle-Ecosse, depuis 1758, l'Ile du Prince-Edouard, depuis 1773 et le Nouveau-Brunswick, depuis 1784.

Avec l'Acte Constitutionnel, chaque province a son gouvernement propre formé d'un Conseil législatif et d'une Assemblée législative. Le Conseil législatif du Haut-Canada devait être composé de pas moins de 7 personnes "sages et convenables", celui du Bas-Canada de pas moins de 15 personnes possédant les mêmes qualités. L'Assemblée législative du Haut-Canada devait comprendre pas moins de 16 membres et celle du Bas-Canada pas moins de 50. Cela ressemble beaucoup à ce que nous avons aujourd'hui. On peut dès lors penser que chaque province pourra se gouverner par elle-même. Il n'en fut rien parce que le parti oligarchique anglais appelé le "Family Compact" dominait le Conseil législatif et détenait le pouvoir exécutif. L'Assemblée législative ne pouvait plus jouer qu'un rôle effacé. Il lui manquait la responsabilité ministérielle. L'Assemblée n'avait pas le contrôle de tous les revenus, ne maîtrisant que le produit des taxes votées par elle.

Le Gouvernement tirait ses revenus de trois sources: les taxes votées par l'Assemblée législative, les revenus héréditaires de la Couronne et ceux qui étaient imposés par les statuts impériaux. Les revenus héréditaires de la Couronne provenaient du produit de la vente ou de la concession des terres. Seul le roi en profitait et non le Gouvernement, comme c'est le cas de nos jours. Les amendes, les droits de mines, de coupes de bois et les douanes relevaient de l'administration du Gouverneur.

Avec ces deux dernières sources de revenus qui dépassaient de beaucoup ce que pouvait prélever l'Assemblée législative, il était facile de contrôler l'administration et de se moquer des décisions prises par les élus du peuple. On assista alors à une lutte ouverte entre l'Assemblée et le gouverneur, lutte qu'on a appelée la querelle pour le contrôle des subsides.

Dans le Bas-Canada, l'impasse se solda par les troubles de 1837.

Pour les mêmes raisons il y eut aussi des troubles dans le Haut-Canada avec, comme âme dirigeante, William Lyon Mackenzie. Il ne s'agissait donc pas d'un phénomène purement local ou isolé de contestation soulevé par quelques Canadiens français mécontents mais bien d'un phénomène canadien de protestation à la suite d'abus et d'exactions du pouvoir.

En Angleterre, à cette époque, de semblables événements se produisirent mais l'exécutif, plus sage, céda devant la fermeté du Parlement.

d) L'Acte d'Union

En 1840, l'Acte d'Union réunit le Haut et le Bas-Canada pour en former la province du Canada. Après de nouvelles luttes, plus courtes cette fois, lord Elgin reçoit de Londres les instructions de suivre l'avis de son Conseil et de ne nommer que des ministres ayant la confiance de la Chambre. Vers 1847, les Chambres obtiennent enfin le contrôle entier des revenus.

Mais l'Union ne pouvait pas durer. Le Bas-Canada, plus populeux que le Haut-Canada, payait naturellement plus d'impôts. Les Anglais avaient importé ici le système tellement commode des bourgs pourris. Ils avaient prévu, dans le Bas-Canada, pour réduire la représentation canadienne-française, la formation de plusieurs comtés de peu d'étendue et habités, en grande majorité, par des habitants de langue anglaise. Ces comtés, au nombre de douze, avaient même été déclarés intouchables par la constitution de 1867. Pour en modifier la délimitation, on devait obtenir le consentement de la majorité des députés qui les représenteraient (art. 80, deuxième annexe de l'AANB). Cette disposition a entravé pendant plusieurs années toute tentative de réforme en vue de rendre plus équitable la répartition de la carte électorale du Québec. Eh bien! contrairement à toute attente, douze braves se sont livrés à un hara-kiri politique! Depuis le 19 décembre 1970, date de la sanction du bill 65 (1970, ch. 7), les comtés protégés sont disparus. (1)

---

(1) Il était temps que nous nous interrogions sur le jeu de la démocratie tel qu'il se pratique aujourd'hui. A regret nous devons nous rendre compte que la plupart du temps, la représentation populaire ne respecte plus le principe sacré de la volonté de la moitié plus un. Avec le résultat que la minorité en vient à faire la loi. Les exemples ne sont pas rares et nous les prenons à notre porte.

A l'élection provinciale de 1966, l'Union Nationale prend le pouvoir avec 56 députés et 40% du vote populaire tandis que le parti libéral, avec l'appui de 47% des électeurs prend le chemin de l'opposition. En 1970, le parti libéral forme le gouvernement avec 44% du vote et 77 députés élus sur un total de 108. Les péquistes avec 24% du vote ne réussissent à obtenir que 7 comtés, alors que l'Union Nationale fait élire 17 députés avec 20% et le Ralliement créditiste 12 députés avec 11% seulement. L'élection de 1973, malgré les modifications apportées l'année précédente à la loi de la division territoriale qui assurait une meilleure répartition de la population par comté (à l'élection de 1970, la circonscription des Iles-de-la-

De plus, lors de l'Union, la dette du Haut-Canada dépassait d'au moins douze fois celle du Bas-Canada. Et pour compliquer encore la situation, le Canada était soumis à trois sortes de lois. Le Bas-Canada avait le droit civil français et le Haut-Canada la "Common Law". Des lois générales s'appliquaient aux deux Canadas et des lois particulières au Haut-Canada ou au Bas-Canada.

Survint enfin une immigration intense dans le Haut-Canada: ce qui avait été un inconvénient pour le Bas-Canada en devint un pour le Haut-Canada.

L'aboutissement de tous ces problèmes finit par créer une situation sans issue. Les gouvernements devenaient de plus en plus instables et les cinq administrations différentes qui se succédèrent, de 1862 à 1864, ne firent qu'augmenter la confusion.

On songea à établir un pouvoir fédéral ou central qui s'appliquerait à l'ensemble du pays et un pouvoir provincial ou local qui ferait des lois adaptées aux besoins particuliers.

Ceci donna l'Acte de l'Amérique du Nord britannique préparé par les conférences de Charlottetown, de Québec, en septembre et octobre 1864, et de Londres en 1867.

Madeleine comptait 7048 électeurs tandis que les listes électorales du comté de Terrebonne en contenaient 77,528. Le vote d'un électeur d'Havre Aubert valait dix fois plus que celui d'un citoyen de Saint-Jérôme), n'apporte guère de résultats plus valables. Le parti libéral recueille 55% des suffrages et rafle 102 circonscriptions. L'opposition reste sur le carreau avec huit députés élus. Le principe de la moitié plus un était au moins sauvegardé! Et, en 1976, le Parti québécois sort vainqueur avec 41% des voix. C'est le juste retour des choses. En l'espace de dix ans, chacune des principales formations politiques du Québec prend le pouvoir sans avoir obtenu la majorité absolue. Pour cette élection, une répartition proportionnelle aurait donné le résultat suivant: péquistes: 45 députés au lieu de 71; libéraux: 37 au lieu de 26; unionistes: 20 au lieu de 11 et autres formations politiques: 8 au lieu de 2.

On peut encore s'interroger sur le sort fait à l'élément anglophone: suivant le recensement fédéral de 1971, il compose 10.6% de la population québécoise (640,045) et il est loin des 11 députés provinciaux auxquels il aurait strictement droit. Des statisticiens affirment que l'élément anglophone représente 20% de la population du Québec. Pour en arriver là, ils incluent, à tort, dans les groupes anglais, gallois, écossais et irlandais, les ethnies autres que canadienne-française dont la langue maternelle n'est pas l'anglais (Italiens, Haïtiens, Belges, Ukrainiens, Grecs, etc.) — Bernard Smith, *La Loi 22*, le parti québécois aurait-il fait mieux? Montréal, Editions du Jour, 1975 — Il faut de toute nécessité repenser notre système électoral. A titre de suggestion, créer, comme d'autres pays l'ont fait, des mécanismes qui permettent plusieurs tours de scrutin jusqu'à ce qu'un candidat obtienne la majorité absolue ou qui prévoient par le même vote, un deuxième choix parmi les candidats, ou qui combinent plusieurs modes à la fois.

Thomas Chapais raconte, dans son *Cours d'histoire du Canada,* tome VIII, qu'à la fin de la conférence de Charlottetown, un vieux délégué se serait levé et aurait déclaré solennellement: "Si quelqu'un connaît quelque cause d'empêchement à l'union matrimoniale de ces colonies, qu'il parle maintenant ou se taise à jamais." Personne ne se faisant entendre, il aurait ajouté: "Alors, avant que mes jours terrestres maintenant comptés aient vu leur terme, je pourrai assister à l'achèvement de la cérémonie, et entendre ces provinces proclamées mari et femme." Depuis, le ménage n'a pas été sans subir de nombreux heurts.

III. L'Acte de l'Amérique du Nord britannique

L'Acte de l'Amérique du Nord britannique est une loi anglaise. Cette loi se trouve dans les statuts du Royaume-Uni de 1867, tout comme une autre loi anglaise. Elle est au chapitre 3, à la suite d'une loi concernant le mariage des sujets britanniques à Odessa! On peut soulever la question à savoir si c'est une loi ou un pacte. Quoi qu'il en soit, l'AANB a provoqué bien des luttes politiques. Les juristes s'accordent à dire que c'est une loi. Il ne faut pas, nous l'avons déjà dit, essayer de la comprendre sans tenir compte du précédent, de la tradition, de l'usage et de la coutume, du fait que notre constitution n'est pas uniquement écrite.

Même si l'AANB est une loi anglaise, il serait injuste de penser qu'elle nous a été imposée par le Parlement anglais. Elle répondait aux voeux des Canadiens, elle a été pensée et fabriquée par des Canadiens: le Parlement britannique n'a fait que concrétiser ces voeux en leur donnant force de loi. Il est bon cependant d'ajouter que la grande majorité de ces Canadiens étaient d'origine anglaise. Les Pères de la Confédération étaient au nombre de 33 et, sur ce nombre, on relève difficilement les noms de 5 Canadiens français.

A l'origine, le Canada s'étendait sur quatre provinces: l'Ontario, le Québec, la Nouvelle-Ecosse et le Nouveau-Brunswick. Les autres provinces y sont entrées par la suite. Terre-Neuve fut la dernière.

1. Partage des biens et des pouvoirs

Ce qu'il faut retenir de l'AANB, c'est le partage des biens et le partage des pouvoirs.

Les richesses naturelles restent aux provinces, sauf certains biens attribués au fédéral dans l'intérêt général du pays et énumérés à la troisième annexe de la loi. Ces biens se rapportent au transport, aux communications et à la défense nationale. Le partage des pouvoirs est plus compliqué: tous ceux qui n'appartiennent pas aux provinces reviennent au fédéral. On appelle cela le pouvoir résiduaire. On a procédé ainsi parce qu'il s'agissait d'une confédération: acte par lequel plusieurs provinces ou Etats souverains, tout en conservant leur existence particulière, leur autonomie, tout en restant régis pour leurs affaires locales par une législature locale, se réunissent pour former une nouvelle puissance qui les unit sans les absorber.

Dans l'intention des Pères de la Confédération, les provinces devaient être capables de s'administrer sans imposer de taxes et de vivre à l'aide de subsides fédéraux! C'est dire le peu d'importance qu'on accordait aux provinces. (1)

A l'époque, les dépenses étaient à peu près inexistantes.

Par l'AANB, article 111, le fédéral était chargé de toutes les dettes des provinces et ne prenait que peu de biens; mais les provinces renonçaient à la taxe indirecte qui était, alors, la seule taxe connue.

Le partage des pouvoirs est déterminé par les articles 91 et 92. L'article 91 indique ce qui revient au fédéral et l'article 92 la répartition accordée aux provinces. Ce sont les articles les plus importants de la constitution canadienne et aussi les plus discutés. Ils distribuent en quelque sorte le "pouvoir de faire des lois".

---

(1) A l'article 118 de l'AANB, il est dit: "les sommes suivantes seront annuellement payées par le Canada aux diverses provinces pour le maintien de leurs gouvernements et législatures: Ontario $80,000,00, Québec $70,000.00, Nouvelle-Ecosse $60,000.00 et Nouveau-Brunswick $50,000.00, plus une subvention annuelle de $0.80 par tête de population".

2. Juridiction fédérale

L'article 91 donne au fédéral une juridiction et des pouvoirs bien précis. En voici l'énumération:

1 — La modification, de temps à autre, de la constitution du Canada, sauf en ce qui concerne les matières rentrant dans les catégories de sujets que la présente loi attribue exclusivement aux législatures des provinces, ou en ce qui concerne les droits ou privilèges accordés ou garantis, par la présente loi ou par toute autre loi constitutionnelle, à la législature ou au gouvernement d'une province, ou à quelque catégorie de personnes en matière d'écoles, ou en ce qui regarde l'emploi de l'anglais ou du français, ou les prescriptions portant que le Parlement du Canada tiendra au moins une session chaque année et que la durée de chaque Chambre des communes sera limitée à cinq années, depuis le jour du rapport des brefs ordonnant l'élection de cette Chambre; toutefois, le Parlement du Canada peut prolonger la durée d'une Chambre des communes en temps de guerre, d'invasion ou d'insurrection, réelles ou appréhendées, si cette prolongation n'est pas l'objet d'une opposition exprimée par les votes de plus du tiers des membres de la dite Chambre. (Ajouté en 1949 et interchangé avec 1 A)

1) A La dette et la propriété publiques.
2) La réglementation du trafic et du commerce.
2) A L'assurance-chômage. (Ajouté en 1940)
3) Le prélèvement de deniers par tous modes ou systèmes de taxation.
4) L'emprunt de derniers sur le crédit public.
5) Le service postal.
6) Le recensement et les statistiques.
7) La milice, le service militaire et le service naval et la défense du pays.
8) La fixation et le paiement des salaires et honoraires des officiers civils et autres du gouvernement du Canada.
9) Les amarques, les bouées, les phares et l'île de Sable.
10) La navigation et les bâtiments ou navires (shipping).
11) La quarantaine et l'établissement et maintien des hôpitaux de marine.
12) Les pêcheries des côtes de la mer et de l'intérieur.
13) Les passages d'eau (ferries) entre une province et tout pays britannique ou étranger, ou entre deux provinces.
14) Le cours monétaire et le monnayage.
15) Les banques, l'incorporation des banques et l'émission du papier-monnaie.
16) Les caisses d'épargnes.
17) Les poids et mesures.
18) Les lettres de change et les billets promissoires.
19) L'intérêt de l'argent.

20) Les offres légales.

21) La banqueroute et la faillite.

22) Les brevets d'invention et de découverte.

23) Les droits d'auteur.

24) Les Indiens et les terres réservées pour les Indiens.

25) La naturalisation et les aubains.

26) Le mariage et le divorce.

27) La loi criminelle, sauf la constitution des tribunaux de juridiction criminelle, mais y compris la procédure en matière criminelle.

28) L'établissement, le maintien et l'administration des pénitenciers.

29) Les catégories de sujets expressément exceptés dans l'énumération des catégories de sujets exclusivement assignés par le présent acte aux législatures des provinces.

Et aucune des matières énoncées dans les catégories de sujets énumérés dans le présent article ne sera réputée tomber dans la catégorie des matières d'une nature locale ou privée comprises dans l'énumération des catégories de sujets exclusivement assignés par le présent acte aux législatures des provinces.

Le paragraphe 2-A, concernant l'assurance-chômage, est un amendement apporté à l'AANB en 1940. Le chômage sévissait alors au Canada et le pouvoir de légiférer en cette matière appartenait aux provinces. Celles-ci, désireuses de se débarrasser du fardeau, ont prétendu qu'il s'agissait là d'un problème national. Elles ont de gaieté de coeur et unanimement passé cette juridiction au pouvoir central, qui accepta de la prendre à sa charge. Par la suite, les provinces ont semblé regretter leur geste à cause de l'ampleur qu'a prise l'administration de l'assurance-chômage et de l'influence considérable dont elles auraient pu se prévaloir dans la manipulation des sommes versées à cet effet.

On remarquera que le paragraphe 29 donne au fédéral un pouvoir qui n'a l'air de rien mais qui a son importance: le pouvoir résiduaire.

Par ce pouvoir, le fédéral a juridiction sur tout ce qui n'a pas été accordé ou réservé aux provinces. Malgré cela, il est accordé tellement de pouvoirs aux provinces par l'article 92 que les fédéralistes se sont plaints des décisions du Conseil privé qui donnaient aux provinces l'extension des pouvoirs employés par elles. Tous les débats constitutionnels ont porté là-dessus. A mesure que le fédéral demandait plus de pouvoirs, les provinces, particulièrement la province de Québec, subissaient des crises d'autonomie.

Au contraire des autres provinces qui, à l'étranger, passent pratiquement inaperçues, la province de Québec, par sa culture particulière, entourée qu'elle est par la masse anglophone nord-américaine, sent le besoin de déborder des frontières du pays. Parfois, elle est obligée de le faire pour assurer sa propre survie. La province de Québec a, par exemple, établi des bureaux d'immigration en France pour attirer chez elle des gens parlant français.

Cela ne va pas sans susciter de l'envie de la part des autres provinces ni sans porter ombrage à la politique internationale du Canada.

L'établissement de la maison du Québec à Paris, il y a quelques années, a donné lieu à des discussions acerbes avec le pouvoir central. En 1967, lors de la visite du général de Gaulle, on a assisté à de virulentes prises de bec entre Ottawa et Québec. Les conférences entre pays francophones auxquelles participe le Québec sont souvent l'occasion de sérieux accrochages.

La question, présentement, est de savoir si une province, dans l'exercice des pouvoirs qui lui sont attribués, peut agir à l'échelle internationale.

Il paraît vital et urgent de comprendre la situation spéciale dans laquelle se trouve la province de Québec et de développer des formules à l'intérieur desquelles elle puisse établir les relations internationales nécessaires à son épanouissement.

3. Juridiction provinciale

Les pouvoirs exclusifs de la législature provinciale sont énumérés à l'article 92:

> 92 — Dans chaque province, la législature pourra exclusivement faire des lois relatives aux matières tombant dans les catégories de sujets ci-dessous énumérés, savoir:
>
> 1 — L'amendement de temps à autre, nonobstant toute disposition contraire énoncée dans le présent acte de la constitution de la province, sauf les dispositions relatives à la charge de lieutenant-gouverneur;
>
> 2 — La taxation directe dans les limites de la province, dans le but de prélever un revenu pour des objets provinciaux;
>
> 3 — Les emprunts de deniers sur le seul crédit de la province;
>
> 4 — La création et la tenure des charges provinciales et la nomination et le paiement des officiers provinciaux;

5 — L'administration et la vente des terres publiques appartenant à la province, et des bois et forêts qui s'y trouvent;

6 — L'établissement, l'entretien et l'administration des prisons publiques et des maisons de correction dans la province;

7 — L'établissement, l'entretien et l'administration des hôpitaux, asiles, institutions et hospices de charité dans la province, autres que les hôpitaux de marine;

8 — Les institutions municipales dans la province;

9 — Les licences de boutiques, de cabarets, d'auberges, d'encanteurs et autres licences, dans le but de prélever un revenu pour des objets provinciaux, locaux ou minicipaux;

10 — Les travaux et entreprises d'une nature locale, autres que ceux énumérés dans les catégories suivantes:

a) Lignes de bateaux à vapeur ou autres bâtiments, chemins de fer, canaux, télégraphes et autres travaux et entreprises reliant la province à une autre ou à d'autres provinces, ou s'étendant au-delà des limites de la province;

b) Lignes de bateaux à vapeur entre la province et tout pays dépendant de l'Empire britannique ou tout pays étranger;

c) Les travaux qui, bien qu'entièrement situés dans la province, seront avant ou après leur exécution déclarés par le Parlement du Canada être pour l'avantage général du Canada, ou pour l'avantage de deux ou d'un plus grand nombre des provinces;

11 — L'incorporation des compagnies pour des objets provinciaux;

12 — La célébration du mariage dans la province;

13 — La propriété et les droits civils dans la province;

14 — L'administration de la justice dans la province, y compris la création, le maintien et l'organisation de tribunaux de justice pour la province, ayant juridiction civile et criminelle, y compris la procédure en matières civiles dans ces tribunaux;

15 — L'infliction de punitions par voie d'amende, pénalité, ou emprisonnement, dans le but de faire exécuter toute loi de la province décrétée au sujet des matières tombant dans aucune des catégories de sujets énumérés dans le présent article;

16 — Généralement toutes les matières d'une nature purement locale ou privée dans la province.

Soulignons, au passage, les domaines les plus importants.

A. Taxation

L'article 91, paragraphe 3, donne donc au fédéral le pouvoir de prélever des deniers "par tous modes ou systèmes de taxation", alors que l'article 92, paragraphe 2, ne permet aux provinces que la taxation directe dans les limites de la province et seulement pour des objets provinciaux. Les rencontres fédérales-provinciales ont toujours été tenues principalement en fonction des revenus et cela à cause des besoins de plus en plus pressants des provinces et du pays. De nos jours, les législations sociales et scolaires absorbent des sommes considérables et les gouvernements s'ingénient à trouver des sources nouvelles de taxation. Les provinces reprochent au pouvoir central de se servir trop souvent de la taxe directe avec le résultat que le même contribuable peut être appelé à payer plusieurs taxes sur le même objet, la taxe fédérale, la taxe provinciale, voire la taxe municipale ou la taxe scolaire. A la rencontre de juin 1969, la province de Québec a souhaité que l'AANB soit amendé en vue d'accorder aux provinces l'accès à la taxation indirecte. Autrefois, il n'était pas question d'allocations familiales, de pensions de vieillesse, d'aide aux mères nécessiteuses, de bourses d'étude, et les taxes ne pressuraient pas trop les gens. La province de Québec, qui avait reçu, par la constitution, le pouvoir de prélever des taxes directes ne s'en est servie pour la première fois qu'en 1892. Aujourd'hui, le pouvoir fédéral perçoit des impôts disproportionnés à ses besoins et verse aux provinces des subsides de toutes sortes, quitte à empiéter sur leur domaine réservé; quand ce n'est pas pour l'avancement de l'éducation, c'est pour l'établissement d'un parc national ou pour le financement de projets d'initiatives locales. Il distribue encore aux provinces des surplus de taxes sous forme de péréquation. Pour louables que soient ces motifs, une telle façon de procéder amène le pouvoir fédéral à entrer dans des domaines qui lui sont étrangers et à centraliser des problèmes qui devraient être réglés sur place. Il faudra sûrement redistribuer les pouvoirs de taxation. La question demeure complète: dans toute confédération, il faut prendre garde qu'un pouvoir ne se développe aux dépens de l'autre. Est-il préférable d'avoir un pays faible et des provinces fortes ou des provinces faibles et un pays fort?

Qu'entend-on par taxe directe et taxe indirecte? Servons-nous des définitions de John Stuart Mills qu'a adoptées le Conseil Privé de Londres dans ses décisions sur le sujet. "La taxe directe est celle qui est exigée de la personne même qui, dans l'intention du législateur, doit la payer." La taxe indirecte passe par un intermédiaire: "Elle est exigée d'une personne en attendant son remboursement par une autre."

B. Les institutions municipales et scolaires

Les institutions municipales dépendent des provinces (AANB, art. 92, paragraphe 8). Les conseils municipaux ne peuvent donc avoir plus de pouvoir qu'en détiennent les provinces. Il est bon de le dire, parce que certains dirigeants de municipalité se conduisent parfois comme s'ils étaient au-dessus des lois. Les conseils municipaux sont soumis au contrôle et à la surveillance du pouvoir provincial. Quand ils agissent à l'encontre de l'ordre public, le gouvernement peut intervenir et mettre l'administration de leur municipalité sous tutelle. Dans notre province, la chose s'est produite pour la ville de Montréal, il y a plusieurs années, et, plus récemment, pour la ville de Jacques-Cartier.

La corporation municipale est une personne légale créée par la loi pour administrer un territoire déterminé. Ceux qui la composent et la dirigent sont le maire, les échevins ou conseillers et les officiers nommés par le conseils; la municipalité est le territoire sur lequel s'étendent les pouvoirs de la corporation.

La loi des cités et villes régit les corporations municipales importantes et le Code municipal s'applique aux corporations de village ou de paroisse. Les villes importantes comme Montréal, Québec, Trois-Rivières et Sherbrooke ont généralement des chartes spéciales qui remplacent la loi des cités et villes ou qui l'adaptent à leurs besoins particuliers. Une corporation municipale constitue à elle seule une petite législature: ses dirigeants sont élus, ils ont les pouvoirs de faire des règlements dans les limites de leurs attributions, de les faire respecter par des sanctions appropriées et de voir au maintien du bon ordre.

Dans la province de Québec, on compte divers corps de police. Les principaux sont ceux qui relèvent des corporations municipales, et qui voient au maintien de la paix et de l'ordre dans les limites de la municipalité, la Sûreté du Québec, chargée d'appliquer les lois de la province, et la Gendarmerie royale du Canada qui assure le respect des lois fédérales. Ces corps de police collaborent entre eux. Le Québec et l'Ontario sont les seules provinces du Canada à entretenir des organisations policières distinctes. Dans les autres provinces la Gendarmerie royale tient lieu de police provinciale.

Suivant l'article 93, les provinces ont une juridiction exclusive en matière d'éducation. Elles ne peuvent cependant toucher aux privilèges acquis par certaines catégories de personnes d'avoir des écoles confessionnelles.

Au Manitoba, les catholiques et les protestants maintenaient des écoles à leurs frais. Le gouvernement de cette province décida un jour d'établir des écoles d'Etat. Le Conseil privé a jugé que cela ne nuisait en rien aux écoles séparées. Cette décision obligeait cependant les catholiques ou les protestants à payer des taxes pour assurer le maintien de ces nouvelles écoles; libre à eux de soutenir, en plus et sans aide, leurs écoles confessionnelles déjà existantes s'ils désiraient les conserver. En Ontario, de semblables difficultés marquèrent la mise en application du fameux règlement 17.

Au Québec les commissions scolaires, sous la direction d'un président, avec l'aide d'un comité exécutif et l'assistance de cadres, trois au minimum, sont chargées d'administrer la chose scolaire régie par la loi de l'instruction publique. Des amendements apportés à cette loi en 1971 (Bill 27) permettent une participation plus grande de la part de la population. Le nombre des commissaires varie de neuf à dix-neuf selon l'importance d'une corporation locale. La loi met également en place une structure visant à favoriser la consultation auprès des parents. Le conseil des commissaires d'une locale s'occupe de l'éducation au niveau élémentaire. Dans un territoire déterminé, plusieurs locales s'associent pour former une régionale où tous les commissaires des locales constituantes sont appelés à siéger. Les commissions scolaires régionales possèdent la même structure administrative que les commissions scolaires locales et ont charge de l'éducation au niveau secondaire. Dans les grandes villes, il arrive qu'une régionale et ses constituantes se fusionnent pour former une commission scolaire commune. Dans ce cas, elle fonctionne à la fois à l'échelle élémentaire et secondaire.

La loi de l'instruction publique tient compte des dissidents, c'est-à-dire des contribuables d'une municipalité qui professent une croyance religieuse différente de celle de la majorité. Elle leur accorde le droit de former une corporation séparée. Les commissaires portent alors le nom de syndics. Notre loi scolaire laisse peu d'autonomie aux commissaires et aux syndics. Il est vrai que les taxes scolaires ne suffisent pas à financer le coût des opérations et que le gouvernement provincial en supporte la grande partie au moyen de subventions. Malgré les contraintes auxquelles ils sont soumis, les commissaires et les syndics qui désirent vraiment s'occuper d'éducation peuvent encore faire oeuvre d'invention et d'initiative.

C. Le divorce et le mariage

On remarquera dans l'AANB que le mariage et le divorce relèvent de la juridiction fédérale tandis que la célébration du mariage a été réservée à la compétence des provinces.

Ces dispositions expliquent la nouvelle législation du Parlement canadien sur le divorce, en 1968, et les amendements apportés à notre code civil, l'année suivante, au sujet de la célébration du mariage. Chose troublante: depuis plusieurs années, le Code civil de la province de Québec contient des dispositions sur le mariage (art. 148 à 164) alors qu'il s'agit bien, suivant le paragraphe 26 de l'article 91, d'une matière relevant du fédéral.

Des juristes disent que le mariage reste de juridiction provinciale parce que le chapitre qui y est consacré a été introduit dans notre Code civil un an avant le promulgation de l'AANB. Pourtant, l'article 129 déclare sans équivoque que les lois existantes en 1867 peuvent être révoquées, abolies ou modifiées par l'autorité fédérale ou provinciale conformément à la compétence qui leur est attribuée en vertu de l'acte constitutionnel. Il est vrai qu'en droit constitutionnel toute loi demeure valide jusqu'à ce qu'elle ait été désavouée.

Restent, à l'article 92, la propriété, les droits civils et l'administration de la justice qui sont probablement les domaines les plus déterminants de l'entité d'une province car ils conditionnent la vie du citoyen qui y habite. Ces sujets sont traités en détail dans des chapitres subséquents.

D. Pouvoirs concurrents

Il y a des pouvoirs qui, suivant la constitution (art. 95), peuvent être exercés concurremment par le fédéral et par les provinces. Il en est ainsi de l'agriculture et de l'immigration. La province de Québec a légiféré sur ce dernier point depuis peu seulement. En 1951, un amendement à la constitution a ajouté l'article 94A qui permet au fédéral d'entrer dans le champ des pensions de vieillesse, tout en laissant aux provinces pleine juridiction en ce domaine.

E. La langue française

Certains historiens ont vanté la bonté et la mansuétude des Pères de la Confédération à l'endroit des Canadiens français au sujet de l'usage de leur langue. Quand on regarde de près l'article 133, on constate cependant qu'il n'a été passé que pour protéger la minorité anglaise dans la province de Québec. Lisons-le attentivement:

> Dans les Chambres du Parlement du Canada et les chambres de la législature de Québec, l'usage de la langue française ou de la langue anglaise, dans les débats, sera facultatif; mais, dans la rédaction des archives, procès-verbaux et journaux respectifs de ces chambres, l'usage de ces deux langues sera obligatoire; et dans toute plaidoirie ou pièce de procédure par-devant les tribunaux ou émanant des tribunaux du Canada qui seront établis sous l'autorité du présent acte, et par-devant tous les tribunaux ou émanant des tribunaux de Québec, il pourra être fait également usage, à faculté, de l'une ou de l'autre de ces langues.
>
> Les actes du Parlement du Canada et de la législature de Québec devront être imprimés et publiés dans ces deux langues.

L'article 133 permet donc l'usage des deux langues devant les deux Chambres fédérales, l'Assemblée nationale du Québec, devant les tribunaux fédéraux et les tribunaux de la province de Québec. Pas plus.

On n'a rien prévu au sujet de l'usage de la langue française dans les neufs provinces et devant les tribunaux créés par ces dernières. Au Nouveau-Brunswick, où l'élément français constitue près de 40% de la population, des étudiants de langue française ont dû, au début des années 1970, subir un procès en langue anglaise alors qu'ils avaient réclamé d'être jugés dans leur langue. On leur reprochait de s'être rendus coupables de méfait. Ils s'étaient avisés de déposer une tête de cochon sur le perron de la résidence du maire de Moncton, Léonard Jones.En 1977, en Ontario cette fois, Gérard Filion, ex-rédacteur du *Devoir* et président de Marine Industries, sur une accusation de conspiration, demande d'être jugé dans sa langue sans pouvoir obtenir satisfaction (1).

---

(1) Au cours de l'année 1977, l'Assemblée nationale a adopté le projet de loi 101 intitulé "Charte de la langue française". Le français est devenu la langue afficielle du Québec. Au préambule, il est déclaré: "L'Assemblée nationale reconnaît la volonté des Québécois d'assurer la qualité et le rayonnement de la langue française. Elle est donc résolue à faire du fran-

4. Interprétation de la constitution canadienne

Les tribunaux, appelés à déterminer les critères selon lesquels les lois sont valablement faites par l'un ou l'autre pouvoir, ont posé un certain nombre de principes généraux d'interprétation. On peut les ramener à six.

A. Le maintien de l'équilibre

Par le maintien de l'équilibre, on doit rejeter toute interprétation d'une disposition qui permettrait d'absorber le champ réservé à l'autre pouvoir. Il y a quelques années, le gouvernement Bennet avait voté plusieurs lois sociales. Le Conseil privé a décidé que ces lois étaient ultra-vires, parce que le domaine dans lequel elles entraient était du ressort des provinces.

B. Le pouvoir ancillaire

Le deuxième principe est le pouvoir ancillaire. Le pouvoir de légiférer comprend celui de faire toute loi accessoire nécessaire à l'application efficace et complète de la loi principale. Ce principe a souvent fait

---

çais la langue de l'Etat et de la Loi aussi bien que la langue normale et habituelle du travail, de l'enseignement et des communications...

Ces principes s'inscrivent dans le mouvement universel de revalorisation de cultures nationales qui confère à chaque peuple l'obligation d'apporter une contribution particulière à la communauté internationale."

La rencontre des premiers ministres des provinces à St-Andrews, Nouveau-Brunswick, en août 1977, ne permet pas aux gens du Québec d'entretenir un optimisme démesuré sur leur avenir dans la Confédération canadienne. Elle a confirmé une fois de plus le refus obstiné et toujours de bonne foi de l'élément anglophone de discuter sérieusement du problème des minorités françaises au Canada. Alors que le premier ministre Lévesque proposait des accords de réciprocité en matière de droits linguistiques et scolaires, les représentants des autres provinces se bornaient à exprimer des voeux pieux dans des formules ronflantes et vides de sens.

l'affaire des centralisateurs. Le pouvoir du fédéral de faire des lois en matière de faillite comprend aussi celui de prévoir les conséquences de ces lois en matière d'hypothèque judiciaire, même si ce domaine relève du droit civil. Autre exemple, quand le gouvernement fédéral décide d'établir un aéroport international, à Sainte-Scolastique, dans la province de Québec, il a le droit d'exproprier les terres nécessaires à sa réalisation. Pourtant les terres relèvent du droit civil.

C. La théorie du champ inoccupé

Le troisième principe qu'on applique est celui de la théorie du champ inoccupé. Le fait que le fédéral puisse légiférer sur un point donné en vertu de son pouvoir ancillaire n'empêche pas les provinces de légiférer sur le même point en vertu de leurs pouvoirs généraux. Ainsi, les provinces ont pu légiférer sur les privilèges en matière de faillite avant 1920, date où la loi fédérale sur la faillite est entrée en vigueur. Cela ne s'applique pas cependant à un pouvoir que le fédéral possède déjà mais dont il ne se sert pas. Si le fédéral n'avait pas légiféré sur les poids et mesures, une province ne pourrait, en aucune façon, s'attribuer ce pouvoir, car il est spécialement réservé au fédéral en vertu de l'article 91, paragraphe 17.

D. La portée de la législation

Il faut encore connaître la portée de la législation. Pour dire si une loi est constitutionnelle ou non, les tribunaux ne regardent pas la forme mais le but qu'on a voulu atteindre. Celui-ci, on le comprendra, n'est pas toujours celui qui est indiqué. Si le résultat final conduit à envahir le domaine d'autrui, la loi est jugée invalide. C'est le point sur lequel on a le plus de jurisprudence. Par exemple, depuis la Confédération, le fédéral a essayé, sous toutes sortes de prétextes, de légiférer en matière d'assurance, domaine réservé aux provinces.

E. Les circonstances

En principe, pour interpréter une loi, il faut se baser sur ce qui est écrit. Parfois, cependant, on a besoin de s'entendre sur les mots: il faut prendre pour acquis qu'on a dit ce qu'on a voulu dire, non pas faire dire au texte ce qu'on n'a pas dit. On doit tenir compte des circonstances. L'article 24 de l'AANB dit que "le gouverneur général mandera au Sénat, de temps à autre, des personnes ayant les qualités requises". Le Conseil privé a décidé qu'une femme entrait dans la catégorie des "personnes" et pouvait être nommée sénateur.

F. Interprétation non stricte

Enfin, une dernière règle: l'interprétation n'est généralement pas stricte, sauf en matière pénale ou fiscale.

IV. La situation juridique actuelle du Canada

1. Le Statut de Westminster

Ces quelques notions seraient incomplètes si on ne parlait du Statut de Westminster voté par le Parlement anglais en 1931. Celui-ci apporte au statut politique du Canada un changement considérable.

Les dominions cessent d'être des colonies pour devenir des Etats souverains. Cela revêt une extrême importance pour un pays, au point de vue international, que d'être considéré comme un pays souverain. Le seul lien qui existe encore entre notre pays et l'Angleterre, ou avec les autre pays du Commonwealth, est l'allégeance commune à la couronne anglaise.

Avant 1931, le gouverneur général était le représentant du Parlement anglais. Le Statut de Westminster le rend représentant du parlement canadien. Il indique encore que nulle loi future de la Grande-Bretagne, ne pourra désormais s'appliquer à un dominion à moins que ce dernier ne l'ait demandé.

Le Statut de Westminster permet aussi de modifier les lois anglaises qui sont déjà en vigueur au Canada. Cela, la "Colonial Laws Validity Act" (1865) le défendait. Par voie de conséquence, la province de Québec pourrait abolir, au code civil, les dispositions relatives au testament fait suivant la forme anglaise. Enfin, ce qui est essentiel pour un pays souverain, le Statut de Westminster accorde aux dominions le droit de faire des lois ayant une mise en application extra-territoriale. A titre d'exemple, avant 1931, le Canada, parce qu'il était colonie, n'avait pas juridiction pour intenter une poursuite pour bigamie contre un Canadien qui se mariait à l'étranger alors qu'il était déjà engagé dans les liens d'un premier mariage.

2. Le Tribunal constitutionnel

On parle depuis longtemps de rapatrier la constitution. On veut en faire une loi canadienne. Tout le monde semble être d'accord là-dessus mais personne ne désire prendre la responsabilité. Quand ce sera fait, il faudra déterminer de quelle façon on pourra changer ou amender cette constitution. On devra créer un tribunal qui aura à la fois la confiance du fédéral et des provinces. Le Conseil Privé de Londres a jugé, pendant plusieurs années, les problèmes constitutionnels qui surgissaient entre le pouvoir central et les provinces. Comme il était assez éloigné des personnes et des choses en litige, il rendait les décisions acceptables, mais n'oubliait jamais de faire passer, par-dessus les querelles intestines, les intérêts de l'Empire.

On se souviendra du jugement qu'il a prononcé aux dépens du Québec, en 1927, en incorporant le territoire du Labrador à Terre-Neuve, même si cette province, colonie de la couronne anglaise dans le temps, en était séparée par un bras de mer large de plusieurs milles, qui constituait une frontière on ne peut plus naturelle. Pour des raisons faciles à comprendre, le Conseil Privé étendit les frontières de Terre-Neuve "jusqu'au bassin des rivières et fleuves du Labrador qui se déchargent dans la mer".

Le Trade Facilities Board, organisme du gouvernement britannique, avait garanti, en 1923, un prêt de deux millions de livres consenti à la Newfoundland Power and Paper Company. La garantie reposait sur les ressources du Labrador intérieur et elle avait été donnée sans consultation préalable avec le Canada et le Québec dont les droits à la propriété n'avaient jamais été jusque là contestés. Depuis 1867, le Québec s'était même livré régulièrement, sur le sol du Labrador, à des études hydrauliques et surtout à des relevés géologiques qui avaient conduit à la découverte d'importants gisements de minerai de fer.

En 1925, la Newfoundland Power and Paper Company fit faillite et le Judicial Committee du Conseil Privé, qui se trouvait en même temps juge et partie, réalisa la garantie du prêt en disposant du Labrador en faveur de Terre-Neuve sans donner au Canada ou au Québec l'occasion de faire valoir leurs prétentions.(1) La même année, comble de l'indécence, le

---

(1) Roger-J. Bédard, *L'affaire du Labrador*, Montréal, Editions du Jour, 1968, et Henri Dorion, *La Frontière Québec-Terre-Neuve*, Québec, Les Presses de l'Université Laval, 1963.

gouvernement anglais offrit au gouvernement du Québec de lui céder le terrotoire pour la somme de trente millions de dollars, ce que naturellement le Québec refusa. On s'est rendu compte des conséquences considérables de cette décision lors de l'aménagement des chutes Churchill sur la rivière Hamilton. Selon certains juristes, l'affaire du Labrador semble devoir demeurer sur une injustice parce qu'en 1949, lors de l'entrée de Terre-Neuve dans la Confédération, la province de Québec ne s'est pas opposée à l'inscription du jugement de 1927 dans la constitution canadienne. (1)

Présentement, il appartient à la Cour suprême d'arbitrer les différends qui s'élèvent dans l'application des deux pouvoirs. Or, les juges de la Cour suprême sont nommés par le fédéral. Ce qui met le pouvoir central dans une position délicate: on peut l'accuser de favoritisme, même si, en principe, le pouvoir judiciaire ne dépend pas du pouvoir exécutif.

3. Le Canada à l'extérieur

Notre pays jouit d'une réputation enviable dans le monde. C'est un pays dont les manières politiques inspirent le respect. Sa voix est écoutée. Au Canada, le standard de vie est très élevé, comparable à celui qui existe aux Etats-Unis. Les richesses naturelles y sont pratiquement inépuisables. Le Canada, contrairement aux Etats-Unis, n'a pas d'empire commercial à soutenir et de politique extérieure à imposer. Ce qui rend son influence envers les autres pays moins écrasante et mieux acceptée.

C'est le pays intermédiaire par excellence qui sert d'arbitre dans les conflits entre les grandes puissances et les petits pays. Quand il participe aux programmes d'assistance aux pays en voie de développement, il ne pratique pas le paternalisme détestable qui caractérise les grandes puissances. Nos gouvernants exercent la saine vertu de charité internationale en fournissant le soutien nécessaire aux populations des pays ravagés par la guerre, dévastés par les inondations ou rongés par la famine.

(1) A l'art. 2 de l'annexe intitulée "Conditions de l'union de Terre-Neuve au Canada", dans la description du territoire, il est dit... "ainsi que la côte du Labrador, telle qu'elle a été délimitée dans la décision rendue par le Comité judiciaire du Conseil privé de sa Majesté, le premier jour de mars 1927..."

Le Canada prend part activement à la vie mondiale et se comporte comme un pays qui va de l'avant. Il est membre de la plupart des organismes qui s'intéressent à la paix et à la sécurité ou qui recherchent le progrès social et l'entraide économique (O.N.U., O.T.A.N., Commonwealth).

4. Le Canada à l'intérieur

A l'intérieur cependant, la situation laisse à désirer. Il faut l'avouer, le système ou mieux, la façon d'appliquer le système dans lequel vivent les Canadiens a réussi plus à les diviser entre eux qu'à les unir. D'un côté, 6,000,000 de Canadiens français et la province de Québec. De l'autre, 15,000,000 de Canadiens de langue anglaise et neuf provinces. Plus bas, les Etats-Unis et 220,000,000 d'Américains qui parlent également anglais.

Les Canadiens français n'ont pas d'autres attaches que la province de Québec et le Canada. S'ils parlent le français, c'est un peu par accident. Ils n'ont pas la mentalité du Français mais celle du Nord-Américain. De français, ils n'ont gardé que la langue et la culture. Ils ont subi l'empreinte des appareils parlementaires et judiciaires anglais. Ils ont mis à profit, dans la mesure de leurs moyens, la technique avancée des Américains. Ils ont acquis une personnalité propre. Les Canadiens français habitent le Canada depuis trop longtemps pour ne pas avoir leur mot à dire dans la conduite de ses affaires et ils entendent de plus lui apporter l'élément particulier qui le distinguera des Etats-Unis.

Certains Canadiens de langue anglaise, formant un groupe assez considérable et encore très actif, conservent des liens étroits avec la mère patrie. Ils entretiennent avec un soin jaloux le culte de la royauté et voient disparaître avec nostalgie les derniers vestiges d'un empire colonial sur lequel "le soleil ne se couche jamais". Ils sont plus anglais que les Anglais eux-mêmes. Il n'y a rien à faire avec eux: ils ont conquis, une fois pour toutes, les Canadiens français en 1760!

On peut dire des autres Canadiens de langue anglaise qu'ils sont Canadiens mais à leur manière. A leur image britannique, ils ont ajouté, la langue aidant, la culture américaine. Ils entendent alors façonner le Canada à leur ressemblance sans y inviter les Canadiens français. Ils n'en voient pas l'utilité. Ils sont majoritaires et ne font qu'appliquer les règles de la démocratie. La minorité doit s'incliner devant la décision de la majorité. Ils manifestent de la surprise quand les Canadiens français se plaignent de leur comportement. Ils les trouvent "excités".

Pourquoi s'entêter à conserver une langue qui ne sert qu'à l'intérieur du Québec? Et puis, il y a tellement de questions prioritaires à régler! Le Canadien de l'Ouest pense alors à la vente de son blé; celui de l'Est aux disparités régionales. Le Canadien de langue anglaise ignore nos difficultés ou ne les trouve pas importantes parce qu'il ne les vit pas. Pour compléter le tableau, ajoutons le problème des immigrants qui n'éprouvent aucunement le besoin d'apprendre le français et qui réclament à leur tour des droits inhérents à leurs origines ethniques. Aux Etats-Unis, il n'en va pas de même: une seule langue officielle, l'anglais. L'immigrant doit se fondre dans la grande masse. Qu'on le veuille ou non, c'est ce grave manque de compréhension entre Canadiens, au niveau de la langue française, qui se trouve à la base de nos difficultés intérieures.

Les Canadiens français, par leur résistance, indisposent les Canadiens de langue anglaise et ceux-ci, par leur force agissante, deviennent de plus en plus intransigeants à l'égard des premiers. Chez les Canadiens français, les plus pressés se sont fatigués de l'inutilité de leurs efforts et ont opté définitivement pour l'indépendance du Québec. Cela s'explique. On trouve dans l'histoire et dans les faits matière suffisante à reproches. Les autres n'ont pas encore perdu espoir. Ils croient toujours en un Canada où chaque partie composante trouvera sa vraie place. En cela, ils sont appuyés par un nombre toujours grandissant de Canadiens d'origines différentes. Pour eux, l'unité canadienne est encore possible, mais à la seule condition que, de part et d'autre, on s'entende sur un minimum requis. Il faudra, au départ, tendre vers une complète autonomie et faire disparaître de nos institutions tout ce qui pourrait ressembler à une sujétion quelconque.

Donc abolir la royauté et les fonctions de ceux qui la représentent, le gouverneur général et les lieutenants-gouverneurs. Puis, il sera nécessaire d'élargir la constitution sur l'usage de la langue française et de la rendre obligatoire et officielle au même titre que la langue anglaise. Mais cette mesure sera vaine si le gouvernement fédéral, de concert avec les gouvernements provinciaux, n'applique à l'égard de l'immigrant une politique d'intégration qui lui permettra de se joindre à l'élément français tout en profitant des mêmes avantages qu'il aurait retirés s'il s'était tourné vers l'élément anglais, compte tenu du contexte nord-américain auquel personne d'entre nous ne peut échapper.

Ce programme paraît tout à fait normal au Canadien français, mais il demande presque l'impossible à l'élément anglais. Toutefois, l'année 1969 aura marqué une étape importante dans la réalisation de cet idéal par l'adoption de la loi fédérale sur les langues officielles.

Dans son message du 24 juin 1969, à l'occasion de la St-Jean-Baptiste, le premier ministre du Canada, monsieur Trudeau, déclara ceci: "Nous sommes à bâtir un pays aux dimensions physiques et sociales exceptionnelles. Oubliant les préjugés du passé et les méfiances séculaires, nous prenons le grand risque d'inventer un pays neuf, fondé sur la fraternité de deux grandes communautés linguistiques autrefois divisées. L'aventure est de taille et de haute ambition." Pour en arriver là, il faudra que chaque Canadien manifeste une foi aveugle, démontre une bonne volonté indéfectible et s'arme d'une patience à toute épreuve. Il faudra que les Canadiens se souviennent toujours qu'il y a des droits minoritaires à respecter et que la démocratie ne doit jamais servir de truchement à la loi du plus fort. Cela, malgré la CATCA pour qui le ciel doit parler anglais, malgré le juge Burridge de la Cour provinciale de Cambridge, Ontario, qui s'étonne qu'une accusée n'ait pas tenté d'apprendre l'anglais qui est la langue de notre pays" et malgré que, suivant l'enquête menée par le professeur Réginald Bibby de l'université Lethbridge, en Alberta, de mai à novembre 1975, seulement 28% des Canadiens de l'Ouest soient favorables aux deux langues officielles.

5. L'événement du 15 novembre 1976

Le 15 novembre 1976, il s'est produit un événement historique au Québec. Les électeurs ont confié le pouvoir au Parti québécois. Un Parti dont la raison d'être est l'indépendance du Québec. Il faut dès lors prévoir la suite logique des choses. Un référendum aura lieu et la population du Québec décidera si l'indépendance lui convient ou non. On commence à s'entendre sur les mots.

On parle d'indépendance et non de séparatisme, de marché commun avec les voisins plutôt que d'économie fermée. Mais ce n'est pas aussi facile que cela. Des finauds, comme il s'en trouve toujours dans les grandes occasions, ont déjà suggéré aux Canadiens des autres provinces qu'ils devraient être consultés sur la question. Ils s'intéressent soudainement aux problèmes du Québec pour les étouffer à leur façon sous le manteau de la consultation populaire. Les provinces sont entrées de plein gré dans le système confédératif et devraient pouvoir en sortir quand bon leur semble. Au départ, en 1867, on se souvient, le Canada n'était constitué que de quatre provinces: l'Ontario, le Québec, la Nouvelle-Ecosse et le Nouveau-Brunswick. Si on veut jouer honnêtement le jeu de la démocratie, on doit accepter, de temps à autre et de bonne grâce, l'inconvénient de se sentir minoritaire. Il appartient aux citoyens du Québec et à eux seuls de déterminer ce que sera leur avenir. S'ils entendent demeurer dans la Confédération, ils le diront; s'ils favorisent l'indépendance, on devra respecter leur décision. Ils feront leur choix. Avec nostalgie, ils penseront aux voyages de La Vérendrye vers les Rocheuses ou à l'épopée de Louisbourg dans l'Ile Royale. Ils songeront aux avantages que leur procure le système confédératif. Ils ne pourront se résoudre à considérer comme gens d'un autre pays des voisins séculaires parfois envahissants mais toujours sympathiques. Ou, sans oublier le passé, ils tenteront de réaliser, pour la première fois, le projet ardu mais combien fascinant d'atteindre, comme peuple, les limites du devenir. Alors, ils inventeront un pays, le pays où s'épanouira la nouvelle nation québécoise.

6. Loi des droits de l'homme

Au Canada, nous jouissons d'une liberté sans égale et la chose mérite d'être soulignée. S'il est un pays où le citoyen est si peu en butte aux tracasseries du pouvoir policier c'est bien celui-ci. Pour rendre cette liberté encore plus complète, le gouvernement canadien a passé, en 1960, une loi des droits de l'homme qui en consacre les principes fondamentaux (8-9 Elizabeth II chap. 44).

"Le Parlement du Canada proclame que la nation canadienne repose sur des principes qui reconnaissent la suprématie de Dieu, la dignité et la valeur de la personne humaine ainsi que le rôle de la famille dans une société d'hommes libres et d'institutions libres. Il proclame en outre que les hommes et les institutions ne demeurent libres que dans la mesure où la liberté s'inspire du respect des valeurs morales et spirituelles et du règne du droit."

L'article premier énumère ces droits. Il est par les présentes reconnu et déclaré que les droits de l'homme et les libertés fondamentales ci-après énoncés ont existé et continueront à exister pour tout individu au Canada quels que soient sa race, son origine nationale, sa couleur, sa religion ou son sexe:

— le droit de l'individu à la vie, à la liberté, à la sécurité de la personne ainsi qu'à la jouissance de ses biens, et le droit de ne s'en voir privé que par l'application régulière de la loi;
— le droit de l'individu à l'égalité devant la loi et à la protection de la loi;
— la liberté de religion;
— la liberté de parole;
— la liberté de réunion et d'association, et
— la liberté de la presse.

La loi affirme enfin le droit de tout citoyen d'être informé des motifs de son arrestation ou de sa détention, de retenir les services d'un avocat, d'exiger une audition impartiale de sa cause selon les principes de la justice et d'être présumé innocent jusqu'à preuve du contraire. On a l'impression de relire les principes énoncés dans la Grande Charte!

Pour ne pas demeurer en reste, l'Assemblée nationale du Québec a voté, en 1975, la charte des droits et libertés de la personne. Cette loi, constituée de cent articles, énumère les droits à la vie, à la sûreté, à l'intégrité physique, à la liberté de sa personne et à la possession de la personnalité juridique, au secours, à la sauvegarde de la dignité, au respect de la vie privée, à la protection de la propriété et au respect du secret professionnel, et mentionne les libertés fondamentales, comme la liberté de conscience et la liberté d'expression. Elle touche la discrimination quant à la race, à la couleur, au sexe, à l'état civil, à la religion, aux convictions politiques, à la langue, à l'origine ethnique, à la condition sociale et au travail. Elle donne à tous accès aux lieux publics et aux moyens de transport sans distinction ni préférence. Elle consacre les droits politiques et certains droits économiques et sociaux, comme le droit à l'instruction publique gratuite, à l'établissement et au maintien d'institutions privées d'enseignement, le droit, pour les minorités, de faire progresser leur vie culturelle, le droit à l'information, le droit pour chacun d'exercer son métier à des conditions justes et raisonnables, l'égalité des époux dans le mariage et le droit des personnes âgées ou physiquement ou mentalement déficientes d'être protégées contre l'exploitation. Et pour assurer le respect de ces droits et libertés, la Charte provinciale a institué une Commission des droits de la personne et permet, aux gens qui se sentent lésés, de réclamer une indemnité ou de recourir à l'injonction.

Par une loi, sanctionnée le 14 novembre 1968, la province de Québec avait déjà nommé un "Protecteur du citoyen" qui est le pendant de l'ombudsman des pays scandinaves. Sa fonction consiste à faire enquête, sur demande de toute personne qui, se croyant lésée, ne pourrait pas obtenir justice autrement, et à apporter, s'il y a lieu, les correctifs qui s'imposent.

TROISIÈME PARTIE

Les tribunaux, les juges, les officiers de justice, la prise des débats, la tenue de l'audience et la recherche des lois

I. Les tribunaux

Comme on l'a vu, à la lecture du paragraphe 14 de l'article 92 de notre Constitution, l'administration de la justice a été confiée au domaine provincial. Cela lui permet de créer, de maintenir et d'organiser des tribunaux ayant juridiction civile et criminelle. La province de Québec a passé, à cet effet, la loi des tribunaux judiciaires (S.R.Q., 1964 ch. 20). De son côté, le pouvoir fédéral, pour l'administration de certaines de ses lois, est venu compléter notre appareil judiciaire en instituant la Cour suprême et la Cour fédérale. Enfin, l'étude des tribunaux au Québec serait incomplète si on ignorait l'existence des tribunaux administratifs de création provinciale ou fédérale qui, en assurant l'exécution de certaines lois statutaires, exercent des pouvoirs quasi-judiciaires.

Un tribunal est un organisme chargé de régler les conflits entre personnes, s'il applique le droit civil, de réprimer les offenses commises envers l'Etat, s'il applique le droit pénal, ou de dire le droit dans les différends qui opposent l'Etat aux personnes, s'il applique le droit administratif. Il se compose habituellement d'un juge, nommé par le pouvoir exécutif provincial ou fédéral, qui préside les débats, d'un greffier-audiencier dont la fonction consiste à préparer les dossiers à l'intention du juge et à rapporter, dans un procès-verbal, les divers mouvements de l'audience. Il y a aussi l'huissier-audiencier qui doit assurer l'ordre, appeler les témoins et les guider au besoin. Si la chose est nécessaire, le tribunal aura recours aux services de sténographes ou d'appareils spéciaux qui recueilleront la "parole de l'audience".

Les juges de la Cour provinciale, de la Cour des sessions de la paix et de la Cour de bien-être social sont nommés par le pouvoir provincial (traitement annuel — juges en chef, 47,360.00, juges puînés — 42,240.00). Les traitements de base étaient de 37,000.00 et de 33,000.00: par décision rendue en septembre 1976 et avec rétroactivité au premier janvier de la même année, la Régie québécoise des mesures anti-inflationnistes a majoré ces traitements d'un taux de 28% correspondant à l'indice du coût de la vie et à certaines normes qui visent à atteindre la rétribution versée aux juges fédéraux. Les juges de la cour provinciale de l'Ontario jouissent d'un traitement un peu moins élevé. En 1976, compte tenu d'une augmentation de $2,400.00, soit la limite de ce que permettaient les mesures anti-inflationnistes fédérales, le traitement du juge en chef a été porté à $41,900.00, celui d'un juge adjoint à $39,400.00, et celui des autres juges à $38,400.00.

Les juges de la Cour supérieure, de la Cour d'appel, de la Cour fédérale et de la Cour suprême sont nommés par le pouvoir fédéral (traitement annuel — juges en chef, $55,000.00, juges puînés — $50,000.00. A la Cour suprême le juge en chef reçoit $65,000.00; un juge puîné $60,000.00).

Pour les fins de l'administration de la justice, la loi de la division territoriale (S.R.Q., 1964 ch. 5) a doté la province de Québec de 32 districts judiciaires. Ce sont les districts de Montréal, Hull, Pontiac, Terrebonne, Joliette, Labelle, Richelieu, St-François, Bedford, St-Hyacinthe, Iberville, Beauharnois, Témiscamingue, Québec, Trois-Rivières, Saguenay, Chicoutimi, Roberval, Mingan, Gaspé, Bonaventure, Rimouski, Kamouraska, Montmagny, Beauce, Arthabaska, Drummond, Mégantic, St-Maurice, Hauterive, Abitibi et Rouyn-Noranda.

Un district judiciaire couvre le territoire d'un ou de plusieurs comtés. Au chef-lieu d'un district, on trouve le palais de justice où sont centralisés les services jugés essentiels aux besoins des gens comme ceux de la Cour supérieure, de la Cour provinciale, de la Cour des sessions de la paix et de la Cour de bien-être social. Dans les districts de grande étendue, il existe des greffes périphériques dispensant surtout les services de la Cour provinciale, dont ceux des petites créances qui y sont attachés.

1. Les tribunaux judiciaires

Ils exercent leurs pouvoirs sur les matières civiles ou criminelles.

Les loi des tribunaux judiciaires partage les tribunaux en trois catégories: ceux de juridiction civile, ceux de juridiction criminelle et ceux de juridiction mixte.

Pour la plupart, ils sont mixtes en ce qu'ils participent aux deux juridictions. Pour faciliter une meilleure compréhension du sujet, nous envisagerons les juridictions sous les angles civil et criminel seulement.

A. De juridiction civile

Pour ce qui regarde les tribunaux de juridiction civile, il faut distinguer entre ceux à qui on doit s'adresser en premier lieu pour faire valoir un droit et ceux qui sont chargés de réviser les jugements dont on n'est pas satisfait. Ce sont les tribunaux de première instance et les tribunaux d'appel.

a. De première instance

Les tribunaux de première instance, en matière civile, sont la Cour provinciale, la Cour supérieure, la Cour de bien-être social et les Cours municipales.

1a) La Cour provinciale

La Cour provinciale se compose de 149 juges, nommés par le pouvoir exécutif provincial, et qui siègent aux chefs-lieux des 32 districts judiciaires de notre province. Elle rend aussi la justice dans quelques Cours de comté rattachées à l'un ou à l'autre de ces districts. Ainsi, les Cours provinciales des comtés de Nicolet (Nicolet) et de Maskinongé (Louiseville) dépendent du district de Trois-Rivières.

La Cour provinciale du Québec est dirigée par un juge en chef et un juge en chef adjoint.

Depuis l'adoption de la Loi favorisant l'accès à la justice (S.Q., 1971 ch. 86), et qui est entrée en vigueur le premier septembre 1972, on peut parler de la Cour provinciale, division des petites créances, et de la Cour provinciale de juridiction ordinaire.

1b. Division des petites créances

La loi favorisant l'accès à la justice confie à la Cour provinciale le soin de juger les réclamations sur créances n'excédant pas la somme de $400.00 et ayant pour cause un contrat, un quasi-contrat, un délit ou un quasi-délit. Avant le premier avril 1976, la valeur d'une petite créance ne devait pas dépasser la somme de $300.00 (1).

Il sera question plus loin des causes d'obligation. Contentons-nous, pour l'instant, de simples définitions. Le contrat est un engagement réciproque que prennent des personnes par rapport à quelque chose. Je m'engage, envers mon voisin, à lui vendre ma motocyclette pour la somme de $250.00; celui-ci, de son côté, s'engage à l'acheter pour le prix convenu. Nous sommes tous deux obligés de tenir notre engagement. Si l'un ou l'autre ne respecte pas l'obligation, la partie frustrée pourra s'adresser au tribunal pour obtenir justice contre la partie défaillante.

Dans le quasi-contrat, un partie engage une autre personne sans convention préalable; cela arrive, bien sûr, en cas de nécessité seulement et, pour produire une obligation, il faut que l'acte posé soit nécessaire ou utile dans la circonstance. Mon voisin est en voyage et je sais qu'il sera absent pendant plusieurs jours. Une tempête se déclare, la grêle se met de la partie et, quand le beau temps revient, je m'aperçois que plusieurs carreaux de sa maison sont brisés. Pour limiter les dégâts, je prends sur moi de faire réparer les fenêtres endommagées. J'ai rendu un service nécessaire à mon voisin et celui-ci devra rembourser la dépense que j'ai encourue sans pouvoir prétexter qu'il n'a pas été consulté.

La différence entre le délit et le quasi-délit est facile à établir: tout est dans l'intention. En commettant un vol, le malfaiteur est conscient de

(1) Il est fortement question que le législateur amande le code de procédure civile pour protéger jusqu'à la somme de $500.00 la valeur d'une petite créance. De plus, chose importante, il aurait l'intention d'ajouter aux causes d'obligations celle résultant de la loi. Ainsi, une réclamation basée sur l'application de la loi du salaire minimum. L'amendement devrait être apporté en 1978.

priver quelqu'un de son bien. D'ordinaire, l'automobiliste qui accroche une autre voiture n'a pas prémédité l'accident. Dans les deux cas, il y a néanmoins obligation de réparer.

On remarquera qu'une créance ayant pour cause l'opération de la loi n'entre pas dans la catégorie des petites créances. Du moins pour le moment. Il en est ainsi de l'obligation alimentaire qui non seulement résulte de la loi mais encore doit être poursuivie devant la Cour supérieure.

Le tribunal interviendra pour assurer, en cas de non accomplissement, l'exécution de l'obligation. Quand le montant réclamé sur contrat, quasi-contrat, délit ou quasi-délit dépassera la somme de quatre cents dollars, le justiciable devra alors s'adresser à la cour compétente qui sera, selon les cas, la Cour provinciale de juridiction ordinaire (jusqu'à $2,999.99) ou la Cour supérieure ($3,000.00 et plus).

Autre condition essentielle à la petite créance: celle-ci doit être exigible par une personne physique en son nom et pour son compte personnels ou par un tuteur ou un curateur en sa qualité officielle. Le père, la mère ou la personne qui en tient lieu peut même, sans formalité spéciale, c'est-à-dire sans passer par un conseil de famille, agir d'office comme tuteur à l'enfant mineur. On ne fait aucune réserve quant à la qualité du débiteur. Ce peut être n'importe qui, tant une personne physique qu'une personne morale (qui possède une existence légale, distincte des personnes qui la composent: une corporation).

D'autre part, le législateur a bloqué aux corporations et aux acheteurs de créances l'accès aux petites créances. Ceux-ci, pour faire valoir leurs réclamations ne dépassant pas $400.00 sont tenus de s'adresser à la Cour provinciale de juridiction ordinaire. Mais, attention! S'ils s'avisent de poursuivre une personne physique, cette dernière aura le privilège de referer la cause au jugement de la Cour d'accès à la justice. Disposition qui a pour but de prévenir les abus de frais.

Cependant, la loi ne considère pas comme petites créances les demandes de pension alimentaire, les poursuites en diffamation, les rentes ou toute matière pouvant affecter les droits futurs des parties. L'action collective est également exclue des petites créances; ce qui n'a pas pour conséquence d'empêcher plusieurs personnes de se joindre dans une même demande en justice en vue d'exercer des recours répondant aux critères d'une petite créance, ayant le même fondement juridique et soulevant les mêmes points de droit et de fait.

L'action sur petites créances doit être introduite dans le district du lieu de domicile du débiteur ou dans celui du lieu où la cause d'action a pris naissance. Cependant, si la distance entre le domicile du créancier et celui du débiteur excède 50 milles, le créancier pourra s'adresser au greffier du tribunal de son domicile qui fera le nécessaire pour que la cause soit jugée par le tribunal du domicile du débiteur à moins que le juge n'en ordonne autrement.

A la Cour des petites créances, la procédure suivie est passablement sommaire. Le créancier s'adresse au greffier et lui expose ses prétentions. Celui-ci rédige, séance tenante, une procédure faisant état de la demande et l'expédie au débiteur par courrier recommandé ou certifié. Sur réception de la demande, ce dernier pourra payer son créancier ou convenir avec lui des modalités de paiement. Il avisera ensuite le greffier de la chose. Si le débiteur désire contester, une audience aura lieu et le juge se chargera lui-même de l'interrogatoire des témoins.

Le créancier ou le débiteur qui n'est pas en mesure de se défendre seul pourra se faire assister par un parent, par un allié ou, à défaut de parent ou d'allié dans le district judiciaire, par un ami. On aura compris que l'avocat ne peut exercer devant le tribunal des petites créances.

Le dernier paragraphe de l'article 955 du code de procédure civile le défend expressément: "L'avocat ou l'agent de recouvrement ne peut agir comme mandataire." Les juges Alan Gold de la Cour provinciale et Jules Deschênes de la Cour supérieure ont décidé de la validité de cette prohibition, le premier, dans l'affaire Gravel, en disant que la loi sur le sujet était constitutionnelle et claire, le second, dans l'affaire Nissan, en déclarant que la représentation par avocat devant les tribunaux n'est pas partie inhérente du droit naturel, au moins dans les cas d'importance mineure. Henri Brun, professeur de droit à l'université Laval, s'élève contre les motifs invoqués dans l'arrêt Nissan. Dans le *Devoir* du 18 février 1976, il écrit: "Le précédent créé par le juge en chef Deschênes fait peur. Il fait peur parce qu'il élargit à l'infini la discrétion judiciaire. Comment le droit naturel jugerait-il une loi libéralisant l'avortement...? La discrétion judiciaire est grande, mais elle est néanmoins soumise à des limites qu'il n'appartient pas au pouvoir judiciaire de modifier drastiquement. Si le droit naturel existe, c'est d'abord aux parlements d'en rendre compte. Le précédent fait peur aussi par l'impression qu'il donne que le droit n'est qu'affaire d'opinion – en l'occurrence l'opinion d'une classe dominante ou d'une élite éclairée. Il n'est déjà pas si facile, pourtant, de convaincre le justiciable que le processus judiciaire relève au moins partiellement de l'exercice d'une discipline scientifique rigoureuse. L'enthousiasme soulevé par l'arrêt Nissan auprès des non juristes nourrit paradoxalement cette crainte".

La contestation terminée, le juge rendra un jugement final et sans appel.

Depuis le 19 décembre 1975, le greffier de la Cour provinciale (ou ses adjoints qui détiennent des pouvoirs judiciaires) a le pouvoir de rendre jugement, sur des petites créances non contestées, dans les cas où l'article 194 du code de procédure civile le permet. Ce qui a mis terme à une situation juridique aberrante. Les cas de l'article 194 sont énumérés au chapitre *Juridictions en matière contentieuse* du présent volume. Auparavant, son pouvoir se bornait à accepter ou à refuser pour fins de poursuite les réclamations qui lui étaient soumises. Le greffier de la Cour provinciale pouvait, par exemple, rendre des jugements par défaut (sur défaut de comparaître) ou ex parte (sur défaut de produire une défense après comparution) sur des billets ou chèques de $300.01 jusqu'à $2,999.00 alors qu'on lui refusait de prononcer sur des montants moindres pour des actions semblables.

La philosophie qui a présidé à l'institution des petites créances voulait qu'un petit créancier puisse réclamer ou obtenir le paiement d'une dette sans trop de déboursés et qu'un petit débiteur soit appelé à se défendre ou à payer sans avoir à encourir des frais considérables. On pense ici aux frais de perception et aux honoraires de procureurs sur action. Avant l'entrée en vigueur de la loi des petites créances, le demandeur qui avait à réclamer une somme de $150.00 devait, en cas d'une contestation victorieuse de la part de l'adversaire, envisager des risques de frais considérables. En plus de se voir priver du montant auquel il pensait avoir droit, il était tenu de payer les mémoires de frais de son avocat et de celui de la partie défenderesse, mémoires qui pouvaient atteindre facilement la somme totale de $300.00. Aux petites créances, il n'est question ni d'honoraires ni de frais de perception. Tout ce qu'on exige du requérant, c'est un dépôt de $5.00 lorsque sa créance n'excède pas $100.00 et de $10.00 lorsque sa créance excède $100.00. Le dépôt couvre les frais de timbre. Si le requérant obtient jugement, le débiteur sera appelé à lui rembourser le montant du dépôt. Les frais d'exécution sont limités aux mêmes montants. Le débiteur qui succombe ne paiera donc, sur jugement et exécution, qu'une somme de $10.00 ou de $20.00 selon que le jugement n'excède pas ou excède $100.00. Les frais de témoins, d'experts et d'exécutions, s'ils dépassent ces montants, seront à la charge du gouvernement.

Si l'action est intentée par une corporation ou une agence de recouvrement et que la réclamation qui en constitue la base remplit les conditions d'une petite créance, ce sera le droit du défendeur, s'il est une personne physique, de référer la cause à la Cour d'accès à la justice. S'il néglige d'exercer ce droit et qu'il est condamné à payer la somme réclamée, il devra supporter les frais prévus au tarif sur une action ordinaire. Ainsi, sur jugement par défaut et avant exécution, il devra, pour un montant en jeu de $350.00, payer des frais de $93.50 plus le coût de la signification, celui-ci pouvant fluctuer suivant la distance parcourue par l'huissier. S'il avait référé la cause aux petites créances, il ne lui en aurait coûté que $10.00, frais de signification inclus.

L'article 992 du code de procédure civile limitait à ceux des petites créances les frais qu'un défendeur, condamné par défaut de comparaître ou de plaider, devait payer à la suite d'une action n'excédant pas le montant d'une petite créance mais qui n'était pas instituée en vertu de la loi des petites créances. Cette restriction est disparue à la suite d'un amendement en vigueur depuis le premier avril 1976. L'avocat d'une corporation qui poursuit une autre corporation a maintenant droit, en pareil cas, aux frais et aux honoraires prévus par le tarif ordinaire.

Le jugement rendu sur une petite créance devient exécutoire après l'expiration des dix jours suivant la date de sa prononciation ou de sa signification, à moins que le juge n'en ordonne autrement. L'exécution forcée se fait par l'intermédiaire du greffier qui agit en qualité de saisissant et sera pratiquée contre les salaires du débiteur ou contre ses autres biens meubles. Si le créancier veut obtenir paiement par la vente en justice des immeubles, il devra lui-même assumer l'opération.

En règle générale, le bref de saisie-arrêt (saisie de salaires) doit être signifié par voie d'huissier. Par dérogation, aux petites créances, la saisie-arrêt peut être faite par courrier recommandé ou certifié.

La loi favorisant l'accès à la justice, a donné, à ce jour, des résultats inespérés. En plus de procurer à l'individu la satisfaction de plaider sa propre cause, chacun croyant posséder en soi des talents exceptionnels de plaideur, elle a apporté, dans l'application de la justice en notre province, une dimension vraiment intéressante. Elle a offert au justiciable une image moins lointaine de l'appareil judiciaire. Elle lui a permis de faire valoir un droit auquel il renonçait, la plupart du temps, de peur d'encourir des frais qui souvent dépassaient la valeur en jeu.

En 1976, les Cours d'accès à la justice du Québec ont reçu 93,670 réclamations totalisant la somme de $16,522,546.64 d'une valeur moyenne de $176.39. De ce nombre, 59,949 causes ont été réglées dans les 110 jours de la date d'institution, ce qui, comme résultat, est loin d'être négligeable. 29% des causes se rapportaient à des comptes, 35% à des dommages, 10% à des lettres de change, 11% à des honoraires, 5% à des loyers et 10% à des réclamations diverses.

Une inquiétude demeure. Elle vaut non seulement dans l'application de la loi favorisant l'accès à la justice mais encore dans l'application des lois en général.

Faudra-t-il toujours veiller au respect des principes de base? La justice est une vertu morale, une disposition constante de la volonté qui porte l'homme à faire rendre à chacun ce qui lui est dû. Elle est essentiellement bonne, belle et pure. Elle représente un idéal que l'homme s'est créé et qu'il doit sans cesse soutenir, comme le feu que la vestale de Rome entretenait au péril de sa vie. Ceux qui sont chargés de rendre la justice ou de l'administrer, s'ils ne peuvent l'améliorer parce qu'elle est parfaite, doivent au moins prendre garde de ne pas en ternir l'image aux yeux des personnes qu'elle doit servir et éviter de l'appliquer au mépris des règles les plus élémentaires de la sagesse et de la prudence.

Dans certains districts, par exemple, sous prétexte d'efficacité administrative, on a pris l'habitude de disposer des causes en des temps records. Pour ce faire, le juge demande au greffier de préparer, à chaque mois, un rôle contenant, disons, une centaine de causes. Et on convoque tous les intéressés au palais de justice, à la même heure, la même journée. L'avant-midi: audition des causes non contestées. L'après-midi: audition des causes contestées. Un requérant et un intimé par cause, chacun accompagné d'au moins un témoin. On a vite fait d'encombrer le palais de justice de quelques centaines de personnes qui perdent un temps précieux en attendant leur tour; on donne l'impression aux justiciables qu'ils n'ont pas eu suffisamment de temps pour se faire entendre; on ruine ainsi toute la philosophie qui a présidé à l'instauration de la loi de l'accès à la justice en plus d'abuser du personnel en place en siégeant jusqu'à des heures indues.

Il n'est pas nécessaire de chercher loin pour découvrir qui trouve avantage à cette façon d'agir. Ce serait probablement trop simple de tenir des séances plus souvent ou encore de mettre à profit les dispositions de l'article 998 du C.P.C.: "Le tribunal, dans l'application du présent livre, (petites créances) peut tenir ses séances même un jour non juridique et aussi souvent que cela est nécessaire aux heures déterminées par le juge". Cela, c'est vraiment l'accès à la justice!

2b. De juridiction ordinaire

Pour les réclamations ou actions qui ne tombent pas sous le coup de la loi favorisant l'accès à la justice, c'est la Cour provinciale de droit ordinaire qui interviendra. Selon les articles 34, 35 et 36 du code de procédure civile, elle exerce sa juridiction sur toute demande:

— dans laquelle la somme demandée ou la valeur de la chose réclamée est inférieure à $3,000.00, sauf les demandes de pension alimentaire et celles réservées à la Cour fédérale;

— en exécution, en annulation, en résolution ou en résiliation de contrat, lorsque l'intérêt du demandeur dans l'objet du litige est d'une valeur inférieure à $3,000.00;

— en résiliation de bail, lorsque le montant réclamé pour loyer et dommages n'atteint pas $3,000.00. Ces deux derniers paragraphes auraient dû disparaître avec l'amendement apporté par le chapitre 63 des Lois du Québec 1970, et en vigueur depuis le premier juillet de la même année, qui haussait de $1,000.00 à $3,000.00 exclusivement la juridiction générale de la Cour provinciale.

C'est dire que, présentement, la juridiction de cette Cour s'applique à toutes les causes dont la valeur ne dépasse pas la somme de $2,999.99.

De plus, sont réservées à la juridiction de la Cour provinciale, cela, quel que soit le montant en jeu, les demandes:

— en recouvrement d'une taxe ou autre somme d'argent due à une corporation municipale ou scolaire;

— en recouvrement de cotisations pour la mise en état, la construction ou la réparation d'immeubles servant à des fins paroissiales;

— en annulation ou en cassation de rôle d'évaluation des immeubles imposables pour fins municipales ou scolaires;

— sur procédures ayant trait à l'usurpation, la détention ou l'exercice illégal d'une fonction dans une corporation municipale ou scolaire; dans ces derniers cas, si la question en litige dépasse les cadres de la qualification foncière du défendeur, elle sera entendue par trois (3) juges de la Cour provinciale et décidée à leur majorité.

C'est la Cour provinciale de juridiction ordinaire qui applique les dispositions du code de procédure civile relatives aux dépôts volontaires. On lui a de plus confié l'administration de la loi fédérale sur la citoyenneté.

Le responsable administratif de la Cour provinciale porte le nom de greffier.

2a. La Cour supérieure

La Cour supérieure est le tribunal de droit commun du Québec. En plus de lui accorder une juridiction très vaste, le législateur lui a réservé un pouvoir résiduaire de tout ce qui n'a pas été expressément attribué aux autres tribunaux. Les articles 31, 32 et 33 du code de procédure établissent sa juridiction.

Article 31: "La Cour supérieure est le tribunal de droit commun; elle connaît en première instance de toute demande qu'une disposition formelle de la loi n'a pas attribuée exclusivement à un autre tribunal."

Le législateur songe à confier à la Cour supérieure les demandes exercées par voie d'action comme aux Etats-Unis. L'action collective permet à un ensemble de personnes, par l'intermédiaire d'un représentant et au moyen d'une action, d'exercer des droits individuels qui sont en même temps reliés à des droits communs.

Article 32: "Nonobstant l'article 34, la Cour supérieure connaît en première instance, par voie d'évocation, des demandes portées devant la Cour provinciale, et se rapportant:

— à un honoraire d'office;
— à un droit de la Couronne;
— à un titre, à des terres ou héritages, ou à quelque autre droit immobilier mis en question par la contestation;
— à une rente ou autre matière pouvant affecter les droits futurs des

parties, pourvu que la valeur de ces droits, s'ils sont patrimoniaux, excède le taux de compétence de la Cour provinciale.

L'évocation est une procédure qui a pour but de transférer automatiquement un dossier d'une Cour à l'autre.

L'article 33 accorde à la Cour supérieure un droit de surveillance et de réforme à l'égard des tribunaux relevant de la compétence de la législature de Québec des corps politiques et des corporations dans la province, exception faite de la Cour d'appel. Il faut lire les articles 31, 32 et 33 avec ceux qui déterminent la juridiction de la Cour provinciale. Il en découle que la Cour supérieure exerce généralement sa juridiction sur les causes dont la valeur en litige est de $3,000.00 et plus. La Cour supérieure possède en outre une juridiction exclusive sur les matières appelées non contentieuses, c'est-à-dire celles qui d'ordinaire ne prêtent pas à contestation. Ces matières sont énumérées au livre sixième du code de procédure civile. Il s'agit de la rectification des registres de l'état civil, des jugements déclaratifs de décès, de l'examen des actes notariés et du compulsoire, du remplacement de certains écrits perdus, détruits ou enlevés, du conseil de famille avec les procédures qui s'y rattachent comme la tutelle et l'interdiction, de la vente des biens des incapables, des absents ou faisant l'objet d'une substitution, de la vérification des testaments, des successions vacantes et des lettres de vérification. Dans ces matières, la loi accorde au protonotaire les mêmes pouvoirs conférés au juge mais ses décisions sont sujettes à révision sur demande faite dans les dix jours. Les causes en séparation de corps ou en annulation de mariage sont également de la compétence de la Cour supérieure.

L'application des lois fédérales sur la faillite et sur le divorce a été laissée aux soins des juges de la Cour supérieure. Les officiers de la Cour de faillite sont le registraire, à qui on accorde à peu près les mêmes pouvoirs que ceux d'un juge, le séquestre officiel qui tient les assemblées des créanciers et le syndic qui administre les biens du débiteur.

Depuis 1968, au Québec, la Cour supérieure applique la loi sur le divorce. Présentement, un dossier de divorce est traité de la même façon qu'un dossier ordinaire de la Cour supérieure. La cause commence et se termine dans le même district judiciaire. Le premier juillet 1974, une mesure administrative a fait disparaître les greffes de divorce de Montréal et de Québec qui étaient calqués sur les mêmes structures que les greffes de la Cour d'appel quant aux divisions territoriales. Les procédures introductives devaient passer par ces greffes et, quand le dossier était en état, on l'envoyait, pour audition, dans le district du domicile de la partie demanderesse. Ainsi, une partie qui était domiciliée à Ste-Agathe devait passer par le greffe de divorce de Montréal avant de plaider sa cause à St-Jérôme. Cela créait de sérieux ennuis (qui devait certifier le jugement de divorce, le protonotaire du district de Terrebonne ou le registraire de divorce de Montréal?) auxquels on a heureusement mis fin. L'officier en charge du greffe de divorce dans chaque district porte le nom de registraire.

La Cour supérieure est composée de 107 juges, dont un juge en chef, un juge en chef associé et un juge en chef adjoint, tous nommés par le fédéral. Elle est en outre composée d'au plus 107 juges surnuméraires.

L'âge de la mise à la retraite des juges de la Cour supérieure ayant été fixé à 75 ans, on permet à ceux-ci, dès l'âge de 70 ans, de faire le choix ou de continuer à siéger comme tel ou de devenir surnuméraire, c'est-à-dire demeurer en disponibilité vis-à-vis du juge en chef et de siéger, à l'occasion, sur demande. Ceci, à la suite d'un amendement apporté à la loi des tribunaux judiciaires le 8 juillet 1972.

La Cour supérieure siège dans les 32 districts de la province aux palais de justice des chefs-lieux de ces districts. C'est certainement la Cour la plus importante de la province.

L'administrateur ou le responsable du greffe de la Cour supérieure est le protonotaire.

3a. La Cour de bien-être social

La Cour de bien-être social constitue un tribunal familial. Elle siège habituellement en des endroits distincts des palais de justice. La juridiction de cette Cour, en matière civile, se limite à l'application de la loi de l'adoption, rapportée dans les statuts du Québec de l'année 1969, au chapitre 64. Avant 1950, le domaine de l'adoption relevait de la juridiction de la Cour supérieure. Cette Cour compte 42 juges dont un juge en chef et un juge en chef adjoint.

4a. Les Cours municipales

Dans la province, il existe 137 Cours municipales. Une Cour municipale est établie par le règlement d'une cité ou d'une ville adopté à cet effet et approuvé par le ministre des affaires municipales et par le ministre de la justice. Certaines Cours municipales sont cependant créées par des chartes spéciales. Elles doivent bientôt déborder leurs limites actuelles pour être intégrées complètement dans le système provincial. Un processus de régionalisation est déjà commencé vis-à-vis des Cours municipales de Longueuil, St-Hubert et Greenfield Park.

Le juge municipal possède une juridiction civile limitée. Celle-ci se résume en un pouvoir concurrent avec la Cour provinciale sur les conflits entre locateur et locataire et seulement si la somme réclamée n'excède pas $25.00 et si la valeur annuelle du loyer ne dépasse pas $100.00. La Cour municipale entend également toute action pour la mise en oeuvre d'un règlement ou d'une résolution passés par la corporation. Quand une Cour municipale doit son existence à une charte spéciale, ses pouvoirs peuvent être plus étendus. A Québec, par exemple, la Cour municipale a juridiction sur les actions en recouvrement de salaire des domestiques et journaliers si la réclamation ne dépasse pas $25.00. En outre, on ne limite pas sa juridiction sur les réclamations en recouvrement du loyer et, quel que soit le montant en jeu, elle détient en ce domaine les mêmes pouvoirs qu'une Cour provinciale ou supérieure. La Cour municipale de Hull jouit également des mêmes prérogatives.

b. En appel

Les tribunaux qui ont autorité pour entendre les appels des causes civiles dans la province sont la Cour d'appel et la Cour suprême.

1a. La Cour d'appel

La Cour d'appel se compose de 15 juges, dont un juge en chef, appelé le juge en chef du Québec, et 14 juges puînés. Le personnel de la Cour d'appel comprend en outre 15 juges surnuméraires. Aux fins des appels, la province de Québec est divisée en deux districts, celui de Montréal et celui de Québec. Les districts judiciaires de Montréal, Hull, Pontiac, Terrebonne, Joliette, Labelle, Richelieu, St-François, Bedford, Drummond, St-Hyacinthe, Iberville, Beauharnois et Témiscamingue relèvent du district d'appel de Montréal alors que ceux de Québec, Trois-Rivières, Saguenay, Chicoutimi, Roberval, Mingan, Gaspé, Bonaventure, Rimouski, Kamouraska, Montmagny, Beauce, Arthabaska, Mégantic, St-Maurice, Hauterive, Abitibi et Rouyn-Noranda dépendent du district d'appel de Québec. Pour des raisons d'ordre pratique, le district de Témiscamingue devrait passer au district d'appel de Québec.

Cette Cour, suivant l'article 25 du code de procédure civile, est le tribunal général d'appel pour la province. En matière civile, elle entend les appels:

— des jugements finals de la Cour supérieure, sauf les causes où la valeur de l'objet du litige en appel est inférieure à $3,000.00;
— des jugements finals de la Cour provinciale dans les causes où cette Cour exerce une juridiction qui lui est attribuée exclusivement par une autre loi que le présent code (de procédure). Ce peut être, par exemple, un jugement sur contestation d'un rôle d'évaluation basée sur la loi des cités et villes;
— des jugements ou ordonnances rendus en vertu des dispositions du livre sixième du code de procédure. Ce livre, comme nous l'avons déjà dit, traite des matières non contentieuses.
— avec la permission de deux juges de la Cour d'appel, des autres jugements finals de la Cour supérieure et de la Cour provinciale lorsque, suivant l'opinion de ces deux juges, la question en jeu en est une qui devrait être soumise à la Cour d'appel.

"Est aussi sujet à appel le jugement de la Cour supérieure qui prononce sur la requête en annulation d'une saisie avant jugement" (article 28). L'article 29 donne enfin le droit d'appeler des jugements interlocutoires rendus par la Cour supérieure ou par la Cour provinciale, avec ou sans la permission de deux juges de la Cour d'appel, selon que l'appel du jugement final peut requérir ou non cette permission. Le jugement interlocutoire est celui qui est rendu, au cours d'une instance, entre l'institution de la demande et le jugement final qui doit en disposer. Ces dernières dispositions relatives à l'appel sont de droit récent.

2a. La Cour suprême

Si, en principe, il appartient aux provinces d'administrer la justice et de créer des tribunaux en conséquence, cela n'entame en rien les pouvoirs qui ont été réservés au fédéral par l'article 101 de l'AANB. Il y est dit: "Le parlement du Canada pourra, nonobstant toute disposition contraire énoncée dans le présent acte, lorsque l'occasion le requerra, adopter des mesures à l'effet de:

— créer, maintenir et organiser une Cour générale d'appel pour le Canada;

— établir des tribunaux additionnels pour la meilleure administration des lois du Canada". C'est la raison de l'existence de la Cour suprême.

Une réserve s'impose. Nous ne contesterons pas au pouvoir fédéral le droit de créer des tribunaux pour appliquer les lois sur lesquelles il a juridiction. Nous craignons cependant que, dans l'exercice de ce pouvoir, il ne rende inutiles les tribunaux institués par les provinces et qui administrent ses lois depuis déjà plusieurs années. Si le pouvoir fédéral s'avisait de créer un tribunal, pour voir à l'application du code criminel et au respect de ses lois statutaires, la Cour des sessions de la paix serait réduite, dans sa juridiction actuelle, à entendre les causes sur offenses statutaires provinciales seulement.

Même si la province de Québec, au code civil, a légiféré sur le mariage, ce domaine reste toujours dans l'AANB réservé au pouvoir fédéral. On sait que la loi sur les jeunes délinquants, sur les drogues et sur l'avortement sont des lois fédérales. Supposons que, du jour au lendemain, le législateur fédéral institue un tribunal de la famille qui serait chargé de l'application de ces lois: la Cour de bien-être social du Québec deviendrait quasi inopérante. Et notre inquiétude grandit quand la Commission de réforme du droit du Canada nous propose la lecture d'un dépliant intitulé "Le tribunal de la famille", quand le Ministère de la santé nationale et du bien-être social, au moyen de colloques, s'interroge soudainement sur le sort qui est fait à l'article 7 de la loi sur le divorce (tentatives de conciliation des époux par les procureurs et les juges), quand, enfin, on est mis en face d'un autre dépliant émanant encore de la Commission de réforme du droit du Canada et portant le titre "Les biens des époux — à lui ou à elle", un domaine bien provincial s'il en est un. Si le fédéral posait ces gestes, il est fortement à redouter que ceux-ci ne soient considérés comme provocateurs et qu'ils ne viennent rompre un équilibre établi avec le temps par des législations que chaque pouvoir exerçait ou tentait d'exercer.

La Cour suprême constitue le plus haut tribunal d'appel du pays et siège dans la capitale fédérale. Elle est composée d'un juge en chef et de huit juges puînés. En matière civile, elle entend généralement les appels des causes dont la valeur en litige dépasse $10,000.00 ainsi que des jugements rendus par la Cour d'appel fédérale. Les jugements de cette Cour sont définitifs et péremptoires. Il est également donné à la Cour suprême le pouvoir de trancher les litiges constitutionnels pouvant s'élever entre le pouvoir fédéral et le pouvoir provincial ou entre les provinces ou d'exprimer simplement une opinion sur un problème constitutionnel posé par le gouvernement canadien. En cas de décès ou de démission du premier ministre du Canada, il appartient au juge en chef de la Cour suprême d'assurer l'intérim. Il ne faut pas confondre cette Cour avec les Cours suprêmes des provinces anglaises qui sont le pendant de notre Cour supérieure dans la province de Québec.

B. De juridiction criminelle

Au sujet des tribunaux judiciaires de juridiction criminelle, distinguons encore entre ceux de première instance et d'appel.

a. De première instance

Ce sont la Cour provinciale, la Cour des sessions de la paix, la Cour supérieure siégeant aux assises, la Cour de bien-être social, les Cours municipales et le tribunal des juges de paix.

1a. La Cour provinciale et la Cour des sessions de la paix

La Cour provinciale et la Cour des sessions de la paix sont sur un même pied quant à leur juridiction criminelle. La seule différence entre ces deux Cours, c'est que la Cour provinciale exerce en plus une juridiction civile. A tort, on est porté à croire que la Cour provinciale ne possède que celle-là. Il est vrai que les juges de la Cour provinciale siégeant au criminel, aux chefs-lieux des districts, se servent, la plupart du temps, de l'appareil judiciaire mis à la disposition des juges de la Cour des sessions. Ces derniers sont au nombre de 64. Dans ce nombre, sont compris deux juges en chef dont l'un avec résidence à Montréal et l'autre avec résidence à Québec.

La Cour des sessions de la paix et la Cour provinciale, juridiction criminelle, appliquent les dispositions du code criminel relatives aux actes criminels et aux infractions criminelles, ainsi que celles se rapportant aux offenses prévues au droit statutaire provincial ou fédéral. Il appartient au pouvoir fédéral de définir les crimes. A cette fin, le code criminel distingue entre l'acte et l'infraction.

L'acte criminel constitue une transgression sérieuse de l'ordre et le code punit par l'emprisonnement celui qui l'a accompli. L'infraction criminelle est moins grave: le tribunal punira d'habitude celui qui l'a commise en lui imposant une amende. Il va de soi que ces Cours disposent des offenses statutaires en la manière prévue aux lois qui s'y rapportent. (Si j'ai conduit une automobile alors que je n'étais pas détenteur d'un permis de conduire, j'ai désobéi à un statut provincial et je paierai l'amende indiquée au code de la route.) L'occupation la plus importante de ces tribunaux consiste à disposer des plaintes ayant pour objet les actes criminels.

C'est ici qu'entre en jeu le genre de procès auquel un accusé peut avoir droit.

L'acte criminel, répétons-le, au contraire de l'infraction criminelle ou de l'offense statutaire, est une transgression sérieuse de l'ordre et, de ce fait, la société accordera au prévenu toutes les facilités de faire valoir une défense pleine et entière. A part quelques cas mineurs soumis à la juridiction absolue du magistrat en vertu de l'article 483 du Code criminel (vol de moins de $200.00) et certaines offenses qui, à cause de leur gravité exceptionnelle (meurtre), ont été réservées à la juridiction exclusive d'une Cour composée d'un juge et d'un jury (article 427), la loi accorde à toute personne accusée d'un acte criminel le droit d'être jugée de trois façons. A son choix, elle peut être jugée par un magistrat sans jury, préférer que sa cause soit entendue par un juge sans jury, ce qui lui donne droit à l'enquête préliminaire, ou enfin porter le débat devant une Cour composée d'un juge et d'un jury. Une fois ces choix exercés, la Cour des sessions de la paix ou la Cour provinciale, juridiction criminelle, pourra entendre la cause au mérite dans les deux premiers cas et s'arrêter au stade de l'enquête préliminaire dans le dernier pour réserver, à la Cour supérieure, siégeant aux assises, le procès proprement dit (un juge et un jury). Nous reviendrons sur le sujet dans les chapitres consacrés au droit pénal.

Sur l'infraction criminelle, comme sur l'offense statutaire, l'accusé n'a pas droit à pareil choix. Il subit son procès devant un juge seul et selon une procédure plus simple.

2a. La Cour supérieure

Un amendement, en vigueur depuis le premier mars 1975, a fait disparaître l'appellation "Cour du banc de la Reine de première instance" qui désignait un juge de la Cour supérieure siégeant aux assises pour la remplacer par l'appellation plus simple et plus logique de Cour supérieure. Que cette cour siège en matière civile, en appel sur infraction criminelle ou sur offense statutaire, ou aux assises, elle porte maintenant la même désignation.

Ce tribunal, comme nous l'avons déjà dit, est composé d'un juge et d'un jury. Il entend, en première instance, les procès réservés à la juridiction exclusive et ceux qui lui auront été dévolus à la suite du choix exercé par un accusé. Aux assises, il appartient au juge de dire le droit et aux jurés, au nombre de douze, d'apprécier les faits.

3a. La Cour de bien-être social

La Cour de bien-être social, quand elle exerce sa juridiction criminelle, est saisie des cas de jeunes délinquants, au sens de la loi sur les jeunes délinquants (S.R.C. 1970, ch. J-3, vol. V). On constate, en se référant au statut, qu'il s'agit d'une loi fédérale. L'application de l'article 33 de cette loi est courante. Il se rapporte aux adultes qui, par leurs actes, contribuent à la délinquance juvénile.

La juridiction pénale de la Cour de bien-être social s'étend en outre:

— à l'admission des enfants dans les écoles de protection de la jeunesse, par l'article 15 de la loi des écoles de protection de la jeunesse. (S.R.Q. 1964, chap. 220).

— aux contraventions à des règlements municipaux commises par des enfants de moins de 18 ans.

La loi des tribunaux judiciaires indique qu'il est du devoir des juges de la Cour de bien-être social d'aider à la protection de l'enfance et aux bonnes relations entre conjoints. A cet effet, elle attribue à ces derniers un rôle de conseiller et de conciliateur.

Devant cette Cour, tout est passablement sommaire. On a surtout affaire à des moins de 18 ans, on évite ce qui sent la procédure et on recherche la réhabilitation possible de l'enfant ou de l'adolescent.

Les causes se rapportant à la protection de la jeunesse consistent simplement en une enquête du juge. Elles concernent les enfants exposés à des dangers moraux ou physiques et sont poursuivies selon les dispositions de la loi des poursuites sommaires du Québec (S.R.Q. 1964, ch. 35).

Pour ce qui regarde l'application de l'article 33 de la loi sur les jeunes délinquants, nous sommes en face d'adultes ayant contribué à la délinquance juvénile. Comme il s'agit d'une loi fédérale, la procédure suivie sera celle du code criminel avec, bien entendu, l'administration de la preuve du Canada.

Dans les cas d'adultes reliés à des moins de 18 ans, rien n'empêche la poursuite de baser la plainte sur le code criminel si celui-ci couvre l'offense reprochée. On traitera alors la cause comme en Cour criminelle, on s'inquiétera des juridictions absolues ou exclusives et on devra permettre les options auxquelles l'accusé a droit.

La conciliation se résume à une entrevue accordée par le juge aux enfants et aux parents, dans laquelle le juge cherche des moyens d'entente pour améliorer une situation familiale en voie de détérioration.

Pour ce qui a trait à des délits relatifs aux règlements municipaux par les moins de 18 ans, la Cour de bien-être social se substitue à la

Cour municipale si celle-ci existe à l'endroit de résidence de l'enfant ou de l'adolescent.

Il arrive que la Cour de bien-être social renvoie à une autre Cour une cause dont elle est saisie. Nous pensons aux offenses commises par des adolescents récidivistes dont les chances de réhabilitation sont à peu près nulles. Il n'existe aucun critère absolu à ce sujet. C'est le juge qui décide pour le bien de l'adolescent et pour la protection de la société.

C'est un lieu commun de dire que les cours de bien-être social manquent de ressources pour répondre aux besoins de l'enfance et de l'adolescence.

4a. Les Cours municipales

Le juge municipal obtient, du fait de sa nomination, les pouvoirs d'un juge de paix. S'il est nommé par charte spéciale, il peut recevoir les pouvoirs de "deux juges de paix" ou de "deux juges de paix et plus". En conséquence, il verra au respect des règlements municipaux et, suivant l'étendue de ses pouvoirs comme juge de paix, il prononcera sur les offenses statutaires provinciales: celles qui sont prévues au code de la route par exemple. Comme juge municipal, sa juridiction sera limitée à la municipalité où il exerce et, comme juge de paix, sa juridiction pourra s'étendre sur tout le district judiciaire dans lequel se trouve la municipalité.

Sur charte spéciale, il peut arriver que les pouvoirs confiés à un juge municipal soient aussi vastes que ceux qui sont conférés par la loi à un juge de la Cour provinciale ou à un juge de la Cour des sessions de la paix. C'est le cas des juges municipaux de la ville de Montréal.

5a. Le tribunal des juges de paix

Comme tel, le tribunal des juges de paix ne siège plus que dans les rares régions non encore organisées de la province. Les juges de paix sont nommés par commission émise par le lieutenant-gouverneur en conseil. Celle-ci définit l'étendue de leurs pouvoirs. Nos lois se servent souvent des expressions pouvoirs "d'un juge de paix", de "deux juges de paix" ou de "deux juges de paix et plus". La personne qui détient les pouvoirs d'un juge de paix peut signer une plainte, admettre à caution et émettre des mandats de perquisition. Celle qui possède les pouvoirs de “deux juges de paix” peut entendre une enquête préliminaire. Les juges de la Cour des sessions de la paix et de la Cour provinciale sont habilités à présider les procès en matière criminelle parce que la loi leur accorde expressément les pouvoirs de “deux juges de paix et plus”. On nomme juges de paix la plupart des officiers de justice qui oeuvrent dans les palais de justice pour recevoir principalement les assermentations sur plaintes ou sur mandats de perquisition. Des lois particulières peuvent attacher d’office les pouvoirs d’un juge de paix à des personnes qui occupent des fonctions publiques. C’est le cas pour les maires, échevins ou conseillers.

b. En appel

Les appels, en matière pénale, sont entendus par la Cour supérieure, la Cour d’appel et la Cour suprême:

1a. La Cour supérieure

On peut parler des appels réservés à la Cour supérieure. Cette Cour entend les appels des jugements prononcés sur infraction criminelle (en vertu de la partie XXIV du Code criminel) et, quand ils sont permis, sur offense statutaire. Il sera encore fait appel, devant la Cour supérieure, des décisions des Cours des sessions de la paix et provinciale sur cautionnement.

2a. La Cour d’appel

C’est la Cour d’appel qui entend les appels des jugements rendus sur les actes criminels. En pratique, cette cour est composée des mêmes juges qui siègent à la Cour d’appel sur les causes civiles. Tous les appels sont entendus par trois juges à moins que le juge en chef n’en augmente le nombre lorsqu’il le juge à propos. Ceci, à la suite d’un amendement apporté à l’article 60 de la loi des tribunaux judiciaires et sanctionné le 31 juillet 1974. Auparavant, l'appel était entendu par cinq juges dans les cas de délits punissables de la peine capitale et dans les causes où l'accusé avait été condamné à un emprisonnement de plus de dix ans et, par au moins trois juges, dans les autres cas.

3a. La Cour suprême

En matière criminelle, la Cour suprême du Canada entend les appels provenant des tribunaux des dix provinces du Canada et relatifs à des jugements dont la portée est exceptionnelle, comme les condamnations à l'emprisonnement à vie ou à la peine de mort.

2. Les tribunaux administratifs

Ils sont provinciaux ou fédéraux selon qu'ils appliquent les lois statutaires relevant de l'un ou l'autre des pouvoirs législatifs accordés par la Constitution canadienne. On sait que le droit administratif couvre les relations juridiques entre l'Etat et les particuliers.

A. Provinciaux

Nous ferons ici un tour d'horizon des tribunaux administratifs qui ont été créés par le gouvernement du Québec.

Sous la poussée du progrès technique et des impératifs de la spécialisation, le législateur québécois a constitué des organismes à fonctions multiples dans le but d'assurer la justice dans les rapports entre les administrés et l'Etat. La création de ces organismes répond à des besoins d'ordre pratique. Pour être efficace, la justice administrative ne doit subir aucun délai de procédure et doit être confiée à des personnes spécialisées dans les secteurs de l'activité économique ou sociale. D'où la création des tribunaux administratifs qui peuvent être composés de plusieurs personnes et porter des noms aussi divers que "Bureau", "Régie", "Commission", "Office" ou "Tribunal" ou être formés par une seule personne, un ministre ou un juge.

Il ne faut pas s'attendre à ce que les tribunaux administratifs fonctionnent de la même manière que les tribunaux de droit commun auxquels nous sommes habitués. Ils ne poursuivent pas les mêmes buts: ils doivent répondre aux besoins particuliers de lois statutaires bien précises.

Les organismes qui dispensent la justice administrative ne sont pas, à proprement parler, des tribunaux, du moins dans le sens dont on l'entend généralement. Ils rendent des décisions suivant des critères différents. Ce qui n'empêche pas cependant un tribunal ordinaire de toucher, à l'occasion, dans le champ de ses activités, au droit administratif. De toute façon, on s'entend assez bien sur l'appellation "tribunaux administratifs", ne serait-ce que pour fin de distinction. Contentons-nous de dire que les tribunaux judiciaires jugent selon les lois générales alors que les tribunaux administratifs sont spécialement créés pour l'application d'une loi particulière. Dans une réclamation en dommages, on fera jouer devant le tribunal judiciaire toutes les règles se rapportant au droit civil tandis que le comité de surveillance des étalons se bornera à l'application pure et simple de la loi de la protection sanitaire des animaux (S.R.Q. 1964, ch. 126). Nous étudierons sommairement les tribunaux administratifs en fonction des pouvoirs qui leur sont accordés, des personnes qui les composent, de la procédure qui y est suivie, des jugements qu'ils peuvent rendre et du contrôle auquel ils sont soumis.

a) Les pouvoirs

Les pouvoirs que les tribunaux administratifs peuvent détenir sont tellement variés qu'il n'est pas facile de les cataloguer. En 1970, le gouvernement du Québec a mandaté un comité d'étude qui s'est penché sur la question, ce qui a donné naissance au rapport Dussault.

Certains organismes administratifs possèdent des pouvoirs réglementaires seulement, d'autres, comme les sociétés de la couronne et les corporations dans les secteurs de l'enseignement, de la santé ou du bien-être ne font que gérer un service public ou une entreprise et, parce qu'ils n'ont pas l'autorité pour trancher des litiges, on ne peut pas vraiment les considérer comme étant des tribunaux. On s'accorde à inclure dans la catégorie des tribunaux administratifs, les organismes suivants:

— Arbitres sous la loi des abus préjudiciables à l'agriculture. Bureau des expropriateurs de Montréal. Commissaires-enquêteurs sous le code du travail. Commission des accidents du travail du Québec. Commission d'appel de l'aide et des allocations sociales. Commission de contrôle des permis d'alcool. Commission de la fonction publique du Québec. Commission des transports du Québec. Commission des loyers. Commission municipale du Québec. Commission de police du Québec. Commission du salaire minimum. Commission des valeurs mobilières du Québec. Conseils d'arbitrage sous la loi de l'assurance-maladie. Juge des mines. Juge-enquêteur sous la loi de la destitution d'officiers municipaux. Juge sous la loi de la protection du consommateur. Office du crédit agricole du Québec. Régie de l'assurance-dépôts du Québec. Régie de l'assurance-maladie du Québec. Régie de l'assurance-récolte du Québec. Régie des eaux du Québec. Régie de l'électricité et du gaz. Régie des loteries et courses du Québec. Régie des marchés agricoles du Québec. Régie des rentes du Québec. Régie des services publics. Tribunal du travail. Tribunal du rembourrage. Tribunal de sécurité routière.

Les tribunaux administratifs, au contraire des tribunaux judiciaires, ne sont pas tenus uniquement à l'application stricte de la loi. C'est probablement la raison la plus sérieuse qu'on puisse invoquer à l'encontre de l'emploi par eux de la désignation de "tribunal".

Dans l'exercice de leurs attributions, en plus de s'inspirer de normes objectives, il peuvent juger les cas qui leur sont soumis selon des normes subjectives, les soumettre au besoin à des règlements qu'ils ont établis eux-mêmes ou encore réformer leurs propres décisions. La Régie de l'assurance-maladie observe strictement la loi, donc les normes objectives, quand elle rembourse, au résident du Québec, le coût des services assurés, la Régie des services publics use d'un pouvoir discrétionnaire quand elle décide des questions d'octroi de permis ou de modification de taux. Ici, on invoque des motifs d'intérêt public ou des considérations d'ordre économique ou administratif. Encore, la Régie des rentes a le pouvoir d'édicter, par règlements, des normes qu'elle pourra appliquer par la suite. Là, on donne pour raison le caractère technique et spécialisé du sujet. Enfin, la Commission des accidents du travail "peut, en tout temps, relativement aux matières qui sont de sa juridiction, reconsidérer une question décidée par elle, rescinder, amender ou changer ses décisions ou ordonnances."

b) Composition

Les tribunaux administratifs se composent ordinairement de 3 à 5 membres. De trois membres: la Commission de la fonction publique, la Commission de police du Québec, la Commission des valeurs mobilières. De cinq membres au plus: la Commission des accidents du travail, la Régie des eaux. Quand un organisme représente un groupe d'intérêts, on peut alors faire appel à un plus grand nombre de membres. Ainsi, 12 personnes font partie de la Commission des transports et 14 de la Régie de l'assurance-maladie.

Les membres des organismes administratifs sont pour la plupart nommés par le lieutenant-gouverneur en conseil. Il arrive cependant qu'ils soient choisis, après consultation, auprès des groupes intéressés. La loi exige, dans le cas de certains organismes, que le président soit un homme de loi. A la Commission de police, ce doit être un juge des sessions de la paix ou de la Cour provinciale. Seul un juge ou un avocat peut présider la Régie des services publics. Dans des organismes de formation récente, on fait appel à des personnes qui peuvent ou être fonctionnaires de l'administration du Québec ou être spécialistes dans une branche déterminée. Prenons pour exemple la Régie de l'assurance-maladie.

Ces nominations aux tribunaux administratifs sont ordinairement d'une durée de 10 ans. Parfois, elles sont faites "durant bon plaisir" ou "durant bonne conduite".

c) La procédure

La plupart des tribunaux administratifs, pour arriver à leurs fins, se servent de la loi des commissions d'enquête. Parce que la loi qui les constitue y réfère. La Régie des transports y est soumise, de même que la Régie des services publics. La loi des commissions d'enquêtes (S.R.Q. 1964, ch. 11) dit, à l'article 6: "afin de découvrir la vérité, les commissaires peuvent, par tous les moyens légaux qu'ils jugent les meilleurs, s'enquérir des choses dont l'investigation leur a été déférée." Les articles 7 et 9 permettent l'assignation et l'examen des témoins avec pouvoirs coercitifs, si besoin est, et l'article 17 protège les commissaires et leurs procédures contre tout bref de prohibition ou d'injonction. Cependant, la loi peut accorder, pour fin d'enquête, aux organismes qu'elle constitue, les mêmes pouvoirs que ceux détenus par un juge de la Cour supérieure siégeant en terme ou, plus simplement, spécifier des types d'enquêtes propres.

d) Les jugements

Les tribunaux administratifs servent de cours de première instance ou d'appel. En première instance, ils ont à résoudre des litiges en rendant un jugement final. Ainsi, la Régie des transports est habilitée à régler tout différend entre les propriétaires de services de transport et les corporations municipales, ou entre d'autres corps publics relativement à un transport. Ils peuvent encore être constitués en tribunal d'appel ou de révision: la Régie des transports est en droit d'entendre l'appel des décisions des commissions urbaines et régionales de transport relativement à l'abolition ou à la modification des circuits et relativement au tarif.

Nul ne peut se faire justice soi-même. Pas plus les pouvoirs publics que les individus.

Pour l'exécution de leurs jugements, ou pour forcer les parties à se conformer à leurs décisions, les tribunaux administratifs s'adresseront à la Cour de droit commun. Ils auront donc besoin du concours des tribunaux judiciaires. Nous pensons à l'exécution d'une sentence arbitrale, aux procédures en injonction prises par un organisme administratif contre un administré qui refuse d'obtempérer à la décision rendue, et au recouvrement de certaines amendes. L'homologation d'une décision peut être également prévue, pour fin d'exécution, par le canal de la Cour supérieure ou de la Cour provinciale. Dans des cas spéciaux, la loi statutaire se rend jusqu'à l'exécution d'office qui consiste, pour un organisme administratif, à prendre des mesures drastiques et immédiates à titre définitif ou à titre provisionnel seulement. Ainsi, la loi de la Régie des eaux contient une disposition à l'effet que l'ordonnance rendue "reste exécutoire et la Régie peut faire exécuter les travaux ou améliorations ordonnés aux frais de la municipalité ou personne en défaut".

e) Le contrôle

En dernier lieu, il existe des recours qui permettent d'appeler des décisions des tribunaux administratifs ou d'en obtenir la cassation. Le droit d'appel doit être prévu par la loi et doit être exercé devant un tribunal civil, devant un organisme administratif et, dans de rares cas, devant une autorité administrative supérieure. Pour obtenir la cassation d'une décision, il faudra demander à la Cour supérieure de faire usage des pouvoirs qui lui sont accordés par l'article 33 du code de procédure civile, pouvoirs que nous avons mentionnés dans l'étude de sa juridiction, et qui soumettent à son droit de surveillance et de réforme "les tribunaux relevant de la compétence de la législature de Québec", à l'exception de la Cour d'appel.

B. Fédéraux

Le pouvoir fédéral a également institué des tribunaux administratifs pour régir ses rapports avec les citoyens dans l'application de ses lois statutaires. Ils sont aussi nombreux que ceux qui existent dans la province de Québec ou dans les autres provinces du Canada. Citons un tribunal bien connu, celui de l'assurance-chômage.

La Cour fédérale est certes le tribunal administratif fédéral le plus important. Celle-ci possède à la fois un caractère administratif et judiciaire et il est assez difficile de la mettre en place dans notre système judiciaire. Le premier juin 1971, elle a remplacé la Cour de l'échiquier et sa subsidiaire, la Cour de l'amirauté qui s'occupait exclusivement de droit maritime. Le changement s'est surtout opéré au niveau des structures. Sa juridiction porte sur les matières ou biens relevant du fédéral (douane, accise, etc). La Cour fédérale est formée de deux divisions: la Division de première instance (un juge en chef adjoint et neuf autres juges) et la Cour d'appel fédérale (un juge en chef, et cinq autres juges). En première instance, elle aura juridiction sur tout litige entre le gouvernement canadien et un citoyen et exercera un droit de regard sur les décisions des fonctionnaires fédéraux relatives à l'application de la loi de l'impôt sur le revenu et la loi de la citoyenneté. La division d'appel entendra les appels des décisions rendues par la Cour fédérale, division de première instance.

Le gouvernement du Québec songe à fusionner les Cours de bien-être social, des sessions de la paix, et provinciale ainsi que ses tribunaux administratifs à caractère judiciaire. Ce nouveau tribunal portera probablement le nom de Cour du Québec. Il exercera les juridictions propres à chacune de ces cours. Il comprendra quatre chambres: la familiale, la pénale ou correctionnelle, la civile et l'administrative. En pratique, il s'agira d'un simple changement d'appellation: au lieu de dire "je vais à Cour de bien-être social," je dirai "je vais à la Cour du Québec, chambre de la famille".

Tribunaux dans la province de Québec

Voici un tableau répartisant les juridictions civiles et criminelles des tribunaux dans notre province. Il est fidèle au plan que nous avons suivi.

I. Les tribunaux

1. Les tribunaux judiciaires

A. De juridiction civile (individu versus individu)

a. De première instance

1a. La Cour provinciale

1b. Division des petites créances — jusqu'à $400.00

2b. De juridiction ordinaire — jusqu'à $2,999.99 — dépôts volontaires, citoyenneté.

2a. La Cour supérieure — $3,000.00 et plus — procédures non contentieuses (tutelles, curatelles) — registres de l'état civil — mariages civils — séparations de corps — divorce — faillite.

3a. La Cour de bien-être social

— adoption

4a. Les Cours municipales.

b. En appel

1a. La Cour d'appel

— de la Cour supérieure
— de la Cour provinciale en certains cas.

2a. La Cour suprême
— de la Cour d'appel — $10,000.00 et plus
— de la Cour d'appel fédérale.

B. *De juridiction criminelle (Etat versus individu)*

a. De première instance

1a. La Cour provinciale et la Cour des sessions de la paix.
— en application du code criminel sur infractions et actes criminels.
— offenses statutaires provinciales et fédérales.

2a. La Cour supérieure
— procès par jury (assises)

3a. La Cour de bien-être social
— délinquance juvénile
— protection
— conciliation

4a. Les Cours municipales
— règlements municipaux
— suivant charte

5a. Le tribunal des juges de paix.

b. En appel

1a. La Cour supérieure
— sur infraction criminelle (procès de novo)
— sur offense statutaire
— sur jugements — Cours municipales.

2a. La Cour d'appel
— sur actes criminels

3a. La Cour suprême
— sur actes criminels graves

2. Les tribunaux administratifs

A. Provinciaux

— tribunal du travail

— Commission de contrôle des permis d'alcool.

B. Fédéraux

— assurance-chômage

— la Cour fédérale

division de première instance.

Cour d'appel fédérale.

Pour faciliter la compréhension du sujet, le tableau qui suit classe les mêmes tribunaux par rapport à leurs juridictions propres. Il ne tient pas compte des tribunaux administratifs.

I. De création provinciale

1. *Le tribunal des juges de paix*
2. *La Cour municipale* — règlements
3. *La Cour des sessions de la paix* — application du code criminel — offenses statutaires
4. *La Cour provinciale*
   - A. Juridiction civile
     - a. Division des petites créances — jusqu'à $400.00 inclusivement
     - b. De juridiction ordinaire — de $400.00 à $2,999.99
   - B. Juridiction pénale — application du code criminel — offenses statutaires
5. *La Cour de bien-être social*
   - A. Juridiction civile — adoption
   - B. Juridiction pénale — jeunes délinquants — protection
6. *La Cour supérieure*
   - A. En première instance

a. Juridiction civile — $3,000.00 et plus — non contentieux

b. Juridiction pénale — assises

B. En appel — sur infractions criminelles et offenses statutaires

7. La Cour d'appel

A. Juridiction civile — des jugements de la C.S. et parfois de la C.P.

B. Juridiction pénale — des jugements sur actes criminels

2. De création fédérale

La Cour suprême

1. Au civil — des jugements de la Cour d'appel, $10,000.00 et plus

2. Au pénal — des jugements de la Cour d'appel sur actes criminels graves

II. Les juges

Des juges sont attachés à chacune des cours que nous venons d'énumérer. Un juge n'a pas nécessairement juridiction sur un tribunal déterminé, ou une Cour n'est pas nécessairement présidée par des juges qui y sont spécialement attitrés. Ainsi, on accorde généralement aux juges de la Cour provinciale une juridiction criminelle en plus d'une juridiction civile. Ceux-ci ont alors les mêmes pouvoirs qu'un juge de la Cour des sessions de la paix. Autre exemple, les juges de la Cour supérieure siègent à la Cour de faillite, à la Cour de divorce et président les assises criminelles.

Si — exception faite pour les juges de paix — on choisit les juges parmi les avocats possédant au moins dix années de pratique, la façon de le faire peut prêter flanc à la critique. Au Canada, comme en Angleterre, les juges ne sont pas nommés spécialement à cause de leur compétence mais plutôt en raison de leur allégeance politique et en récompense des services rendus au parti détenant le pouvoir. S'il arrive qu'on les choisisse dans l'opposition c'est pour se débarrasser d'un adversaire gênant ou pour ouvrir un comté à un ami du pouvoir. Cela, il faut le dire sans fausse pudeur. Aux Etats-Unis, le système est encore pire. Dans la plupart des Etats, les juges sont élus par le vote populaire. L'élection dépend alors des influences politiques et pose le grave problème de l'indépendance judiciaire. Pour assurer sa réélection, le juge peut être tenté de faire des entorses à l'impartialité et à l'objectivité.

Notre mode de choisir les juges n'est sûrement pas parfait. La commission d'enquête Prévost a soulevé la question et semblerait souhaiter que le Barreau de la province de Québec soit consulté quand il y a un poste à combler. Mais, là encore, les liens de l'amitié et l'emprise de l'intérêt peuvent jouer. Même si on est en mesure d'affirmer que la justice est généralement bien servie dans la province de Québec, cela ne veut pas dire que les nominations de ceux qui doivent la rendre ne soient pas soumises à des critères plus sérieux et moins discutables.

Le problème du choix des juges est moins facile à trancher qu'on ne le pense. Quelques pays ont institué des écoles de juges. Le Liban en 1961, le Cambodge en 1962. A Beyrouth, l'école est connue sous le nom de l'Institut de formation des magistrats, à Phnom-Pen sous le nom de Centre d'études judiciaires. Des écoles de juges existent également au Niger et au Dahomey.

Au départ ces écoles semblaient apporter la solution espérée. Elles entendaient répondre aux critères de la compétence et de l'impartialité. On à dû déchanter. Dans les faits, pour la plupart, elles sont devenues des créatures du pouvoir. La tentation est forte, pour un Etat, de contrôler son école de juges. Il peut choisir les candidats et diriger leur formation. Il obtient ainsi des magistrats dociles qui ne manquent jamais de servir ses intérêts politiques. Même au détriment des droits primordiaux de l'individu.

L'expérience française mérite d'être traitée à part. Elle peut servir d'exemple. L'histoire nous apprend que les Français sont capables de tous les excès. Paradoxalement, ce défaut semble avoir constitué la meilleure garantie de l'indépendance de leur système judiciaire.

L'Ecole nationale de la magistrature a été créée le 1er mars 1959. Elle a établi son siège à Bordeaux. Placée sous l'autorité du garde des Sceaux (ministre de la justice), elle a reçu du législateur la double mission d'assurer, d'une part, la formation professionnelle du futur magistrat, de perfectionner, d'autre part, les connaissances du magistrat déjà en activité. Les candidats sont admis à cette école soit par concours, soit sur titres. Le concours s'adresse à deux catégories de personnes: aux étudiants et aux fonctionnaires. L'étudiant, âgé d'au plus 27 ans, doit être titulaire de la licence en droit ou du diplôme d'un institut régional d'administration. Le candidat, susceptible de n'obtenir le diplôme de licence en droit qu'à l'issue des examens de la première session de l'année en cours, pourra aussi s'inscrire à l'école mais sa candidature sera sujette aux résultats qu'il aura obtenus. Le concours fonctionnaire est ouvert aux candidats justifiant de cinq ans de service publics et âgés de 32 ans au plus. Le temps passé sous les drapeaux et le nombre d'enfants à charge peuvent être des causes de recul de limite d'âge.

L'accès à l'école sur titres est réservé aux gens qui oeuvrent déjà dans le domaine judiciaire s'ils sont âgés de 27 ans au moins et de 35 ans au plus au 1er janvier de l'année en cours.

Le candidat reçu à l'un des deux concours est alors nommé auditeur de justice. Après une scolarité de 28 mois, s'il passe les épreuves requises, il sera nommé magistrat. Pendant la durée du stage, il est rémunéré.

Enfin, l'Ecole nationale de la magistrature organise, chaque année, à l'intention des magistrats déjà en place, des sessions d'études qui ont pour objet de répondre à leurs préoccupations et à leurs besoins dans l'exercice de la fonction: étude de la législation nouvelle, étude de l'évolution d'un secteur du droit ou session technique en vue d'une véritable spécialisation.

Dans *Le juge, cet inconnu* d'où nous tirons ces informations, Georges Verpraet décrit admirablement bien les buts que doit poursuivre l'Ecole nationale de la magistrature: "Sans doute le juge de demain doit-il être un expert averti de toutes les formes de l'activité judiciaire. Mais plus que d'autres, il manquerait son but s'il ne dépassait pas largement et ne dominait sa technique. Sa mission, humaine avant tout, requiert de lui une connaissance de la vie et des êtres, une compréhension du milieu économique et social, des grands courants de pensée, de la transformation du monde si rapide et si complexe de nos jours.

La formation de ce praticien du droit porte d'abord, bien entendu, sur le droit, privé et public, mais aussi financier et social. Elle ne s'attache cependant pas seulement à parfaire ses connaissances juridiques ni à une simple initiation aux techniques professionnelles. L'auditeur devra être sensibilisé aux problèmes psychologiques et sociologiques. Il aura à enrichir son information sur la réalité économique, sociale, administrative et technique dans laquelle il ne manquera pas de baigner dans l'accomplissement quotidien de son activité judiciaire.

La lecture du Code ne suffit plus au juge. Au-delà des traités et des procédures, le magistrat a besoin de l'expérience concrète des hommes et des choses, ainsi que d'une ouverture au monde actuel."

La création de l'Ecole nationale de la magistrature en France n'a pas encore complètement mis fin au pistonnage politique. Il arrive, de temps à autre, qu'un juge soit imposé par le pouvoir. Ce genre de nomination est de moins en moins toléré par les gens du rang. En vertu du principe sain de l'autoévaluation, ils questionnent les talents spéciaux que le juge ainsi nommé peut bien posséder et, suivant un besoin primaire et normal de survivance, ils le considèrent comme un intrus qui retarde leurs chances personnelles à l'avancement.

Chez nous, nous n'aurions que des avantages à retirer de la création d'une école de juges où l'homme de loi pourrait apprendre l'art délicat et toujours humain de rendre la justice. La stabilité de nos institutions en assurerait l'épanouissement.

III. Les officiers de justice

1. Le greffier

Le greffier de cour est un officier de justice qui, en plus d'exercer certains pouvoirs judiciaires, a charge du greffe de la Cour pour laquelle il est nommé. A la suite d'une réforme administrative datant de 1972, on a créé la fonction de directeur local de greffes. Celui-ci, dans les districts judiciaires d'importance, cumule toutes les fonctions se rapportant aux services qui y sont fournis. Il peut réunir, sous son chef, les charges de protonotaire de la Cour supérieure, de greffier de la Cour provinciale, de greffier de la Cour des sessions de la paix, de greffier de la Couronne, de greffier de la Cour de bien-être social, de registraire et de séquestre officiel de la Cour de faillite, de régistraire de la Cour de divorce et de shérif. Certains directeurs locaux, dans un but de déconcentration du pouvoir, assument une responsabilité administrative à l'échelle régionale, la province étant répartie en onze régions économiques. Un greffe est un endroit destiné à recevoir les procédures et à les conserver. On parle ainsi du greffe de la Cour supérieure, du greffe de la Cour provinciale, du greffe de la paix, du greffe de la Cour d'appel.

A la Cour supérieure, le greffier porte le nom de protonotaire et, à la Cour de faillite, celui de registraire. Il est entouré de collaborateurs qui s'affairent à des tâches variées: le caissier qui appose sur les procédures les timbres requis par la loi, l'archiviste qui délivre les copies des actes de l'état civil, le préposé aux saisies qui administre les sommes perçues en dépôt. Les uns rédigent les jugements ou inscrivent, dans les plumitifs, les procédures au fur et à mesure qu'elles entrent dans les dossiers. Les autres préparent les brefs d'exécution ou confectionnent les rôles des causes en vue des séances du tribunal. La fonction du greffier consiste encore à tenir les procès-verbaux des audiences du tribunal. A cette fin, il se fait généralement remplacer par un greffier-audiencier. On peut comparer ce dernier à un secrétaire de corporation qui consigne, avec fidélité et initiative, les délibérations des membres qui la composent. Il est le collaborateur qui assure la liaison entre les parties et le juge. Il devient l'intermédiaire par excellence qui canalise, dans un procès-verbal, les événements qui se déroulent à l'audience. L'appareil judiciaire a été conçu pour assurer aux justiciables la reconnaissance et le respect de leurs droits. D'un côté, le juge préside les débats et "dit le droit"; de l'autre, le greffier-audiencier occupe une fonction essentiellement administrative.

Le procès-verbal rapporte les divers mouvements de l'audience. C'est un compte rendu écrit, fidèle et complet de tout ce qui se dit, se fait et se décide lors d'une comparution, d'une enquête ou d'un procès, et qui rapporte notamment les admissions, les dépositions des témoins, les questions, observations, plaidoiries, commentaires et aveux.

Il faut dire que la machine judiciaire a tellement bien intégré le greffier-audiencier au décor qu'on a fini par ne plus le voir. On en est venu à le considérer comme un meuble, pas assez vieux pour être antique, et qu'on peut déplacer à volonté, sans trop d'égard, pour ensuite s'apercevoir qu'il était bien à sa place, à l'endroit où il se trouvait d'abord.

2. L'huissier-audiencier

L'huissier-audiencier est parfois un personnage haut en couleur. Il est souvent petit mais il a presque toujours la voix forte. Il précède le juge à son arrivée et à la sortie de l'audience. Il est chargé d'assurer l'ordre à la demande du juge, d'appeler les témoins et de les guider au besoin. Après s'être essayé sur divers tons à dire "Silence, la Cour est maintenant ouverte, que tous ceux qui ont affaire s'approchent: ils seront entendus. Vive la Reine!", il en arrive à réciter la formule d'une voix monocorde, il crie "silence" quand le public manifeste et, aux suspensions, il ordonne d'ouvrir les vasistas en faisant observer: "Bon Dieu que ça pue!" (1)

---

(1) Jean-Paul Lacroix, *Le palais indiscret*, Paris, Julliard, 1965.

3. Le sténographe officiel

Le sténographe officiel est nommé après avoir subi avec succès un examen devant un comité formé d'avocats désignés par le conseil des Barreaux de district. Il a pour tâche de recueillir "la parole de l'audience".

IV. La prise des débats

La loi détermine, par le texte ou par voie de conséquence, les cas où la prise des débats est requise.

En matière criminelle, c'est la règle. Pour le motif qu'à peu près tous les jugements rendus sur actes criminels, infractions ou offenses statutaires sont sujets à appel. Un relevé des politiques et pratiques, en usage dans les principaux palais de justice de la province, révèle que la prise des notes sténographiques en ce domaine est considérée comme obligatoire dans les enquêtes préliminaires, dans les procès tenus devant les assises criminelles, dans les divers procès intentés en vertu du code criminel et pour les plaintes de la Régie des alcools poursuivies en vertu de la loi des poursuites sommaires, au niveau du procès, ainsi que sur poursuites intentées en vertu des lois fédérales. Elle est facultative aux séances de comparution et dans les autres causes sommaires.

En matière civile, la prise des débats devient nécessaire dans toutes les causes susceptibles d'appel.

En pratique, devant la Cour supérieure, on emploie la sténographie officielle dans les causes contestées, dans les causes ex parte, par défaut, sur les requêtes pour mesure provisionnelles, en séparation et en divorce, dans les preuves hors cour, sur les examens au préalable, lors de la conférence préparatoire et devant une commission rogatoire. Devant la Cour provinciale, dans les preuves hors cour, sur les examens au préalable et dans les causes concernant les affaires municipales ou scolaires. En Cour de faillite, elle a lieu lors de la demande de libération du débiteur, sur opposition, et sur les requêtes contestées. Elle est prise sur demande, en Cour supérieure, sur les diverses requêtes présentées à la Cour de pratique; en Cour provinciale, dans les causes contestées et, en Cour de faillite, lors des assemblées des créanciers, sur cession, mise en faillite ou proposition et lors de l'interrogatoire du failli ou d'autres personnes.

Etat actuel de la prise des débats

A. La sténographie officielle

Présentement, dans notre province, la sténographie et la sténotypie sont à peu près les seuls moyens mis à la disposition de la justice pour recueillir les débats. La sténographie, tout le monde le sait, est l'art d'utiliser des signes écrits pour reproduire la parole. Son principe repose sur la suppression des accessoires inutiles de l'écriture usuelle, de tout ce que les organes vocaux n'articulent pas ou qui n'est point perçu par l'oreille. On peut considérer la sténotypie comme une version améliorée de la sténographie. Elle se fait à l'aide d'un appareil relativement nouveau, de petite dimension, qui fonctionne comme une machine à écrire. Le sténotypiste transforme phonétiquement la parole pour en inscrire les sons sur une bande de papier. Par l'expression "sténographe officiel", nous désignons le sténographe et le sténotypiste.

B. Problèmes causés par la sténographie officielle

a) Pénurie du personnel

Chez nous, les sténographes officiels ne sont pas assez nombreux pour répondre aux besoins des tribunaux. La population augmente d'année en année, l'accès aux tribunaux devient plus facile et le taux des crimes monte en flèche. Ce qui n'est pas sans alourdir le fardeau de l'appareil judiciaire. Pendant ce temps, le nombre des sténographes officiels ne change pas tellement. Le sténographe officiel de langue anglaise est pratiquement introuvable. Les procédures judiciaires retardent, les remises s'accumulent, les rôles deviennent encombrés et les délais de transcription des témoignages se traduisent en mois.

b) Vices de la sténographie

Le système sténographique porte en lui le germe des contingences et des limites humaines auxquelles il est impossible d'apporter de correctif.

Il pose des problèmes de relecture, de fidélité, de délais et de contrôle.

1a) La relecture

Le sténographe débutant se sert de signes conventionnels que l'initié peut facilement déchiffrer à la condition que la méthode employée lui soit connue. Il existe aujourd'hui de nombreuses méthodes aussi valables les unes que les autres, ce qui ne rend pas facile la tâche de la relecture. L'expérience et la pratique aidant, le sténographe parvient à se forger une écriture personnelle, à inventer des formules qui améliorent sa rapidité et son rendement. Au point que nul autre que lui ne peut relire ses notes. La sténotypie évite cet inconvénient quoique l'invention de signes personnels soit toujours possible. Il se trouve de plus, sur le marché, divers appareils à sténotypie qui nécessitent l'emploi de méthodes différentes: la Grandjean et la La Salle pour n'en nommer que deux.

2a) La fidélité

La prise à la main ou la transcription mécanique des dépositions ou des paroles entendues sont essentiellement subordonnées à la qualité de l'exécutant. Personne n'est en mesure de vérifier ou d'évaluer la fidélité et l'exactitude du compte rendu qu'il dresse à l'audience. Et il est bon d'ajouter que le sténographe officiel connaît tellement sa faiblesse qu'il se sert couramment d'une machine enregistreuse pour vérifier ou pour combler, sans trop l'avouer, ses manques dans la prise des débats. Le sténographe officiel est en quelque sorte un témoin qui, rapportant les paroles d'un autre témoin, donne au ouï-dire une couleur de légalité!

3a) Les délais

Que le sténographe tombe malade ou qu'il décède, l'administration de la justice en devient paralysée. Si l'événement se produit pendant l'audience, cela nécessite automatiquement une remise. S'il arrive après l'audience, la transcription des notes en est retardée ou devient impossible à effectuer, personne ne pouvant les "traduire". Le mot n'est pas inventé à dessein. Il est employé en toutes lettres à l'article 326 du code de procédure civile: "Les notes du sténographe ne sont *traduites* que si le juge le requiert ou s'il y a appel."

4a) Le contrôle

Enfin, tous les sténographes officiels reçoivent leur formation dans des institutions privées dont les normes ne sont en aucune manière sujettes au contrôle du ministère de la justice. Les critères présidant à leur choix laissent à désirer. Pour prouver leur compétence, et leurs qualifications, ils doivent subir, on le sait, un examen devant un comité formé d'avocats nommés par le conseil des Barreaux de districts, mais il n'est pas certain que cette façon de procéder soit la meilleure. Ainsi nommés, les sténographes officiels deviennent, pour la plupart, attachés par le ministère aux cours criminelles et n'agissent devant les cours civiles que s'ils sont disponibles. D'autres travaillent à la pige et ne sont vraiment pas intégrés au système judiciaire.

C. Le remède

Conscient du problème, le ministère de la Justice du Québec a envisagé la mise en oeuvre de moyens nouveaux destinés à suppléer à la pénurie des sténographes officiels, à améliorer l'appareil judiciaire et à le rendre plus efficace. D'où la nécessité de faire appel à la technologie moderne. Cela ne veut pas dire que le sténographe officiel disparaîtra du jour au lendemain. Il a encore sa place dans l'administration de la justice. L'application des moyens nouveaux répondra d'abord aux besoins les plus criants.

Cela peut faire peur au départ. La technologie moderne est toujours menaçante. Elle l'est encore plus dans le domaine de la justice. Elle risque de déranger des habitudes acquises depuis longtemps, des habitudes dans lesquelles on se complaît, des habitudes tranquilles, sans heurts, sans surprises. Cette peur n'a pas sa raison d'être. Si on se donne la peine de faire le point sur les recherches se rapportant à la transcription de la parole, on est déjà prêt à découvrir les services que la technologie peut rendre et à l'adapter aux besoins qui se font sentir.

Il est intéressant de savoir que la science a fait de grands pas pour résoudre le problème du recueillement de la parole. Des recherches intéressantes sont reliées à l'évolution de l'électronique et des ordinateurs. On pense à raccorder l'appareil de sténotypie actuel à un ordinateur assez avancé pour reproduire rapidement le compte rendu des procédures. On travaille également au perfectionnement d'ordinateurs capables de lire la voix humaine et de la traduire sur-le-champ en imprimés lisibles et complets.

On sait que les méthodes de la sténographie et de la sténotypie nécessitent généralement trois étapes. D'abord, la prise de la parole, manuellement ou par la mécanique. Ensuite, le transfert par dictée sur ruban magnétique. Enfin, la transcription de cet enregistrement par dictaphoniste pour en arriver à un document officiel. A moins que le sténographe officiel ne saute la deuxième opération en accomplissant lui-même le travail.

a) Le système électronique

A Saint-Jérôme, dès 1970, on a fait l'essai d'un système dont les résultats jusqu'à ce jour ont dépassé toutes les espérances, ont fait taire bien des objections et calmé bien des réticences. Il a été appliqué à Montréal en 1973. Il vaut d'être décrit en détail. D'une technique simple et facile à comprendre, il subira, bien sûr, des améliorations au gré de l'avancement technique mais ses principes de base resteront les mêmes.

Disons tout de suite que le système possède déjà ses lettres de créances. Il a été éprouvé en Australie et en Angleterre. En Australie depuis 14 ans, et en Angleterre depuis 7 ans.

Le système combine les avantages des appareils utilisés en Australie et en Angleterre et en réduit les inconvénients.

1a) Ce qu'il est

Il repose sur la prise du son au moyen de bandes magnétiques. Il n'est pas question ici d'appareils dont les gens se servent pour enregistrer leurs soirées en famille ou pour transmettre à la postérité les premiers balbutiements du petit dernier. Il s'agit d'un mécanisme autrement perfectionné.

2a) Sa fonction

En gros, il est destiné à produire simultanément deux bandes magnétiques qui recueilleront la parole de l'audience au moyen de machines électroniques répondant à des signaux différents. Les enregistrements étant indépendants l'un de l'autre, cela permet de parer à la possibilité de défectuosités techniques. Une bande magnétique sera appelée "bande maîtresse" et l'autre "bande à transcription".

1b) La bande maîtresse: la première ira aux archives. On la classera dans un endroit spécial où elle sera conservée pendant une période de 10 ans. Elle servira à remplacer la "bande à transcription" en cas de détérioration de cette dernière ou en cas d'effacement pour un nouvel enregistrement.

2b) La bande à transcription: la deuxième servira aux fins de la transcription. Cette transcription sera assurée par des secrétaires judiciaires ou par des dictaphonistes qui prépareront les comptes rendus de l'audience à l'usage des juges et de toutes parties intéressées.

3a) Ses modalités

Les unités destinées à l'enregistrement seront compactes ou intégrées.

Les unités compactes se trouvent entièrement dans chaque salle d'audience. Les unités intégrées possèdent un réseau de fils reliant les salles d'audience à des salles de contrôle qui en sont complètement séparées.

Auparavant, on aura aménagé les salles d'audience de manière à éliminer les bruits extérieurs et les bruits de fond constitués par les échos, et à permettre une transmission fidèle du son.

1b) Les unités compactes: dans les districts judiciaires à achalandage faible ou modéré, tous les éléments techniques seront situés dans la salle d'audience même. Le centre nerveux est constitué d'une table console reliée à des micros toutes directions suspendus au plafond, à une horloge parlante et à des haut-parleurs. Sur la table console prennent place trois machines enregistreuses, l'une servant à produire la bande maîtresse et les deux autres la bande à transcription. Ces deux dernières machines, munies de dispositifs destinés à assurer une impression superposée de quelques secondes, se relayent automatiquement le son de l'une à l'autre à la fin d'une bande de transcription. La console contient encore des voyants lumineux qui indiquent que les micros et les enregistreuses sont en marche, un contrôle d'amplification pour la relecture et un appareil permettant l'écoute et la surveillance des enregistrements.

La bande maîtresse a une durée d'au moins huit heures, soit une journée normale d'audience. La bande à transcription, d'une durée de trois heures ou moins, permet une transcription plus expéditive. En Angleterre, on a fait l'essai de bandes à transcription d'une durée de 5 à 10 minutes et on a réussi à livrer, à la fin d'une journée entière d'audience, la transcription complète des débats de la journée. Dans certains procès avec jury, on a vu des sténographes officiels, à grand renfort de personnel, se démener pendant toute une nuit pour remettre à la première audience du lendemain la transcription des débats de la veille.

Les bandes magnétiques en usage sont à deux pistes dans chaque cas, l'une pour enregistrer la parole et l'autre pour indiquer l'heure transmise par l'horloge parlante. On verra la nécessité du minutage lors des explications qui seront données sur la tenue des procès-verbaux.

2b) Les unités intégrées: le système prévu dans les districts populeux et à grand débit (nous pensons particulièrement à Montréal et à Québec) fait appel à une technique encore plus avancée. Les principes de base restent cependant les mêmes. Ici, toute l'installation électronique se trouve dans une salle de contrôle située à l'extérieur des salles d'audience. Il n'est même pas nécessaire que le contrôle soit dans le palais de justice. En Australie, où le système appartient à l'entreprise privée, il se trouve à un mille du palais de justice.

Tout ce qu'on voit dans la salle d'audience, ce sont des micros multidirections, une horloge, des haut-parleurs et une console munie d'un amplificateur, d'un appareil téléphonique à signal lumineux et d'un système d'intercommunication. Les micros sont reliés par fils à la salle de contrôle en passant par la console, l'horloge de l'audience est synchronisée à une horloge parlante qui se trouve également dans la salle de contrôle, les haut-parleurs supportés par l'amplificateur permettent au besoin, par renvoi, d'entendre à nouveau des paroles déjà prononcées, l'appareil téléphonique facilite, sans trop de dérangement, le contact avec l'extérieur, et le système d'intercommunication relie la salle d'audience à la salle de contrôle.

Ce mécanisme intègre toutes les salles d'audience d'un palais de justice. C'est dans ce sens qu'on parle d'unités intégrées.

La salle de contrôle contient le coeur du système: l'enregistreuse maîtresse utilise une bande magnétique à autant de pistes qu'il y a de salles d'audience à desservir, plus une piste supplémentaire pour marquer l'heure indiquée par l'horloge parlante. Ainsi, dans un palais de justice où il existe 10 salles d'audience qu'on veut relier au système, l'enregistreuse maîtresse sensibilisera une bande magnétique munie de 11 pistes, 10 pistes sonores et une piste horaire. La bande maîtresse, on l'a déjà dit, a la capacité d'enregistrement d'une journée complète d'audience.

Dans la salle de contrôle, on trouvera encore une machine enregistreuse par salle d'audience, plus les machines nécessaires au relais. Ces appareils sont destinés à recevoir les bandes à transcription. Les bandes à transcription, répétons-le, sont de moindre durée que les bandes maîtresses et permettent, quand il y a urgence, d'obtenir sans trop de délai la relation écrite des débats.

4a) Ses inconvénients

Les seuls reproches qu'on a semblé devoir faire au système se rapportent à la relecture et aux inconvénients pouvant résulter de bris ou de défectuosités.

1b) La relecture: il arrive souvent, au cours de l'audience, que le juge ou les avocats, à la suite d'objections et de discussions subséquentes, demandent de relire la question qui les a soulevées. A partir des heures de repère inscrites au procès-verbal, il sera possible d'identifier approximativement l'heure de l'événement, de faire retourner la bobine au point désiré et de lancer la reprise par haut-parleur, soit à partir du système compact, soit à partir du système intégré, après avoir communiqué avec la salle de contrôle. Un dispositif ingénieux remettra ensuite la bande au même point où elle était, au moment de l'interruption, prête à continuer la prise de son. A toutes fins pratiques, le retour en arrière, fait par des gens d'expérience, ne requiert pas plus de temps que la relecture faite par le sténographe officiel.

2b) Les bris et les difficultés techniques: il faut aussi voir aux bris et aux difficultés techniques. L'équipement prévu est perfectionné au point qu'il tient de l'automatisme, donc facile à manipuler et à mettre en marche même par des personnes possédant des connaissances techniques rudimentaires. Celles-ci peuvent mettre fin sans délai aux pannes mineures comme les bris de ruban ou corriger un contact défectueux. En cas de panne grave qui nécessiterait un travail spécialisé, le temps requis pour la réparation ne devrait pas dépasser la durée d'une suspension d'audience. Ce qui contre avantageusement les inconvénients d'une indisposition subite du sténographe officiel ou, tout simplement, l'impossibilité d'obtenir ses services.

5a) Ses avantages

Les avantages du système se devinent aisément. Il permet d'enregistrer les témoignages en langues étrangères ainsi que la traduction donnée par les interprètes. Il élimine ainsi la nécessité de retenir les services de plusieurs sténographes. Il produit un document d'archives facilitant la vérification ultérieure de la fidélité de la transcription. Il est le miroir et le pouls de l'audience. Il pare à la sécheresse d'un document. Il rapporte ce qu'aucun sténographe, si doué soit-il, ne peut faire: la façon de déposer des parties et des témoins, les hésitations, les difficultés de parole, de langue. On imagine facilement le secours précieux que l'audition d'un témoignage peut apporter aux juges lors d'un appel.

6a) L'instrument qui le sert

L'enregistrement parlé de ce qui se passe à l'audience n'est pas suffisant. Il faut y ajouter un instrument qui le sert. C'est là que le rôle du greffier-audiencier prend une importance encore plus grande. Cet instrument doit situer la cause et les événements qui s'y rapportent. Il doit permettre de retracer facilement sur les bandes à transcription et, au besoin, sur les bandes maîtresses, l'audience d'une cause en particulier pour en assurer la transcription.

Au procès-verbal ordinaire, le greffier-audiencier, qui pourra alors porter le nom de secrétaire judiciaire, combinera un journal de cour qui minutera, à partir de l'horloge, le déroulement des débats. Le journal de cour relatera de façon précise, à l'heure et à la minute, la survenance de différents événements au cours d'une comparution, d'une enquête ou d'un procès, et consignera, entre autres, l'heure des admissions, amendements, ententes, discussions, dépositions des témoins, questions, observations, plaidoiries, commentaires et aveux. Ce journal rapporte donc l'horaire du procès-verbal.

Le système électronique de la prise des témoignages et des débats est en voie de soulager l'administration de la justice d'une méthode traditionnelle, désuète et dépassée, qui ne répond plus au rythme de la vie moderne et aux besoins des justiciables.

V. La tenue de l'audience

Les règles de pratique des cours se ressemblent toutes quant à la tenue de l'audience. Elles prévoient un décorum visant à faire comprendre aux gens le respect qui est dû à la justice et à ce qui l'entoure. Ce décorum paraît très acceptable ou simplement ridicule suivant la façon dont il est appliqué.

Quand le juge entre dans la salle, les personnes doivent se lever et demeurer debout jusqu'à ce qu'il ait pris siège. A son départ, elles se lèvent à nouveau, mais ne laissent leur place que lorsqu'il a quitté la salle.

L'avocat doit être revêtu de la toge et porter chemise, collet et rabat blancs, veston noir et pantalon de couleur foncée. Détail intéressant: de l'avocate, on exige qu'elle revête la toge noire et qu'elle porte un vêtement noir à manches longues avec collet auquel le rabat est attaché. La tenue vestimentaire des officiers de la Cour consiste à porter la toge appropriée à leur fonction, une chemise blanche avec cravate foncée et un pantalon sombre. A la Cour de pratique, on ne déploie pas l'appareil au complet: la tenue vestimentaire du juge et des avocats est celle de ville et seuls le greffier-audiencier et l'huissier-audiencier portent la toge.

Le port de la toge fait autre siècle et il est de plus en plus question de l'abolir. Comme certaines autres traditions judiciaires, loin d'inspirer la crainte respectueuse d'autrefois, il donne aux gens l'impression que la justice a du mal à s'adapter aux temps modernes.

Les audiences des tribunaux sont publiques. Les personnes qui y sont présentes doivent se comporter avec déférence, garder le silence et s'abstenir de manifester leur approbation ou leur désapprobation de ce qui s'y passe. S'il l'estime nécessaire, "le tribunal peut ordonner le huis clos: dans l'intérêt de la morale ou de l'ordre public et dans l'intérêt des enfants, en cas d'instance de divorce, d'action en séparation de corps, en déclaration ou en désaveu de paternité, ou en annulation de mariage".

Ceux qui ont l'occasion d'assister aux séances de nos tribunaux remarquent aussitôt le mauvais aménagement de la boîte réservée aux témoins. Elle est située près d'une grande table où prennent place le greffier-audiencier et le sténographe officiel entre la tribune du juge et la table servant aux avocats et aux parties. De telle façon que, quand l'avocat interroge le témoin qui s'y trouve, celui-ci tourne le dos au juge, chose que l'huissier-audiencier ne manque jamais de souligner à l'adresse des témoins: "Tournez-vous vers le juge!", cela dit souvent d'un ton sans réplique. Pour un témoin déjà intimidé et mal à l'aise la remontrance paraît gratuite. Lui qui a mis ses vêtements du dimanche pour se présenter devant la Cour! Et puis, quoi de plus normal que de regarder la personne qui vous parle! On le met un peu dans la même situation que l'âne de Buridan, également pressé par la soif et par la faim, devant lequel son maître a posé, à égale distance, un seau d'eau et un picotin d'avoine. En France, la barre aux témoins est installée face au juge. Il serait facile chez nous de changer la disposition des salles d'audience afin de corriger cette anomalie... L'âne de Buridan mourut dans son indécision, tourmenté à la fois par la soif et la faim.

VI. La recherche des lois

Question importante: où trouve-t-on les lois? Dans les statuts et dans les codes. Les statuts sont tout simplement des volumes qui contiennent les lois adoptées par les parlements. Ils sont annuels ou périodiques selon qu'ils rapportent les lois votées à chaque session d'un parlement ou qu'ils codifient les lois d'intérêt général, avec leurs modifications, à des périodes plus ou moins éloignées.

Les statuts annuels du Canada portent le nom de "Statuts du Canada" et ceux de notre province "Statuts du Québec", avec la mention de l'année,du règne du souverain et de l'année du calendrier. Ainsi S.C. 1968-1969, 17-18 Elizabeth, II ou S.Q. 16 Elizabeth, II, 1967, 17 Elizabeth, II, 1968. Pour la qualité de la langue, on intitule les statuts annuels du Québec, depuis 1969, "Lois du Québec", alors qu'on a conservé l'expression anglaise "Statuts of Quebec". Dans les statuts annuels, un tableau des modifications sépare les lois d'intérêt général et les lois d'intérêt particulier.

Les statuts périodiques sont nommés suivant le cas, "Statuts révisés du Canada" ou "Statuts Refondus du Québec" avec indication de l'année de la révision ou de la refonte. La dernière révision du fédéral date de 1970 et la dernière refonte du Québec de 1964. Par exemple, S.R.C. 1970 ou S.R.Q. 1964. Dans les Statuts révisés du Canada, on a adopté une nouvelle classification basée sur l'ordre alphabétique des sujets; ainsi, la loi des juges, S.R.C. 1970, ch. J-1, vol. V.

Pour se servir de façon sûre d'un texte de loi, on consulte d'abord le Statut révisé ou refondu en vigueur et, en utilisant le tableau des modifications du dernier statut annuel, on se rend compte si la loi ou certains articles de la loi faisant l'objet de la recherche ont été modifiés ou abrogés. Prenons pour exemple la loi des tribunaux judiciaires S.R.Q. 1964, ch. 20. Dans le statut annuel de 1976, on découvrira, au tableau des modifications, que, dans l'espace de douze ans, 86 articles de cette loi ont été modifiés, 19 ont été ajoutés et 30 autres abrogés. Les codes sont des livres où sont consignées des lois particulières d'application courante. Ainsi, le code civil, le code de procédure civile, le code municipal et le code criminel.

QUATRIÈME PARTIE

Le droit civil

I. Introduction au droit civil

Le droit civil est l'ensemble des dispositions du droit privé qui règlent les rapports juridiques des individus entre eux. Celui qui s'applique dans la province de Québec est d'inspiration française. Les autres provinces du Canada se servent de la Common Law, droit non codifié emprunté à l'Angleterre. Ce droit est constitué par l'usage et par les décisions des tribunaux. Par ailleurs, la province de Québec est soumise au même droit criminel que les autres provinces du Canada. On se souvient du mot de Murray: "Ils deviennent sujets du roi". Après la cession de 1760, le gouvernement anglais avait laissé aux Canadiens français l'usage des lois françaises à condition que cette décision n'entraîne pas trop d'ennuis, et le temps a consacré cet état de choses. En 1857, le parlement du Bas-Canada vota une loi "concernant la codification des Lois du Bas-Canada qui se rapportent aux matières civiles et à la procédure". Le préambule vaut la peine d'être cité:

> "Considérant que les lois du Bas-Canada, en matière civile, sont principalement celles qui, à l'époque de la cession du pays à la couronne d'Angleterre, étaient en force dans cette partie de la France, régie par la coutume de Paris, modifiée par des statuts de la province, ou par l'introduction de certaines parties des lois d'Angleterre dans des cas spéciaux, et qu'il arrive en conséquence que la généralité des lois, dans cette division de la province, n'existe que dans la langue qui n'est pas la langue naturelle des personnes d'origine britannique qui l'habitent, pendant que partie ne se trouve point dans la langue naturelle des personnes d'origine française; et considérant que les lois et coutumes suivies en France, à l'époque ci-dessus mentionnée, y ont été modifiées et réduites en un code général, de manière que les anciennes lois, encore suivies dans le Bas-Canada, ne sont plus ni réimprimées ni commentées en France, et qu'il devient de plus en plus difficile d'en obtenir des

exemplaires ou des commentaires; et considérant que pour les raisons susdites et les grands avantages qui sont résultés pour la France (1) comme pour l'Etat de la Louisiane (2) et d'autres endroits, de la codification des lois, il est évidemment expédient de pourvoir à la codification des lois civiles du Bas-Canada..."

Une commission de trois membres assistés de deux secrétaires se mit à l'oeuvre pour répondre aux voeux exprimés par cette loi et soumit un nouveau code civil qui entra en vigueur en 1866. Le code civil a subi depuis tellement de transformations que les codificateurs s'y retrouveraient à peine. Les principales modifications qui y ont été faites se rapportent aux biens réservés de la femme mariée (1930), au mariage civil (1969), aux régimes matrimoniaux (1970), à l'âge de la majorité (1971), et au louage des choses (1973).

Quant au code de procédure civile, il a été complètement refondu en une version plus moderne en 1966.

Le code civil gouverne les rapports juridiques entre les individus tandis que le code de procédure règle la manière de revendiquer un droit ou de le défendre.

---

(1) Code civil (1804), code de procédure civile (1806).

(2) Achetée à la France par les Etats-Unis en 1803.

II. Le code civil

Notre code civil se compose de quatre parties principales qui traitent des personnes; des biens; de l'acquisition et de l'exercice des droits de propriété et des lois commerciales.

1. Des personnes

On distingue, en droit, les personnes physiques et les personnes morales (associations, corporations). Au code civil, on parle surtout de personnes physiques, des individus.

Les notions principales quant aux personnes sont le domicile, l'absence, les actes de l'état civil, le mariage et l'incapacité juridique.

A. Le domicile

Le domicile de toute personne, quant à l'exercice de ses droits civils, est "au lieu où elle a son principal établissement". En termes légers, on pourrait définir le domicile comme étant l'endroit où une personne est censée être quand elle n'y est pas. Il y a une intention, de la part de cette personne d'établir son principal établissement. L'établissement s'entend de cet intérêt primordial qui rattache une personne à un lieu donné de préférence à tout autre. Cet intérêt peut être la famille, la propriété, une fonction, etc. Il est très important, dans l'exercice des droits, d'avoir des règles pour situer quelqu'un dans la société. La notion de domicile diffère de celle de résidence quoique souvent les deux se confondent. Le domicile est une conception juridique tandis que la résidence ne constitue qu'un fait matériel. Le domicile détermine le statut personnel. Il s'agit, bien entendu, du domicile REEL. Il peut être ELU pour certaines affaires: en cas de contestation au sujet d'un contrat, on pourra convenir que celle-ci sera soumise au tribunal de tel endroit.

B. L'absence

L'absent est celui qui a disparu de son domicile sans que l'on ait reçu de nouvelles de son existence. Si l'absence d'une personne dure cinq ans, ses héritiers présomptifs peuvent obtenir de la Cour la possession provisoire de ses biens. L'époux de l'absent se trouve alors dans l'impossibilité de contracter un nouveau mariage car la dissolution a lieu au décès de l'un d'eux ou en cas d'annulation civile ou de divorce. Si c'est le mari qui est absent, sa femme aura la puissance paternelle à l'égard des enfants. Si l'absence a continué pendant 30 ans ou s'il s'est écoulé 100 ans depuis la naissance de l'absent, celui-ci est réputé mort quant à ses biens qui sont alors partagés entre les héritiers.

Un amendement apporté au code civil le 9 juin 1969 permet maintenant d'obtenir de la Cour supérieure un jugement déclaratif de décès dans les cas où il ne peut être dressé un acte de sépulture. Dans le cas d'une noyade par exemple, où on n'a jamais réussi à retrouver le corps, le jugement fixera "la date du décès à un jour déterminé en tenant compte des présomptions tirées des circonstances ou, à défaut, au jour de la disparition du défunt" (art. 71).

C. Les actes de l'état civil

L'état civil d'une personne est sa condition dans la société: elle peut être mineure, mineure émancipée, majeure, interdite ou mariée.

Les actes de l'état civil constatent par des écrits les principaux événements se rapportant à la personne: sa naissance, son mariage et son décès. Ces écrits sont consignés dans des volumes appelés registres, tenus en double par les curés, vicaires, prêtres ou ministres desservant les églises, congrégations ou sociétés religieuses ou par tout autre fonctionnaire autorisé; par exemple, le greffier d'une municipalité. Et ceux-ci accomplissent cette charge gratuitement. A ce titre, ces gens sont considérés comme étant fonctionnaires de l'état civil. A la fin de chaque année, un double reste en possession du fonctionnaire et l'autre est déposé chez le protonotaire du district judiciaire duquel la paroisse religieuse ou la municipalité relève.

Aucun double n'a préséance sur l'autre; les deux ont une valeur égale et leurs dépositaires peuvent indifféremment émettre des copies certifiées des actes qui y sont inscrits. On dit les actes de l'état civil authentiques en ce sens qu'ils font preuve par eux-mêmes sans qu'il soit nécessaire d'en faire une preuve extérieure ou supplémentaire. Les doubles des actes doivent être faits et signés en même temps. Quand les parties ou les témoins ne peuvent signer, il en est fait mention. Il est fortement conseillé de ne rien mettre d'autre dans les actes que ce que la loi exige. Il peut être intéressant, pour le chercheur, de savoir que tel enfant est le cinquième enfant mâle de la famille mais, quand le fonctionnaire de l'état civil s'attarde à consigner pareil détail, il risque d'oublier d'inscrire une mention essentielle comme celle du jour de la naissance. Il ne peut être effectué aucun changement dans les registres sans la permission d'un juge de la Cour supérieure. Seules les copies certifiées par les fonctionnaires de l'état civil ont valeur légale. Le protonotaire émet des copies authentiques des actes de naissance, de mariage et de sépulture qui sont consignés dans les registres des paroisses, des congrégations religieuses et des municipalités, qui ont été déposés dans son greffe, ainsi que des actes des mariages civils qu'il a célébrés. Le greffier d'une municipalité est autorisé à délivrer des copies authentiques des actes de naissance et de sépulture qu'il a enregistrés et il en est de même des ministres du culte quant aux actes de naissance, de mariage et de sépulture inscrits dans les registres de leurs paroisses. Les congrégations ou sociétés religieuses peuvent faire de même pour les actes contenus dans leurs registres. A titre d'exemples, les Ursulines de Trois-Rivières sont autorisées à tenir un registre où elles inscrivent les actes de sépulture de leurs sujets; les Soeurs de la Providence qui dirigent l'Hôpital St-Joseph de Trois-Rivières tiennent un registre des naissances et des sépultures.

Certains hôpitaux délivrent des certificats médicaux qui constatent les naissances et le ministère des Affaires sociales du Québec fournit, sur demande, des certificats de naissance miniature plastifiées. Ces certificats sont préparés par des personnes qui n'ont aucune autorité dans le domaine. Le malheur, c'est qu'on les accepte aux fins des allocations familiales et qu'un ministère s'introduit dans un champ où il n'a aucune compétence. Pour obtenir copie d'un acte de naissance, de mariage ou de sépulture qui a été enregistré pendant l'année en cours, on devra s'adresser au fonctionnaire chargé de tenir le registre pour la bonne raison que l'année n'est pas encore terminée et que le protonotaire ne peut pas avoir en sa possession le double qui lui est destiné.

a) L'acte de naissance

Selon l'article 53A du code civil, toute naissance doit être déclarée dans un délai de quatre mois, soit à l'Eglise, soit au bureau du secrétaire-trésorier ou greffier de la municipalité ou cité du domicile des parents.

Le juge de paix peut aussi recevoir les déclarations de naissance. Car l'article 53A dit encore: "...ou chez le juge de paix le plus proche". Cette disposition, autrefois utile dans les territoires non organisés, n'a plus sa raison d'être. Il est facile, aujourd'hui, partout au Québec, de trouver un ministre du culte ou un officier municipal autorisé à tenir les registres des naissances. Mais les gens ne manquent pas d'imagination. Tous les protonotaires détiennent les pouvoirs de juge de paix et certains d'entre eux reçoivent, à ce titre, les déclarations de naissance de la part de personnes qui, pour ce faire, devraient normalement s'adresser à l'église de leur confession religieuse, au secrétaire-trésorier ou au greffier de leur localité. Du côté légal, il n'y a rien à redire mais, en agissant ainsi, le protonotaire abuse de sa qualité de juge de paix. En plus d'accomplir un geste qui sort de ses attributions ordinaires, il se place dans un conflit d'intérêts. L'article 53A oblige le juge de paix, dans les deux premières semaines du mois de janvier de chaque année, à "faire un rapport des naissances ainsi enregistrées par lui, au bureau du secrétaire-trésorier ou du greffier de la municipalité ou cité". Et tous ceux qui sont autorisés à tenir les registres de l'état civil doivent déposer au bureau du protonotaire du district auquel ils appartiennent, dans les six (6) premières semaines de l'année en cours, le double du registre de l'année précédente. Parce que le protonotaire, conformément aux dispositions de l'article 48, est "...tenu, dans les six mois du dépôt, de vérifier l'état des registres déposés en son greffe, et de dresser procès-verbal sommaire de cette vérification". Comme juge de paix, le protonotaire devra donc faire rapport, au secrétaire-trésorier ou au greffier de la municipalité ou cité des naissances qu'il aura enregistrées et le secrétaire-trésorier ou le greffier, à son tour, devra déposer au bureau du protonotaire, qui a agi comme juge de paix, le registre qui lui a été remis par la même personne! Ce n'est pas tout. Le juge de paix n'est pas autorisé à délivrer et certifier les copies d'actes qu'il a enregistrés. Il appartient en ce cas au secrétaire-trésorier, au greffier ou au protonotaire de le faire. Pour certifier un acte de naissance qu'il a lui-même consigné, ce juge de paix improvisé devra donc s'asseoir dans sa chaise de protonotaire.

Lorsqu'une naissance a lieu dans les territoires d'Abitibi, de Mistassini, d'Ashuanipi ou du Nouveau-Québec, celle-ci doit être enregistrée "dans les douze mois d'icelle au bureau du secrétaire-trésorier ou du greffier de la municipalité ou de la cité dans laquelle est tenu le bureau d'enregistrement dont fait partie ce territoire". L'enregistrement peut-être fait par comparution ou par transmission de déclaration, soit que la personne intéressée fasse elle-même la déclaration de naissance devant l'officier autorisé ou qu'elle la transmette à ce dernier par écrit en double.

Qu'arrive-t-il si la déclaration de naissance n'a pas été faite dans les délais requis?

Dans les territoires organisés, le délai est de quatre mois. A la lecture du premier alinéa de l'article 53A, on est porté à penser que les croyants jouissent d'un traitement de faveur par rapport aux non-croyants en ce qu'ils ne seraient pas soumis au délai de quatre mois. Il n'en est rien. La loi oblige "le père, ou si le père est décédé ou absent, la mère", à déclarer la naissance d'un enfant dans les quatre mois, que ce soit devant le ministre du culte ou devant les autres personnes autorisées à tenir les registres de naissances.

Mais un enfant a vu le jour depuis quatre mois et plus et sa naissance n'a pas encore été déclarée. Légalement, il n'existe pas. Que faire? Le code civil, chose surprenante, est complètement muet sur la question. A part de rendre punissable d'une amende de $50.00 toute personne qui contrevient à l'une des dispositions de l'article 53A. Je suis en retard, j'en conviens. Je suis repentant, je veux maintenant accomplir mon devoir de citoyen et, parce que je veux accomplir mon devoir de citoyen, je m'expose à payer une amende. Ce qui n'améliore en rien la situation de l'enfant. Bon! L'avenir de mon enfant est en jeu et il faut bien que je le fasse naître. Dans la cause Ducharme vs Le secrétaire-trésorier de la municipalité de Ste-Rosalie, (1974, C.S. p. 554) le juge Nichols considère que le fait de ne pas déclarer la naissance d'un enfant dans les quatre mois constitue une omission au sens des articles 75 du Code civil et 864 du Code de procédure civile et que la Cour supérieure doit intervenir pour en ordonner l'inscription dans les registres de la municipalité. Le juge Rothman, dans l'affaire Boone rapportée à 1973 (C.S. p. 309), fait le même raisonnement et permet l'enregistrement d'une naissance qui s'est produite 44 ans auparavant.

En toute déférence, nous croyons que la Cour supérieure est sans juridiction pour créer ainsi de toutes pièces un certificat de naissance. L'article 75 du Code civil dit: "Toute erreur ou omission dans un acte ou registre de l'état civil peut être rectifiée de la manière prescrite au Code de procédure civile". Le texte de cet article présuppose l'existence d'un acte ou d'un registre; il emploie de plus l'expression "peut être rectifiée". Comment peut-on rectifier une chose qui n'existe pas? Le juge Nichols déclare: "les articles 864 et 865 du code de procédure auxquels l'article 75 réfère sont encore plus spécifiques et parlent d'une demande "visant à faire insérer dans les registres un acte qui devrait s'y trouver". Précisément, en employant l'expression "visant à faire insérer dans les registres un acte qui devrait s'y trouver", l'article 864 vient déterminer ou restreindre le genre d'omission. Récitons-le au complet: "La demande en rectification d'un acte de l'état civil ainsi que celle visant à faire insérer dans les registres un acte qui devrait s'y trouver doivent être portées devant le tribunal ou greffe duquel le registre est ou doit être déposé; la requête doit être signifiée aux intéressés ainsi qu'aux dépositaires des registres, avec avis de la date à laquelle elle sera présentée".

Dans le premier cas, l'acte existe mais il faut y apporter des modifications; dans le deuxième, l'acte ne se trouve pas dans les registres alors que déclaration de l'événement en a été faite. En d'autres termes, l'article 864 couvre le cas d'une naissance qui a été déclarée mais qui, pour une raison ou pour une autre, n'a pas été inscrite dans les registres de l'état civil. Elle devrait s'y trouver alors qu'elle n'y est pas. Ici, la négligence est le fait du fonctionnaire et non du père ou de la mère. Suivant une pratique que Mignault qualifie de "vicieuse, qui est assez générale, mais qui devrait cesser" le fonctionnaire rédigeait l'acte après l'événement. Il en oubliait parfois la rédaction. Quant aux signatures, il ne s'en embarrassait pas plus que de raison: les déclarants n'étant plus là, il inscrivait que ceux-ci ne savaient pas signer. A la lecture des vieux registres, on découvre que nos ancêtres étaient bien ignorants! L'article 864 exclut donc l'hypothèse d'une naissance qui n'a pas été déclarée. Comme le dit Mignault "L'article 77... permet de suppléer à l'oubli qu'on a pu faire de dresser un acte de l'état civil" (1). L'article 77 du code civil, maintenant abrogé, se servait d'une expression équivalente à celle de l'article 864: "Si l'on a entièrement omis d'entrer aux registres un acte qui devrait s'y trouver..." Léon Roy abonde dans ce sens: "On ne peut obtenir du tribunal que l'inscription d'une déclaration de naissance qui aurait bel et bien été faite, en son temps, mais qu'on aurait oublié d'inscrire sur les registres." (2).

"Pour les territoires d'Abitibi, de Mistassini, d'Ashuanipi ou du Nouveau-Québec, dit le juge Nichols en référant à l'article 53A, le législateur a donc prévu expressément qu'un juge de la Cour supérieure pourrait, hors délai, autoriser l'enregistrement d'une naissance; doit-on conclure de là qu'un juge de la Cour supérieure ne saurait autoriser semblable enregistrement ailleurs dans la province quand une demande est faite après l'expiration du délai de quatre mois prévu par l'article?"

Il ne faut pas oublier que le quatrième alinéa de l'article 53A a limité cette intervention de la Cour supérieure à un délai de trois ans: "...après le délai de douze mois mais avant l'expiration de trois années". Ce qui veut dire que, dans les territoires non organisés, un juge de la Cour supérieure ne peut autoriser l'inscription d'une naissance qui a eu lieu depuis trois ans et plus. Il serait tout aussi logique de prétendre que si le législateur avait souhaité l'intervention de la Cour supérieure pour permettre en territoires organisés la déclaration d'une naissance qui s'est produite depuis quatre mois et plus, il aurait ajouté à la loi une disposition semblable à celle qu'il a prévue pour les territoires d'Abitibi, de Mistassini, d'Ashuanipi ou du Nouveau-Québec. S'il est permis d'entretenir des dou-

(1) P.B. Mignault, *Le droit civil canadien*, tome premier, Montréal, Whiteford et Théoret, 1895.

(2) Léon Roy, *De la tenue des registres de l'état civil dans la province de Québec*, Montréal, Thérien et frères Ltée, 1959.

tes sur la juridiction de la Cour supérieure pour autoriser l'inscription d'une naissance après l'expiration de quatre mois dans un territoire organisé, on ne peut pas justifier son intervention après trois ans dans les territoires non organisés... à moins d'invoquer l'argument cheville, massue et passe-partout que la Cour supérieure est une cour de droit commun, qu'elle exerce un pouvoir de contrôle et qu'elle doit régler les questions de morale et d'ordre public.

Alors, faudrait-il que je m'adresse à l'Assemblée nationale du Québec et lui demande de passer une loi spéciale décrétant qu'un enfant m'est né? C'est la seule solution vers laquelle Léon Roy, que nous avons déjà cité, semble se diriger. Il écrit: "Le défaut de déclaration de la naissance dans les quatre mois est d'autant plus préjudiciable à l'enfant, chez nous, que notre code civil n'a pas prévu l'enregistrement tardif des naissances". N'exagérons pas. Pour important que soit l'avènement d'un enfant au monde, la négligence de ses parents à le déclarer ne devrait pas nécessiter l'entraînement des rouages de l'Assemblée nationale. Ce serait obliger quelqu'un à se servir d'un moyen fort coûteux et hors de proportion avec le but qu'il veut atteindre. C'est exiger plus que ne le requiert le code et tomber dans un excès contraire.

Le code de procédure dit que la juridiction de la Cour supérieure s'applique à des objets dont la valeur est de $3,000.00 et plus; si, par crainte de toucher à la juridiction de la Cour provinciale, j'intente une action de $3,000.01 plutôt que de $3,000.00 cela n'ajoute rien à la juridiction de la Cour supérieure. En matière de saisie avant jugement, quand un demandeur veut faire saisir un véhicule automobile qui lui a causé un dommage, il n'a pas besoin d'obtenir la permission préalable du juge; s'il l'obtient quand même, il ne rendra pas sa procédure meilleure.

Si, pour les déclarations de naissance hors délai, nous disons que la Cour supérieure est sans juridiction et qu'il n'est pas nécessaire de recourir à une loi du Parlement, c'est que nous croyons avoir trouvé dans la loi réponse à la question. Une réponse très simple. Peut-être trop simple pour qu'on soit tenté de s'y arrêter. Et si cela est vrai, la Cour supérieure ne peut pas se substituer à la loi, le Parlement n'est pas tenu de faire une loi pour régler un cas particulier qu'il a déjà réglé généralement.

Le dernier alinéa de l'article 53A apporte la réponse: "Toute contravention à l'une des dispositions du présent article est punissable d'une amende de $50.00. Convenons qu'à première vue l'argument paraît pour le moins curieux. Expliquons-nous. Le code civil dit que le père (ou, à défaut du père, la mère) doit déclarer la naissance de tout enfant dans un délai imparti dans les quatre mois, en territoires organisés, et, en territoires non organisés, dans les douze mois ou, pour raisons majeures, avec la permission d'un juge de la Cour supérieure, "même après le délai de douze mois mais avant l'expiration de trois années" — et que, s'il ne le fait pas, il est punissable d'amende. La loi ne va pas plus loin. Elle oblige toujours le père ou la mère à déclarer une naissance après les délais mais elle les expose à une sanction. Elle ne défend pas non plus au fonctionnaire de l'état civil d'enregistrer une naissance après les délais. En ce faisant, il ne rectifie rien et ne pare à aucune omission. Son rôle consiste, dans la circonstance, à porter dans les registres la déclaration de naissance qui lui est soumise et non à créer des embêtements. En agissant ainsi, il ne perd ni qualité ni capacité, il ne désobéit pas à la loi; il ne fait qu'accomplir son devoir. Le contrevenant, ce n'est pas lui, c'est le déclarant qui, à cause de sa négligence à rapporter une naissance court le risque de payer l'amende de $50.00, le risque étant ce qu'il est. A notre connaissance, elle n'a jamais été imposée à qui que soit. Ce qui n'a pas empêché les auteurs de s'interroger sur le genre de procédure qui pourrait être intenté le cas échéant. Suivant Langelier, ce serait l'action *qui tam*. Le recouvrement de la pénalité pouvant être poursuivi soit par le procureur général au nom de sa Majesté, soit par n'importe quelle personne agissant tant en son nom qu'au nom de sa Majesté, il était dit, dans les brefs, autrefois rédigés en latin, que l'action était prise par un tel agissant *tam proprio nomine quam nomine domini nostri regis* (1). Personne ne contestera ce savant exposé! Ajoutons que cette disposition a été introduite au code civil en 1888 et que, pour le temps, la somme de $50.00 était importante. L'amende ne s'applique qu'au déclarant pris en défaut parce que l'article 53 a prévu des sanctions particulières à l'égard du fonctionnaire de l'état civil qui n'exécute pas les obligations que la loi lui impose. C'est l'opinion de Mignault: "...si ce n'est l'article 53, qui ne se rapporte qu'aux fonctionnaires et ne saurait atteindre les père et mère qui négligent de déclarer la naissance de leur enfant." Il faut dire qu'au moment où Mignault écrivait cela, l'article 53A ne prévoyait pas encore d'amende vis-à-vis des parents

(1) F. Langelier, *Cours de droit civil de la province de Québec*, tome premier, Montréal, Wilson et Lafleur, 1905.

en défaut de déclarer une naissance. Il nous est donc permis d'affirmer que l'acte de naissance inscrit dans les registres de l'état civil par un fonctionnaire autorisé, en dehors des délais fixés à l'article 53A, est aussi valide que celui qui y a été inscrit dans les délais légaux. La Cour supérieure, pour cette seule raison, serait mal venue de l'annuler. Elle n'a d'ailleurs jamais été appelée à se prononcer sur la question. L'inscription d'une naissance faite à la suite d'un jugement "illégal" ou tout au moins inutile de la Cour supérieure rassurera probablement le fonctionnaire de l'état civil mais n'aura pas pour effet de bonifier un acte valide à sa face même.

Il n'existe aucune raison légale de croire que le fonctionnaire de l'état civil devienne, à cause de délais, soudainement incompétent et que la Cour supérieure, pour ce motif, doive intervenir dans la déclaration d'une naissance. Il n'existe aucune raison légale de croire qu'après trois ans un père négligent, domicilié dans un territoire non organisé, soit obligé de s'adresser à la législature pour faire enregistrer un enfant qui attend qu'on veuille bien lui permettre de faire son entrée dans le monde. Enfin, il n'existe aucune raison légale de croire que le législateur ait voulu imposer au justiciable en défaut de déclarer une naissance plus ample sanction qu'une simple amende, exceptionnelle en droit civil, son but premier n'étant pas tellement de le punir en lui procurant des tracas de procédure mais plutôt de lui faire penser à accomplir un acte d'une portée considérable.

Le législateur a imposé aux fonctionnaires de l'état civil le devoir d'enregistrer les naissances. Aux juges de la Cour supérieure il a accordé le pouvoir de rectifier les actes qui en ont été dressés ou de faire insérer dans les registres les actes qui devraient s'y trouver et qui n'y apparaissent pas à cause de l'incurie du fonctionnaire qui en avait la responsabilité. (1)

L'acte de naissance doit énoncer "le jour et le lieu de la naissance de l'enfant, celui de son baptême, s'il a lieu, son sexe et les noms qui lui sont donnés; les noms, prénoms, professions et domicile des père et mère, ainsi que des parrain et marraine, s'il y en a". Les fonctionnaires religieux de l'état civil ont pris la discutable habitude de donner préséance à la date du baptême plutôt qu'à la date de la naissance. On lit couramment, dans les registres, des inscriptions comme celle-ci: "avons baptisé Jean X

(1) Un projet de loi en voie de préparation entend modifier l'article 53A dans le but d'accorder aux juges de la Cour supérieure le pouvoir de faire inscrire dans les registres de l'état civil une naissance déclarée hors délai. Quoique nous entretenons des doutes sur la nécessité de l'amendement prévu, il confirmerait les réserves sérieuses que nous apportons à l'égard de la juridiction de la Cour supérieure sur le sujet.

né l'avant-veille". Comme date de naissance, on pourrait trouver mieux. Il ne faut pas oublier que ces registres sont tenus en vertu d'une obligation imposée par la loi civile et on devrait au moins y indiquer la date précise de la naissance. Il suffit au fonctionnaire de suivre l'ordre des inscriptions établi par le code civil à l'article 54. Il arrive encore qu'on inscrive une conversion dans les actes de naissance. Il s'agit alors d'un baptême ou d'une présentation au Seigneur et l'événement, tout heureux qu'il soit, n'a rien à voir avec l'état civil ou légal d'une personne.

Autre point: les fonctionnaires insistent trop sur la légitimité de l'enfant. Quand ils n'accolent pas l'épithète "légitime" à l'enfant, ils le projettent sur le mariage lui-même. On lit fréquemment les expressions: "fils légitime de... fille née du mariage légitime de". La mention "illégitime" est heureusement disparue mais on est devenu subtil. Quand il s'agit d'un enfant légitime on se sert, comme on l'a dit, de l'épithète et quand on a affaire à un enfant illégitime on omet la mention.

L'acte de naissance constate principalement la naissance, non la légitimité. En loi, tout le monde est présumé légitime et c'est faire acte de ségrégation que de distinguer ainsi. La légitimité est chose importante, surtout en matière de succession. Cependant, il n'appartient pas aux fonctionnaires de l'état civil d'en décider mais aux personnes lésées de s'en plaindre. Depuis quelque temps, on assiste à un phénomène curieux. Par coquetterie ou par snobisme, certaines personnes n'hésitent pas à modifier, comme cela, l'orthographe de leurs noms et prénoms. Sans inquiétude aucune, on écrira Lyse, Denyse, Gyselle, et on poussera la fantaisie à la limite en se parant du nom de De la Voye alors qu'on est né Lavoie comme tout le monde, la particule provenant probablement de recherches généalogiques fructueuses! Cela prend un équipage pour soutenir pareil nom. Vous voyez Gil De La Voye, chômeur, rencontrer, à l'intersection des rues Ste-Catherine et St-Laurent, à Montréal, son frère Jos Lavoie, juge en chef de la Cour suprême! Si vraiment on n'est plus satisfait de son nom, il sera toujours possible de le faire modifier légalement en passant par la loi du changement de nom. Si, par contre, l'erreur dans l'appellation en était une de départ, on se servira de la requête en rectification. La loi de l'adoption a prévu, dans la forme suivante, le certificat de naissance d'un enfant adoptif émis par le dépositaire du registre de l'état civil: "Le soussigné certifie que (nom de l'adopté), fils ou fille de (nom de l'adoptant) et de (nom de l'épouse de l'adoptant), de (paroisse s'il y a lieu et municipalité) province de Québec, Canada, est né (e) le (jour, mois, année) à (lieu de naissance, si mentionné dans le certificat de jugement) et a été baptisé (e) (s'il en est fait mention dans le jugement) le (jour, mois, année) par (nom du célébrant, noms du parrain et de la marraine s'il y a lieu), sceau et signature du dépositaire".

Le jugement d'adoption d'une personne née le 1er décembre 1972 et prononcé durant l'année 1976 sera inscrit dans les registres de la paroisse ou de la municipalité de l'adoptant tenus pour l'année 1976, et, dans les registres de ces endroits on indiquera en marge, pour l'année 1972, une référence à la date de la naissance. Semblables inscriptions seront faites dans les doubles déposés ou à être déposés au bureau du protonotaire.

Après le mariage la femme doit-elle porter le nom de son mari? Toute personne n'existe civilement que sous les noms qui lui ont été donnés à sa naissance. Il ne peut donc être question pour une femme divorcée ou séparée de corps de "reprendre" son nom de fille. Légalement, elle l'a toujours gardé. Bien des gens sont surpris d'apprendre cela. Pourtant, l'article 56A est clair: "Les noms et prénoms donnés à une personne dans son acte de naissance, ou qui sont réputés être ses véritables noms et prénoms d'après la loi ou l'usage du lieu de sa naissance, ne peuvent être changés que par une loi de législature et ses droits civils ne peuvent être exercés que sous ce nom et sous l'un ou plusieurs de ces prénoms, à moins qu'ils n'aient été ainsi changés."

b) L'acte de mariage

L'acte de mariage énonce: "le jour de la célébration du mariage; les noms et prénoms, profession et domicile des époux, les noms du père et de la mère, ou de l'époux précédent; si les parties sont majeures ou mineures; si elles sont mariées après publication par voie d'affiche, après publication de bans ou avec dispense de publication de bans; si c'est avec le consentement de leurs père et mère, tuteur ou curateur, ou sur avis du conseil de famille, dans les cas où ils sont requis; les noms des témoins, et s'ils sont parents ou alliés des parties, de quel côté et à quel degré; qu'il n'y a pas eu d'opposition, ou que mainlevée en a été accordée; si les parties se marient sans contrat de mariage. Ou si elles ont passé un contrat de mariage, le nom et l'adresse du notaire qui l'a reçu".

Le fait pour une personne de contracter mariage constitue un acte trop important pour qu'il soit tenu secret et la loi exige que le public en soit averti. C'est la raison de la publication des bans. Elle consiste en annonces faites dans les églises ou temples de la croyance des futurs époux à trois services divins différents. Le code civil tient cependant compte des dispenses de publication que peuvent prévoir les religions.

L'Eglise catholique, en vertu de ses lois, peut accorder une dispense de toute publication. On a vu la chose se produire lors de la course aux mariages, en 1940... dans le but d'éviter la conscription qui s'annonçait menaçante! En temps normal, elle octroie une dispense de deux bans. Le législateur devrait peut-être songer à établir une règle uniforme qui s'appliquerait à toutes les publications.

Des amendements, apportés au code civil en avril 1969, ont inauguré le mariage civil dans la province de Québec.

Auparavant, ceux qui désiraient se marier devaient absolument passer par les offices des ministres du culte. Eux seuls étaient autorisés par la loi à célébrer les mariages. Le couple qui n'entretenait aucune croyance religieuse devait alors se plier à des cérémonies qui n'avaient aucun sens pour lui. S'il refusait de passer par l'église, il était réduit à vivre en concubinage et l'enfant qui naissait de cette union devait être nécessairement considéré comme illégitime. C'était heurter l'individu dans sa liberté la plus sacrée, celle de la conscience. Au sujet des naissances et des sépultures, cela ne créait aucune difficulté: les greffiers des municipalités étaient habilités à les enregistrer.

Le protonotaire de la Cour supérieure de chacun des 32 districts judiciaires de la province a été chargé, par le législateur, de célébrer les mariages civils. Sous certaines conditions, il peut déléguer ce pouvoir à ses adjoints.

Quand les futurs époux remplissent les conditions prévues par la loi, s'ils sont majeurs, ou mineurs autorisés, et s'ils sont libres, soit célibataires ou divorcés, le protonotaire ne peut refuser de les marier. Le protonotaire est un greffier dont les pouvoirs sont plus étendus que ceux d'un greffier ordinaire. Le protonotaire n'a pas à s'inquiéter du mariage religieux des conjoints. Il ne célèbre que le mariage civil. Les ministres du culte célèbrent, dans une même cérémonie, à la fois le mariage civil et religieux. Ils pourraient à la rigueur dissocier le religieux du civil et, comme fonctionnaires de l'état civil, célébrer uniquement le mariage civil. Ils n'ont jamais voulu le faire, d'autant moins qu'un article du code civil (129) leur permet de refuser la célébration d'un mariage contre lequel il existe quelque empêchement doctrinal ou disciplinaire de l'Eglise à laquelle ils appartiennent, raison que le protonotaire ne peut invoquer.

Chez les prêtres catholiques, le droit canonique le défend expressément. Cela ne répugnerait pas cependant que les futurs époux reçoivent la célébration civile de leur mariage devant le protonotaire ou son adjoint et qu'ils aillent par la suite faire bénir leur union devant l'Eglise de leur croyance. Dans ce cas, l'inscription de l'acte de mariage se ferait dans les registres tenus par le protonotaire.

Le mariage civil est une nouvelle forme de mariage qui n'a été instituée que pour respecter les idées d'une minorité. Le mariage à la fois civil et religieux répond encore aux besoins de la majorité et il est aussi valide, au point de vue légal, que celui célébré devant le protonotaire. Les gens mal renseignés ont peine à faire le point entre le mariage civil et le mariage religieux et vont même jusqu'à prétendre que le mariage célébré par un fonctionnaire religieux ne saurait être accepté en pays étranger. Il ne faudrait pas croire aussi que les mariages consentis devant le protonotaire ont moins de valeur que ceux célébrés par l'Eglise. Les obligations civiles découlant de ces mariages sont absolument les mêmes.

Pour le mariage civil, les parties signent un acte de publication qui sera affiché au greffe de la Cour supérieure pendant une période d'au moins 20 jours francs. L'acte de publication est valide pour une période de trois mois. Le mariage civil doit être célébré entre 9 heures du matin et 5 heures de l'après-midi, mais jamais le dimanche. Les droits versés par les conjoints, à l'intention du ministre des finances, sont de $40 en semaine et de $65 les samedis et jours de fête qui ne sont pas déclarés non juridiques.

La cérémonie du mariage civil est fort simple et ne dure que quelques minutes. Elle a lieu au Palais de Justice du district de la résidence de l'un des conjoints, dans une salle d'audience et en présence du drapeau du Québec. Au cours de la cérémonie, le protonotaire lit aux futurs époux les articles 173-174-175 et 176 du code civil relatant les obligations maritales de l'un envers l'autre, puis requiert et reçoit le consentement de chacun en présence de leur témoin respectif. (Les témoins peuvent être aussi bien femmes qu'hommes mais on exige qu'ils soient majeurs). Puis, il les déclare unis par les liens du mariage en vertu des pouvoirs qui lui sont conférés par la loi. Enfin, lecture de l'acte de mariage et apposition des signatures des époux et des témoins dans les registres de l'état civil.

La lecture de l'article 175 détonne dans l'atmosphère de joie et de confiance qui règne au moment de la célébration. Il y est déjà question de différends qui peuvent surgir entre les conjoints au sujet du choix de la résidence et de la procédure à intenter en pareil cas. L'occasion se prête mal pour faire dire au protonotaire: "Lorsque la résidence choisie par le mari présente pour la famille des dangers d'ordre physique ou d'ordre moral, la femme peut, par exception, être autorisée à avoir pour elle et ses enfants une autre résidence fixée par le juge. Cette autorisation peut être accordée sur requête présentée à un juge de la Cour supérieure, après signification au mari".

Le législateur aurait pu trouver mieux comme conseils à donner aux futurs époux. La loi n'impose d'ailleurs pas semblable corvée aux fonctionnaires religieux.

Dans les cérémonies religieuses de mariage, on ne mentionne aucunement l'engagement des conjoints devant l'Etat. Même si notre loi accorde une reconnaissance automatique aux mariages célébrés religieusement, il ne serait pas déraisonnable que les ministres du culte tiennent compte du citoyen en lui faisant penser qu'il accomplit également un acte civil important.

Le code civil ne contient rien au sujet des mariages inscrits dans les actes de l'état civil et qui ont été annulés civilement ou dissous par le divorce. Une personne obtient son divorce: aucune disposition légale ne prévoit la radiation de son acte de mariage. Si elle se remarie, elle deviendra bigame aux yeux des registres!

c) L'acte de sépulture

L'acte de sépulture fait mention "du jour où elle a lieu, de celui du décès, s'il est connu, des noms, qualité ou occupation du défunt, et il est signé par celui qui fait la sépulture et par deux des plus proches parents ou amis qui y ont assisté".

Aucune inhumation ne peut être faite avant les 12 heures (Lois du Québec 1972, chapitre 42, article 61) du décès. L'acte de sépulture doit être dressé dans les registres de la paroisse où a lieu l'inhumation et non de celle où le service a été chanté. Il appartient à l'autorité ecclésiastique catholique romaine seule de désigner dans le cimetière la place où chaque personne décédée dans cette croyance doit être inhumée. Cette disposition fut ajoutée au code civil à la suite de l'affaire Guibord qui fit beaucoup de bruit à la fin du siècle dernier. Le code civil, pour répondre aux nécessités de la vie moderne et pour confirmer une situation de faits, couvre, depuis le 1er décembre 1971, la question des greffes d'organes et de la disposition des cadavres. Il permet au citoyen de consentir à l'aliénation d'une partie de son corps ou de régler, par écrit, les conditions de ses funérailles et le mode de disposition de son corps (crémation). Il prévoit aussi les cas de prélèvement d'organes sur les cadavres.

D. Le mariage

a) Conditions

Pour pouvoir se marier, devant le ministre du culte ou devant le protonotaire, la femme doit avoir 12 ans et l'homme 14 ans. Il n'y a pas de mariage sans consentement de la part des époux. Ceux qui n'ont pas atteint l'âge de 18 ans doivent obtenir la permission de leur père ou mère. La permission de l'un ou de l'autre suffit. S'ils ne s'entendent pas entre eux, il y a présomption de consentement. Un amendement récent a aboli la prépondérance de la décision du père. Si le mineur est sans parents, il sera autorisé par un tuteur nommé par un conseil de famille. Si le mineur se marie avec un contrat de mariage, le contrat sera soumis à l'approbation de ce conseil.

Le mariage est prohibé complètement entre personnes appartenant à la même ligne directe. En ligne collatérale, cette prohibition absolue atteint le frère et la soeur, la tante et le neveu, l'oncle et la nièce. Dans ces cas, il s'agit de la parenté par le sang et non par l'alliance. Ainsi, un veuf ne peut pas se marier avec la fille de sa soeur mais il peut le faire avec la fille que sa femme défunte a eue d'un mariage précédent ou avec la soeur de sa femme défunte ou avec la fille de cette soeur.

Certains empêchements sont prévus quand le mariage a été dissous par divorce alors qu'il n'en est pas question quand il a été dissous par décès. Le divorcé ne pourrait pas marier la fille de la soeur de sa première femme avant le décès de cette dernière.

Les empêchements décrétés par la loi ne sont pas nécessairement les mêmes que ceux qu'impose une croyance religieuse. Cependant, ceux qui ne sont pas prévus au code et qui adhèrent aux préceptes d'une croyance religieuse sont admis par notre loi civile. Cela en vertu de l'article 127.

b) Oppositions

Ce droit appartient à la personne déjà engagée dans les liens du mariage avec une des parties contractantes car un mariage ne se dissout que par la mort de l'un des époux, par annulation civile ou par jugement définitif de divorce. Ce droit d'opposition appartient encore au père ou à la mère, au tuteur dans le cas d'un mineur, au curateur dans le cas d'un mineur émancipé par la Cour. On ne tient pas compte d'une opposition basée sur une simple promesse de mariage. Si quelqu'un forme une opposition frivole, il peut être recherché en dommages.

c) Demandes en nullité

Dans les causes de nullité de mariage, il peut être question de nullité absolue et de nullité relative, de raisons qui ne peuvent être invoquées que par les intéressés — époux — ou qui peuvent être soulevées par tous.

S'il n'y a pas eu de consentement libre de la part des époux, la nullité du mariage peut être demandée. Les vices de consentement proviennent de la crainte, de la violence ou du rapt.

L'erreur sur la personne peut également entraîner la nullité du mariage, mais elle doit porter sur des qualités déterminantes: erreur sur la religion, sur la nationalité, sur la santé ou sur la situation sociale d'un conjoint. Le tribunal appréciera la gravité de l'erreur.

Le code n'insiste pas sur les nullités absolues les plus patentes comme la bigamie ou l'impuissance parce que la preuve en est facile à établir.

En cas de nullité relative, l'acte peut toujours être ratifié et cette nullité ne peut être invoquée que par les époux. Dans le cas de nullité absolue, il n'y a pas de mariage existant et celle-ci peut être invoquée par tous.

L'époux dont le consentement n'a pas été libre ne peut plus s'en plaindre s'il a cohabité, en pleine liberté, avec son conjoint, pendant six mois. La même prescription s'applique quant à l'erreur sur la personne, à partir du moment où l'erreur a été découverte, quant au défaut de consentement requis par le père ou par le tuteur, et quant au conjoint qui n'avait pas l'âge requis. Dans ce dernier cas cependant, si la femme a conçu avant l'expiration du délai de six mois, ce motif de nullité disparaît. Le mariage qui n'a pas été contracté publiquement peut également être attaqué. Enfin, un mariage, contracté de bonne foi et qui a été déclaré nul, produit néanmoins des effets civils tant à l'égard des époux que des enfants.

d) Obligations qui naissent du mariage

L'obligation alimentaire est créée, par le fait du mariage, d'un époux envers l'autre, des parents envers les enfants, de ceux-ci envers ceux-là et des époux envers leurs parents par alliance. Elle consiste à l'égard des enfants, à les nourrir, à les entretenir et à les élever. Vis-à-vis des autres, elle consiste à les loger, à les entretenir et à les nourrir. Cette obligation est proportionnée aux besoins de la personne à qui elle est due et aux moyens de la personne qui la doit. Dernièrement, elle a été étendue au niveau des parents et des enfants naturels.

Les époux la doivent à leurs enfants et les enfants à leurs parents et à leurs grands-parents (ascendants) dans le besoin. L'époux doit également des aliments au père et à la mère de son conjoint mais cette obligation cesse si la belle-mère a convolé en secondes noces ou si le conjoint qui produisait l'affinité et ses enfants sont décédés. L'obligation alimentaire cesse également lorsque le mariage qui produisait l'alliance a été dissous par divorce ou par annulation civile. Toutes ces obligations sont réciproques: ainsi, le beau-père peut être appelé à fournir des aliments à son gendre dans le besoin. Bien entendu, la pension alimentaire peut être modifiée ou abolie selon l'état des moyens ou des besoins. Une personne qui n'est plus en mesure de payer la pension peut obtenir du Tribunal la permission de recevoir chez elle la personne dans le besoin et envers laquelle elle est obligée.

Aujourd'hui, à cause des allocations sociales de toutes sortes versées par les gouvernements, il est assez rare qu'on mette l'obligation alimentaire à exécution. Le cas le plus courant était celui de la personne âgée. Celle-ci organise assez bien sa vie avec la pension de vieillesse qu'elle reçoit et le léger surplus que sa famille peut lui procurer.

e) Filiation

Il est bon que la société intervienne pour protéger la famille et qu'elle établisse des règles relatives à la légitimité des enfants.

Notre code civil décrète que l'enfant est légitime, et qu'il a pour père le mari, s'il est né le ou après le 180ième jour de la célébration du mariage ou dans les 300 jours de sa dissolution. Les enfants qui sont nés en dedans ou en dehors de ces délais peuvent être désavoués. C'est dire qu'ils sont quand même considérés comme légitimes jusqu'à preuve du contraire car il est possible que le mari soit vraiment le père et que ses fréquentations aient été plus que sérieuses avant la célébration de son mariage avec la mère!

Le droit de désaveu doit être exercé dans les deux mois de la connaissance acquise de la naissance de l'enfant. Le mari pourra désavouer l'enfant qu'il prétend ne pas être de lui s'il réussit à prouver son impuissance survenue depuis le mariage, ou l'impossibilité physique de se rencontrer avec sa femme, par exemple, s'il était en prison ou à la guerre.

Les héritiers du mari pourront demander le désaveu d'un enfant si celui-ci est décédé dans les délais prévus pour l'exercer. Ceci a son importance: empêcher la participation d'un étranger dans la succession d'un défunt.

L'enfant qui naît après 300 jours du décès du mari est tenu pour illégitime.

Nous n'avons parlé que des enfants nés dans les cadres d'un mariage. Ceux qui naissent de parents non mariés ensemble sont évidemment illégitimes mais ils seront cependant automatiquement légitimés par le mariage subséquent de leurs père et mère et jouiront des mêmes droits qu'un enfant légitime. En ce cas, si besoin est, l'acte de naissance sera corrigé sur requête présentée devant la Cour supérieure.

Ne peuvent jamais être légitimés les enfants nés d'un commerce incestueux. S'ils sont adoptés, ceux-ci pourront profiter d'une certaine légitimité par rapport à leurs parents adoptifs. Le mariage subséquent des parents naturels, après décès du conjoint de l'un ou de l'autre ou après jugement de divorce mettant fin à une union antérieure, aura pour effet de légitimer l'enfant adultérin. Cette disposition, datant de 1971, est venue trois ans après l'application de la loi du divorce à la province de Québec. Conséquence importante qui avait échappé à l'attention du législateur.

f) Puissance paternelle

C'est un pouvoir accordé par la loi à ceux qui ont le contrôle de la personne d'un enfant mineur. Les attributs principaux de la puissance paternelle sont le droit d'éducation, de garde et de correction. Elle est exercée par le père, à son défaut par la mère ou par un tuteur nommé par la Cour. L'enfant mineur est soumis à la puissance paternelle jusqu'à sa majorité. La veuve qui se remarie gardera la puissance paternelle sur les enfants nés de son mariage précédent. Un amendement, en vigueur depuis le premier janvier 1972, a baissé l'âge de la majorité de 21 à 18 ans.

La loi concernant les enfants naturels (1970, chapitre 62) a modifié considérablement les notions séculaires que notre droit civil entretenait sur la famille. Sanctionnée le 8 décembre 1970, elle accorde aux parents naturels l'autorité dont ils ont besoin pour s'acquitter de leurs obligations à l'égard de leurs enfants. Avant cela, la loi niait au père naturel tout droit à la puissance paternelle. Il n'était pas question pour lui de reconnaître son enfant. Celui-ci appartenait à la mère seule. L'état de père naturel imposait à ce dernier une obligation alimentaire (enfant) ou de frais de gésine (mère) sans lui accorder en retour aucun droit correspondant.

Ces nouvelles dispositions permettent désormais aux parents naturels de reconnaître leurs enfants et d'exercer sur eux la puissance paternelle. Elles soumettent également l'enfant naturel mineur qui veut se marier à l'obligation d'obtenir le consentement de son père ou de sa mère et établissent un droit réciproque à l'obligation alimentaire. Elles ont enfin précisé les termes de l'article 1056 du code civil pour lever toute ambiguïté sur le droit de poursuite en cas de décès des parents ou des enfants naturels. Ceci, à la suite d'un jugement rendu par la Cour suprême du Canada et refusant à une mère naturelle qui avait perdu son enfant une indemnité pour support futur. La Cour suprême avait décidé qu'on devait interpréter les mots "ascendants" et "descendants" de l'article 1056 en raison de la légitimité seulement. La loi de l'adoption permet à la mère naturelle d'adopter son propre enfant. Par la fiction de cette loi, la mère éprouvée aurait pu créer entre elle et son enfant un lien de "légitimité" suffisant pour avoir droit à l'indemnité. Mais, n'en demandons pas trop!

Ces amendements au sujet des enfants naturels n'ont pas pour but de les légitimer mais seulement d'établir des liens plus étroits entre eux et leurs parents.

Tout cela ne vaut que lorsque les parents naturels n'ont pas abandonné leurs enfants. Il est évident qu'un père naturel serait mal fondé de réclamer une pension alimentaire d'un fils qu'il a abandonné à la naissance.

Cependant, la loi est loin d'être claire au sujet de la reconnaissance. La possession d'état est-elle suffisante ou faut-il faire consacrer cette reconnaissance par jugement? Le père peut vouloir reconnaître l'enfant et la mère peut avoir intérêt à s'y opposer. De son côté, l'enfant a aussi son mot à dire. La compagnie d'assurance qui aura à défendre un client à qui est réclamée une indemnité de décès voudra avec raison s'assurer du lien qui existe entre le poursuivant et la personne décédée. La reconnaissance d'un enfant est un geste civil trop important pour ne pas le soumettre aux formalités d'un jugement. Et cette reconnaissance ne lie que son auteur.

Ainsi l'enfant naturel ne pourrait exiger aucune pension alimentaire de son grand-père, ni participer à la succession de ce dernier, à moins que celui-ci ne l'ait prévu par testament.

g) La séparation de corps

Elle ne rompt pas les liens du mariage mais elle dispense les époux de l'obligation de vivre l'un avec l'autre. Elle ne peut être accordée de consentement mutuel: elle doit être basée sur des causes déterminées.

Ces causes sont l'adultère, les excès, les sévices et les injures graves. La gravité des excès, des sévices et des injures est laissée à l'appréciation du Tribunal: cela dépend de l'état, de la condition et des autres circonstances dans lesquelles vivent les époux. La Cour supérieure a juridiction en cette matière. La femme peut s'adresser directement à la Cour pour l'obtention d'une séparation de corps. Avant le Bill 16, elle devait être autorisée par le juge à ce faire. Elle peut alors forcer son mari à laisser le domicile commun pour l'habiter elle-même et empêcher l'enlèvement des meubles. Si elle décide d'habiter ailleurs, mais à un endroit autorisé par la Cour, elle peut apporter les meubles qui lui sont propres.

La séparation de corps dissout la communauté de biens ou d'acquêts qui peut exister entre les époux. La Cour nomme alors quelqu'un, habituellement un notaire, pour inventorier et faire la distribution des biens. Elle ordonnera au mari de ne pas incommoder son épouse et de lui verser une pension alimentaire pour suffire à ses besoins et à ceux des enfants communs si elle en a obtenu la garde. La pension sera proportionnée aux besoins de la femme et aux moyens du mari. Si la femme travaille et gagne suffisamment pour subvenir à ses besoins, le tribunal lui refusera toute pension. Sinon le mari devra combler le surplus jugé nécessaire.

Dans les cas de séparation légale, la garde des enfants de moins de 12 ans est habituellement accordée à la mère. Si les enfants dépassent cet âge, le juge leur demandera de manifester leur préférence à l'égard des parents. Il respectera leur choix dans la mesure où il y va de leur intérêt. Le juge doit toujours avoir en vue le bien et l'intérêt de l'enfant. Il peut même le soustraire à l'influence de ses parents en le confiant à des membres de la parenté ou à des institutions spécialisées. On s'entend également sur les heures de visite aux enfants.

Il faut distinguer entre une séparation de corps, une séparation de biens, une annulation religieuse ou civile d'un mariage et un divorce.

La séparation de corps, répétons-le, ne rompt pas les liens du mariage, elle dispense simplement les époux de l'obligation imposée par la loi de vivre l'un avec l'autre. Elle ne met pas fin au mariage. Ne mettent fin au mariage que la mort de l'un des conjoints, l'annulation civile ou le divorce. Et il y a la séparation de fait. Les époux, au lieu de vider leurs querelles devant le tribunal, ont décidé d'un commun accord de mettre fin à leur vie ensemble, se sont entendus sur la garde des enfants et ont convenu du montant que représentera la pension alimentaire. Ce genre de séparation n'est pas illégal et peut même produire des effets civils. Une épouse, séparée de fait seulement, serait bien fondée à réclamer de son conjoint, devant la Cour, la pension alimentaire nécessaire à ses besoins, même si elle a quitté le foyer sans le consentement de celui-ci. La séparation de biens n'a rien à voir avec le comportement des époux: ce n'est qu'un régime ou un système prévu par la loi et qui gouverne les biens que peuvent posséder les époux. Dans la province de Québec, le régime consacré par la loi, pour les époux qui n'ont pas passé de contrat de mariage, est la société d'acquêts. Pour être marié en séparation de biens, il faut l'avoir prévu dans un contrat passé devant notaire ou l'avoir obtenu par un jugement mettant fin à la communauté de biens ou à la société d'acquêts pour motifs déterminés, ou par jugement en séparation de corps qui dissout toujours la communauté de biens ou d'acquêts.

Annulation civile et annulation religieuse ne sont pas du pareil au même. L'annulation religieuse d'un mariage a lieu pour des motifs prévus au droit ecclésiastique. L'annulation religieuse n'a aucune valeur en droit civil. Elle ne vaut qu'au point de vue religieux. La demande en annulation civile d'un mariage doit être présentée devant la Cour supérieure. Elle est basée sur les causes que nous avons déjà indiquées. Les époux catholiques, après avoir obtenu l'annulation religieuse de leur mariage, peuvent intenter l'action en annulation civile ou se prévaloir de la loi du divorce pour faire cesser les effets civils de leur union.

h) Le divorce

Jusqu'en 1968, les époux qui demeuraient dans la province de Québec et qui désiraient mettre fin à leur union par divorce devaient présenter un bill privé devant le Sénat canadien. Présentement, la Cour supérieure en assume la responsabilité. On sait que le mariage et le divorce dépendent de la compétence fédérale alors que la célébration du mariage relève des provinces.

La loi actuelle sur le divorce (S.R.C. 1970 ch. D-8, III Vol.) est entrée en vigueur le 2 juillet 1968. Même s'il s'agit d'une loi fédérale, elle est administrée par les provinces car toutes les lois, qu'elles soient fédérales ou provinciales, sont administrées par les provinces et appliquées, règle générale, par des tribunaux siégeant dans la province. Dans notre province, c'est la Cour supérieure qui siège en matière de divorce. Les motifs de divorce sont à peu près les mêmes que ceux exigés pour obtenir la séparation de corps. Ils sont énumérés à l'article 3: l'adultère, la sodomie, le viol, l'homosexualité, la bigamie ou la cruauté physique ou mentale.

La loi sur le divorce a laissé aux juges de la Cour supérieure le soin d'édicter des règlements pour assurer sa mise en pratique. Ce qu'ils ont fait. C'est pourquoi on doit lire la loi sur le divorce en regard des règles de pratique. Depuis le 1er juin 1974, on traite les causes de divorce de la même manière qu'on le fait pour les causes ordinaires. Antérieurement, on avait établi des greffes de divorce à Québec et à Montréal et les procédures de divorce devaient y être acheminées jusqu'à ce que la cause soit en état d'être jugée dans le district du domicile des parties. Par cette nouvelle disposition, on a fait disparaître bien des inconvénients. Entre autres, pour obtenir la copie d'un jugement de divorce, on devait la demander soit à Québec soit à Montréal ou la faire signer par le juge qui l'avait rendu. Présentement, c'est le registraire de divorce du district où le jugement a été rendu qui délivre la copie certifiée.

La requête, faite suivant une formule prévue aux règles de pratique, énonce les motifs de la demande et doit être accompagnée d'un dépôt de $50.00. Sur signification de cette requête, faite habituellement par voie d'huissier, l'intimé doit comparaître, règle générale, dans les 20 jours qui suivent. Puis s'engagent les procédures de nature à protéger les droits de chacun.

Quand le dossier est en état, c'est-à-dire quand toutes les procédures écrites sont terminées, le registaire des faillites portera la cause au rôle. Le juge entendra alors la cause à son mérite par l'audition des témoins et des plaidoyers des procureurs. Le jugement de divorce passera par deux étapes. Le juge rendra d'abord un jugement provisoire ou conditionnel qui sera d'une durée d'au moins trois mois. Il pourra prévoir, pour cette période, des dispositions relatives à la garde des enfants et aux besoins des époux.

Les trois mois écoulés, si aucun événement nouveau ne se produit, le juge, à la demande de l'une ou l'autre partie, prononcera le jugement final ou irrévocable. Exceptionnellement, le tribunal, avec le consentement des parties, s'il est d'avis qu'à cause de circonstances spéciales il est d'intérêt public de le faire, pourra rendre un jugement irrévocable au lieu d'un jugement provisoire ou écourter le délai d'attente. Il y a appel de cette décision dans les quinze jours de la date où elle a été rendue. Le jugement de divorce comporte la dissolution du régime qui gouvernait les biens des époux. Le code civil a accordé beaucoup d'initiatives aux juges pour statuer sur la garde, l'entretien et l'éducation des enfants de même que sur les mesures se rapportant aux époux. Il leur est loisible, sur demande et suivant les besoins du moment, de modifier ou de révoquer toutes ordonnances qu'ils ont rendues. Le dernier alinéa de l'article 212 rend bien cette idée: "Le tribunal tient compte, pour ces fins, de la conduite des parties, de l'état et des facultés de chacune d'elles ainsi que des autres circonstances dans lesquelles elles se trouvent."

Il est permis de s'interroger, en matière de divorce comme en matière de séparation de corps, sur le bien-fondé de la philosophie de la loi qui veut que les jugements soient prononcés aux torts d'une partie. Pourquoi cette obligation d'étaler en public des faits pénibles qui touchent à l'intimité des gens et de faire déclarer officiellement qui est le bon et qui est le mauvais? Cette façon de procéder ne paraît pas tellement saine, elle oblige les gens à se détruire encore plus. Et il est illusoire de penser que des difficultés de procédure sont de nature à ramener la compréhension et l'amour chez le couple.

E. Les incapables

L'incapacité est l'état d'une personne qui, à cause de son âge ou de sa condition, n'a pas la jouissance de tous ses droits civils. Sont considérés comme incapables: le mineur, le mineur émancipé, l'interdit et la personne dotée d'un conseil judiciaire. Quant à la femme mariée, ses pouvoirs peuvent être limités par le régime matrimonial auquel elle est soumise.

a) Le mineur

Il est soumis à la puissance paternelle jusqu'à ce qu'il ait atteint sa majorité, soit à l'âge de 18 ans. Cependant, il peut tenir commerce et, pour tous les actes de ce commerce, il est considéré comme un majeur, en ce sens qu'il peut agir comme il l'entend et s'engager de la même façon qu'une personne jouissant de ses droits civils sans aucune restriction. S'il passe des contrats ou s'il prend des engagements, il devra les respecter et ne pourra pas se plaindre si les conséquences de ces contrats ou de ces engagements tournent à son désavantage.

En dehors des choses de son commerce, il conservera toujours son statut de mineur. Ainsi, s'il a subi des blessures dans un accident, il devra, pour réclamer des dommages, être pourvu, comme tout autre mineur, d'un tuteur.

Pour son travail, le mineur est également considéré comme majeur. Il pourra réclamer en justice les salaires qui lui sont dus sans être assisté d'un tuteur.

Hors ces exceptions (commerce, travail) le mineur, pour faire valoir ses droits, doit passer par l'intermédiaire d'un tuteur. Le tuteur est nommé par jugement, rendu par un juge ou par le protonotaire du district où le mineur a son domicile sur avis du conseil de famille. Le conseil de famille est composé d'au moins sept personnes majeures, hommes ou femmes, faisant partie de la parenté la plus immédiate du mineur et choisies, autant que faire se peut, également dans les branches paternelle et maternelle. A défaut de parents, on peut faire appel aux amis majeurs du mineur pour compléter le conseil de famille.

La réunion du conseil de famille peut être faite chez un notaire ou devant le protonotaire, mais seul celui-ci ou un juge de la Cour supérieure peut rendre le jugement homologuant la tutelle. C'est dans ce sens que l'on dit que la tutelle est dative: elle doit porter une date, celle du jugement. On ne peut pas nommer un tuteur par testament ou par contrat. Le protonotaire, ou le juge, n'est pas tenu de suivre l'avis du conseil de famille quant au choix du tuteur et il peut nommer une autre personne si cela est à l'avantage du mineur.

On nomme un tuteur pour une chose déterminée — tuteur ad hoc — (accident) ou pour une administration générale (si le mineur est orphelin, pour l'administration de tous ses biens).

Enfin, on adjoint au tuteur un subrogé-tuteur dont la fonction est de surveiller l'administration du dit tuteur. En aucun cas le subrogé-tuteur ne peut remplacer le tuteur, il ne peut même pas lui dicter une ligne de conduite. Cependant, si le tuteur administre mal, il pourra comme toute personne intéressée, le faire destituer. En cas de décès ou d'incapacité d'agir du tuteur, on fera une autre réunion du conseil de famille pour lui nommer un remplaçant. La tutelle se termine quand le mineur a atteint sa majorité et le tuteur doit alors rendre compte.

b) Le mineur émancipé

L'émancipation est l'état d'un mineur qui s'est marié — par le fait de son mariage, le mineur devient automatiquement émancipé — ou qui l'a obtenue par un jugement de la Cour. Du fait que présentement l'âge de la majorité est de 18 ans, il peut devenir assez rare qu'un mineur se fasse émanciper par jugement. L'émancipation d'un mineur le dégage de toute puissance paternelle. Le mineur émancipé, à part cela, se trouve dans la même situation juridique qu'un mineur ordinaire. Son tuteur s'appellera cependant curateur. Il peut arriver qu'un enfant, non encore né, ait des droits: on lui nommera alors, si nécessaire, un curateur...au ventre!

c) L'interdit

Il s'agit d'une personne majeure qu'on a privée de ses droits parce qu'elle n'est plus en mesure de les exercer pour cause de démence, imbécilité, prodigalité, ivrognerie ou pour usage de narcotiques. On lui nommera un curateur qui prendra soin de sa personne et qui, au besoin, administrera ses biens. Comme en matière de tutelle, le curateur est nommé sur avis d'un conseil de famille dont la réunion a généralement lieu au palais de justice. Ce domaine, également, est réservé à la juridiction du protonotaire ou d'un juge de la Cour supérieure. Si la personne dont on demande l'interdiction pour cause d'alinéation mentale demeure chez elle ou séjourne dans un hôpital ordinaire, le protonotaire devra aller la questionner sur les lieux et faire constater ses réponses par écrit. A la réunion du conseil de famille, il fera rapport de cette visite, il entendra la preuve médicale sur l'état de l'intimé et se prononcera sur la demande en interdiction après avoir sollicité l'avis du conseil de famille, avis qu'il n'est pas tenu de suivre. La preuve médicale relative à la demande d'interdiction d'une personne doit être entourée de grandes précautions. La liberté d'un individu est en jeu. S'il le juge à propos, le protonotaire exigera l'opinion d'un spécialiste. Un certificat médical déposé au dossier pourra servir de preuve si avis d'au moins 10 jours en a été donné aux intéressés. (art. 294a) Ceux-ci pourront apporter devant le conseil de famille toute conteststion qu'ils jugent pertinentes. En accordant l'interdiction, le juge ou le protonotaire nommera un curateur. Si l'intimé est déjà interné dans un hôpital psychiatrique, on suivra la même procédure sauf qu'il ne sera pas nécessaire de l'interroger et d'entendre la preuve médicale. Le certificat d'un psychiatre qui exerce dans l'établissement sera jugé suffisant. Il en est de même au sujet d'une personne dont un médecin ou un juge aura demandé l'examen clinique psychiatrique conformément à la loi de la protection du malade mental: le rapport du psychiatre qui a fait l'examen servira de preuve. Dans ces deux cas, un notaire pourra tenir la réunion du conseil de famille mais il devra faire homologuer ses procédures en interdiction par le protonotaire ou par le juge. Toute demande en interdiction doit être signifiée à la personne dont on demande l'interdiction et à une personne raisonnable de sa famille. Si elle invoque l'aliénation mentale, le curateur public sera de plus mis en cause.

Le curateur ne prendra soin de la personne de l'interdit que si la chose est nécessaire. L'interdit pour ivrognerie ou pour prodigalité continuera à se diriger lui-même: seuls ses biens seront mis sous curatelle. En cas de décès de l'interdit, le curateur rendra compte à la succession. Si la cause de l'interdiction prend fin, l'interdit pourra obtenir mainlevée de la curatelle et reprendre le contrôle de sa personne et l'administration de ses biens. Dans ce cas encore, le curateur rendra des comptes de son administration.

La curatelle publique est un organisme gouvernemental qui administre les biens de tout malade mental qui n'est pas pourvu d'un tuteur ou d'un curateur. Elle administre encore les biens des absents, les biens trouvés sur le cadavre d'un inconnu, le produit d'une police d'assurance sur la vie dont le bénéficiaire est introuvable, les successions vacantes et celles auxquelles les héritiers ont renoncé. La loi de la curatelle publique, sanctionnée le 4 juin 1971, accorde maintenant au curateur public un droit de regard sur l'administration des tuteurs et des curateurs. Ceci, pour mettre fin à des abus manifestes. Un père, à la suite de blessures corporelles subies par son enfant mineur, se faisait nommer tuteur, retirait l'indemnité d'une compagnie d'assurance et, au lieu de l'administrer jusqu'à la majorité de l'enfant, s'en servait pour changer d'automobile ou pour payer ses dettes les plus criardes laissant ainsi à son enfant devenu majeur un recours bien illusoire. Ou encore, le curateur à un interdit pour démence ne se gênait pas pour faire siens les biens de son protégé, surtout s'il en était l'héritier éventuel. Les tuteurs et les curateurs doivent présentement transmettre au curateur public une copie de l'inventaire des biens confiés à leur gestion ainsi qu'un rapport annuel de leur administration. Et ce, sous peine de sanctions appropriées. De plus, on demande au protonotaire de fournir au curateur public une liste des tutelles et curatelles qui existaient au moment de l'entrée en vigueur de la loi et de celles qui se prononceront par la suite. On oblige encore tout greffier de tribunal à aviser sans délai le curateur public de tout jugement rendu à la suite d'une action à laquelle est partie une personne agissant en sa qualité de tuteur. La même obligation est imposée à toute personne qui conclut pour le compte d'un mineur un règlement concernant les intérêts pécuniaires de ce dernier.

La loi de la protection du malade mental (Lois du Québec, 1972, chapitre 44), sanctionnée le 30 juin 1972 a pour but, comme son titre l'indique, de procurer au malade mental les soins psychiatriques dont il a besoin et de le protéger contre tout acte arbitraire d'internement. Elle prévoit un examen clinique pour toute personne chez qui se manifestent des troubles d'ordre mental susceptibles de mettre en danger la santé ou la sécurité de cette personne ou la santé ou la sécurité d'autrui. L'examen peut être requis par un médecin ou par un juge et doit, en autant que possible, être fait dans les 24 heures qui en suivent la demande. Si le rapport psychiatrique conclut au bien-fondé de la demande, la personne sera mise en cure fermée. Au cas où le malade mental refuserait de se faire traiter, la loi a prévu, à son égard, l'ordonnance d'internement qui doit être rendue, sur requête, par tout juge de la Cour provinciale, de la Cour des sessions de la paix, de la Cour de bien-être social ou des cours municipales des villes de Montréal, Laval ou Québec.

Par respect du droit à la liberté de la personne, la loi exige qu'on fasse subir au malade mental un nouvel examen au plus tard 21 jours après son admission en cure fermée, un deuxième trois mois après le premier et, par la suite, au moins un tous les six mois. La maison où une personne est admise en cure fermée doit informer celle-ci des droits que la loi de la protection du malade mental lui confère, le médecin traitant est tenu d'aviser la famille du patient des soins qui lui sont prodigués et des mesures qui sont prises à son sujet pour hâter son retour à la santé et les responsables de la clinique sont requis de transmettre, sans prendre connaissance de son contenu, toute communication écrite que le malade adresse à un avocat, à un notaire, à un médecin, au curateur public, à la Commission des affaires sociales, à un député de l'Assemblée nationale ou au Protecteur du citoyen. La même précaution entoure l'écrit qui est adressé par ces personnes au patient en cure fermée. Et pour assurer une protection encore plus efficace des droits du malade mental, le législateur a confié à la Commission des affaires sociales la charge d'entendre toute personne qui n'est pas satisfaite d'une décision rendue à son sujet ou au sujet d'un de ses parents ou alliés et de prendre les moyens qu'elle estime propres à sauvegarder les droits des parties.

d) Le conseil judiciaire

On donne un conseil judiciaire au majeur faible d'esprit ou enclin à la prodigalité. Celui-ci est nommé de la même manière qu'un tuteur ou un curateur. Le juge ou le protonotaire peut encore l'imposer à la personne qu'il aura refusé d'interdire mais qu'il voudra protéger contre les actes abusifs des tiers. La personne dotée d'un conseil judiciaire, tout en conservant le contrôle de sa personne, doit être assistée de son conseil pour administrer ses biens. Le conseil judiciaire est en quelque sorte un curateur qui n'exerce que des pouvoirs restreints.

F. La femme mariée

Faisons le point sur les droits de la femme mariée. Ceux-ci, pour la plupart, ont été énumérés dans le projet de loi 16 adopté par la législature en 1964 (12-13 Elizabeth II ch. 66). Les changements apportés aux régimes matrimoniaux en 1970 sont venus compléter le tableau.

Le chapitre 66 constitue surtout une déclaration de principes. Il accorde à la femme mariée le droit de devenir tutrice, curatrice et exécutrice testamentaire, droits qui n'apportent que des responsabilités. Il remplace la "puissance maritale" par une notion d'égalité entre les conjoints, ce qui est plus important. Par ceci, la femme ne doit plus, au sens de la loi, obéissance à son mari mais doit concourir, avec lui, à la direction morale et matérielle de la famille. Le mari conserve cependant la priorité sur la "puissance paternelle" dont les attributs principaux sont le droit d'éducation, de garde et de correction des enfants. La loi sur la capacité juridique de la femme mariée n'a fait que confirmer les autres droits que celle-ci pouvait déjà posséder.

La femme majeure, non mariée, détient les mêmes droits et privilèges que l'homme majeur. Si sa capacité juridique n'est pas diminuée par le fait du mariage, ses pouvoirs peuvent être limités par le régime matrimonial qui la gouverne. Comme l'homme, la femme atteint sa majorité à l'âge de 18 ans. Comme lui, elle peut obtenir son émancipation, avant cet âge, en faisant la demande sur requête présentée devant la Cour supérieure. Par le mariage, les mineurs deviennent automatiquement émancipés.

Quand les époux se marient sans contrat de mariage, leur régime matrimonial est la société d'acquêts. Cela, depuis le premier juillet 1970. Dans la société d'acquêts, les époux administrent leurs biens séparément mais, à la dissolution du mariage, les biens déclarés acquêts sont partagés entre eux ou dévolus aux héritiers. Les époux peuvent, s'ils le désirent, passer un contrat de mariage devant notaire et, alors, il leur est permis de convenir quant au régime de biens qui les régira de tout ce qui n'est pas contraire aux bonnes moeurs et à l'ordre public. En pratique, ils adoptent presque toujours la séparation de biens. La femme mariée en séparation de biens a pleine capacité juridique sur ses biens meubles et immeubles.

Cependant, si elle est mariée en communauté de biens, la loi limite ses droits. C'est le cas des femmes qui se sont mariées, sans contrat de mariage, avant le premier juillet 1970, ou qui avaient adopté ce régime par contrat mais avec clauses spéciales. Les changements apportés au régime légal de biens sont tellement importants que nous en parlerons plus en détail au chapitre des contrats de mariage et des régimes matrimoniaux. Pour la femme mariée sous le régime de la communauté générale de biens, la loi fait certaines réserves qui, sans affecter sa capacité légale, tiennent compte des pouvoirs du mari comme administrateur des biens de la communauté.

Le mari administre seul les biens de la communauté mais il ne peut vendre, aliéner ou hypothéquer les immeubles de cette communauté sans le concours de sa femme. En cas de refus, le mari pourra obtenir l'autorisation du tribunal. Le mari peut disposer des biens meubles de la communauté sans le consentement de sa femme (automobile) sauf s'il s'agit d'un fonds de commerce commun et des meubles meublants (ménage).

La femme commune en biens a cependant complète autorité sur des biens obtenus par successions ou provenant du produit de son travail (biens réservés).

Si la femme abuse de ses pouvoirs, le mari pourra demander son interdiction pour cause de prodigalité. La femme jouira du même privilège si son mari dissipe ses biens ou ceux de la communauté.

La femme devait toujours suivre son mari où qu'il aille. Présentement, si la résidence choisie par le mari offre des dangers pour elle ou pour ses enfants, elle peut s'adresser à la Cour pour être autorisée à résider ailleurs.

La femme mariée n'est pas responsable des dettes contractées par elle en vertu de la procuration générale ou spéciale du mari. Ce mandat domestique permet à l'épouse de faire procurer à ses enfants les soins médicaux et chirurgicaux dont ils ont besoin. Les hôpitaux contestaient souvent ce droit pour des raisons plus comptables que légales. Par suite de la disparition de la puissance maritale, la femme mariée peut maintenant se faire opérer sans demander l'autorisation de son mari.

2. Des biens et des droits sur les biens

La première partie du code civil traitait des personnes. Elle les situait dans la société. La deuxième parle des biens et des droits que les personnes peuvent avoir sur ces biens.

Un bien est une chose faisant l'objet d'un droit ou d'une obligation. Les biens peuvent appartenir à l'Etat, aux corporations (municipales, scolaires, compagnies) ou aux particuliers. L'ensemble des droits et des obligations d'une personne, appréciables en argent, s'appelle le patrimoine.

A. Sortes de droits

Il y a deux sortes de droits qui composent un patrimoine: les droits réels et les droits de créance ou d'obligation.

Le droit réel crée un lien, non pas entre deux personnes, mais entre un individu et une chose, d'où la notion de propriété. C'est l'utilité totale ou partielle d'un bien attribué à une personne à l'exclusion de toute autre. C'est la faculté, opposable à tout le monde, qui appartient à une personne de tirer directement d'une chose déterminée, en tout ou en partie, l'utilité juridique que cette chose peut procurer. On le dit réel parce que ce droit porte directement sur une chose.

Les droits de créance ou d'obligation sont constitués par l'avantage qu'on doit procurer à un autre soit en faisant, donnant ou s'abstenant de faire quelque chose. Ils comportent un lien de droit d'exiger ou de donner. Ils affectent directement une personne et indirectement une chose. On emploie souvent l'expression droits personnels en parlant de droits de créance par opposition à droits réels mais cette expression n'est pas tout à fait juste.

B. Distinction entre droit réel et droit d'obligation

Distinguons entre droit réel et droit d'obligation.

Quant à leur nature: le droit réel s'exerce directement sur une chose, pas le droit de créance. Dans le droit réel, il y a deux termes: une personne et une chose. Dans le droit d'obligation, trois: un débiteur, un créancier et une chose. Le droit réel porte sur une chose déterminée; le droit d'obligation sur une chose déterminée ou indéterminée. Le droit réel est opposable à tout le monde; le droit d'obligation se confine à des personnes en particulier.

Quant à la variété: les droits réels sont déterminés par la loi, donc limités. Les droits de créance ou d'obligation sont infinis. Toutes les conventions sont permises sauf celles qui sont contraires à l'ordre public et aux bonnes moeurs.

Quant aux avantages qui en résultent: le droit réel est d'une qualité supérieure au droit d'obligation. Il passe avant: une personne qui détient un droit réel a sur la chose un droit de préférence et un droit de suite.

C. Sortes de biens

Les biens sont meubles ou immeubles.

Ils sont meubles

(a) par leur nature: les corps qui peuvent se transporter d'un lieu à l'autre, soit qu'ils se meuvent par eux-mêmes, comme les animaux, soit qu'il faille une force étrangère pour les changer de place, comme les choses inanimées;

(b) par détermination de la loi: la loi déclare que telle chose ou tel bien est meuble — ainsi, les actions et obligations qui ont pour objet des effets mobiliers.

Il est souvent question, dans les contrats de mariage ou de vente, de "meubles meublants". Ce sont des meubles destinés à garnir et orner les appartements, comme tapisseries, lits, sièges et autres objets de cette nature.

Ils sont immeubles

(a) par leur nature — fonds de terre, bâtiments, les récoltes non encore coupées, les fruits des arbres non encore cueillis;
(b) par leur destination: les objets mobiliers incorporés à un immeuble, soit temporairementnt, soit à perpétuelle demeure (fixés à fer et à clous);
(c) par l'objet auquel ils s'attachent: le droit de coupe de bois, les servitudes, l'usufruit, etc.;
(d) par la détermination de la loi: quand la loi ordonne ou autorise l'immobilisation d'un bien mobilier: la somme revenant à un mineur du prix de ses immeubles vendus pendant sa minorité.

D. Droits réels

On peut avoir, sur les biens meubles ou immeubles, un droit de propriété ou un simple droit de jouissance (l'usufruit, l'usage et l'habitation) ou des servitudes à prétendre ou un droit d'emphytéose.

a) Le droit de propriété

Le droit de propriété est le droit de jouir et de disposer des choses de la manière la plus absolue, pourvu qu'on n'en fasse pas un usage prohibé par les lois. Je peux donc abuser de ma propriété si cela ne prive pas mon voisin d'un droit. Je peux détruire mon automobile, la démolir à coups de masse, sans que personne puisse trouver sujet à se plaindre.

La propriété d'une chose donne droit sur tout ce qu'elle produit et sur ce qui s'y unit accessoirement. Ce droit se nomme droit d'accession. Ainsi, les récoltes, le produit des animaux.

Si je suis propriétaire d'un terrain, je suis également propriétaire du dessus et du dessous. Il existe cependant certaines restrictions établies pour la protection de l'Etat (mines) et des individus (servitudes).

b) Le droit de jouissance

Sans être propriétaire d'une chose, on peut profiter des fruits qu'elle produit s'il nous est accordé des droits dans ce sens. Les choses produisent des fruits naturels (ceux de la terre, le croît des animaux), des fruits industriels (ceux qu'on obtient par la culture et l'exploitation) ou des fruits civils (les loyers des maisons, les intérêts des sommes dues).

Le droit de jouissance peut être:

(a) L'usufruit: c'est le droit de jouir des choses dont un autre a la propriété, comme le propriétaire lui-même, mais à la charge d'en conserver la substance. L'usufruit est établi par la loi: par exemple, la femme, par le fait du mariage, a sur les biens du mari un droit d'usufruit; c'est le douaire qu'on évite généralement de stipuler dans les contrats de mariage à cause des complications que cela peut apporter. Par la volonté de l'homme: les parties peuvent convenir que l'usufruit commencera tel jour, durera tant de temps et l'établir sur toutes espèces de biens.

(b) L'usage: c'est le droit de se servir de la chose d'autrui et d'en percevoir les fruits, mais seulement jusqu'à concurrence des besoins de l'usager et de sa famille.

(c) L'habitation: c'est le droit d'usage qui s'applique à une maison. Les droits d'usage et d'habitation ne s'établissent que par la volonté de l'homme (par acte entre vifs ou de dernière volonté).

c) Les servitudes réelles

Ce sont des charges imposées sur un héritage pour l'utilité d'un autre héritage appartenant à un propriétaire différent.

La servitude réelle dérive de la situation naturelle des lieux, de la loi, ou elle est établie par le fait de l'homme.

(a) Dérive de la situation des lieux: ainsi, un fonds de terre plus bas que celui qui est voisin doit recevoir les eaux qui en proviennent sans que son propriétaire puisse empêcher cet état de choses. Encore, si je suis propriétaire d'un fonds bordant un ruisseau, je peux me servir de l'eau à son passage mais je dois la rendre pour l'utilité des autres fonds qui sont situés en aval. Je n'ai pas le droit non plus de détourner le cours de ce ruisseau. Ici se situe le bornage: tout propriétaire peut obliger son voisin au bornage de leurs propriétés "contiguës". On entend par l'expression "contiguës" les propriétés qui se touchent immédiatement. Le bornage peut se faire de concert entre voisins ou par l'intervention de l'autorité judiciaire. Les frais de bornage sont répartis entre les voisins qui y ont recours. Il en est ainsi des frais de clôture.

(b) Etablie par la loi: il est question ici de murs mitoyens, des murs servant de séparation entre maisons ou bâtiments et la loi impose des conditions à chacun des copropriétaires. Il est encore question des fossés: tout fossé, entre deux héritages, est réputé mitoyen s'il n'y a titre ou marque du contraire. Même chose pour les haies dans la même situation. Si les branches d'un arbre du voisin empiètent sur ma propriété, j'ai le droit de forcer ce dernier à les couper. Si ce sont des racines, je peux les couper moi-même. Le découvert est également une servitude réelle établie par la loi. Il oblige, à la demande du propriétaire d'un terrain en culture, le propriétaire d'un terrain non défriché et adjacent, à faire abattre, le long de la ligne séparative, tous les arbres qui sont de nature à nuire à l'héritage cultivé à l'exception des arbres fruitiers, des érables et des platanes. Le code municipal fixe à 15 pieds la largeur de ce découvert et charge l'inspecteur agraire d'en assurer l'exécution.

Les vues sur la propriété du voisin, les égouts des toits et les droits de passage sont également réglementés. Ainsi, on ne peut avoir de vues, ni de fenêtres, ni de galeries ou balcons à moins de six pieds de l'héritage de son voisin, si c'est en ligne droite, et, à moins de deux pieds, si c'est en ligne oblique. En pieds anglais, est-il besoin de le souligner! Certaines personnes, quand elles sont personnellement intéressées, en remontrent aux hommes de loi sur le pointillage. Suivant la loi fédérale des poids et mesures, c'est le système de mesures anglais qui est en vigueur au pays. Ces avocats de basse-cour ont probablement vu l'expression "mesure française" sur des contrats de vente relatifs aux anciennes seigneuries et ils voudraient s'en servir pour gagner quelques pouces... Les égouts des toits provenant des eaux ou des neiges, ne doivent pas se déverser sur le terrain du voisin. Enfin, le propriétaire, dont le fonds est enclavé et qui n'a aucune issue sur la voie publique, peut exiger un passage sur ceux de ses voisins pour l'exploitation de son héritage, à la charge d'une indemnité proportionnée au dommage qu'il peut causer.

(c) Etablie par le fait de l'homme: pour l'usage des bâtiments situés à la ville ou à la campagne (on l'appelle urbaine) ou pour celui des fonds de terre (on l'appelle rurale). Tout propriétaire, usant de ses droits et capable de disposer de ses immeubles, peut établir sur ou en faveur de ces immeubles les servitudes qu'il juge à propos pourvu qu'elles n'aient rien de contraire à l'ordre public. Le titre qui constitue la servitude en détermine l'usage et l'étendue.

d) L'emphytéose

L'emphytéose ou bail emphytéotique est un contrat par lequel le propriétaire d'un immeuble le cède pour un temps à un autre, à la charge par le preneur d'y faire des améliorations, de payer au bailleur une redevance annuelle et moyennant les autres charges dont on peut convenir. Ce bail doit être fait pour une durée de plus de 9 ans et ne peut excéder 99 ans.

E. Les droits de créances ou les obligations

Ils sont consignés dans la troisième partie du code civil sous le chapitre "De l'acquisition et de l'exercice des droits de propriété" mais nous les étudierons à la suite des droits réels à cause de la comparaison que nous avons établie entre eux. C'est la matière la plus importante en droit civil parce qu'elle règle les activités entre humains.

a) Définition

Pothier, jurisconsulte français (1699-1772), donne de l'obligation la définition la plus acceptée: "Un lien de droit qui vous astreint envers un autre à lui donner quelque chose, ou à faire ou à ne pas faire quelque chose". Il est de l'essence d'une obligation qu'il y ait une cause d'où elle naisse, des personnes entre qui elle existe, et qu'elle ait un objet.

Une cause: ce sont les contrats, les quasi-contrats, les délits, les quasi-délits ou la loi seule.

Des personnes entre qui elle existe: un créancier et un débiteur. Il s'agit de personnes légales, physiques, comme l'individu, ou morales comme une corporation. On doit envisager en conséquence la capacité légale de contracter: la personne est-elle mineure, interdite, femme mariée? Il faut encore considérer le consentement de ces personnes qui peut être exprès ou implicite.

Un objet: quelque chose qu'une personne est obligée de donner, de faire ou de ne pas faire. Une chose dans le commerce, un objet déterminé, une chose possible, qui ne soit pas prohibée par la loi, ni contraire aux bonnes moeurs.

b) Causes d'obligation

Voyons un peu dans le détail les causes d'obligation.

1a) Le contrat

C'est une convention juridique, une convention par laquelle plusieurs parties réciproquement, ou seulement l'une d'elles s'engagent envers l'autre à donner, à faire, ou à ne pas faire quelque chose, ou lui transportent un droit de propriété ou encore modifient ou éteignent un autre contrat. Il n'est pas nécessaire que le contrat soit écrit, il peut être verbal mais, dans ce cas, ce sera plus difficile d'en faire la preuve s'il est contesté.

La définition de l'obligation est générale, celle du contrat s'applique à une cause d'obligation déterminée. La substance du contrat, les éléments constitutifs sont au nombre de quatre: il faut des parties ayant la capacité légale de contracter, un consentement exprimé de façon expresse ou implicite, quelque chose qui soit l'objet d'une obligation et une considération licite. Ce sur quoi porte le contrat — les motifs, les raisons qui engagent à prendre tel ou tel parti — doit être permis.

On ne peut faire annuler un contrat que pour causes déterminées: erreur, fraude, violence, crainte, lésion. Cette dernière cause ne peut être invoquée que par les mineurs, les interdits et par certaines personnes dans des cas bien particuliers. Dans un contrat, on ne peut pas engager les tiers mais on peut stipuler en leur faveur. Il est permis de promettre qu'un autre remplira une obligation. Si l'autre ne la remplit pas, je serai cependant tenu de la remplir moi-même. Un contrat devient parfait du consentement des parties. Le paiement de la considération n'a aucune importance quant à sa validité. Si je vends une automobile pour un prix de $1,000.00, que je la livre sans m'en réserver la propriété en cas de non-paiement et que, pour une raison ou pour une autre, je n'obtiens pas le paiement, la vente restera parfaite. Le seul recours que j'aurai, ce sera de réclamer le $1,000.00 en justice. La livraison de l'objet vendu importe peu. Le consentement des parties suffit.

Il y a plusieurs sortes de contrats. Les principaux sont:

1b) Le contrat de mariage et les régimes matrimoniaux

Ici dans la province de Québec, les époux ont la liberté de choisir les conventions matrimoniales qui semblent le mieux servir leurs intérêts. Tout ce que la loi leur défend, c'est de faire des conventions qui seraient, cela se comprend, contraires à l'ordre public et aux bonnes moeurs. Ainsi, dans un contrat de mariage, il ne serait pas permis à l'époux de renoncer à la puissance paternelle en faveur de sa mère.

Cependant, on peut y établir des conventions qui autrement seraient déclarées nulles par la loi, comme la renonciation à une succession non ouverte, la donation de biens futurs ou des dispositions à cause de mort.

Le contrat de mariage peut être fait en tout temps, aussi bien après qu'avant le mariage. S'il est fait après la célébration du mariage, il sera toutefois soumis à certaines conditions. Tout contrat de mariage, pour être valide, doit être passé devant notaire. Il n'est pas question de dresser un contrat de mariage sous seing privé.

Les régimes matrimoniaux les plus connus sont la communauté de biens et la séparation de biens.

La communauté de biens, maintenant appelée communauté de meubles et acquêts, se compose activement: des biens meubles que les époux possèdent le jour de la célébration du mariage et de ceux qu'ils acquièrent par la suite, des fruits et revenus provenant des biens qui restent propres aux époux, des produits du travail des époux, exception faite de ceux provenant du travail personnel de la femme et qui sont considérés comme des biens réservés (art. 1425a), et des immeubles qu'ils acquièrent pendant le mariage; passivement: des dettes mobilières dont les époux sont grevés au jour de la célébration du mariage ou dont se trouvent chargées les successions qui leur échoient pendant sa durée, des dettes contractées par le mari pendant la communauté ou par la femme avec le consentement de ce dernier, et des aliments des époux, de l'éducation et de l'entretien des enfants ainsi que de toute autre charge du mariage.

Avant le premier juillet 1970, c'est le régime que les époux étaient censés avoir choisi, à défaut par eux de passer un contrat de mariage.

Dans le régime de la séparation de biens, chacun des époux sans être responsable des dettes de l'autre conserve la liberté d'administrer ses biens et d'en disposer comme il l'entend. C'est le régime le plus en usage chez nous. Les régimes de communauté et de séparation de biens doivent être consacrés par contrat devant notaire.

La loi concernant les régimes matrimoniaux (ch. 77 S.R.Q. 1969), sanctionnée le 12 décembre 1969, a changé le régime légal de biens. Elle décrète que, si les époux n'ont pas passé de contrat de mariage, ce n'est plus la communauté de biens qui fait force de loi mais la société d'acquêts. Et cela depuis le premier juillet 1970.

Elle déclare de plus que les régimes matrimoniaux ne sont plus immuables et qu'on peut maintenant les changer à volonté en respectant un processus bien déterminé.

La décision législative, remplaçant la communauté de biens par la société d'acquêts comme régime légal, n'emballe personne. Elle ne semble répondre à aucun besoin. La formule de la société d'acquêts n'est pas nouvelle. Elle existait déjà dans notre code civil comme clause facultative que les conjoints pouvaient adopter sous un régime conventionnel de communauté, au même titre que la clause de réalisation, la clause d'ameublissement ou la clause du préciput.

Des clauses dont personne ne se servait... à moins d'avoir le bonheur de posséder un théoricien en droit dans la famille!

Puis, pourquoi imposer un nouveau régime légal pour consacrer, aussitôt après, la liberté de changement dans les régimes matrimoniaux?

On peut remonter à la source de cette inspiration. Notre nouvelle loi est presque une copie conforme de la loi française du 13 juillet 1965, entrée en vigueur le 14 janvier 1966.

Selon les responsables de la loi concernant les régimes matrimoniaux, la société d'acquêts offrirait les avantages de la communauté de biens et de la séparation de biens sans en retenir les inconvénients.

Sous ce régime, on distingue entre les propres et les acquêts, les biens qui appartiennent en propre à chacun des époux et les biens que ceux-ci acquièrent au cours de leur vie commune.

Les acquêts de chaque époux comprennent spécialement (art. 1266d):

— les produits de son travail pendant le mariage;
— les fruits et revenus échus ou perçus pendant le mariage, provenant de tous ses biens.

Sont propres à chacun des époux: (art. 1266e):

— les biens dont il a la propriété ou la possession au jour de la célébration du mariage;
— les biens qui lui échoient pendant le mariage, par succession, legs ou donation, ainsi que les fruits et revenus qui en proviennent si le testateur ou le donateur en a ainsi expressément disposé;
— les biens qu'il acquiert en remplacement d'un propre;
— ses vêtements, son linge personnel ainsi que ses décorations, ses diplômes et sa correspondance;
— les bénéfices, droits ou autres avantages qui lui échoient à titre de propriétaire ou de bénéficiaire désigné par le conjoint ou par un tiers, en vertu d'un contrat ou d'un régime de rentes, de pension de retraite ou d'assurance sur la vie.

Aux propres, la loi ajoute encore le droit d'un époux à la pension alimentaire ou à une pension d'invalidité ainsi que les indemnités perçues par lui après la célébration du mariage à titre de dommages-intérêts. C'est la communauté de biens quant aux acquêts et c'est la séparation de biens quant aux propres.

Pendant le mariage, tout va bien. Chacun des époux détient ses propres et ses acquêts, la propriété qu'il a reçue en héritage comme le salaire qu'il gagne. Mais au décès ou lors de la dissolution du mariage, il faut partager les acquêts. Après trente ans, qui pourra dire si ceci est un acquêt et cela un propre? Pour savoir où ils vont, les époux devront tenir constamment à jour un inventaire précis de leurs effectifs. La société d'acquêts risque de devenir une société... d'aguets!

Il y a également un problème qui paraît avoir été oublié. Il y a plusieurs années, le Parlement a adopté une heureuse disposition relative aux biens réservés. Par l'article 1425a, il laissait à la femme mariée sous le régime de la communauté de biens l'entière administration, la jouissance et la libre disposition des biens provenant du fruit de son travail. La femme mariée sous le régime de la communauté de biens, en cas de dissolution du régime, par jugement de divorce, par exemple, pourra conserver ses biens réservés en renonçant au partage des biens de la communauté.

Sous le régime de la société d'acquêts, le produit du travail de chaque époux est déclaré acquêt. Cet acquêt deviendra cependant commun à la dissolution du régime. L'épouse qui par son travail personnel aura accumulé une somme de $5000.00 ne pourra conserver que la moitié de cette somme parce que le jeu du régime fera de son mari le propriétaire de l'autre moitié. La femme qui ignore ces subtilités de la loi peut faire des économies appréciables sans se douter que plus tard elles pourront profiter à un mari sans coeur qui l'aura quittée depuis plusieurs années.

Le régime de la séparation de biens apporte moins de complications. C'est à peu près le seul qui est choisi par les époux lorsque ceux-ci conviennent d'un contrat de mariage. Quand la femme mariée ne possède aucun bien et ne travaille pas à l'extérieur, le régime de la séparation de biens peut paraître injuste à son égard du fait que le mari possède tout mais cette dernière peut prendre ses précautions en faisant inscrire dans le contrat de mariage des avantages qui ne pourront pas lui être enlevés. Ainsi, une donation de $10,000.00 et les meubles meublants: au décès du mari, la femme sera payée en premier lieu de cette somme, même si son mari a testé en sens contraire. Quant aux meubles meublants, la femme pourra opposer son droit aux créanciers qui voudront les saisir et les faire vendre en justice pour payer des dettes du mari.

Enfin, le monde moderne exige que les affaires se fassent vite et le mari, pour les réussir, doit avoir une latitude assez étendue et ne pas être à la merci d'une mésentente conjugale. Par exemple, la permission de la femme pour consentir une hypothèque sur un immeuble appartenant à la communauté de biens ou à la société d'acquêts: si la femme refuse son consentement, le mari, qui peut avoir un besoin pressant d'argent pour renflouer son commerce, se trouve dans l'obligation d'obtenir cette permission de la Cour et risque, à cause des délais de procédures, de subir un préjudice irréparable.

Le législateur a eu la main plus heureuse quand il a levé le ban sur l'immutabilité du régime matrimonial. Avant le premier juillet 1970, les conjoints devaient pendant toute leur vie conserver la communauté légale de biens ou le régime matrimonial qu'ils avaient choisi.

A part deux exceptions qui existent encore: si la séparation de corps intervenait entre époux mariés en communauté, la loi les plaçait alors sous le régime de la séparation de biens; ou encore, pour causes déterminées, la femme commune en biens pouvait poursuivre la séparation de biens. Sous le nouveau régime de la société d'acquêts, la séparation de biens peut être demandée lorsque l'application des règles du régime se révèle contraire à l'intérêt du ménage.

Par la mutabilité des régimes matrimoniaux, les époux, pendant le mariage, peuvent désormais modifier leur régime matrimonial ainsi que leur contrat de mariage, pourvu qu'en ce faisant ils ne portent pas atteinte aux intérêts de la famille ni aux droits de leurs créanciers. Quant aux donations déjà portées dans un contrat de mariage, elles ne peuvent être modifiées sans le consentement de tous les intéressés. La nouvelle loi ne limite aucunement le nombre ou la durée des modifications.

Les époux qui se sont mariés sans contrat de mariage, avant le premier juillet 1970, ont maintenant la capacité de remplacer leur communauté de biens par un régime de leur convenance. Ceux qui avaient adopté la séparation de biens pourront entrer carrément dans la société d'acquêts.

Ces modifications laissées à la volonté des conjoints sont cependant soumises à des règles précises. Elles doivent être constatées devant notaire et homologuées par la Cour, sur requête dont copie et avis de présentation auront été signifiés aux créanciers de chacun des époux et à toutes personnes qui étaient en cause dans le contrat de mariage. A cette requête, doit être annexée une liste des créanciers de chacun des époux et de la communauté ou de la société d'acquêts, s'il y a lieu, avec un bilan indiquant l'actif et le passif qui y correspond.

Le jugement d'homologation ainsi obtenu sera signifié par les soins du protonotaire au dépositaire de la minute originale puis il n'aura d'effet, à l'égard des tiers, que par l'enregistrement d'un avis au registre central des régimes matrimoniaux qui est tenu par des fonctionnaires du ministère de la justice.

L'article 1301 qui était d'application courante est disparu à la suite de ces amendements. Il défendait à la femme mariée de s'engager avec ou pour son mari à moins qu'elle n'ait été commune en biens. Celle-ci, quel que soit son régime matrimonial, peut maintenant souscrire un emprunt conjointement avec son mari.

2b) Le contrat de vente

C'est le contrat le plus important. Au contrat de vente, comme dans tous les contrats, on applique, bien entendu, les règles relatives aux contrats en particulier et aux obligations en général.

1c) La vente simple

La vente simple est un contrat par lequel une personne donne une chose à une autre moyennant un prix en argent que la dernière s'engage à payer. Elle est parfaite par le seul consentement des parties. Pour vendre ou pour acheter, il faut avoir la capacité légale de ce faire. Le mineur, généralement, ou l'interdit, dans tous les cas, ne peuvent acheter ou vendre. Le tuteur ne peut acheter les biens de son pupille car il y aurait conflit d'intérêts.

Peut être vendue toute chose dans le commerce. Si une chose, perdue ou volée, est achetée de bonne foi dans un marché ou à une vente publique, ou d'un commerçant trafiquant en semblables matières, le propriétaire ne peut la revendiquer sans rembourser à l'acheteur le prix qu'il a payé. J'achète à un vendeur d'automobiles une automobile volée à un prix conforme à sa valeur: le propriétaire qui la retrace chez moi ne pourra pas la reprendre sans me rembourser le prix que j'en ai payé; le vendeur est un trafiquant en cette matière et moi je suis de bonne foi, ayant payé un prix équivalent à la valeur de l'automobile. Il en sera autrement si je l'ai achetée d'un particulier ou d'un vendeur d'occasion. Que je sois ou non au courant du vol, le vrai propriétaire peut venir la réclamer et je risque de perdre la somme que j'ai déboursée pour son acquisition. Si la chose perdue ou volée est vendue sous l'autorité de la loi (vente en justice par exemple d'un meuble saisi sur jugement) la vente est définitive.

Les obligations du vendeur: Il doit livrer et garantir la chose vendue.

— La délivrance: c'est la translation de la chose vendue en la puissance et possession de l'acheteur. Cette obligation est remplie quand le vendeur met l'acheteur en possession actuelle de la chose vendue ou consent à ce qu'il en prenne possession sans y faire obstacle. Le vendeur n'est pas tenu de livrer la chose si l'acheteur ne paie pas ou est devenu insolvable, mais si elle a déjà été livrée il ne peut pas la reprendre. L'obligation de livrer la chose comprend ses accessoires et tout ce qui a été destiné à son usage. Si je vends ma maison, je dois aussi livrer les doubles fenêtres.

— La garantie de la chose vendue. Cette obligation de la part du vendeur est légale ou conventionnelle. Dans le premier cas, il n'y a pas eu de stipulation à cet effet dans le contrat et la loi supplée. Dans le deuxième cas, on s'en tiendra à la convention qui pourra ajouter à la garantie légale ou la diminuer. On peut même, par convention, l'exclure entièrement. Je vends un tacot et il est mentionné sur le contrat "sans garantie légale, tel que vu et essayé": L'acheteur sera privé, par l'acceptation de ces conditions, de tout recours en garantie. Toutefois, si la vente a été conclue entre un commerçant d'automobiles et un consommateur, celle-ci sera sujette aux conditions et aux garanties prévues dans la loi sur la protection du consommateur.

La garantie, soit légale, soit conventionnelle, a deux objets:

— L'éviction: le vendeur doit garantir à son acheteur que la chose est bien à lui et qu'il n'encourt pas le risque de se la faire enlever par un tiers.

— Les défauts cachés; le vendeur est tenu de garantir l'acheteur contre les défauts cachés de la chose vendue et de ses accessoires qui la rendent impropre à l'usage auquel on la destine ou qui diminuent tellement son utilité que l'acquéreur ne l'aurait pas achetée, ou n'aurait pas donné si haut prix, s'il les avait connus. Les défauts apparents et ceux qu'un acheteur sérieux et averti peut découvrir par lui-même ne sont pas couverts par la garantie, et l'acheteur devra subir les conséquences de sa négligence. Un mécanicien en automobiles serait mal vu de se plaindre d'un défaut de mécanique existant sur une automobile qu'il a achetée tandis qu'une personne exerçant une activité qui n'a rien à voir avec les automobiles pourrait avec succès faire annuler semblable achat.

Quand on veut faire casser une vente, pour défauts ou vices cachés, on dirige contre son vendeur une action rédhibitoire et cette action doit être intentée dans un délai raisonnable. Si je me plains d'un réfrigérateur qui fonctionne mal, je dois cesser de m'en servir et intenter aussitôt ma poursuite.

Notre code civil, qui est "rural" sous plusieurs aspects, prévoit que, s'il s'agit de la vente d'un animal atteint de tuberculose, l'acheteur aura agi dans un délai raisonnable s'il a intenté l'action rédhibitoire dans les 90 jours qui ont suivi la livraison de l'animal.

L'obligation de garantie contre des vices cachés n'a pas lieu si la vente a été faite sur une exécution forcée, c'est-à-dire sur une vente en justice.

Les obligations de l'acheteur sont beaucoup plus simples: sa principale obligation consiste à payer le prix de la chose vendue suivant les termes de la convention, soit comptant, soit par versements ou soit d'une autre manière, par exemple, en fournissant son travail.

2c) La promesse de vente et la vente à réméré

Un mot de la promesse de vente et de la vente à réméré. On peut promettre de vendre une chose après que certaines conditions auront été remplies. Je veux acheter une maison mais je n'ai pas l'argent nécessaire à cet effet: le propriétaire de la maison pourra me permettre de payer tant par mois, pendant tant d'années, et passera un titre de propriété quand le capital et les intérêts fixés par la convention auront été payés au complet. C'est généralement ce genre de contrat qui prévaut dans le financement des maisons fait par les caisses populaires ou par la Société centrale d'hypothèques et de logements. Le contrat sera appelé bail avec promesse de vente si le paiement mensuel est considéré comme un loyer.

La vente à réméré donne droit au vendeur de reprendre la chose en restituant le prix et en remboursant à l'acheteur les frais de la vente, ceux des réparations nécessaires et des améliorations qui ont augmenté la valeur de la chose jusqu'à concurrence de cette augmentation. La faculté de réméré ne peut être stipulée pour un terme excédant 10 ans. Si le vendeur n'exerce pas son droit de réméré dans le terme prescrit, l'acheteur demeure propriétaire irrévocable de la chose vendue. Il ne faut pas confondre le droit de réméré avec le droit que se réserve le créancier hypothécaire de se faire déclarer propriétaire de l'immeuble assujetti à sa créance, dans le cas où le débiteur ne se conformerait pas aux obligations auxquelles il s'est engagé, ou avec le droit qu'a le vendeur d'un immeuble de le reprendre pour non-paiement.

3c) La protection du consommateur

La loi sur la protection du consommateur (L. du Q. 1971 ch. 74) sanctionnée le 14 juillet 1971 — projet de loi 45 — est venue à la rescousse du citoyen tiraillé de toutes parts par une publicité tapageuse et agressive, souvent fallacieuse, qui lui crée des besoins sans cesse prioritaires. Elle constitue un petit code qui détermine les rapports entre vendeurs et consommateurs et vise principalement les contrats de vente à tempérament, ceux assortis d'un crédit notamment le prêt d'argent, et ceux accordant un crédit variable (carte de crédit). Elle ne touche pas cependant les contrats où le montant du crédit accordé n'excède pas $50.00 et les contrats où un crédit, consenti pour l'achat, la construction ou l'amélioration d'un immeuble, est garanti par un privilège ou une hypothèque de premier rang.

1d) La vente à tempérament

La vente à tempérament était auparavant régie par le code civil. La loi de la protection du consommateur en élargit les cadres. Elle fait disparaître la limite de $800.00 à laquelle la vente à tempérament devait se borner et englobe les biens qui étaient exemptés par l'article 1561 J du code civil, tels que machines aratoires, automobiles, etc.

La vente à tempérament est tout contrat assorti d'un crédit par lequel le transfert de la propriété d'un bien vendu par un commerçant à un consommateur est différé jusqu'à l'exécution, par ce dernier, de son obligation, en tout et en partie. Le contrat doit être écrit et énoncer: (art. 28).

(a) la date et le lieu du contrat, si celui-ci est formé en présence du commerçant et du consommateur;

(b) le nom et l'adresse du commerçant;

(c) le nom et l'adresse du consommateur;

(d) la description de l'objet du contrat, y compris, le cas échéant, le numéro de série, l'année du modèle ou toute autre marque distinctive;

(e) le prix comptant de chaque bien;

(f) les frais d'installation, de livraison ou autres frais accessoires;

(g) les droits exigibles pour un contrat au comptant;

(h) la somme des montants apparaissant aux paragraphes e, f et g;

(i) le versement comptant;

(j) le montant pour lequel le crédit est effectivement consenti, soit le montant apparaissant au paragraphe h, moins celui apparaissant au paragraphe i;

(k) le coût de l'assurance du crédit;

(l) les droits exigibles supplémentaires nécessités par le crédit;

(m) tout montant exigé en sus de ceux apparaissant aux paragraphes h, k et l;

(n) le coût de crédit, soit la somme des montants apparaissant aux paragraphes k, l et m;

(o) le taux de crédit;

(p) le total du montant des paiements différés, soit la somme des montants apparaissant aux paragraphes j et n;

(q) la description de tout objet ou document donné au commerçant en reconnaissance ou en garantie de l'obligation du consommateur;

(r) l'étendue de la garantie, sauf si un document séparé à cet effet est remis lors de la livraison du bien ou de la prestation du service.

Cette mention n'est pas requise si le commerçant s'en tient à la garantie légale du vendeur établie au code civil.

(s) les modalités de paiement;

(t) le fait que le commerçant exécute ou non son obligation principale lors de la formation du contrat;

(u) toute autre mention requise par règlement;

(v) le fait que le transfert de la propriété du bien vendu n'a pas lieu lors de la formation du contrat;

(w) l'époque et les modalités du transfert.

De plus, le contrat ne doit se rapporter qu'à des biens vendus le même jour et ne peut être assorti d'un crédit variable. Si le consommateur est en défaut d'exécuter son obligation, le commerçant pourra à son choix: (art. 34).

A) soit exiger le paiement immédiat des versements échus;

B) soit exiger, en la manière prévue aux articles 68 et suivants, le paiement immédiat du solde de la dette si le contrat contient une clause de déchéance de terme. Les articles 68 et suivants obligent, en ce cas, le commerçant à donner au consommateur un avis indiquant:

(a) la date de l'avis;

(b) le nom et l'adresse des parties;

(c) le contrat à l'occasion duquel l'avis est donné;

(d) le défaut du consommateur;

(e) la décision du commerçant de se prévaloir de la déchéance de terme;

(f) le droit du consommateur de remédier au défaut dans les trente jours de la réception de l'avis;

(g) le droit du commerçant de se prévaloir de la déchéance de terme à défaut par le consommateur de se soumettre aux dispositions du paragraphe f;

Sur le défaut, par le consommateur, de mettre son obligation à jour, le commerçant pourra, en lui laissant la propriété de l'objet, réclamer le solde de l'obligation. Cependant, sur requête du consommateur, le tribunal (Cour provinciale ou supérieure, selon le montant en litige) sera en droit de modifier les modalités de paiements aux conditions qu'il jugera raisonnables.

C) soit reprendre possession du bien vendu en la manière prévue aux articles 35 suivants.

S'il exerce ce choix, le commerçant devra donner un avis indiquant: (art. 35 et 36)

(a) la date de l'avis;

(b) le nom et l'adresse des parties;

(c) le contrat à l'occasion duquel l'avis est donné;

(d) le défaut du consommateur;

(e) la décision du commerçant de reprendre possession du bien selon le paragraphe c de l'article 34;

(f) le droit du consommateur de remédier au défaut ou de remettre le bien au commerçant dans les trente jours de la réception de l'avis;

(g) le droit du commerçant de reprendre possession du bien ou de le faire saisir à défaut par le consommateur de se soumettre aux dispositions du paragraphe f;

(h) le fait que le commerçant deviendra propriétaire sans condition à l'expiration du délai de trente jours, si le consommateur n'a pas remédié au défaut dans ce délai;

(i) l'obligation du consommateur d'assumer les frais résultant de l'exercice du droit de reprise ou de saisie, aux cas prévus au paragraphe g, dans la mesure permise à l'article 72.

Au cas de remise volontaire ou de reprise forcée du bien, l'obligation du consommateur devient éteinte et le commerçant peut garder les versements qu'il a déjà reçus. Toutefois, si le consommateur en défaut a déjà acquitté les deux tiers de ses paiements, le commerçant ne pourra exercer son droit de reprise sans avoir obtenu la permission du tribunal. Toute vente à tempérament ne remplissant pas les conditions imposées par la loi est une vente à terme en ce sens qu'elle transfère à l'acheteur la propriété de la chose vendue. Celui-ci n'étant tenu qu'aux paiements stipulés au contrat pourra en disposer comme il l'entendra.

Le contrat de vente à tempérament est la plupart du temps transporté par le vendeur à une compagnie de financement, et, en ce cas, la compagnie obtient les mêmes droits que le vendeur. L'acheteur peut maintenant invoquer contre la compagnie de financement le fait que son vendeur n'a pas rempli les obligations prévues au contrat de vente sans essuyer de la part de la compagnie une fin de non recevoir pour le motif qu'elle est détentrice de bonne foi des billets ou des chèques qui avaient été donnés en considération.

Un amendement apporté par le Parlement fédéral (1970) avait déjà prévu cette difficulté et vient renforcer les dispositions de l'article 19 de la loi de la protection du consommateur. On a vu des cas, plus fréquents qu'on ne pense, où l'acheteur a été tenu de payer un contrat de finance d'une valeur de plusieurs centaines de dollars sans avoir jamais reçu livraison de la marchandise. Le marchand lui vendait, par exemple, une cuisinière, un réfrigérateur et un mobilier de cuisine, et lui faisait signer un contrat de vente à tempérament ainsi qu'un billet transportant la créance à une compagnie de financement. Si, pour une raison ou pour une autre, le vendeur ne livrait pas les meubles ou les reprenait sans les remplacer (faillite), l'acheteur devait quand même acquitter le montant du billet envers la compagnie, celle-ci alléguant, non sans raisons, qu'elle avait acquis la créance de bonne foi, qu'elle l'avait payée et qu'elle en était devenue de ce fait détentrice régulière. Sous peine de nullité, tout billet et effet se rapportant à semblables contrats doit désormais porter au recto la mention "achat de consommation".

2d) Le prêt d'argent

De son côté, le commerçant qui consent un prêt d'argent doit fournir au consommateur un écrit énonçant: (art. 21)

(a) la date et le lieu du contrat, si celui-ci est formé en présence du commerçant et du consommateur;

(b) le nom et l'adresse du commerçant;

(c) le nom et l'adresse du consommateur;

(d) la somme effectivement reçue par le consommateur;

(e) le coût de l'assurance du prêt;

(f) les droits exigibles;

(g) tout montant exigé en sus de ceux apparaissant aux paragraphes e et f;

(h) le coût du crédit, soit la somme des montants apparaissant aux paragraphes e, f et g;

(i) le taux de crédit calculé conformément aux règlements;

(j) l'obligation totale du consommateur, soit la somme des montants apparaissant aux paragraphes d et h;

(k) la description de tout objet ou document donné au commerçant en reconnaissance ou en garantie de l'obligation du consommateur;

(l) les modalités de paiement;

(m) le fait que le commerçant exécute ou non son obligation principale lors de la formation du contrat;

(n) toute autre mention requise par règlement.

3d) Le crédit variable

Le crédit variable est le crédit consenti d'avance par un commerçant à un consommateur qui peut s'en prévaloir de temps à autre, en tout ou en partie, selon les modalités du contrat. Cette sorte de contrat couvre les cartes de crédit, les comptes de crédit, les comptes budgétaires, le crédit rotatif, la marge de crédit, l'ouverture de crédit et autres choses du genre. A moins qu'il ne s'agisse d'un renouvellement, nul ne peut émettre une carte de crédit à un consommateur qui ne l'a pas sollicitée par écrit.

Le commerçant qui consent un crédit variable doit fournir au consommateur un écrit de base énonçant: (art. 24)

(a) la date et le lieu du contrat, si celui-ci est formé en présence du commerçant et du consommateur;

(b) le nom et l'adresse du commerçant;

(c) le nom et l'adresse du consommateur;

(d) le montant jusqu'à concurrence duquel le crédit variable est consenti ou, le cas échéant, l'absence de limitation à ce montant;

(e) la durée de chaque période pour laquelle un état de compte est fourni;

A la fin de chaque période, le commerçant doit fournir au consommateur un état de compte énonçant: (art. 26)

— la date de la fin de la période;

— le solde du compte à la fin de la période précédente;

— la date et le montant de chaque nouvelle avance portée au débit du compte du consommateur au cours de la période;

— la date et le montant de chaque paiement effectué par le consommateur au cours de la période;

— le coût de crédit exigé pendant la période;

— le solde du compte à la fin de la période;

— le paiement minimum requis pour cette période;

— toute autre mention requise par le règlement;

(f) le coût minimum de crédit pour chaque période ou le coût annuel minimum;

(g) le taux de crédit exigible à la fin de chaque période sur le solde impayé;

(h) un tableau d'exemples du coût de crédit sur le solde impayé à la fin de chaque période;
(i) toute autre mention requise par règlement.

4d) Autres dispositions

La loi du 14 juillet 1971 protège particulièrement le consommateur contre le vendeur itinérant lors d'un achat de plus de $25.00, en laissant à sa seule discrétion et sans qu'il lui soit nécessaire de donner aucune raison, le droit de résoudre ou d'annuler le contrat qu'il a signé. A cet effet, est prévue une période de "refroidissement" de cinq jours. On pense ici aux chaudrons à tant de plis, aux dictionnaires de toutes sortes, aux arbres généalogiques, aux machines à coudres, aux remèdes contre la calvitie, aux revêtements de maison et aux portes d'aluminium. Le vendeur itinérant est tout vendeur qui, ailleurs qu'à son adresse, sollicite d'un consommateur déterminé la passation d'un contrat de vente ou conclut un pareil contrat avec un consommateur. Le vendeur itinérant doit posséder une adresse au Québec et détenir un permis le désignant comme tel. Il en est de même du vendeur d'automobiles usagées.

Le consommateur a le droit de payer, en tout temps avant échéance, le solde du montant de son obligation totale et d'obtenir en retour une réduction du coût de crédit préalablement établi.

Chose importante, l'article 72 dit sèchement: "Est réputée non écrite toute stipulation imposant au consommateur, dans le cas d'inexécution de son obligation, le paiement de frais autres que judiciaires, sauf dans la mesure permise aux règlements."

(Les règlements, prévus à l'article 102, ne peuvent être que restrictifs afin de rendre l'application de la loi plus efficace encore.) Cet article 72, en vigueur depuis le 19 octobre 1971, met fin à la fameuse clause pénale des compagnies de financement et des banques. On inscrivait, sur le contrat, que le débiteur en défaut de remplir son obligation et en cas de poursuite judiciaire devait payer à son créancier une somme additionnelle de 15% calculée sur le solde restant dû. Ceci, pour compenser les frais de recouvrement chargés par l'avocat.

A l'article 75, la loi frappe de nullité absolue toute vente par référence, à paliers multiples, à système pyramidal, par réactions en chaîne ou autre mode similaire. On ne sait trop pourquoi, les ventes pyramidales ont connu beaucoup de succès ces derniers temps et certaines organisations essayent encore de contourner la loi là-dessus. Probablement pour appliquer le principe découvert par Barnum à l'effet qu'à chaque seconde "naissait une poire" et sûrement parce que ce sont là des moyens de gagner beaucoup d'argent aux dépens de la naïveté toujours crédule, accueillante et incorrigible de gens qu'il faut protéger malgré eux.

La loi contient de plus des dispositions pour empêcher la publicité trompeuse et pour assurer l'exécution des garanties accordées par les commerçants. Enfin, elle a institué un Office de la protection du consommateur qui veille à son application et un Conseil de la protection du consommateur qui sert d'organisme de consultation.

5d) Le projet de loi no 7

La loi sur la protection du consommateur a fait ses preuves. Au cours de l'année 1977, par le projet de loi no 7, le législateur entend la remanier de façon à la rendre plus efficace encore. Suivant les intérêts en jeu, ce projet a suscité des réactions diverses. La commission parlementaire créée pour l'étudier a pris connaissance de pas moins de 83 mémoires. Les Chambres de commerce soutiennent que les gouvernants veulent sonner le glas de la libre entreprise, les associations de consommateurs allèguent que les citoyens ne sont toujours pas suffisamment protégés contre la voracité des gros et les petits politiciens trouvent que c'est trop et pas assez à la fois.

Même si nous ne sommes en face que d'un projet de loi, nous croyons qu'il est utile d'en rapporter les grandes lignes. La loi qui suivra ne devrait pas tellement s'en écarter.

Le projet de loi couvre toujours les contrats de vente à tempérament, ceux assortis d'un crédit, notamment le prêt d'argent, ceux accordant un crédit variable (carte de crédit) et le vendeur itinérant. Et ce qui est nouveau, il accorde une attention particulière aux contrats se rapportant aux automobiles usagées, aux contrats de louage de services à exécution successive, aux maisons témoins, et établit une éthique élémentaire que doivent respecter le commerçant, le manufacturier et le publicitaire.

Le projet de loi prévoit qu'en cas de perte ou de vol d'une carte de crédit, le consommateur n'encourra aucune responsabilité pour une dette découlant de l'usage de cette carte par un tiers après que l'émetteur aura été avisé de la perte ou du vol. Sur défaut de rapporter la perte ou le vol de sa carte de crédit, le consommateur n'engagera sa responsabilité qu'à concurrence de $50.00.

Au sens du projet, le commerçant itinérant est un commerçant qui, lui-même ou par représentant, ailleurs qu'à son adresse:

(a) sollicite un consommateur déterminé en vue de conclure un contrat, ou

(b) conclut un contrat avec un consommateur.

Ne seront pas considérés comme ayant été conclus avec un commerçant itinérant, les contrats en vertu desquels l'obligation totale du consommateur n'excède pas $10.00, les contrats de vente d'une automobile lorsque le contrat est fourni à l'adresse du commerçant, les contrats de vente de produits alimentaires et les contrats dont la sollicitation et l'acceptation se font par correspondance. Il en sera de même du contrat conclu au domicile du consommateur, à la demande expresse de ce dernier, à la condition que ce contrat n'ait pas été sollicité ailleurs qu'à l'adresse du commerçant. Le projet de loi protège le consommateur du commerçant itinérant sur tout contrat de plus de $10.00 alors que la loi actuelle ne s'applique qu'à partir d'un montant qui excède $25.00. La période de refroidissement est prolongée de 5 à 10 jours et la remise du bien doit se faire dans les 7 jours suivant l'envoi d'un avis à cet effet.

Vous connaissez l'histoire de Jean-Baptiste? Jean-Baptiste, on peut le soupçonner, était canadien-français et habitait la province de Québec. Il était de descendance bretonne, donc têtu comme un mulet. Il aimait se promener dans une puissante automobile de quelques centaines de chevaux-vapeur, automobile qui était nécessairement assurée "full cover", après le premier $50.00; il se vantait de posséder un bon crédit parce qu'il avait des dettes — ce qui, entre nous, est très logique — et vous montrait, avec orgueil, le certificat de bon payeur que lui avait décerné sa compagnie de finance. Il savait la faiblesse économique du petit peuple auquel il appartenait et se sentait impuissant à la surmonter. Lors des conflits ouvriers, il ne manquait jamais de saccager les bureaux de l'employeur. Il taillait à coups de hache les classeurs en pièces, il éparpilla it les dossiers sur les planchers, il lançait les machines à écrire par les fenêtres, il arrachait les fils des appareils téléphoniques et il éventrait la tuyauterie. Mais au volant, il possédait le monde. Il donnait de la pédale à fond et cela lui apportait la douce consolation d'être fort et puissant sur la route. Il respectait scrupuleusement les règles de la circulation et il n'acceptait pas qu'un autre conducteur puisse être distrait ou imprudent. Il suivait la loi, aux autres de la suivre également. Ce pouvait être dangereux mais l'essentiel, pour lui, c'était de rester dans son droit. Un jour, qu'il roulait sur son boulevard favori, une voiture surgit d'une voie secondaire et brûla l'arrêt. Jean-Baptiste, malgré l'imminence de la collision, ne fit rien, absolument rien pour l'éviter. Il se dit: c'est à l'autre de respecter ma priorité et de faire l'arrêt réglementaire... Ses héritiers eurent une belle réclamation civile à faire valoir!

Afin de protéger, malgré eux, tous les Jean-Baptiste du Québec, pour le temps qu'il leur reste encore à vivre, et aussi tous les autres qui malheureusement ne peuvent se permettre l'achat d'une voiture neuve, le législateur se propose d'exercer un contrôle sévère sur la vente des automobiles usagées.

On entend par automobile usagée, un véhicule motorisé qui a été utilisé à une fin autre que sa livraison ou sa mise au point par le manufacturier, le commerçant ou leur représentant. Le projet de loi s'attaque uniquement aux contrats de vente d'automobiles usagées conclus entre un commerçant d'automobiles et un consommateur. Il ne touche pas les ventes d'automobiles usagées entre particuliers. Le contrat de vente d'une automobile usagée entre un commerçant d'automobiles et un consommateur devra être constaté par écrit et divulguer:

(a) le numéro de permis du commerçant;

(b) la date du contrat;

(c) le prix de l'automobile usagée;

(d) le nombre de milles ou de kilomètres indiqué au totalisateur de milles ou kilomètres au moment de la formation du contrat;

(e) l'année de fabrication attribuée à l'origine par le manufacturier ainsi que le numéro de série;

(f) le nom, l'adresse et l'occupation du dernier propriétaire, autre que le commerçant, ayant fait immatriculer cette automobile au Bureau des véhicules automobiles;

(g) l'usage qu'en faisait ce dernier propriétaire, si le commerçant le sait;

(h) les réparations majeures effectuées sur l'automobile usagée depuis que le commerçant en a la possession;

(i) l'obligation prévue à l'article 53, lorsque l'automobile est vendue à un prix de $1,000.00 et plus, ainsi que

(j) toute autre mention prescrite par les règlements.

L'article 53 du projet se lit comme suit: "Lorsqu'une défectuosité du moteur ou du rouage d'entraînement d'une automobile usagée, vendue à un prix de $1,000.00 et plus, survient dans les deux mois de la livraison au consommateur, le commerçant doit effectuer ou faire effectuer sans délai les réparations nécessaires au bon fonctionnement du moteur et du rouage d'entraînement, et assumer lui-même la moitié du coût des réparations. Le présent article ne doit pas être interprété comme empêchant le commerçant de s'obliger d'une façon plus avantageuse à l'égard du consommateur."

Le commerçant répond de l'exécution de cette obligation même à l'égard de tout acquéreur subséquent de l'automobile usagée. L'action basée sur l'article 53 doit être intentée dans les 30 jours de l'expiration de la période qui y est prévue. Le commerçant pourra cependant se libérer de l'obligation de réparer en remboursant au consommateur le prix de la vente, ce qui annulera le contrat. Au chapitre des pratiques interdites, il est dit à l'article 148 du projet que: "Nul ne peut altérer le totalisateur de milles ou kilomètres d'une automobile de façon à lui faire indiquer incorrectement le nombre de milles ou kilomètres parcourus."

Sous la rubrique "De certains contrats de louage de services", le projet de loi sur la protection du consommateur vise les contrats de louage de services à exécution successive ayant pour objet:

(a) de procurer un entraînement ou une assistance aux fins de développer, de maintenir ou d'améliorer la santé, l'apparence, l'habileté, les qualités ou les facultés intellectuelles, physiques ou morales d'un consommateur ou

(b) d'accorder à un consommateur le droit d'utiliser un bien pour atteindre l'une des fins prévues plus haut.

On peut imaginer les Shylock modernes qui se chargent de faire maigrir leur prochain, les cours de danse où on enseigne dix façons de danser le tango et les fameux cours de personnalité d'où l'élève sort transformé au point de se prendre pour un autre. Ces contrats sont régis sévèrement parce qu'ils ont souvent prêté à des abus considérables. Ils devront être constatés par écrit et divulguer:

(a) la date du contrat;

(b) la durée du contrat;

(c) le nombre d'heures ou de jours sur lequel sont répartis les services;

(d) le taux horaire ou quotidien;

(e) le montant de l'obligation totale du consommateur;

(f) la période accordée au consommateur pour exécuter son obligation totale;

(g) la date à laquelle le commerçant commencera à exécuter ses obligations;

(h) la faculté de résiliation accordée au consommateur par l'article 65, et

(i) toute autre mention prescrite par les règlements.

L'article 65 du projet donne au consommateur la faculté de résilier le contrat, en tout temps et à sa seule discrétion, au moyen d'un avis écrit. La seule obligation à laquelle il pourra être tenu en pareil cas se limitera au prix des services qui lui auront été rendus plus un forfait de 10% sur les services à venir prévus au contrat, le forfait ne devant pas excéder $50.00.

On connaît mieux la maison témoin sous le nom de maison modèle. L'expression maison modèle proviendrait d'un anglicisme. Pour ne pas être en reste avec la qualité de la langue française, disons que la maison témoin sert de modèle. Dans ce genre de contrat, le commerçant convient avec le consommateur de lui construire une maison d'après une maison témoin. Le contrat, sous peine de nullité, doit être constaté par écrit. Le commerçant, pour exécuter les obligations de son contrat, est tenu de suivre les plans et devis qui ont servi à la construction de la maison témoin. Les modifications qui sont apportées à la construction doivent être expressément acceptées par écrit par le consommateur. Avant toute convention avec le consommateur, le commerçant est obligé de remettre un écrit identifiant les meubles meublants et les accessoires qui se trouvent dans la maison témoin et qui seront livrés avec la maison sous forme de meubles et accessoires semblables et de qualité comparable. Les meubles et les accessoires mentionnés plus haut sont considérés comme étant inclus dans le prix de vente.

Le projet de loi sur la protection du consommateur fait état de nombreuses pratiques qui tendent à induire le consommateur en erreur pour l'amener à profiter d'un bien ou d'un service et impose en conséquence au commerçant, au manufacturier et au publicitaire un code d'éthique élémentaire que ceux-ci doivent suivre dans leurs rapports avec le consommateur.

— Nul commerçant, manufacturier ou publicitaire ne peut, faussement et par quelque moyen que ce soit:

(a) attribuer à un bien ou un service certains avantages particuliers;

(b) attribuer à un bien certaines caractéristiques de rendement;

(c) représenter qu'un bien est d'une catégorie, type, modèle ou année de fabrication ou

(d) prétendre qu'un avantage pécuniaire précis résultera du fait de se procurer un bien ou un service;

— Nul commerçant, manufacturier ou publicitaire ne peut, par quelque moyen que ce soit:

(a) cacher dans un exposé qu'il fait à un consommateur une caractéristique ou un fait important relativement à un bien ou à un service;

(b) faire ou utiliser une comparaison de prix injustifiée, ou faire état d'un témoignage tronqué ou déformé, ou s'appuyer sur une donnée ou une analyse présentées faussement comme scientifiques;

(c) représenter faussement qu'un tiers recommande ou approuve un bien ou un service dont il fait le commerce;

(d) prétendre faussement qu'un bien est disponible en une certaine quantité ou en une quantité suffisante pour répondre à la demande du public;

(e) faire ressortir, dans une annonce ou dans un étalage, le prix d'un ensemble de biens ou de services d'une façon moins avantageuse que le prix de l'un des biens ou des services composant l'ensemble;

— Nul commerçant ou manufacturier ne peut faire parvenir à un consommateur un bien que ce dernier n'a pas demandé.

— Nul commerçant ne peut dissimuler les motifs véritables pour lesquels il entre en communication avec un consommateur ou le sollicite.

— Nul commerçant ne peut offrir une prime à un consommateur, à l'exception d'un service ou à l'exception d'un rabais sur un achat futur, à moins de lui accorder le choix entre celle-ci et la valeur en argent qu'il attribue à la prime dans sa publicité.

— Nul manufacturier ne peut refuser d'exécuter la garantie qu'il accorde pour le motif que le document qui la constate ne lui est pas parvenu ou n'a pas été validé par le commerçant.

— Nul ne peut faire de la publicité à but commercial destinée à des enfants de moins de 13 ans.

— Nul ne peut faire de la publicité indiquant qu'un commerçant échange ou accepte en paiement des chèques ou autres ordres de paiement émis par le gouvernement du Canada ou du Québec.

— Nulle personne ne peut, directement ou indirectement, dans un contrat passé avec un consommateur, subordonner l'octroi d'un rabais, d'un paiement ou d'un autre avantage, à la conclusion d'un contrat de même nature entre, d'une part, cette personne ou ce consommateur et, d'autre part, une autre personne.

Selon les circonstances, le directeur de l'Office de protection du consommateur pourra obtenir du tribunal, au moyen d'une requête qui doit être instruite ou jugée d'urgence:

(a) une déclaration à l'effet que la personne a utilisé, utilise ou est sur le point d'utiliser une telle pratique interdite;

(b) une injonction ordonnant à cette personne de ne pas ou de ne plus utiliser telle pratique, ou

(c) à la fois la déclaration et l'injonction.

Et, s'il le juge à propos, le tribunal ordonnera à la personne faisant l'objet de ces mesures de publier les conclusions du jugement ou de faire les mises au point et d'apporter les correctifs jugés équitables.

Les personnes qui se livreront aux pratiques interdites seront passibles d'une amende d'au moins $300.00 et d'au plus $5000.00 ou d'un emprisonnement d'au plus six mois pour une première infraction ou d'une amende d'au moins $600.00 et d'au plus $10,000.00 ou d'un emprisonnement d'au plus un an pour toute infraction subséquente. Le tribunal pourra encore imposer soit l'amende, soit l'emprisonnement, soit l'amende et l'emprisonnement à la fois. Dans le cas d'une corporation, l'amende sera cinq fois plus élevée pour une première infraction et dix fois plus élevée pour toute infraction subséquente. Ce qui n'enlèvera pas au consommateur le droit d'exercer ses recours civils: soit demander l'annulation du contrat ou la réduction des obligations qui en découlent.

Le projet de loi attache de plus une grande importance aux clauses que peut contenir le contrat passé entre un consommateur et un commerçant. Il déclare sans effet les stipulations par lesquelles un commerçant se dégage des conséquences de son fait personnel ou de celui de ses représentants. Il nie au commerçant le droit de décider unilatéralement que le consommateur a manqué à l'une ou l'autre de ses obligations ou de réclamer du consommateur le paiement d'autres frais que les frais judiciaires en cas d'inexécution des obligations prévues au contrat. Il fait même intervenir le tribunal pour réduire ou annuler des obligations qui abusent du consommateur ou qui l'exploitent.

Le projet de loi établit encore des règles de formation du contrat écrit.

Celui-ci doit être rédigé lisiblement en au moins deux exemplaires. Et en français, à moins que le consommateur n'exige qu'il le soit en anglais.

Le commerçant doit signer et remettre au consommateur l'écrit dûment rempli et lui permettre de prendre connaissance de ses termes et de sa portée avant que ce dernier n'y appose sa signature.

La signature des parties doit être apposée sur la dernière page de chacun des exemplaires du contrat, à la suite de toutes ses stipulations.

Si le contrat ne respecte pas ces exigences, le consommateur peut en demander la nullité. Le commerçant doit indiquer sur le contrat le lieu de son établissement ou de sa place d'affaires. Le contrat est formé lorsque les parties l'ont signé: la signature apposée au contrat par le représentant du commerçant lie ce dernier. Le commerçant doit remettre un exemplaire du contrat au consommateur ainsi qu'aux cautions de ce dernier. Et le consommateur n'est tenu à l'exécution de ses obligations qu'à compter du moment où il est en possession de l'exemplaire qui lui est destiné.

4c) La vente en bloc

La vente en bloc est le transport de fonds de commerce ou de marchandises fait en dehors du cours ordinaire des opérations commerciales du vendeur. Cette vente englobe la totalité ou à peu près de ce fonds de commerce ou de ces marchandises ou concerne un intérêt dans les affaires du vendeur. Pour protéger les créanciers et l'acquéreur contre une fraude possible du vendeur, la loi exige de lui qu'il signe un affidavit contenant les noms et adresses de ses créanciers, les montants qui leur sont dus, ainsi que la nature de chaque créance. L'acquéreur sera donc appelé à payer chacun des créanciers en gardant sur le prix de vente les sommes nécessaires à cet effet.

5c) La vente de créances

Je peux vendre les créances que je détiens contre mes débiteurs et mon acheteur aura le droit de les leur réclamer à la condition qu'ils soient avertis du transport de ces créances. Si le débiteur ainsi avisé me paie quand même, il court le risque de payer une deuxième fois à mon acquéreur. Si le débiteur paie sans avoir été avisé du transport, l'acquéreur perdra son droit contre lui. La vente des créances est courante entre commerçants et compagnies de prêts. Dans la vente de meubles, le marchand, pour ne pas supporter un crédit trop lourd, vendra sa créance à une compagnie de finance qui deviendra créancière de l'acheteur.

C'est dans ce sens qu'on parle de meubles "sur la finance".

6c) La vente forcée

Le créancier qui a obtenu jugement contre son débiteur peut faire saisir et vendre, en satisfaction du jugement, les biens meubles et immeubles de ce débiteur. Généralement, on vend en premier lieu les meubles et, si ceux-ci sont insuffisants, on vend les immeubles. On verra cela plus en détail quand on arrivera à l'étude du code de procédure civile.

3b) Le contrat d'échange

Ne retenons que la définition du contrat d'échange: c'est un contrat par lequel les parties se donnent respectivement une chose pour une autre.

4b) Le contrat de louage

Les dispositions du code civil concernant le louage ont été complètement refaites, en 1973, par l'adoption de la loi 74 entrée en vigueur le premier janvier 1974. Elles apportent une dimension sociale nouvelle dans les rapports juridiques qui doivent exister entre locateur et locataire.

Le contrat de louage a pour objet les choses ou l'ouvrage.

1c) Le louage de choses

Le louage de choses est un contrat par lequel le locateur s'engage envers le locataire à lui procurer la jouissance d'une chose pendant un certain temps, moyennant une contre-partie, le loyer. Ce contrat porte le nom de bail. Le bail peut être présumé, verbal ou écrit.

Le bail présumé est extrêmement rare dans la vie courante. Il peut résulter d'un abandon de propriété ou d'une situation litigeuse complexe provoquée, la plupart du temps, par des difficultés de succession. Il existe dans le cas d'une personne qui occupe un immeuble avec la tolérance du propriétaire. L'occupant est alors réputé locataire et il peut être appelé à payer un loyer équivalent à la valeur locative des lieux qu'il occupe.

Il est verbal quand le locateur et le locataire s'entendent de vive voix sur la location de la chose. Un bail verbal produit les mêmes effets légaux qu'un bail écrit mais, en cas de conflit entre le locateur et le locataire, il a le gros désavantage de soulever des problèmes de preuve considérables. Le bail écrit constatera la convention intervenue entre les parties et fera foi, à sa face même, de ce qu'il contient. En vertu de la loi de la preuve, s'il est valablement fait, on ne pourra à l'encontre invoquer aucune preuve par témoins. Le bail ayant pour objet un meuble ou un immeuble qui n'est pas un local d'habitation sera, au gré des parties, ou verbal ou écrit. Celui qui a pour objet un local d'habitation peut aussi être écrit ou verbal mais, en règle générale, depuis le premier janvier 1974, il est sujet à la remise du bail-type. Dans le cas d'un bail écrit, celui-ci doit être préparé sur le bail-type lui-même et le locateur doit en remettre un exemplaire à son locataire dans les quinze jours de la conclusion de l'entente. Parce qu'ils sont assez récents les amendements apportés au code civil sur le louage des choses prêtent à diverses interprétations, certains prétendent qu'un bail écrit, non conforme au bail-type, pourrait être fait à la condition que le propriétaire remette une copie du bail-type à son locataire, uniquement dans le but de le renseigner sur ses droits et obligations. L'article 1664n dit pourtant: "... si les parties concluent un bail écrit, le locateur doit, dans les quinze jours de sa conclusion, en remettre au locataire en exemplaire...". S'il s'agit d'un bail verbal, la loi ne semble pas imposer au propriétaire l'obligation de remettre à son locataire un bail-type constatant leur entente verbale. Elle dit simplement (1664o) que "...le locateur doit, dans les trois jours de sa conclusion, remettre au locataire un écrit reproduisant...". Si la loi obligeait les parties qui ont conclu un bail verbal à signer en plus le bail-type, le bail verbal n'aurait qu'une durée de trois jours, ce qui n'a aucun sens. Sur le bail verbal, la remise du bail-type par le propriétaire a pour but principal de renseigner le locataire sur ses droits et obligations, du fait que le bail-type reproduit la loi sur le louage presque intégralement. A notre avis, les articles 1664p et 1664q disposent de la question en employant le mot "bail" dans le cas de l'article 1664n et le mot "écrit" dans le cas de l'article 1664o.

Le louage de choses s'applique aux meubles et aux immeubles. Nous tenterons d'en dégager les règles principales.

Les obligations du locateur sont:

— de livrer la chose en bon état de réparation de toute espèce;

— d'entretenir la chose en état de servir à l'usage pour lequel elle a été louée;

— et de procurer la jouissance paisible de la chose pendant la durée du bail.

On emploie couramment l'expression "propriétaire" au lieu de "locateur". Ce n'est pas tout à fait juste. Le locateur n'est pas nécessairement propriétaire de la chose louée. Un locataire a le droit de sous-louer son logement s'il le quitte avant la fin du bail; il devient alors locateur par rapport au sous-locataire.

Il appartient au locateur d'effectuer, en cours de bail, toutes les réparations nécessaires autres que locatives. C'est dire que le locataire n'est tenu que des réparations d'entretien qui ne résultent pas du vieillissement normal de la chose, d'un cas fortuit ou d'une force majeure. Avant les amendements de 1974, la loi énumérait, en matière de bail immobilier, les réparations réputées locatives: aux portes , vitres, serrures, âtres, contre-coeurs, chambranles, targettes etc...

Dans les notes explicatives de la loi, il est dit: "En pratique, le critère de la réparation locative se ramène au concept de menue réparation, lequel est lui-même déterminé soit par la nature de l'objet, soit par l'usage". En cas de contestation, on laissera donc au tribunal le soin de décider ce qui en est.

Le locateur doit garantir le locataire contre les troubles de droit ou contre les défauts cachés de la chose qui en empêchent ou diminuent l'usage. Il ne peut, en cours de bail, changer la forme ou la destination de la chose. Ces circonstances donnent droit au locataire de demander des dommages-intérêts, la résiliation du bail si le préjudice est sérieux, ou la diminution du loyer. En se faisant autoriser par le tribunal, le locataire pourra même faire exécuter les réparations ou améliorations auxquelles le locateur est tenu et retenir les loyers à cette fin.

Les obligations du locataire sont:

— d'user de la chose en bon père de famille; le code civil emploie souvent cette expression.

Le bon père de famille est la personne qui, consciente de ses responsabilités, agit avec prudence. Envers la chose louée, le locataire se comportera comme si elle lui appartenait sans oublier qu'il n'en est pas le propriétaire.

— de payer le loyer.

— et de rendre la chose à l'expiration du bail. Le locataire, s'il veut sous-louer toute ou une partie de la chose ou céder son bail, devra le faire avec le consentement du locateur. Celui-ci, cependant, ne pourra refuser la sous-location sans motif raisonnable. S'il ne répond pas, dans les 15 jours, à une demande formulée dans ce sens par le locataire, la loi ne lui permet pas d'hésiter plus longtemps. Elle décide pour lui: il est réputé avoir consenti à la demande de sous-location. Dans un bail commercial, il est permis de faire défense à un locataire de sous-louer tandis que pareille clause, dans un bail civil (relatif à un local d'habitation), est considérée comme étant sans effet. Le locataire est responsable, jusqu'à la fin du bail, des obligations qu'il avait consenties en faveur du locateur à moins que celui-ci ne l'en ait dégagé au moment de la sous-location. Le locataire, devenant locateur, exercera vis-à-vis du sous-locataire en défaut les mêmes droits qu'un locateur: pour les loyers dus, il pourra demander l'annulation du sous-bail et exécuter contre les meubles du sous-locataire.

Le locataire répond des dégradations et des pertes qui surviennent à la chose à moins qu'il ne prouve qu'elles ont eu lieu sans faute de sa part ou de celles des personnes à qui il en permet l'accès ou l'usage. "Il doit rendre la chose dans l'état ou il l'a reçue, sauf les changements résultant de son vieillissement normal, d'un cas fortuit ou d'une force majeure. L'état de la chose peut être constaté par la description qu'en ont faite les parties. Faute de telle description, le locataire est présumé l'avoir reçue en bon état, sauf preuve contraire".

C'est l'article 1623 qui le dit mais il est de portée générale. Pour ce qui a trait au bail d'un local d'habitation que nous verrons plus loin, l'article 1664m apporte une restriction importante: "Est sans effet toute convention par laquelle le locataire reconnaît que le local est en bon état d'habitabilité". L'article 1664m n'empêche pas de décrire l'état d'un local d'habitation mais il n'accorde aucune valeur légale à l'admission faite par le locataire qu'il est en bon état d'habitabilité.

Qu'est-ce que cela veut dire, rendre la chose en bon état? Cela prive-t-il un locataire du droit d'enlever les améliorations et additions qu'il a faites à la chose?

Sans l'existence de l'article 1674, il nous serait donné d'assister à des débats qui risqueraient de s'éterniser: "Le locataire peut, à l'expiration du bail, enlever les améliorations et additions qu'il a faites à la chose. Si elles ne peuvent être enlevées sans détérioration de la chose, le locateur a droit de les retenir en en payant la valeur, ou de forcer le locataire à les enlever. Si la remise en l'état primitif est impossible, le locateur les garde sans indemnité".

Le locataire qui a posé des tuiles cimentées sur le plancher de la cuisine ou qui a appliqué trois couches de peinture semi-lustre dans chacune des pièces de son logement devra s'attendre, en fin de bail, à perdre le coût de semblables améliorations!

Ces règles, répétons-le, s'appliquent mutatis mutandis (en changeant ce qui doit être changé) au louage des meubles ou des immeubles.

1d) Le louage de choses mobilières

Le louage d'une chose mobilière ne pose aucune difficulté. Les règles générales du contrat s'y appliquent et les parties peuvent convenir des clauses qu'ils désirent à la condition que celles-ci ne dérogent pas à la morale et à l'ordre public. Les parties peuvent même se dispenser de l'application des articles couvrant le louage de choses. Dans un contrat de location d'une automobile, on pourra stipuler, sans pouvoir se plaindre par la suite, que le locateur ne sera pas tenu de répondre des troubles de droit ou encore que le locataire s'engage à supporter les grosses réparations.

Le bail d'une chose mobilière cessera de plein droit à l'arrivée du terme. Si la durée n'a pas été fixée, il prendra fin sur avis de trois jours.

2d) Le louage de choses immobilières

Après avoir établi les règles applicables à tous les baux, le code civil traite des "règles particulières au bail immobilier" et des "dispositions particulières au bail d'un local d'habitation", ce qui n'est pas de nature à rendre facile la compréhension du sujet.

On trouve, à l'article 1650, la définition d'un local d'habitation: c'est un "local habituellement occupé comme lieu d'habitation, avec ses services, accessoires et dépendances" alors qu'on cherche en vain celle se rapportant à d'autres locaux. Cet article ajoute que les dispositions relatives au bail d'un local d'habitation ne s'appliquent pas au bail d'une chambre, au bail d'un local d'habitation dans lequel au moins trois chambres sont habituellement données à bail par le locataire, ou au bail d'un local utilisé à des fins de villégiature. A l'article 1646, il est fait mention incidente "d'un local servant à des fins industrielles, commerciales, professionnelles ou artisanales" quant à l'avis à donner en cas d'alinéation de l'immeuble et, à l'article 1651, il est dit que les dispositions particulières au bail d'un local d'habitation "s'appliquent même si le locataire utilise une partie des lieux à des fins commerciales, industrielles, professionnelles ou artisanales, pourvu que cette partie n'excède pas le tiers de la surface totale". Enfin, la loi, pour favoriser la conciliation entre locataires et propriétaires, entre dans la ronde pour soumettre, à sa juridiction, en cas de conflit, les baux des logements résidentiels tout en ignorant les logements à loyer modique (H.L.M.), et les logements loués accessoirement à un contrat, exception faite de la fixation du loyer.

Il faut dégager de tout cela qu'il peut être question de bail commercial et de bail civil. Au sujet du bail civil, on distinguera entre les logements soumis ou non aux règles particulières du code civil, sujets ou non à la loi de la conciliation. Le bail commercial, au contraire du bail civil, implique une idée de bénéfice sur la circulation des biens. Si je loue un local pour les fins d'un commerce, j'ai l'intention de réaliser des profits en vendant des biens. Nous avons envisagé la division par rapport au locataire. Je loue une maison pour tenir pension: mon bail est commercial; je loue un logement pour l'habiter avec les membres de ma famille: mon bail est civil.

1e) *Le bail commercial*

Le bail commercial est soumis aux règles générales du contrat. Comme en matière de bail mobilier, les parties peuvent substituer la convention à la loi ou déclarer celle-ci inapplicable ou inopérante. Ainsi, le locateur d'un entrepôt serait en droit de faire inscrire au bail une clause présumant de la responsabilité du locataire en cas d'incendie, alors que l'article 1643 déclare que "le locataire n'est tenu aux dommages-intérêts que si preuve est faite de sa faute ou de celle des personnes à qui il en permet l'accès".

L'article 1637 pose un principe important. Il vaut aussi pour les baux ayant pour objet un local d'habitation. Il accorde au locateur un privilège sur les effets mobiliers qui se trouvent sur les lieux loués pour garantir le paiement du loyer et les autres obligations résultant du bail. Le privilège est le droit que la loi accorde à un créancier d'être préféré à d'autres créanciers suivant la cause de sa créance. Du fait qu'il est privilégié par rapport aux autres créanciers, le locateur aura plus de chances qu'eux d'être payé de ce qui lui est dû par son locataire.

Ce privilège s'étend même aux effets mobiliers appartenant à des tiers et qui se trouvent sur les lieux à moins que le locateur n'ait été avisé de la chose ou n'en ait eu autrement connaissance. L'appareil de télévision, acheté à tempérament par le locataire, sera soumis au privilège du locateur si celui-ci n'a pas été mis au courant du lien et la compagnie de financement, propriétaire de l'appareil, ne pourra pas s'opposer à la saisie et à la vente du meuble pour loyer dû.

Ce privilège ne s'applique pas aux meubles appartenant à des tiers et qui ne se trouvent sur les lieux que provisoirement ou accidentellement.

Le privilège du locateur s'étend également aux effets qui ont été enlevés de l'immeuble. C'est le droit de suite qui doit être exercé, par saisie, dans les quinze jours de l'enlèvement des effets. Toutefois, dans le cas d'un bail commercial, la saisie de marchandises n'est valable que si celles-ci sont encore la propriété du locataire. L'article 2005 du code civil indique l'étendue du privilège du locateur quant aux loyers dûs. Si le bail qu'il détient n'est pas authentique, il ne pourra réclamer que six mois de loyers échus et au plus trois mois de loyers à échoir. Dans le cas d'un bail en forme authentique, son privilège s'étendra à tout loyer échu et à six mois au plus de loyer à échoir.

Le bail sous seing privé dûment enregistré aura le même effet à partir de la date de son enregistrement. En matière de liquidation des biens d'une personne insolvable, le privilège sera restreint à douze mois de loyers et à six mois à échoir.

Il faut ajouter que le privilège du locateur est soumis aux restrictions de l'article 552 du code de procédure civile qui donne droit à tout débiteur de soustraire à la saisie ses meubles meublants, ustensiles ou autres objets d'utilité courante, jusqu'à concurrence d'une valeur de $1,000.00, établie par l'officier saisissant. Ce sont des biens déclarés insaisissables parce qu'ils sont considérés comme étant nécessaires et essentiels à la vie.

Avant l'abrogation de l'article 741 du code de procédure civile — 1er janvier 1974 — il existait une exception à cette règle. L'article 741 accordait au locateur un moyen à la fois expéditif et efficace pour rentrer en possession d'un logement dont le locataire ne rencontrait plus les loyers. Il lui permettait de faire signifier au locataire un avis à l'effet que, s'il quittait le logement dans les cinq jours, il se trouvait libéré des loyers dus et des autres obligations résultant du bail. A défaut par le locataire d'y donner suite, le locateur, pour couvrir sa créance, acquérait alors le droit de saisir et de vendre tous les effets mobiliers appartenant au locataire, même ceux déclarés insaisissables.

"Le louage, dit l'article 1602, est à durée fixe ou indéterminée". Ceci nous amène à parler de la fin ou de l'expiration du bail commercial et des avis de congé qui doivent être donnés en conséquence.

La règle est facile à établir. Le bail à durée fixe cesse de plein droit à l'arrivée du terme. J'ai loué un local commercial, pour une durée d'un an, du premier mai 1977 au 30 avril 1978: le 30 avril 1978, je quitterai les lieux sans qu'il me soit nécessaire de donner aucun avis et sans m'attendre à en recevoir un. Ici, intervient le jeu de la tacite reconduction. Avant le premier janvier 1974, la tacite reconduction pouvait opérer sur tous les baux immobiliers. Maintenant, elle ne peut jouer que sur le bail commercial et sur les baux civils touchés par l'article 1650 (bail d'une chambre, bail d'un local d'habitation dans lequel au moins trois chambres sont habituellement données à bail par le locataire, et bail d'un local utilisé à des fins de villégiature). La loi prévoit bien une prolongation dans la durée d'un bail civil soumis aux dispositions particulières gouvernant un local d'habitation mais ce n'est plus, à proprement parler, de la tacite reconduction.

Le phénomène de la tacite reconduction se produit lorsqu'après l'expiration d'un bail à durée fixe le locataire continue d'occuper les lieux, plus de huit jours, sans opposition de la part du locateur. Alors, le bail est automatiquement prolongé d'un an ou pour la même période si celle-ci était originellement inférieure à un an. Le bail reconduit devient un autre bail à durée fixe et sujet aussi à la reconduction. Le 30 avril 1978, au lieu de quitter le local commercial, je décide de rester. Il s'écoule plus de huit jours et, dans l'intervalle, mon propriétaire ne s'est pas opposé à mon occupation. La tacite reconduction opérera juqu'au 30 avril 1979 et, ainsi de suite, jusqu'à ce qu'un avis en sens contraire soit donné par l'une ou l'autre des parties contractantes. Si le bail avait été fait pour une durée de 8 mois, la tacite reconduction aurait opéré tous les 8 mois. Pour éviter la tacite reconduction, on pourra inscrire au bail que celui-ci par exemple, se continuera d'année en année tant et aussi longtemps que l'avis prévu pour y mettre fin n'aura pas été donné.

Le louage est à durée indéterminée quand on n'a pas prévu son expiration à l'avance. Pour y mettre fin, on fera référence au mode de paiement du loyer. L'avis est d'un mois ou d'une semaine selon que le loyer est payable au mois ou à la semaine. Si le loyer est payable selon un autre terme, l'avis doit être donné dans le même délai que ce terme ou, s'il excède trois mois, dans un délai de trois mois (article 1631).

Le bail commercial n'est pas résilié par le décès de l'une des parties à moins que l'événement n'ait été prévu. Dans le cas d'un bail civil, il pourra l'être sur avis de trois mois donné par l'héritier ou légataire du locataire dans les six mois qui suivent le décès.

Qu'advient-il des droits du locataire quand l'immeuble qu'il habite ou qu'il occupe passe aux mains d'un autre propriétaire? Les articles 1646 et 1647 répondent à la question. La vente ou l'aliénation d'un immeuble ou d'un local servant à des fins industrielles, commerciales, professionnelles ou artisanales ne met pas fin de plein droit au bail à durée fixe. S'il reste 12 mois ou moins à courir sur le bail, l'acquéreur ne pourra y mettre fin de sa seule volonté. S'il reste plus de douze mois, celui-ci pourra y mettre fin après ce temps sur avis préalable de 6 mois. Cependant, dans le cas où le bail à été enregistré avant l'aliénation de l'immeuble, le nouveau propriétaire devra attendre jusqu'à la fin du bail avant de pouvoir prendre possession des lieux loués.

Quant au bail à durée indéterminée, le nouvel acquéreur y mettra fin en donnant les avis dont parle l'article 1631 que nous venons de voir.

Le bail d'un local d'habitation dans lequel au moins trois chambres sont habituellement données à bail par le locataire, est évidemment un bail commercial par rapport à ce dernier et c'est avec raison que l'article 1650 ne le considère pas comme un bail soumis aux dispositions particulières au bail d'un local d'habitation. Ce bail obéira aux règles que nous venons d'énumérer.

De plus, l'expropriation de la chose louée aura pour effet de résilier le bail. Si l'expropriation est partielle, le locataire pourra, suivant les circonstances, obtenir une diminution de loyer ou la résiliation du bail.

Enfin, est-il besoin d'ajouter que le bail commercial n'est en aucune manière soumis à la régie des loyers.

2e) Le bail civil

Le bail civil a pour objet un local d'habitation. Il sert à des fins résidentielles. Il s'applique au bail d'un local habituellement occupé comme lieu d'habitation avec ses services, accessoires et dépendances. Règle générale, ce bail est sujet à des dispositions particulières contenues dans le code civil et soumis, en cas de conflit, à l'application de la loi pour favoriser la conciliation entre locataires et propriétaires. Cependant, il existe des locaux d'habitation que le législateur a exclus de la règle.

1f) Bail résidentiel non soumis aux dispositions particulières et à la Régie

Il s'agit du bail d'une chambre et du bail d'un local utilisé à des fins de villégiature. L'article 1650 du code civil joint à ces deux baux celui d'un local d'habitation dans lequel au moins trois chambres sont habituellement données à bail par le locataire. Nous avons disposé de ce genre de bail en le classant sous la rubrique *Bail commercial.* Comme ce dernier bail, les baux de chambres et de chalets obéissent aux règles ordinaires du louage, c'est à dire aux règles que nous avons vues, relativement au bail commercial. Peut-être aurait-on dû mieux protéger le chambreur, qui est souvent une personne âgée sans moyens de défense, mais la loi le veut ainsi. Ici, la loi entérine la convention intervenue entre les parties. Celles-ci peuvent stipuler tout ce qu'elles veulent à la condition que l'ordre public ne soit pas troublé et que les bonnes moeurs soient sauvegardées. A la fin de ces baux, il ne sera pas question de prolongation automatique ni d'intervention de la Régie des loyers en cas de hausse de loyer.

2f) Bail résidentiel soumis aux dispositions particulières mais non à la Régie

D'autres locaux d'habitation sont soustraits du contrôle de la Régie des loyers tout en restant sujets aux dispositions particulières du code civil. Ce sont les logements à loyer modique (H.L.M.) administrés par une corporation municipale ou par la Société d'habitation du Québec. Nous croyons que ces baux sont quand même soumis aux dispositions particulières du code civil relatives au bail d'un local d'habitation pour la raison qu'ils n'en ont pas été exclus par l'article 1650. Ces baux seront gouvernés par le bail-type et traités de la même façon qu'un bail civil ordinaire. Jusqu'au 23 décembre 1976, on incluait également dans cette catégorie l'immeuble construit après le 31 décembre 1973. Il ne tombait sous la juridiction de la loi de conciliation que cinq ans après la date à laquelle il était prêt pour l'usage auquel il était destiné. Avec l'adoption du projet de loi 78 (loi prolongeant et modifiant la loi pour favoriser la conciliation entre locataires et propriétaires), l'exception est disparue et, désormais, comme le dit l'article 16i: "Les articles 16, et 16b à 16h s'appliquent à un immeuble occupé par des locataires, quelle que soit la date du commencement des travaux de construction."

3f) Bail résidentiel soumis aux dispositions particulières et partiellement à la Régie

Le cas d'un locataire qui occupe un logement que lui a loué son employeur dans le cadre d'un contrat de travail est à part. Son bail sera soumis aux dispositions particulières du code civil mais la Régie des loyers ne pourra intervenir que sur la fixation du loyer seulement. Pour ce genre de bail, il ne sera pas question de prolongation et, pour y mettre fin, l'employeur donnera un avis d'au moins un mois, que ce bail soit à durée fixe ou indéterminée.

4f) Bail résidentiel soumis aux dispositions particulières et à la Régie

A part les exceptions que nous venons de voir, le bail d'un local d'habitation est soumis à la fois aux dispositions particulières du code civil et à la juridiction de la loi favorisant la conciliation entre locataires et propriétaires.

En modifiant le code civil sur le louage, le législateur visait surtout à protéger le locataire ordinaire contre les pratiques abusives de certains propriétaires. Pour celui-ci, le bail devenait, la plupart du temps, un contrat d'adhésion. Il était à la merci des hausses de loyers, ou encore, sous la menace d'une résiliation, on lui imposait des conditions d'occupation de toutes sortes. Alors que les dispositions gouvernant le bail d'un objet mobilier ou d'un local servant aux affaires respectent la liberté quasi sans limite des parties de contracter, celles qui régissent le bail d'un local d'habitation sont très sévères et dérogent souvent aux principes généraux du contrat.

On ne laisse plus aux contractants le soin de fabriquer leur propre contrat. On leur impose des clauses auxquelles ils ne peuvent se soustraire et on les soumet à la rigueur d'un bail-type. Même si les règles qui conditionnent le bail civil sont impératives et semblent sortir tout droit d'un texte administratif, il est heureux qu'elles dépendent encore du droit civil.

"Nous nous réjouissons de ce que le législateur ait résisté à la tentation de faire du louage l'objet d'une loi administrative. Nous apprécions le fait que ce contrat soit toujours régi par le Code civil. Nous croyons, en effet, qu'il peut être dangereux de morceler les notions de droit et de faire, à partir de ces notions, des lois administratives.

Il ne faudrait pas permettre que le Code civil, notre patrimoine québécois, soit systématiquement amputé au profit du droit statutaire. Celui-ci, avec le temps, à force d'applications mécaniques, se coupe des sources du vrai droit pour ne devenir qu'un système de permissions et de défenses. Nous pensons qu'il est toujours préférable de laisser le louage obéir aux principes généraux du droit civil en matière de contrats, même si l'on doit en restreindre la portée, afin de protéger des personnes défavorisées au départ, comme c'est le cas de nombreux locataires". (1)

---

(1) Me Henri Kélada et Me Paul-Emile Marchand, *Le locataire et son nouveau bail*, Editions Aquila, Montréal, 1974.

D'abord, le code civil met les contractants d'un bail civil en face de clauses obligatoires qu'ils sont tenus de respecter. Il leur impose des dispositions particulières.

La convention n'est plus la loi des parties.

— L'inexécution d'une obligation par le locateur donne au locataire le droit de demander, selon les circonstances, outre les dommages-intérêts, soit l'exécution de l'obligation, la résiliation du contrat ou la diminution du loyer.
— Si le locateur n'exécute pas les réparations auxquelles il est tenu, le locataire peut obtenir du tribunal la permission de retenir le loyer afin d'y faire procéder.
— Le locateur ne peut refuser la sous-location sans motif raisonnable.
— Le locataire doit permettre au locateur de vérifier l'état de la chose. Sauf urgence, après préavis d'au moins vingt-quatre heures.
— Le locataire doit subir les réparations urgentes et nécessaires. Suivant les circonstances, il pourra demander une diminution de loyer ou la résiliation du bail.
— Le locataire doit se conduire de façon à ne pas troubler la jouissance normale des autres locataires du même immeuble. Il répond des dommages qui peuvent résulter de la violation de cette obligation. Le locateur peut, dans ce cas, demander la résiliation du bail. Le locataire troublé pourra, après avoir mis en demeure le locateur commun, obtenir une diminution du loyer ou la résiliation du bail.
— En cas d'incendie dans les lieux loués, le locataire n'est tenu aux dommages-intérêts que si preuve est faite de sa faute ou de celle des personnes à qui il en permet l'accès.
— Le locataire doit permettre, aux fins de location, l'affichage et la visite des lieux. Dans un bail à durée fixe d'un an ou plus: au cours des trois mois qui précèdent l'expiration du bail; dans un bail à durée fixe de moins d'un an, le délai est d'un mois; dans un bail à durée indéterminée, selon les modes ou termes de paiement du loyer: une semaine, un mois, mais pas plus de trois mois. Le locateur doit donner préavis d'au moins vingt-quatre heures de son intention de faire visiter le local à un acquéreur éventuel.
— L'aliénation ou la vente de l'immeuble ne met fin au bail que si un avis préalable a été donné à cet effet. Sur bail à durée fixe: trois mois, s'il

reste encore plus de douze mois à courir; sur bail à durée indéterminée: l'avis est sujet aux délais prévus pour l'affichage et la visite des lieux. S'il reste moins de douze mois à courir sur le bail, l'acquéreur ne pourra déloger le locataire avant la fin du bail.

— La stipulation d'une clause prohibée n'emporte pas la nullité du bail pour le surplus.

— Le locataire doit user du local en bon père de famille et le maintenir en bon état de propreté.

— Le locataire ne peut, sans le consentement du locateur, employer ou conserver dans le local aucune substance qui constitue un risque d'incendie et qui aurait pour effet d'augmenter les primes d'assurance du locateur.

— Le nouvel acquéreur a, envers le locataire, les droits et les obligations résultant du bail en cours.

— Est sans effet: toute clause d'exonération ou de limitation de responsabilité en faveur du locateur ou toute convention visant à rendre le locataire responsable d'un dommage causé sans sa faute.

— Est annulable ou réductible: toute clause pénale dont le montant prévu excède les dommages réellement subis par le locateur ou toute clause qui, en tenant compte des circonstances, est abusive, excessive ou exorbitante.

— Est sans effet: toute clause discriminatoire en raison de la race, la croyance, le sexe, la couleur, la nationalité, l'origine ethnique, le lieu de naissance ou la langue d'un locataire ou d'un occupant du local.

— Est sans effet: toute convention visant à modifier les droits du locataire en raison de l'augmentation des membres de sa famille, à moins que l'espace du local ne le justifie.

— Est sans effet: toute convention par laquelle le locataire s'oblige à ne pas acheter de meubles à tempérament.

— Les serrures d'accès à un local ne peuvent être changées que du consentement des parties. Si les parties manquent à cette disposition, elles commettent une infraction et sont passibles, en outre du paiement des frais, d'une amende d'au plus $500.00 pour chaque infraction. On voit ici que même le locataire peut être passible d'amende. La loi le protège mais elle ne lui permet pas de tout faire.

— Est sans effet: toute convention par laquelle le locataire reconnaît que le local est en bon état d'habitabilité.

— Nul ne peut refuser de consentir un bail à un locataire éventuel ou de maintenir un locataire dans ses droits pour la seule raison que celui-ci a un ou plusieurs enfants, compte tenu de l'espace du local, sous peine d'amende.

— Nul ne peut refuser de consentir un bail ou exercer de la discrimination dans la conclusion ou l'exécution d'un bail, en raison de la race, la croyance, le sexe, la couleur, la nationalité, l'origine ethnique, le lieu de naissance ou la langue, sous peine d'amende.

Il est important pour les parties, en matière de bail civil, de savoir à quoi s'en tenir sur le loyer et sur la durée de l'occupation.

1g) Le loyer

Comme toute dette, le loyer est quérable et, à moins d'une entente au contraire, il appartient au locateur de se déplacer pour aller le chercher.

Il va de soi que le locataire doit payer le loyer prévu au bail. Mais ce n'est pas toujours aussi simple que cela. Il peut intervenir, en cours de bail, des circonstances qui sont de nature à modifier considérablement la situation des parties. De nos jours, personne n'est à l'abri d'une hausse subite dans les coûts du combustible ou d'une variation de taxes. D'abord, l'article 1664f déclare sans effet toute clause de déchéance de terme concernant le paiement du loyer ou visant directement ou indirectement à faire varier le loyer en cours de bail. Serait nulle la clause obligeant un locataire, en défaut de rencontrer le paiement du loyer à la date prévue, à payer immédiatement tous les loyers couvrant le bail. Serait sans effet la clause stipulant que le loyer augmentera de 10% par mois pour prévoir une hausse éventuelle du coût de la vie. Puis, ce même article 1664f permet, dans un bail de plus de douze mois, de convenir que le loyer sera réajusté en fonction de toute variation des taxes municipales ou scolaires affectant l'immeuble, du coût unitaire du combustible ou de l'électricité dans les cas d'un logement chauffé ou éclairé aux frais du locateur et des primes d'assurance-incendie et d'assurance-responsabilité. Ce réajustement ne peut avoir lieu au cours des douze premiers mois du bail et ne peut être fait plus d'une fois au cours de chaque période additionnelle de douze mois. En cas de contestation sur le montant du réajustement, les parties peuvent s'adresser au tribunal par requête. Selon le montant en jeu, ce sera la Cour provinciale ou la Cour supérieure. Plutôt la Cour provinciale. Il est impensable que la variation du loyer d'un local d'habitation atteigne $3000.00! D'autre part, l'article 20f de la loi pour favoriser la conciliation entre locataires et propriétaires dit que, pour le même motif, le locataire peut, dans les quinze jours de la demande du locateur, s'adresser à l'administrateur nommé en vertu de cette loi pour qu'il fixe le loyer conformément à la clause de variation. Il y a ici chevauchement du droit administratif avec le droit civil. Le locateur devra s'adresser au tribunal compétent alors qu'à son choix le locataire pourra porter le débat devant le tribunal ou devant l'administrateur.

L'article 1664d défend au locateur d'exiger d'avance le paiement de plus d'un terme de loyer qui ne doit pas excéder un mois.

Si le loyer est payé à la semaine, le locateur ne pourra pas réclamer plus que le loyer d'une semaine; si le loyer est payable au mois, il ne pourra pas exiger plus que le loyer d'un mois. Enfin, si le terme du loyer dépasse un mois (par exemple, trois mois, six mois ou un an), le loyer exigible d'avance du locataire sera d'au plus un mois.

Le locateur ne peut exiger non plus de son locataire la remise d'un chèque ou autre effet postdaté pour le paiement du loyer. Une exception: il pourra le faire pour le dernier terme du loyer mais sans avoir droit à plus d'un mois. En résumé, tout ce que le locateur peut exiger de son locataire, comme avance de loyer, ce sont le premier et le dernier terme et aux conditions que nous venons d'indiquer. Et s'il contrevient à ces dispositions, il commet une infraction qui le rend passible d'amende. Entendons-nous. Ce que la loi veut éviter, c'est la pression que pourrait exercer le locateur sur le locataire quant au paiement des loyers. Rien n'empêche le locataire de payer, volontairement et d'avance, le nombre de termes qu'il désire.

Mais, qui détermine le loyer? En principe, le locateur est libre de demander ce qu'il veut comme prix de la location. C'est la loi de l'offre et de la demande qui joue. Dans le cas d'un local d'habitation qui n'a jamais été loué, le locateur et le locataire s'entendront sur un prix qu'ils jugeront convenable. Pour ce faire, ils compareront les loyers qui ont cours pour des logements semblables situés dans les environs.

Au sujet des logements dont les loyers sont déjà fixés, en cas d'un renouvellement du bail ou d'une relocation, le locateur et le locataire sont toujours libres de fixer un loyer à leur convenance. Dans les cas de renouvellement ou de relocation, la loi de la conciliation n'intervient que si les parties ne réussissent pas à s'entendre.

La loi pour favoriser la conciliation entre locataires et propriétaires a pour but, le nom le dit, d'amener le locataire et le propriétaire à s'entendre, à concilier leurs intérêts. Elle a créé à cette fin un organisme, la Régie des loyers, composée d'administrateurs et d'une commission des loyers. Question de sémantique à laquelle on ne doit pas apporter plus d'importance qu'il ne faut: certains disent que l'appelation "Régie des loyers" est disparue pour faire place à celle de "Commission des loyers". Dans la loi de la conciliation, le titre "Organismes de la régie des loyers" coiffe encore les articles qui ont trait à la Commission des loyers et aux administrateurs.

Les administrateurs statuent sur les affaires d'éviction, de prolongation de baux et de fixation de loyers, et ils entendent et règlent les contestations qui s'élèvent à ces sujets entre locateurs et locataires.

La Commission des loyers, de son côté, en plus de surveiller l'application de la loi, entend les appels des décisions rendues par les administrateurs.

La loi pour favoriser la conciliation entre locataires et propriétaires date de 1951 (S.Q. 1950 — 1951, chapitre 20) et, aussi curieux que cela paraisse, elle est restée une loi annuelle, en ce sens qu'elle a été prolongée depuis, d'année en année. Ainsi, par le chapitre 75 des lois du Québec de 1973, elle a été prolongée jusqu'au 30 juin 1975; par le chapitre 76 des lois du Québec de 1974, elle a été prolongée jusqu'au 30 juin 1976; par le chapitre 84 des lois du Québec de 1975, elle a été prolongée jusqu'au 30 juin 1977 et, par le projet de loi 78 sanctionné le 23 décembre 1976, elle a été à nouveau prolongée jusqu'au 30 juin 1978. On se sent un peu sur le sable mouvant. Il serait temps de rendre cette loi plus stable en lui donnant un caractère permanent.

Les pouvoirs de la Régie des loyers s'étendent maintenant à toute la province de Québec. Avant le premier janvier 1974, la loi de la conciliation ne s'appliquait qu'aux municipalités qui le demandaient par règlement.

Présentement, la loi de la conciliation n'entre en jeu que lorsque les parties sont en difficultés relativement au bail d'un local d'habitation. Elle ne s'applique évidemment pas au bail mobilier ni au bail de locaux dont plus du tiers de la surface totale sert à des fins commerciales, industrielles, professionnelles ou artisanales. Elle n'a aucune juridiction sur le bail d'une chambre, sur le bail d'un local d'habitation dans lequel au moins trois chambres sont habituellement données à bail par le locataire et sur le bail d'un local utilisé à des fins de villégiature. Elle n'a rien à voir avec l'habitation à loyer modique (H.L.M.) administrée par une corporation municipale ou par la Société d'habitation du Québec. Enfin, elle ne touchera le local loué par un employeur à un employé, accessoirement à un contrat de travail, que sur la fixation du loyer. Même si les logements à loyer modique échappent complètement à l'application de la loi de la conciliation, il faut comprendre qu'ils restent soumis aux mêmes dispositions du code civil que les baux se rapportant à un local d'habitation. Il en est ainsi du local loué par un employeur à son employé accessoirement à son contrat de travail.

L'administrateur entendra, dans les limites de sa juridiction, la plainte du locataire qui, après signature d'un premier bail, se sera aperçu que le locateur, sans avoir demandé la permission à la Régie, a augmenté le loyer qu'il demandait du locataire précédent. La plainte du locataire, en ce cas, doit être faite dans les 60 jours du début du bail. Même si le locateur avait obtenu la permission d'augmenter le loyer, le locataire aura droit, dans les 30 jours du début du bail, de se plaindre d'une augmentation qu'il estimera injustifiée. Les amendements apportés le 23 décembre 1976 à la loi de conciliation accordent maintenant au sous-locataire le droit de s'adresser à la Commission pour faire réduire son loyer au prix payé par l'ancien locataire. Ils ont pour but d'empêcher celui-ci de réaliser des bénéfices nets aux dépens de son sous-locataire, et de faire obstacle aux agissements des propriétaires qui louent leurs locaux d'habitation à des compagnies bidon qui, elles, les sous-louent à prix fort.

La demande d'une hausse de loyer se fait la plupart du temps à la fin du bail. Le locateur, pour éviter une prolongation aux mêmes conditions qu'auparavant, donnera un avis à l'effet qu'il entend augmenter le loyer ou modifier toute autre condition pour le renouvellement ou la prolongation d'un bail semblable. L'administrateur accordera ou refusera la demande du locateur suivant la preuve qui lui sera présentée. Il tiendra compte de l'augmentation réelle des dépenses que doit encourir le locateur sur les taxes, les assurances, l'électricité, le chauffage, les réparations, la hausse des taux d'hypothèques, etc. Il considérera également le droit du propriétaire à un profit normal et légitime.

Il peut arriver, en cours de bail, que la chose louée se soit détériorée au point de ne plus valoir la considération du départ. Il sera alors permis au locataire de demander à l'administrateur une réduction du loyer. Le logement nécessite des réparations et le locateur refuse toujours de les faire: le locataire pourra obtenir une diminution de loyer jusqu'à ce que les travaux soient effectués. Selon l'importance des travaux à exécuter, la négligence du locateur peut conduire jusqu'à la résiliation du bail.

Il se produit encore que le locateur ne donne plus ou diminue les services auxquels il s'était engagé. Il existe des locateurs qui trouvent les hivers longs et qui jouent avec le chauffage. Dans ce cas, l'administrateur accordera une réduction du loyer jusqu'au rétablissement des services.

2g) La durée de l'occupation

La durée de l'occupation d'un logement résidentiel apporte souvent des problèmes importants. Il faut alors distinguer entre la terminaison ou la fin du bail et la résiliation du bail.

1h) La terminaison du bail

Quand on arrive à la fin d'un bail civil, il est question de prolongation plutôt que de terminaison.

L'article 1659 décrète que tout bail, à durée fixe de douze mois ou plus, est, à son terme, prolongé de plein droit pour une période de douze mois. Celui de moins de douze mois est prolongé de sa durée initiale. Ces prolongations sont automatiques. Elles opèrent sans intervention des parties. Quand celles-ci restent muettes à la fin du bail, la loi dit qu'elles entendent continuer le bail. Un bail antérieur de plus d'un an ne sera prolongé cependant que pour une période d'un an. Ainsi, un bail de trois ans sera, à son expiration, prolongé d'un an seulement et non de trois ans. Le bail d'une durée de six mois sera, à son terme, prolongé d'un autre six mois.

Avant l'année 1974, la coutume voulait que la plupart des baux faits au Québec se terminent le 30 avril. Une disposition de la loi (Lois du Québec, 1973, chap. 74, art. 17) a fait se prolonger automatiquement, jusqu'au 30 juin 1975, tout bail à durée fixe de douze mois ou plus prenant fin le 30 avril ou le 1er mai 1974. Sans doute, le législateur voulait-il parer aux inconvénients d'un déménagement pendant l'année scolaire. Pour éviter cette prolongation additionnelle de deux mois, une partie devait donner à l'autre, avant le 31 décembre 1974, un avis à cet effet. C'est dire que la prolongation d'un bail déjà prolongé automatiquement jusqu'au 30 juin 1975 s'étendra jusqu'au 30 juin des années subséquentes.

Toutefois, la loi ne viendra pas briser l'entente intervenue entre les personnes intéressées. Rien n'empêche un locataire et son locateur de prolonger un bail de trois ans d'un autre trois ans. Ce qu'elle veut éviter, c'est le "délogement".

La partie, qui voudra éviter la prolongation d'un bail à durée fixe d'un an ou plus, sera tenue de donner un avis d'au moins trois mois avant l'arrivée du terme. Pour le bail d'une durée de moins de douze mois, l'avis variera selon les termes de paiement du loyer. Si le loyer est payable au trois mois, au mois ou à la semaine, l'avis sera de trois mois, d'un mois ou d'une semaine. Mais, dans aucun cas, l'avis ne doit dépasser une période de trois mois et excéder le double du délai prévu. L'avis de trois mois ne peut donc pas être envoyé avant six mois de la fin du bail.

Cette limitation a été apportée en 1974 afin de déjouer les trucs de locateurs finauds. Le locateur donnait, à son locataire, un avis de quitter les lieux plusieurs mois avant l'arrivée du terme. Par après, tout se passait comme si de rien n'était. Le temps aidant, le locataire venait à oublier l'avis et le locateur se gardait bien de souffler mot. A la fin du bail, le locateur se faisant suave demandait à son locataire de vider les lieux, celui-ci ayant oublié de s'adresser à la régie dans les délais voulus.

Pour des motifs jugés raisonnables, et pourvu que l'autre partie n'en subisse aucun tort grave, le locateur ou le locataire pourront obtenir d'un juge la permission de donner les avis de congé après l'expiration des délais prévus.

Il ne peut être question de prolonger un bail à durée indéterminée. La chose est impensable: on ne peut prolonger quelque chose qui n'a pas de fin. Le bail à durée indéterminée reste en vigueur jusqu'à ce que les parties y mettent fin. Dans ce cas, l'article 1631 du code civil indique la longueur de l'avis à donner. Comme pour tous les autres baux immobiliers à durée indéterminée, l'avis est d'un mois ou d'une semaine, selon que le loyer est payable au mois ou à la semaine. Si le loyer est payable selon un autre terme, l'avis doit être donné dans le même délai que ce terme sans jamais dépasser trois mois.

L'avis donné, que se passe-t-il? Si c'est le locataire qui le donne, on conclut qu'il veut s'en aller et éviter la prolongation. A la fin du bail, le locateur ne peut en aucun cas forcer son locataire à le prolonger. Si l'avis provient du locateur, on peut penser que celui-ci veut que son locataire quitte le logement à la fin du bail, désire obtenir une augmentation de loyer ou entend faire modifier autrement le bail en cours.

Toute entente survenue entre les parties après l'envoi des avis sera considérée comme valable et les liera. Le sera également celle survenue en cours de conciliation.

Le locataire qui, pour quelque raison que ce soit, reçoit un avis de quitter les lieux à la fin du bail, aura le choix d'aviser par écrit son locateur qu'il a l'intention de quitter le logement ou, s'il désire le conserver, de produire une demande à l'administrateur des loyers pour obtenir une prolongation de bail et la fixation du loyer. Le locataire doit présenter sa demande à l'administrateur dans les trente jours de la réception de l'avis de son locateur, s'il était soumis à un bail d'une durée fixe de douze mois ou plus, ou dans les dix jours de cet avis dans les autres cas.

A la Régie des loyers tout est simple. Les services que cet organisme procure sont gratuits et les procédures dont il se sert sont dégagées de tout formalisme. On y fournit des formules appropriées aux divers cas; les parties intéressées n'ont qu'à les compléter.

L'administrateur, saisi de la demande, prolongera le bail et fixera le loyer. Il peut, avant l'audition de l'affaire, proposer aux parties des solutions qui, à son avis, concilient leurs exigences respectives. Il refusera cependant la demande de prolongation dans les cas ou le propriétaire désire reprendre possession du logement pour l'habiter lui-même ou pour y loger sa grand-mère, son grand-père, sa mère, son père, sa fille, son fils, sa petite-fille, son petit-fils, sa bru, son gendre, sa belle-mère, son beau-père, sa belle-fille, son beau-fils, ou pour y loger tout autre parent dont il est le principal soutien.

Si le propriétaire obtient la repossession du logement en usant de subterfuge, le locataire évincé pourra lui réclamer les dommages-intérêts qu'il a subis. De plus cet acte constitue une infraction punissable d'amende.

Seul le nouvel acquéreur peut, en cours de bail, demander la possession du logement pour l'habiter lui-même ou pour y loger les membres de sa famille. Pour exercer ce droit, s'il reste plus de douze mois à courir à compter de l'aliénation, il doit, selon l'article 24 de la loi de la conciliation, donner au locataire un avis préalable d'au moins 90 jours. Dans les autres cas, l'avis est de 30 jours. L'article 1646 du code civil prévoit bien des avis à donner pour mettre fin à un bail civil lors de l'aliénation de l'immeuble qui en est l'objet. Les règles sont les mêmes que celles que nous avons vues en matière de bail commercial sauf que, sur le bail à durée fixe, l'avis est de trois mois au lieu de six mois. Il faut comprendre que ces avis ne s'appliquent qu'aux baux résidentiels non soumis à la Régie des loyers (chambre, local utilisé à des fins de villégiature, logements à loyer modique) parce que le bail résidentiel ordinaire, même en cas de vente de l'immeuble, est soumis à la loi de la conciliation et doit être prolongé à moins que l'acquéreur ne demande la possession des lieux loués pour lui-même ou les gens de sa famille.

L'article 1661 permet à un juge d'autoriser une partie à donner l'avis de congé, après l'expiration des délais prévus, à la condition que l'autre partie ne subisse aucun préjudice grave; l'article 30a de la loi de la conciliation accorde à l'administrateur le même pouvoir quant aux avis prévus par cette loi. Le nouvel acquéreur pourrait, en cas de nécessité, obtenir de l'administrateur la permission de réduire les délais indiqués par l'article 24 de la loi de la conciliation pour la reprise de possession.

Si le locataire veut contester, devant la Régie des loyers, la demande de son nouveau propriétaire, il doit le faire dans les 30 jours de l'avis dans le cas d'un bail d'un an ou dans les 15 jours dans les autres cas.

L'administrateur refusera la demande de prolongation pour permettre la subdivision, en plusieurs logements, d'une maison spacieuse occupée par un seul locateur ou la démolition d'une maison d'habitation en vue de sa reconstruction en une maison d'habitation ou en un établissement industriel ou commercial.

2h) La résiliation du bail

Résilier un bail, c'est l'annuler, c'est y mettre fin avant le moment prévu.

Le locataire et le locateur peuvent en toute liberté se libérer mutuellement du bail qui les lie. Ils établiront ensemble les modalités qui entoureront l'annulation de leur contrat.

Le code civil et la loi de la conciliation établissent les cas de résiliation du bail d'un local d'habitation.

— le défaut de paiement du loyer est la cause principale de la résiliation d'un bail. En ce cas, le locataire doit être en retard de plus de trois semaines. Cela ne veut pas dire que le locateur est privé de son droit de réclamer immédiatement le montant dû. Ce que la loi lui refuse, c'est de demander la résiliation du bail dans les trois semaines du retard.

A cet effet, le locateur a deux moyens à sa disposition. Il réclame le montant qui lui est dû devant la cour civile compétente (jusqu'à $400.00 inclusivement: Cour provinciale, division des petites créances; de $400.01 à 2,999.99: Cour provinciale, juridiction ordinaire; $3,000.00 et plus: Cour supérieure) et demande en même temps la résiliation du bail ainsi que l'éviction de son locataire. A son action, il pourra joindre une saisie-gagerie qui consiste à faire saisir par huissier les meubles sujets à son privilège et à les mettre sous la garde de la justice pour répondre, sur vente après jugement, des loyers que son locataire lui devait et des dommages dont il a pu se rendre responsable. Au lieu de passer par la Cour, le locateur peut s'adresser à l'administrateur des loyers qui se prononcera sur la résiliation du bail et permettra l'éviction du locataire. Va pour la résiliation. Et si le locataire refuse de partir? le locateur doit alors passer par un tribunal pour rendre exécutoire la décision rendue par l'administrateur. Mon locataire me doit $900.00 représentant six mois de loyers. Je vais voir l'administrateur qui m'accorde la résiliation du bail et l'éviction de mon locataire. J'ai déjà trouvé un autre locataire qui ne peut emménager parce que l'ancien locataire refuse de déguerpir. J'ai beau brandir, à la face de ce dernier, la décision de l'administrateur et lui dire que c'est un ordre de la Régie des loyers, rien n'y fait. Je dois alors m'adresser à la Cour provinciale pour obtenir le jugement qui forcera mon ancien locataire à quitter les lieux. Ce n'est pas tout. Je n'ai pas encore de jugement condamnant mon ancien locataire à payer les loyers qu'il me doit! Pour éviter semblables inconvénients, le locateur aura avantage à s'adresser immédiatement au tribunal chaque fois qu'une exécution devient nécessaire ou pour forcer un locataire à faire quelque chose. Pour lui faire payer les loyers qu'il doit ou pour le mettre à la porte.

Malgré tous ces beaux efforts qu'aura déployés le locateur, il sera toujours loisible au locataire d'éviter la résiliation en payant avant jugement le loyer dû, les intérêts et les frais.

Durant le bail, il arrive que le locataire quitte le logement en emportant ses effets et sans aviser son locateur. L'événement se produit d'habitude nuitamment, sur la pointe des pieds et en catimini. En ce cas, le locateur peut consentir un nouveau bail, celui-ci emportant la résiliation de l'ancien, tout en conservant ses recours en dommages-intérêts contre le locataire qui lui a brûlé la politesse.

— le locateur peut obtenir la résiliation du bail lorsque le local menace ruine et devient dangereux pour le public ou pour les occupants.

— l'article 1664a du code civil donne au locataire la faculté de résilier le bail en cours s'il a obtenu auparavant, de la Régie des loyers, la permission de louer un local dans un immeuble d'habitation à loyer modique administré par une corporation constituée suivant la loi de la Société d'habitation du Québec, construit en vertu des lois facilitant l'élimination des taudis à Montréal ou appartenant à la Société d'habitation du Québec. La même faculté est accordée à un locataire admis dans un centre d'accueil visé par la loi sur les services de santé et les services sociaux ou dans un foyer d'hébergement pour personnes âgées administré par une corporation sans but lucratif.

Dans ces cas, la demande doit être faite au moins trois mois avant la date prévue pour l'entrée en possession du local, si le bail auquel on veut mettre fin est à durée fixe de six mois ou plus, et au moins une semaine si le bail à durée fixe est de moins de six mois.

— l'héritier ou légataire d'un locataire décédé a la faculté de résilier le bail en cours. Avant le 1er janvier 1974, il ne pouvait le faire et devait respecter jusqu'à la fin l'obligation du défunt. A cette fin, il doit donner un avis écrit d'au moins trois mois dans les six mois du décès.

— il sera permis à l'administrateur d'accorder la résiliation du bail lorsque le locataire ou les personnes sous son contrôle se comportent sur les lieux loués de façon à constituer une source de tracasserie pour le propriétaire ou pour les voisins, lorsque les lieux sont occupés pour des fins immorales ou contraires à quelque loi ou règlement d'ordre public, lorsque la maison est devenue surhabitée, lorsque le locataire a, sans la permission du propriétaire, transformé les lieux loués en une maison de chambres, lorsque le locataire ou des personnes dont il est responsable détériorent les lieux loués, volontairement ou par négligence, ou lorsque la maison concernée a été acquise par une corporation municipale, scolaire ou ecclésiastique ou par une institution d'enseignement ou de santé et que l'acquéreur veut l'utiliser, et c'est une condition *sine qua non,* pour fins publiques, éducationnelles ou hospitalières.

— l'expropriation de l'immeuble ou de grosses réparations peuvent encore donner lieu à la résiliation du bail.

A la demande d'une partie mécontente, la Commission des loyers revisera la décision rendue par l'administrateur. L'appel doit être logé au bureau du secrétaire de la Commission, dans les 30 jours de la mise à la poste de cette décision, avec avis aux intéressés et à l'administrateur. Celui-ci est tenu de transmettre le dossier dans les trois jours et la commission devra rendre son jugement dans les quinze jours suivants.

Enfin, il est bon de dire que les villes importantes du Québec ont passé des règlements de salubrité et d'hygiène auxquels les locateurs et les locataires doivent se conformer sous peine de sanctions appliquées par leur cours municipales. Pour une, la ville de Montréal possède de nombreux règlements établissant des critères de contrôle de la salubrité et de l'hygiène. Le plus important porte le no 3122: tout logement doit être pourvu d'au moins un évier de cuisine, une toilette, un lavabo, une baignoire ou une douche; un logement doit être convenablement chauffé, éclairé et alimenté en eau potable; il ne doit pas être infesté de vermine; les caves doivent être ventilées et, les portes et les fenêtres le plus étanche possible...

Le directeur du Service d'habitation a la charge de faire inspecter les logements au moins une fois tous les cinq ans. S'il trouve qu'un propriétaire ne se conforme pas aux règlements, il l'avise de voir à corriger la situation. En cas de refus ou de négligence de la part du propriétaire, il le traduira devant la Cour municipale.

Par une mesure draconienne adoptée le 19 décembre 1975, l'Assemblée nationale du Québec a prohibé, à compter du 26 novembre de la même année, l'enregistrement des déclarations de copropriété sur les immeubles comportant un ou plusieurs locaux d'habitation occupés par des locataires. La mesure, on s'en doute un peu, visait à enrayer toute spéculation sur le dos des locataires à l'occasion de la tenue des jeux Olympiques à Montréal.

La notion de copropriété des immeubles établie par déclaration enregistrée a été introduite dans notre code civil en 1969 (articles 441 b à 442 p). La propriété dans l'immeuble est répartie entre ses propriétaires par fractions comprenant chacune une partie exclusive et une quote-part des parties communes. Le logement, bien sûr, appartient à un propriétaire particulier et demeure à son usage exclusif tandis que la piscine, les terrasses et le service des poubelles appartiennent à tous les copropriétaires et servent à leur usage commun.

Sur le sujet, le code civil établit les principes généraux auxquels sont soumis les copropriétaires, traite de la déclaration de copropriété, des administrateurs, de l'assemblée des copropriétaires et de la participation aux charges.

La gestion d'un condominium au Québec ressemble à celle d'une corporation où les administrateurs décident pour le bien de l'ensemble. C'est la démocratie avec ses avantages et ses inconvénients.

2c) Le louage d'ouvrage

C'est un contrat par lequel le locateur s'engage à faire quelque chose pour le locataire, moyennant un prix. On peut louer:

— le service personnel. Ce louage ne peut être que pour un temps limité ou pour une entreprise déterminée. Ceci pour protéger la liberté des gens. Pour mettre fin à un emploi dont le terme est indéfini, il faut, de part et d'autre, quand l'engagement est à la semaine, au mois ou à l'année, donner un avis de congé correspondant, soit d'une semaine, d'un mois ou d'une année. Le bijoutier, en possession depuis plus de douze mois d'objets à lui confiés pour fin de réparation ou de modification, peut les faire vendre par ministère d'un encanteur après avis donné au propriétaire à sa dernière adresse connue et publiée dans les journaux.

— le service des voituriers. Ceux-ci sont tenus de recevoir et transporter, aux temps marqués dans les avis publics, toute personne qui demande passage et tous effets qu'on leur offre à transporter. Ils sont responsables des dommages causés aux effets pendant le transport et durant la manutention. Sur réception de la chose avariée, on doit cependant se plaindre sans délai. Les voituriers ont le droit de retenir la chose jusqu'au paiement du coût du transport. Leurs services sont sujets à des règles spéciales énoncées dans les lois fédérales ou provinciales, suivant que ces services tombent sous la juridiction de l'un ou de l'autre pouvoir. Les effets qui n'ont pas été réclamés par leurs propriétaires et qui sont restés en la possession du voiturier sont vendus.

— le service des entrepreneurs. L'entrepreneur peut convenir qu'il fournira son travail et son industrie ou qu'il fournira aussi les matériaux.

L'entrepreneur est responsable, pendant une durée de 5 ans, de la perte en tout ou en partie de l'édifice qu'il a construit si cette perte provient par vice du sol ou par vice de la construction. La durée de cette responsabilité peut être réduite ou augmentée par convention. L'architecte est responsable au même titre que l'entrepreneur s'il a surveillé l'ouvrage. Quand la construction est donnée à forfait (pour un prix fixe), l'architecte ou l'entrepreneur ne peut demander aucune augmentation de prix, sous prétexte de changement dans les plans et devis ni sous celui d'augmentation de la main-d'oeuvre ou de matériaux, à moins que ce changement ne soit autorisé par écrit et le prix arrêté avec le propriétaire. S'il n'y a pas d'écrit dans ce sens, on doit s'en tenir au serment décisoire du propriétaire sur les deux points.

Contentons-nous des définitions de la plupart des contrats suivants.

5b) Le mandat

C'est un contrat par lequel une personne, qu'on appelle le mandant, confie la gestion d'une affaire licite à une autre personne, qu'on appelle mandataire et qui, par le fait de son acceptation, s'oblige à l'exécuter. Telles sont les relations entre l'avocat et son client.

6b) Le prêt

On distingue deux sortes de prêts: celui des choses dont on peut user sans les détruire, c'est le prêt à usage ou commodat, et celui des choses qui se consomment par l'usage qu'on en fait, c'est le prêt de consommation.

— le prêt à usage ou commodat est un contrat par lequel l'une des parties, appelée le prêteur, livre une chose à une autre personne, appelée l'emprunteur, pour s'en servir gratuitement pendant un temps et ensuite la rendre au prêteur. Ex.: le prêt d'une automobile.

— le prêt de consommation est un contrat par lequel le prêteur livre à l'emprunteur une certaine quantité de choses qui se consomment par l'usage à la charge par ce dernier de lui en rendre autant de même espèce et qualité. Le prêt à intérêt tient du prêt de consommation. L'intérêt légal a été fixé à 5% par an par le gouvernement fédéral. L'intérêt, étant un accessoire de l'argent ou de la monnaie, relève de la juridiction fédérale. On applique l'intérêt légal à défaut de convention. Comme on l'a vu, la loi de la protection du consommateur règle maintenant les conditions des prêts d'argent.

1c) La loi concernant l'intérêt

Pour mettre fin aux abus de toutes sortes en matière d'intérêt, le pouvoir fédéral a dû, à certaines périodes, passer des lois spéciales. Il en existe deux présentement: la loi concernant l'intérêt (S.R.C. 1970 ch. I-18, vol. IV) et la loi concernant les petits prêts (S.R.C. 1970, ch. S-11, vol. VII).

La règle générale posée par la première loi est celle-ci: "Sauf loi contraire, une personne peut stipuler, allouer et exiger, dans tout contrat ou convention quelconque, le taux d'intérêt ou d'escompte qui est arrêté d'un commun accord." Donc aucune restriction quant au taux d'intérêt. Si l'intérêt n'est pas stipulé, on applique l'intérêt légal de 5%. Le montant accordé par jugement pour dommages résultant d'un délit ou d'un quasi-délit porte intérêt au taux légal depuis la date de l'institution de la demande en justice.

Si l'intérêt convenu est pour moins d'un an et que la convention n'indique pas le taux équivalent par année, la loi le ramène à 5%. Les prêteurs, compagnies et individus, indiquaient disons, un taux de 2% en laissant l'emprunteur sous l'impression que c'était par année alors que c'était au mois. Par cette loi, ils sont obligés d'indiquer le taux annuel correspondant, soit 24%, sinon ils n'ont droit qu'à 5% par année.

2c) La loi concernant les petits prêts

La deuxième loi, celle concernant les petits prêts, a été passée spécialement pour freiner la voracité des prêteurs d'argent, surtout celle des compagnies de finance usurières.

Cette loi définit le prêt ou l'emprunt et le limite à $1,500.00. Elle fixe ensuite, selon le montant du prêt ou de l'emprunt, l'intérêt maximum qui peut être chargé: pas plus de 2% par mois sur toute partie du solde de principal impayé d'au plus de $300.00, pas plus de 1% par mois sur prêts de $300.00 à $1,000.00 et pas plus de ½% par mois sur prêts excédant $1,000.00 mais ne dépassant pas la limite de $1,500.00.

La loi ajoute encore que, si un prêt de $500.00 ou moins a été consenti pour une période supérieure à 20 mois ou que, s'il dépasse $500.00, il a été consenti pour une période de plus de 30 mois, le coût de l'emprunt ne devra pas excéder 1% par mois sur le solde impayé à cet égard.

L'intérêt est calculé à la fin de chaque mois. On ne peut pas dire vraiment qu'il est question d'un intérêt de 24% par année quand celui-ci a été fixé à 2% par mois. Cela représente un peu plus à cause du calcul de l'intérêt mensuel ajouté au capital puis de la réduction d'abord des intérêts et ensuite de l'amortissement sur le capital.

L'intérêt de l'intérêt, c'est l'anatocisme.

La loi concernant les petits prêts dit enfin qu'une personne qui n'a pas un permis de prêteur d'argent ne peut prêter à plus de 1% par mois. Si le montant du prêt dépasse $1,500.00, aucune limite n'est imposée sur le taux d'intérêt.

Il existe chez les gens une opinion assez répandue à l'effet qu'un débiteur peut payer une dette comme bon lui semble: il lui suffirait de "ne pas refuser de payer" et d'offrir, par exemple, cinquante cents par semaine sur une dette de $100.00. Cette opinion qui n'est fondée sur aucune base juridique provient probablement du fait que le créancier ne refuse jamais un arrangement raisonnable. C'est le droit de tout créancier d'être payé au complet de sa créance quand celle-ci est due. S'il a prêté une somme de $100.00 à un débiteur, ce n'est probablement pas à la pièce qu'il la lui a versée. D'ailleurs, l'article 1149 du code civil le dit expressément: "Le débiteur ne peut point forcer le créancier à recevoir en partie le paiement d'une dette."

Même un tribunal, dans aucun cas, ne peut ordonner par jugement qu'une dette soit payée par versements sans le consentement du créancier. Il ne peut intervenir qu'au sujet du mode de versement des intérêts, quand ceux-ci dépassent le taux légal (5%) et lui paraissent usuraires. Sous réserve, cependant, des dispositions de l'article 1040c: "Les obligations pécuniaires découlant d'un prêt d'argent sont réductibles ou annulables par le tribunal dans la mesure où il juge, eu égard au risque et à toutes les circonstances, qu'elles rendent le coût du prêt excessif et l'opération abusive et exorbitante." Et sous réserve également de l'article 978 du code de procédure civile qui permet au juge, en matière de petites créances, d'accorder à la partie condamnée des modalités et des délais de paiement.

7b) La constitution de rente

C'est un contrat par lequel les parties conviennent du paiement par l'une d'elles, de l'intérêt annuel sur une somme d'argent due à l'autre ou par elle comptée, pour demeurer permanemment entre les mains de la première comme un capital qui ne doit pas être demandé par la partie qui l'a fourni. Les compagnies d'assurances proposent un contrat à peu près semblable à celui-là quand elles créent une rente annuelle jusqu'à épuisement des valeurs de rachat accumulées sur une police.

8b) Le dépôt

Il y a deux espèces de dépôts, le dépôt simple et le séquestre.

— le dépôt simple, par essence, est gratuit et ne s'applique qu'aux choses mobilières.

Il est volontaire quand il se fait avec le consentement réciproque de la personne qui le fait et de celle qui le reçoit. Les dépôts à un compte de banque sont des dépôts volontaires.

Il est nécessaire, quand il a lieu par une nécessité imprévue et pressante provenant d'un accident ou de force majeure.

Le dépôt des effets apportés par des voyageurs dans une auberge, maison de pension et hôtellerie est regardé comme un dépôt nécessaire. Ceux qui tiennent ces maisons sont responsables, jusqu'à concurrence de la somme de $40.00 seulement, du vol ou du dommage des effets de leurs hôtes.

S'il y a eu négligence de leur part ou que les effets leur ont été confiés spécialement, ils sont responsables de la pleine valeur de l'objet volé ou du dommage causé. Ils ont un droit de rétention sur les effets des hôtes ou pensionnaires qui n'ont pas payé et, sur ce défaut pendant trois mois, ils peuvent vendre ces effets par encan, après avis dans les journaux, pour se rembourser de ce qui leur est dû.

— le séquestre. Ce dépôt est conventionnel ou judiciaire. Conventionnel: c'est le dépôt, fait par deux ou plusieurs personnes, d'une chose qu'elles se disputent, entre les mains d'un tiers qui s'oblige à la rendre, après la contestation terminée, à la personne à qui elle sera adjugée. Il n'est pas essentiellement gratuit comme le dépôt simple. Judiciaire: quand il est ordonné par l'autorité judiciaire au sujet de biens dont on se dispute la propriété ou la possession, quand un débiteur offre et consigne des deniers ou autres choses dans une instance pendante, au sujet des biens meubles saisis avant jugement ou en exécution d'un jugement et dans d'autres cas.

9b) La société

Il est de l'essence du contrat de société que celle-ci soit pour le bénéfice commun des associés et que chacun d'eux contribue en y apportant des biens, son crédit, son habileté et son industrie. Elle peut être universelle ou particulière, selon qu'elle englobe tous les biens ou les gains des associés ou ne s'applique qu'à certaines choses déterminées; commerciale ou civile, selon qu'elle se rapporte à des affaires de nature commerciale ou civile.

Il faut distinguer entre raison sociale et compagnie. Elles se différencient par leur mode de formation et par les conséquences qui en découlent.

La loi des déclarations sociales et le code civil établissent l'obligation pour toute personne de déclarer ou d'enregistrer son commerce au greffe de la Cour supérieure du district où il est situé. Une seule exception: celle-ci en faveur du commerçant célibataire qui fait affaire sous son nom personnel. Le célibataire qui entend se servir d'une raison sociale sera donc sujet à la déclaration. La personne mariée qui fera affaire sous son nom personnel produira également une déclaration indiquant son état matrimonial. Si, pour les fins de son commerce, elle désire se servir d'un nom autre que le sien, elle devra, de plus, dans sa déclaration, dénoncer la raison sociale qu'elle a adoptée. Ceci pour que les créanciers sachent qui fait affaire ou se cache sous telle raison sociale. Par exemple, si je veux donner un contrat à une entreprise portant le nom de Peintre Rapide, Enr., j'aime bien savoir qui est dessous la couverture pour m'enquérir de la solvabilité.

Une raison sociale n'est pas une marque de commerce. Celle-ci se compose d'habitude d'un dessin ou d'un entrelacement de lettres. Ainsi, la marque de commerce de l'International Harvester où le I est placé au centre du H pour évoquer l'image du fermier assis sur un tracteur. La marque de commerce relève du pouvoir fédéral.

La raison sociale engage la responsabilité de la ou des personnes qui s'en servent. On pourra exécuter le jugement obtenu et contre la raison sociale et contre les biens de la personne qui l'emploie.

On reconnaît la raison sociale par l'emploi à la fin du nom du mot "enregistré" ou plus souvent de l'abréviation de ce mot, "Enr." que l'on écrit à tort "enrg.". Il n'est pas nécessaire cependant d'ajouter cette appellation à la fin du nom employé.

La compagnie ou la corporation constitue une entité légale complètement indépendante des personnes qui peuvent la posséder ou la diriger. D'où la distinction que le code civil fait entre la personne physique et la personne morale. C'est donc dire que la compagnie n'engage pas les biens personnels de ceux qui en font partie. En cas de mauvaises affaires de la part de la compagnie, seuls les biens de cette dernière peuvent être mis en danger. Dans le cas d'une corporation commerciale, l'actionnaire, dans sa perte, sera limité par la valeur des actions qu'il pourra détenir dans cette corporation. Cependant, il sera responsable de l'endossement personnel qu'il aura fourni en faveur de la corporation.

Une compagnie peut être formée en vertu de la loi fédérale ou de la loi provinciale. C'est un domaine où les deux pouvoirs ont juridiction. On choisira le mode de constitution d'une corporation selon une loi de préférence à une autre, parce qu'elle répondra mieux aux buts qu'on se propose de poursuivre. Que la corporation émane du pouvoir fédéral ou du pouvoir provincial, cela n'entrave en rien sa capacité de contracter. Elle peut faire affaire partout dans l'univers. La loi fédérale sur les corporations a été modifiée en profondeur. La Loi sur les corporations commerciales canadiennes, en vigueur depuis le 15 décembre 1975 (S.C. 1974-75, ch. 33), a remplacé la première partie de la Loi sur les corporations canadiennes. Elle s'applique uniquement aux compagnies à buts lucratifs. Aux compagnies créées en vertu de l'ancienne loi, il est accordé un délai de cinq ans (jusqu'au 15 décembre 1980) pour se munir d'un certificat de continuation. Sinon, elles seront considérées comme dissoutes. La Loi sur les corporations commerciales canadiennes a ceci de particulier qu'elle donne à une ou à plusieurs personnes majeures (18 ans) le droit de former une corporation et qu'elle est dégagée du formalisme auquel le droit corporatif nous a trop souvent habitués. Pour obtenir un certificat du Directeur des corporations, il suffit de lui adresser, avec la somme requise de $200.00, une formule "statuts d'incorporation" conforme aux dispositions de l'article 6. La formule doit indiquer le nom de la corporation, le lieu au Canada où doit être situé le siège social, les catégories et tout nombre maximal d'actions que la corporation est autorisée à émettre, les restrictions sur le transfert des actions, s'il y a lieu, le nombre d'administrateurs, les restrictions imposées quant aux entreprises que la corporation peut exploiter, s'il y a lieu, les autres dispositions, s'il y a lieu, et enfin les noms, adresses et signatures des fondateurs. Le certificat d'incorporation remplace les lettres patentes. Le libellé en est très simple: "Je certifie, par les présentes, que la corporation mentionnée ci-haut dont les statuts d'incorporation sont joints, a été constituée en corporation en vertu de la Loi sur les corporations commerciales canadiennes et peut exploiter son entreprise partout au Canada".

Les corporations à buts lucratifs qui ont été formées avant le 15 décembre 1975 doivent obéir aux dispositions de la Loi sur les corporations canadiennes jusqu'à ce qu'elles aient obtenu le certificat de continuation. La deuxième partie de cette loi s'applique toujours aux corporations à buts non lucratifs.

En vertu de La loi des compagnies du Québec, (S.R.Q. 1964, ch. 271) il faut être au moins trois personnes ayant atteint l'âge de 21 ans pour fonder une compagnie et pour la continuer.

Ces personnes doivent présenter une requête à cet effet au ministère des Institutions financières, Compagnie et Coopératives qui délivrera la charte ou les lettres patentes sous la signature et le sceau du ministre. La première partie de la loi s'applique aux compagnies ayant un but lucratif. Une compagnie aura par exemple un capital-actions autorisé de $20,000.00 réparti en 200 actions de $100.00 chacune. L'action peut être ordinaire ou privilégiée. Les actions ordinaires participent aux bénéfices de la compagnie et les directeurs sont choisis parmi ceux qui les détiennent. L'action privilégiée ne participe pas aux bénéfices de la compagnie mais constitue un placement plus sûr; elle rapporte un intérêt de tant par année et peut être faite remboursable suivant les conditions prévues lors de son émission. En cas de mauvaises affaires, elles seront récupérées ou payées en premier lieu. On emploie également le mot "obligation" pour désigner une action privilégiée mais ce mot sert plutôt à désigner le certificat de placement fait en faveur d'un pays, d'une province ou d'une municipalité. On parle aussi de "débentures" et de "bons" dans ce sens.

Une compagnie, formée en vertu de la première partie de la loi des compagnies, porte à la fin de son mon l'appellation "Limitée ou Ltée" mais rien n'interdit l'emploi de l'expression "Incorporée ou Inc.", qu'on réserve généralement à la corporation dont l'existence est créée par la troisième partie de la loi des compagnies. Cette dernière est formée dans un but non lucratif ou a pour objet les choses de l'esprit ou le délassement pour le corps. Ainsi, les associations de loisirs.

Depuis l'adoption de la Loi sur les corporations commerciales canadiennes, une compagnie fédérale n'est plus tenue aux seules appelations Limitée, Ltée ou Limited, Ltd à la fin de son nom; elle peut maintenant employer les expressions Incorporée, Incorporated, ou Inc. Une compagnie formée selon la loi de la province de Québec ne peut faire affaire sous d'autres noms que celui qui lui est donné par sa charte. Elle ne pourrait pas agir sous une raison sociale. Une compagnie fédérale aurait le droit de le faire. Deux compagnies provinciales pourraient cependant se réunir en vue de réaliser une aventure commune, ce que les gens de langue anglaise appellent la "joint adventure".

Il existe d'autres lois qui permettent l'incorporation mais pour des objets spéciaux: par exemple, la loi des clubs de récréation, la loi de la chasse et de la pêche, la loi des syndicats coopératifs.

10b) La transaction

C'est un contrat par lequel les parties terminent un procès déjà commencé, ou préviennent une contestation à naître, au moyen de concessions ou de réserves faites par l'une des parties ou par toutes deux.

11b) Le jeu et le pari

Il n'y a pas d'action pour le recouvrement de deniers ou autres choses réclamées en vertu d'un contrat de jeu ou de pari; mais si l'argent ou les choses ont été payés par la partie qui a perdu, ils ne peuvent être remboursés ou remis à moins qu'il n'y ait preuve de fraude.

12b) Le cautionnement

Le cautionnement est l'acte par lequel une personne s'engage à remplir l'obligation d'une autre pour le cas où celle-ci ne la remplirait pas. Celui qui contracte cet engagement se nomme caution. Un prévenu, pour recouvrer sa liberté provisoire en attendant son procès, souscrira le cautionnement fixé par le juge.

Le cautionnement est:

— conventionnel, quand il résulte de la volonté des parties,

— légal, quand il est imposé par la loi,

— judiciaire, quand il est ordonné par jugement.

13b) Le nantissement et le gage

C'est un contrat par lequel une chose est mise entre les mains du créancier ou, étant déjà entre ses mains, est par lui retenue, du consentement du propriétaire, pour sûreté de dette. Le nantissement d'une chose mobilière prend le nom de gage. Les immeubles peuvent être donnés en nantissement aux termes et conditions convenus entre les parties. On parle souvent du nantissement agricole. Dans le nantissement agricole, l'agriculteur donne en garantie d'un prêt qu'il contracte, pour un terme n'excédant pas quinze ans, ou d'une ouverture de crédit, pour un terme n'excédant pas cinq ans, ses animaux de ferme, les produits de son exploitation, présents et à venir, ses instruments aratoires et sa machinerie agricole, tout en en conservant la garde. Ce contrat doit être constaté par un acte décrivant les biens nantis et l'immeuble où ils se trouvent et signé devant notaire, en présence de deux témoins. L'enregistrement de l'acte est requis.

Le nantissement forestier est sujet aux mêmes règles.

Le commerçant peut aussi nantir, en garantie d'un prêt qu'il contracte pour un terme n'excédant pas 10 ans, de l'outillage ou du matériel d'équipement professionnel tout en en conservant la garde. Comme le nantissement agricole ou forestier, le nantissement commercial doit être constaté devant notaire, en présence de deux témoins, et enregistré.

2a) Le quasi-contrat

C'est une obligation qu'une personne assume envers une autre sans qu'il n'intervienne entre elles aucun contrat. C'est la "negotiorum gestio". Il peut arriver qu'une personne soit tenue de quitter subitement ses affaires sans avoir eu le temps de mandater quelqu'un pour les continuer et qu'une personne de bonne volonté les continue à sa place pour régler au moins les affaires urgentes. Dans ce cas s'établiront de part et d'autre des droits et des obligations. Celui qui entreprendra ce genre de gestion sera soumis aux règles résultant du mandat et celui dont l'affaire a été bien administrée devra remplir les obligations qui auront été contractées en son nom et rembourser son négotiorum gestor des dépenses nécessaires ou utiles que celui-ci a faites.

3a) Les délits et les quasi-délits

Le délit est un acte qui, par la faute volontaire de son auteur, cause un dommage à autrui. Dans le quasi-délit, la volonté de causer un dommage n'intervient pas. Si je vole quelqu'un, je lui cause volontairement un dommage et je commets un délit. Mon automobile glisse sur la chaussée et je blesse un piéton: je commets un quasi-délit. Dans les deux cas, j'ai engagé ma responsabilité et je devrai répondre des dommages que j'ai causés: rembourser la personne volée ou indemniser la victime de l'accident. L'article 1053 pose le principe que toute personne, capable de discerner le bien du mal, est responsable du dommage causé par sa faute à autrui, soit par son fait, soit par imprudence, négligence ou inhabileté. Ce principe guide et conditionne toutes les réclamations civiles pour dommages causés aux autres. De nombreux volumes ont été écrits sur le sujet.

Ce qu'il faut retenir, c'est la notion de faute. Quand je vole ou je blesse mon prochain, je commets une faute. Le fait peut indiquer la faute. Si je pose un acte qui de sa nature est susceptible de causer un dommage, je devrai répondre des conséquences. Le dommage peut être causé par imprudence. Si je roule à une vitesse folle sur une route glacée ou encore si j'ai pris un verre de trop et que je cause un accident, j'aurai commis une imprudence. Je sais que les freins de mon automobile sont défectueux et je m'en sers quand même: ma négligence pourra engendrer une responsabilité créatrice d'obligations. Ou inhabilité: je n'ai jamais conduit d'automobile et je me lance en pleine circulation: mon inhabilité me rendra responsable des dommages que je peux causer.

Au départ, bien entendu, il faut que la personne, pour être responsable, soit capable de discerner le bien du mal. Un fou qui commet un dommage ne pourrait être recherché en responsabilité.

La personne capable de discerner le bien du mal est également responsable des dommages causés par la faute de ceux dont elle a le contrôle et des choses qu'elle a sous sa garde. Il en est ainsi des parents envers leurs enfants, des tuteurs envers leurs pupilles, des curateurs envers les interdits, des instituteurs ou de l'artisan par rapport aux élèves ou aux apprentis qu'ils ont sous leur surveillance et des maîtres ou des employeurs par rapport à leurs domestiques ou à leurs employés dans l'exécution des fonctions auxquelles ils sont employés. Cette responsabilité n'a lieu cependant que lorsque la personne qui y est assujettie ne peut prouver qu'elle n'a pu empêcher le fait qui a causé le dommage.

Le marchand de meubles qui charge son employé de faire la livraison d'un appareil de télévision à telle adresse sera responsable de la faute de cet employé qui causera un accident dans l'exécution de cette livraison. Il le sera même à double titre puisque la loi de l'indemnisation des victimes d'accidents d'automobile (S.R.Q., 1964, ch. 232) fait peser sur le propriétaire d'une automobile le fardeau de la responsabilité de tout dommage causé par cette automobile ou par son usage, à moins qu'il ne prouve:

— que le dommage n'est imputable à aucune faute de sa part ou de la part d'une personne dans l'automobile ou du conducteur de celle-ci, ou
— que lors de l'accident l'automobile était conduite par un tiers en ayant obtenu la possession par vol ou
— que lors d'un accident survenu en dehors d'un chemin public l'automobile était en la possession d'un tiers pour remisage, réparation ou transport.

La loi de l'indemnisation couvre les dommages qu'une personne a subis lors d'un accident d'automobile, à l'exception du premier

$100.00 sur blessures et du premier $200.00 sur dommages matériels. Elle intervient, la plupart du temps, dans les cas de dommages causés par des gens qui ont négligé de s'assurer et qui en ont été déclarés responsables par un jugement de la Cour. Si le jugement a été prononcé après contestation, le Fonds d'indemnisation paiera dans les sept jours de la demande. Dans le cas d'un jugement rendu par défaut, ex parte, sur confession de jugement, sur consentement, ou en l'absence du défendeur ou de son procureur, le défendeur, s'il entend recourir au Fonds, doit donner un avis préalable de trente jours de son intention de procéder. Le Fonds peut alors prendre fait et cause pour le défendeur et contester les prétentions du demandeur s'il les croit non fondées. La personne qui a obtenu jugement sur une petite créance peut chercher satisfaction auprès du Fonds. Il en est de même de celle qui possède une réclamation susceptible de faire l'objet d'une demande au Fonds et qui ne peut découvrir l'identité du conducteur ou du propriétaire de l'automobile cause de l'accident". (art. 43).

La loi de l'indemnisation des victimes d'accidents d'automobile est une loi sociale hautement bénéfique. Le citoyen n'est plus à la merci des irresponsables. Il est toujours pénible de voir un enfant devenir infirme à la suite d'un accident d'automobile. L'indemnisation ne change l'épreuve en rien mais aide au moins à mieux la supporter financièrement. Par le projet de loi 67, l'Assemblée nationale se propose d'introduire dans notre droit civil la notion du "no fault"en matière d'accidents d'automobiles. Son entrée en vigueur est prévue pour mars 1978. En vertu de la notion de non responsabilité, on paie le dommage sans se préoccuper de savoir qui est en faute. Le projet ne se penche que sur les cas de blessures corporelles. Le système a ceci de bon qu'il établit l'assurance obligatoire. Il doit être financé à même le coût des permis de conduite et des plaques d'immatriculation. Il faut comprendre que la loi de l'indemnisation des victimes d'accidents d'automobiles sera modifiée en conséquence.

Nous croyons que le législateur aurait dû étendre le régime à tous genres de dommages causés par véhicules motorisés. La personne qui voudra se protéger des dommages corporels pour plus que le montant maximum prévu par la loi devra s'adresser à l'entreprise privée. De plus, le projet ne couvre en aucune façon les dommages causés aux biens matériels. C'est dire que les compagnies privées d'assurance qui tirent les deux tiers de leurs chiffres d'affaires des polices payées à ces fins assumeront encore le risque. Pour "plaire à tout le monde et à son père", aux systèmes parallèles des écoles et de l'aide juridique, on veut ajouter celui de l'assurance-automobile.

Le père d'un enfant sera responsable des dommages que celui-ci causera s'il lance une pierre dans une vitrine à moins qu'il ne prouve avoir donné à son enfant une éducation qui ne laisse prévoir en aucune façon que celui-ci aurait pu commettre pareil acte. S'il laisse traîner son enfant dans la rue, ce sera une autre affaire. On est encore responsable des choses dont on a la garde. Si je suis propriétaire d'une maison délabrée, je serai responsable des blessures que la chute d'un mur pourra causer à autrui.

S'il se forme des glaçons aux abords du toit de ma maison, je serai responsable si la chute de ces glaçons cause des blessures à quelqu'un. Le propriétaire d'un animal est responsable du dommage que celui-ci peut causer. Si mon chien va manger les moutons du voisin, ou s'il mord un enfant, je devrai répondre des dommages.

Les quittances, les règlements ou les déclarations écrites obtenus de la victime de blessures corporelles dans les 15 jours de la date du délit ou du quasi-délit, peuvent être annulés si celle-ci en souffre lésion même si elle est majeure. Sont rares, dans notre droit civil, les cas où une personne majeure peut invoquer lésion. Comme on le sait, le montant obtenu par jugement sur délit ou quasi-délit porte un intérêt de 5% l'an. Le juge peut en sus accorder, à titre d'indemnité, un pourcentage égal à l'excédent du taux d'intérêt fixé par règlement en vertu de l'article 28 de la loi du ministère du Revenu (C.C. art. 1056c).

Enfin, le conjoint, les ascendants et les descendants d'une personne décédée en conséquence d'un délit ou d'un quasi-délit ont droit de poursuite contre l'auteur du fait dommageable mais ils doivent exercer ce droit dans l'année du décès. On a vu, au chapitre de la puissance paternelle, que la loi concernant les enfants naturels accordait aux parents et aux enfants naturels le même droit à une indemnité qu'aux parents et aux enfants légitimes. L'amendement apporté à l'article 1056 du code civil se lit comme suit: "Le même droit d'action appartient à l'enfant naturel à la suite du décès de son père ou de sa mère de même qu'au père et à la mère à la suite du décès de leur enfant naturel."

La réclamation pour blessures se prescrit par un an et celle pour dommages matériels par deux ans. Quand on veut poursuivre une municipalité pour dommages, on doit donner un avis de poursuite dans les 15 jours de l'événement y donnant droit et intenter l'action dans les 6 mois.

4a. Obligations qui résultent de la loi

La loi peut être génératrice d'obligations. Dans ce cas, elle le dit expressément. Telles sont les obligations des tuteurs et autres administrateurs qui ne peuvent refuser la charge qui leur est imposée, les obligations alimentaires, etc.

c) Espèces d'obligations

Il y a diverses espèces d'obligations. L'obligation peut être:

— conditionnelle, quand on la fait dépendre d'un événement futur et incertain;

— à terme, quand on en retarde l'exécution;

— alternative, quand deux choses forment son objet;

— solidaire, quand il y a plusieurs débiteurs et alors chacun d'eux peut être tenu de la remplir au complet. L'exécution par l'un libère les autres envers le créancier mais le débiteur qui a payé pourra réclamer la part des autres débiteurs;

Dans l'exécution de l'obligation "conjointe", le créancier ne peut réclamer que la part de chacun des débiteurs. Une obligation solidaire est nécessairement conjointe;

— divisible et indivisible: divisible lorsqu'elle a pour objet une chose qui, dans sa livraison ou dans son exécution, est susceptible de division soit matérielle ou intellectuelle; indivisible, lorsqu'elle a des caractéristiques autres ou lorsque l'objet, quoique divisible de sa nature, ne peut cependant pas être susceptible de division ou d'exécution par parties, en raison du caractère qui lui est donné par le contrat;

— avec clause pénale, quand une personne, pour assurer l'exécution de l'obligation principale, se soumet à une peine en cas d'inexécution. Ainsi, je fais construire une maison et il est prévu au contrat que l'entrepreneur doit me la livrer dans les trois mois à partir de la signature. On stipulera, par exemple, que pour chaque jour de retard l'entrepreneur sera pénalisé d'une somme de $50.00.

d) Extinction des obligations

— par paiement. Si un autre paie à ma place, il pourra être subrogé aux droits de mon créancier original;
— par novation ou par la création d'une nouvelle dette. Il me reste à payer $75.00 à la Caisse populaire sur un emprunt de $200.00 et j'ai encore besoin d'argent, soit $425.00; la Caisse me passera un billet ou une reconnaissance de dette pour $500.00. Par novation, l'obligation résultant du premier emprunt sera éteinte;
— par remise: si le créancier me fait cadeau de l'obligation;
— par compensation: je dois $75.00 à une personne qui m'en doit $100.00. Ma dette sera éteinte par compensation;
— par confusion, quand la qualité de créancier et de débiteur se rencontre dans la même personne. Je dois $2,000.00 à un parent. Ce dernier décède en me faisant son légataire universel; je deviens à la fois mon créancier et mon débiteur;
— par l'impossibilité d'exécuter; je suis peintre et on me commande un tableau. Je me fais couper les deux mains dans un accident...
— par la libération du débiteur, c'est le cas de la faillite. Le débiteur sera libéré par une ordonnance à cet effet;
— par jugement d'annulation ou de rescision;
— par l'effet de la condition résolutoire;
— par l'expiration du terme fixé pour sa durée;
— par la prescription;
— par la mort, en certains cas, du créancier ou du débiteur;
— par des causes spéciales applicables en certains contrats.

3. De l'acquisition et de l'exercice des droits de propriété

On peut acquérir des biens par occupation, par accession, par succession, par testament, par contrat, par prescription et par l'effet de la loi et des obligations. On a étudié les contrats. On verra ici de façon particulière les testaments, les successions, les droits de successions, les donations, les privilèges et hypothèques et la prescription.

A. Les testaments

Notre loi civile consacre la liberté absolue de tester. Seul le majeur sain d'esprit a la capacité de disposer de ses biens par testament. Il y a trois formes sous lesquelles on peut faire son testament:

— la forme authentique. Le testament est fait devant notaire et signé en présence de deux témoins. Il doit porter minute en ce sens qu'il a un numéro et demeure en possession du notaire. Parce qu'il est authentique, il fait preuve de son contenu par lui-même. Les témoins doivent être majeurs. Une femme ne peut être témoin avec son mari non plus que la femme du notaire instrumentant, ses clercs et serviteurs. Le testament ne peut être reçu par un notaire parent ou allié du testateur en ligne directe ou jusqu'au degré de frère, oncle ou neveu; mais rien n'empêche, à part les réserves déjà faites, que les témoins ne soient parents ou alliés du testateur ou entre eux ou avec le notaire.

Le testament peut être reçu par deux notaires et, dans ce cas, les deux témoins ne sont plus nécessaires. Le testateur qui ne sait signer fait sa marque.

— Le mode dérivé de la loi d'Angleterre. Ce testament peut être préparé par n'importe qui, à la machine à écrire, à la main, et il doit être signé par le testateur et par deux témoins. La règle établie pour le testament authentique s'applique ici quant à la capacité des témoins.

— Le testament olographe doit être écrit en entier de la main du testateur et signé par lui. Il ne nécessite aucun témoin.

Ce deux derniers testaments n'étant pas authentiques on devra les faire homologuer par le protonotaire ou par un juge de la Cour supérieure du district où le testateur avait son domicile. On devra présenter une requête et faire la preuve par affidavit qu'il s'agit bien de la signature du testateur. Les originaux de ces testaments demeureront sous la garde du protonotaire qui en délivrera des copies certifiées.

Un testament peut ne pas être valide sous une forme et l'être sous une autre. Ainsi, un testament qu'on a voulu faire suivant le mode dérivé de la loi d'Angleterre et sur lequel on a fait signer le mari et la femme. S'il a été écrit en entier de la main du testateur, il sera considéré comme valide parce qu'il remplira les conditions requises pour le testament olographe.

Les legs faits aux notaires, aux témoins, aux conjoints des notaires ou des témoins ou à quelqu'un de leurs parents au premier degré, sont nuls, mais ne rendent pas nulles les autres dispositions du testament. L'exécuteur testamentaire qui n'est pas gratifié ni rémunéré par le testament peut y servir de témoin.

Tout testament doit être fait par écrit et doit mentionner la date et le lieu où il a été rédigé.

Le tuteur ne peut disposer par testament des biens de son pupille, ni le curateur des biens de l'interdit. Le testament fait par un interdit pour démence est nul; le testament fait par une personne avant son interdiction pour démence sera considéré comme valide si celle-ci était saine d'esprit au moment de la disposition. La personne dotée d'un conseil judiciaire peut également tester.

Le codicille est une disposition ajoutée à un testament pour le modifier ou pour le compléter. Une personne peut faire plusieurs testaments mais ce sera le dernier qui comptera quelle qu'en soit la forme. Cependant, il peut arriver qu'ils se complètent et, dans ce cas, on leur donnera suite, mais la dernière clause révoquant une autre prévaudra.

Dans l'homologation ou vérification d'un testament, le protonotaire ou le juge n'a pas à décider si le testateur était sain d'esprit ou non. Il appartiendra aux intéressés de faire valoir leurs motifs dans une demande en annulation. Plusieurs personnes ne peuvent pas faire leurs testaments dans le même acte. Ce serait une dérogation à la liberté absolue de tester.

On peut, par testament, disposer de ses biens de la façon dont on l'entend et à qui l'on veut. La loi n'impose aucune restriction à ce sujet.

Cependant, par exception, il est permis de faire en un contrat de mariage des dispositions à cause de mort. C'est la raison de la clause testamentaire. Par celle-ci, les futurs époux profitent de l'événement pour disposer de leurs biens au décès au cas où il négligeraient de le faire plus tard. Ils se donnent d'habitude au dernier vivant. Généralement, on prend la précaution de dire: “au cas où les futurs époux n'auraient pas disposé de leurs biens autrement...”

Qu'arrive-t-il quand on a oublié de prévoir une semblable réserve? La nouvelle loi sur les régimes matrimoniaux, permettant la mutabilité des contrats de mariage, ne semble pas avoir prévu cette difficulté. Comment obtenir d'un conjoint le consentement à se faire déshériter! Les opinions les plus sûres sont à l'effet que la nouvelle loi ne se rapporte qu'au régime lui-même et non aux clauses qui y sont accessoires. Il serait donc encore sage d'exprimer la réserve au droit futur de tester. Pour assurer l'administration des biens devant composer sa succession et la distribution des legs suivant ses dernières volontés, le testateur pourra nommer un exécuteur testamentaire. Ses services peuvent être rétribués.

Quand la succession est importante, il arrive souvent qu'on charge une compagnie de fiducie de son exécution. Rien n'empêche qu'un héritier soit nommé exécuteur. L'exécuteur testamentaire a un an et un jour pour disposer de la succession et, après ce délai, il doit rendre compte aux héritiers. Ce délai peut cependant être prolongé par la volonté du testateur qui peut même dispenser l'exécuteur qu'il nomme de rendre compte.

La disposition qu'une personne fait de ses biens constitue un legs universel, un legs à titre universel ou un legs à titre particulier. Le legs universel est la disposition testamentaire par laquelle le testateur donne à une ou à plusieurs personnes l'universalité des biens qu'il laissera à son décès. Le legs est à titre universel lorsque le testateur lègue une quote-part de ses biens, comme la moitié, le tiers, ou une universalité de certains biens (tous les meubles ou tous les immeubles). Tout autre legs n'est qu'à titre particulier. Ainsi, un legs de $500.00 à une communauté religieuse.

Une lapalissade nécessaire: on n'est pas obligé de conserver jusqu'à son décès les biens dont on a disposé par testament. Toute personne a la complète maîtrise de ses biens et, de son vivant, elle a l'entière liberté d'en jouir et d'en profiter à son gré même si cela ne fait pas l'affaire de ses héritiers éventuels. S'il y a prodigalité, il sera cependant possible à ceux-ci de recourir à l'interdiction... et de risquer le déshéritement en cas d'insuccès!

B. Les successions

a) Dévolution

On dispose des biens suivant le voeu exprimé par le testateur. Quand la personne décédée n'a pas fait de testament ou que, si elle en a fait un, celui-ci a été annulé, on appliquera les règles prévues par la loi. On fera la dévolution de ses biens aux héritiers légaux. On appelle cela la succession ab intestat. On se demandera alors si le défunt laisse des enfants, un époux survivant, des ascendants ou des parents collatéraux. On tiendra compte, le cas échéant, de la ligne directe ou collatérale.

La ligne directe, c'est la suite des degrés entre personnes qui descendent l'une de l'autre. Elle sera ascendante ou descendante.

La collatérale, c'est la suite des degrés entre personnes qui descendent d'un auteur commun. Ici, on intercale la représentation qui est une fiction de la loi dont l'effet est de faire entrer les représentants dans la place, dans le degré et dans les droits du représenté. Ainsi, en ligne collatérale, les enfants d'un père décédé seront, comme héritiers, mis sur le même pied que leurs oncles et tantes. Ils prennent alors, par représentation, la place de leur père et ils se partageront entre eux la part qui aurait dû revenir à leur père si celui-ci avait vécu.

L'enfant naturel ne participe pas à une succession ab intestat quoiqu'on puisse tester en sa faveur. S'il est adopté, il aura les mêmes droits qu'un enfant légitime. Mais, peut-il hériter d'un ascendant qui n'aura pas fait de testament? L'article 38 de la loi de l'adoption est loin d'être clair là-dessus.

Voyons les divers ordres de succession prévus par la loi, à défaut de dispositions testamentaires.

— si le défunt laisse une postérité, sans époux successible, les enfants héritent de tout; ils succèdent à leurs ascendants s'ils sont orphelins de père et de mère;
— si le défunt laisse un époux successible et une postérité, l'époux reçoit un tiers et la postérité deux tiers qu'elles se partage par égales portions s'il y a plus d'un enfant;
— si le défunt laisse un époux successible, sans postérité, un père et/ou une mère et des collatéraux jusqu'aux neveux et nièces au premier degré, l'époux aura un tiers, le père et/ou la mère un tiers et les collatéraux le dernier tiers;
— si le défunt laisse un époux successible, sans postérité, un père et/ou une mère mais sans collatéraux jusqu'aux neveux et nièces au premier degré, l'époux recevra la moitié et le père et/ou la mère l'autre moitié.

— si le défunt laisse un époux successible, sans postérité, sans père et mère mais des collatéraux jusqu'aux neveux et nièces, l'époux héritera d'une moitié et les collatéraux de l'autre moitié.

— si le défunt ne laisse pas d'époux, pas de postérité mais un père et/ou une mère, des frères et soeurs ou des neuveux et nièces au premier degré, on partagera entre eux la succession par la moitié;

— si le défunt ne laisse pas d'époux, pas de postérité, pas de frère et soeur ou neveux et nièces au premier degré, mais un père et/ou une mère, ces derniers héritent de tout;

— si le défunt ne laisse pas d'époux, pas de postérité, pas de père et mère mais des frères et soeurs ou des neveux et nièces au premier degré, ceux-ci reçoivent tout. L'époux survivant est exclu de la succession lorsque l'époux prédécédé est mort en minorité.

S'il y a postérité, jusqu'au degré de neveux et nièces, l'épouse, pour pouvoir succéder à son mari, doit renoncer à tous les avantages de son régime matrimonial. Il en sera de même pour le mari qui devra retourner à la masse ce qu'il aurait pu recevoir autrement.

Quand les collatéraux succèdent, on tient compte des "lits". S'ils sont tous du même lit, ils partageront également. S'ils sont de lits différents, une moitié de la part ira dans la ligne paternelle et l'autre moitié dans la ligne maternelle, les germains prenant part dans les deux lignes et les utérins ou consanguins chacun dans leur ligne seulement. A défaut d'une ligne, l'autre profite:

— si le défunt ne laisse pas d'époux, pas de postérité, pas de père ni mère, pas de frère ni soeur, pas de neveux ni nièces au premier degré mais laisse des ascendants (grand-père, par exemple) et d'autres collatéraux, on partagera la succession également entre ces deux lignes.

— si le défunt ne laisse que des ascendants sans collatéraux, les lignes paternelles et maternelles se diviseront la succession par moitié, le plus proche ascendant excluant les autres dans chaque ligne.

— si le défunt ne laisse que des collatéraux à un degré plus éloigné que celui de neveux et nièces, la succession sera divisée en deux parties égales dont l'une est dévolue au plus proche parent de la ligne paternelle et l'autre au plus proche parent de la ligne maternelle, et ce jusqu'au douzième degré.

Les parents au-delà du douzième degré ne succèdent pas et lorsqu'un défunt ne laisse aucun parent à un degré seccessible, les biens de sa succession appartiennent à l'Etat. Il s'agit alors d'une succession irrégulière.

Nul n'est tenu d'accepter une succession. Si on l'accepte, on peut le faire purement et simplement ou sous bénéfice d'inventaire. Dans ce dernier cas, on évalue l'actif et le passif pour savoir si on doit renoncer ou non. Pour cela, il faut être autorisé par la Cour et on aura un délai de trois mois pour faire l'inventaire et quarante jours pour délibérer. L'acceptation d'une succession peut être expresse ou tacite, expresse quand on prend le titre d'héritier dans un acte authentique ou privé, tacite quand l'héritier fait un acte qui suppose nécessairement son intention d'accepter. La renonciation à une succession ne se présume pas: elle se fait par acte devant notaire ou par une déclaration judiciaire. Les héritiers ou légataires universels doivent acquitter les charges et les dettes de la succession, le légataire à titre universel contribue aux dettes en proportion de sa part et le légataire particulier n'y est tenu qu'au cas d'insuffisance des autres biens.

On énonce à l'article 689, le principe suivant: "Nul ne peut être contraint à demeurer dans l'indivision." Et cela est heureux. Supposons des enfants qui héritent de leur père ab intestat et que, dans sa succession, se trouve un immeuble, par exemple, la maison. Cette maison ne doit pas devenir une charge à la succession ou aux héritiers qui ne s'y intéressent pas. Un seul héritier est alors en droit de provoquer le partage. Si aucune entente amiable ne se produit, il intentera une action dans ce sens: l'immeuble sera vendu en justice et les héritiers se partageront le produit de la vente.

Il arrive fréquemment aujourd'hui que des personnes appelées à la succession l'une de l'autre périssent dans le même événement. Un accident d'avion est si vite arrivé! Il est important de savoir qui est mort avant l'autre. Quand il est possible de faire une preuve précise de prédécès, cela ne pose aucun problème mais, quand cette preuve est impossible à établir, la loi intervient en se basant sur l'âge et sur le sexe. Elle pose les règles suivantes: (art. 603-604 et 605 code civil)

— si ceux qui ont péri ensemble avaient moins de 15 ans, le plus âgé est présumé avoir survécu;
— s'ils étaient tous au-dessus de 60 ans, le moins âgé est présumé avoir

survécu; s'ils avaient les uns moins de 15 ans et les autres plus de 60, les premiers sont censés avoir survécu;

— si les uns étaient au-dessous de 15 ans ou au-dessus de 60 et les autres entre 15 et 60 ans, la présomption de survie est en faveur de ces derniers; s'ils étaient tous entre 15 et 60 et du même sexe, c'est le plus jeune qui est censé avoir survécu;

— s'ils étaient de sexe différent, c'est le mâle qui est présumé avoir survécu.

Prenons le cas d'époux sans enfants, dans l'âge intermédiaire de 15 à 60 ans et qui meurent ensemble dans un accident d'automobile sans qu'on puisse déterminer qui est décédé avant l'autre. Ils ont fait chacun leur testament l'un en faveur de l'autre ou ils ont prévu, dans leur contrat de mariage, une clause testamentaire à l'effet que les biens iront au dernier vivant. Dans le cas soumis, c'est le mari qui est présumé avoir survécu. Il héritera d'abord de sa femme et ensuite sa succession à lui se partagera le tout. S'il laisse une mère, un frère et une nièce, enfant d'une soeur décédée, la mère aura une moitié et le frère et la nièce se diviseront l'autre moitié.

De telles situations peuvent produire de flagrantes injustices et il est prudent de les prévoir par testament. On a vu des cas où des biens considérables donnés par les parents de l'épouse sont passés aux parents complètement dépourvus de l'époux.

b) Droits de succession

Il est bon d'avoir une idée des droits que les héritiers peuvent être appelés à payer sur les biens qu'ils reçoivent par succession.

1a) Au provincial

La loi provinciale s'intitule "Loi des droits sur les successions" (S.R.Q. ch. 70-1964, amendée par S.Q. 1966-67 ch. 33, 1969 ch. 31, 1971 ch. 32, 1972, ch. 29, 1973, ch. 17, 1974 ch. 21, 1975 ch. 25 et 1976 ch.19). Comme on le constate, elle a été fréquemment amendée.

Elle prévoit des droits de base sur la valeur totale de la succession et des droits additionnels sur le montant dévolu à chaque personne.

1b) Ligne directe

La loi provinciale établit d'abord une exonération complète de droits successoraux quand la valeur totale de la succession (passif enlevé) n'excède pas $100,000.00 — et qu'elle est transmise en ligne directe entre époux, entre beau-père ou belle-mère et gendre ou bru, entre beau-père ou belle-mère et beau-fils ou belle-fille.

— Droits de base au sujet de ces personnes quand la valeur totale des biens transmis excède $100,000.00: 5% plus 1/100 d'un pour cent par $1,000.00 entier transmis, de façon que le taux ainsi obtenu ne dépasse pas 15%.

— Droits additionnels au sujet de ces mêmes personnes, quand la valeur totale des biens de la succession excède $100,000.00 et que la valeur totale des biens transmis à une même personne n'excède pas $50,000.00: 1%; plus de $50,000.00 sans excéder $300,000.00: 1% plus 1/100 d'un pour cent par $1,000.00 entier transmis; plus de $300,000.00: 3% plus 1/200 d'un pour cent par $1,000.00 entier transmis, de façon que le taux ainsi obtenu ne dépasse pas 10%. Si la valeur totale de la succession dépasse $100,000.00, les droits jouent sur le tout, sans déduction ou exemption du premier $100,000.00.

2b) Ligne collatérale

Quand les biens sont transmis par décès au frère ou à la soeur, ou au descendant d'un frère ou d'une soeur de la personne décédée, ou au frère ou à la soeur ou au fils ou à la fille d'un frère ou d'une soeur du père ou de la mère de la personne décédée.

— Droits de base: si la valeur totale de la succession n'excède pas $1,000.00, aucun droit;

si plus de $1,000.00 sans excéder $10,000.00: 4%;

si plus de $10,000.00 sans dépasser $60,000.00: 4% plus 1/10 d'un pour cent par $1,000.00 entier transmis;

si plus de $60,000.00: 10% plus 1/100 d'un pour cent par $1,000.00 entier transmis de façon que le taux ainsi obtenu ne dépasse pas 20%.

— Droits additionnels: si la valeur totale de la succession excède $1,000.00. Lorsque la valeur totale des biens transmis à une même personne:

n'excède pas $100,000.00: 1% plus 1/25 d'un pour cent par $1,000.00 entier transmis;

excède $100,000.00: 5% plus 1/300 d'un pour cent par $1,000.00 entier transmis, de façon que le taux ainsi obtenu n'excède pas 10%.

3b) Sans lien de parenté

Sur les biens transmis par décès à une personne appartenant à l'un des dégrés de consanguinité en ligne collatérale avec la personne décédée autre que ceux déjà mentionnés, ou à toute personne étrangère, par le sang, à la personne décédée.

— Droits de base dans les successions dont la valeur totale: n'excède pas $100,000.00: 10% plus 1/10 d'un pour cent par $1,000.00 entier transmis;

excède $100,000.00: 20% plus 1/100 d'un pour cent par $1,000.00 entier transmis, de façon que le taux ainsi obtenu n'excède pas 30%.

— Droits additionnels.

Lorsque la valeur totale des biens transmis à une même personne, n'excède pas $100,000.00: 2%;

excède $100,000.00: 2% plus 1/400 d'un pour cent par $1,000.00 entier transmis de façon que le taux ainsi obtenu n'excède pas 5%. Selon l'article 9a, il peut être déduit des droits ainsi exigibles une somme égale à 80% de ces droits pour toute succession ouverte après le 31 décembre 1976.

La loi provinciale de l'impôt sur les successions prévoit des exemptions spéciales de droits dans les cas suivants:

— Aucun droit n'est exigible lorsque la valeur totale des biens transmis à une personne étrangère par le sang à la personne décédée et qui a été à son emploi pendant au moins 5 ans n'excède pas $1,000.00.

— Enfin, aucun droit n'est exigible sur les legs, droits et souscriptions pour des fins religieuses, de charité ou d'éducation.

Les donations entre vifs faites dans les cinq ans du décès sont assimilées à une transmission de biens par décès mais on excepte les donations d'une valeur de moins de $2,000.00 par année et les donations de biens agricoles d'un cultivateur à un autre cultivateur, sauf son enfant, ou au conjoint de ce dernier cultivateur lorsque la valeur des biens donnés ne dépassent pas $10,000.00. De son côté, l'enfant du cultivateur peut, sans imposition au décès du donateur, recevoir de son père ou de sa mère une donation de biens agricoles dont la valeur n'excède pas $75,000.00.

Une succession est gelée jusqu'à ce que les droits aient été acquittés. On ne peut profiter des biens sans obtenir au préalable le permis de disposer. En pratique, c'est le notaire qui est chargé de dresser l'inventaire sur déclaration par l'héritier ou par l'exécuteur testamentaire et qui s'occupera d'obtenir les permis de disposer. La loi provinciale permet cependant un dégel immédiat des sommes suffisantes pour que l'exécuteur testamentaire puisse parer aux besoins les plus pressants. Il ne faut pas se surprendre des changements fréquents qui sont apportés aux lois fiscales. Les gouvernements savent où frapper au besoin et touchent toujours en premier lieu le revenu et les successions.

2a) Au fédéral

Pour curieux que cela paraisse, la loi fédérale intitulée "Loi de l'impôt sur les biens transmis par décès" (S.R.C. 1970, ch. E-9, vol. III) a été reléguée aux oubliettes. Il s'agissait d'un fouillis dont la lecture faisait insulte à l'intelligence humaine. Le gouvernement fédéral était entré dans ce champ de taxation, pendant la première Grande Guerre "1914-18", dans le but d'obtenir des revenus supplémentaires. La loi C-259 a mis fin à l'application de la loi fédérale sur les successions à compter du 1er janvier 1972. Il ne faut pas se réjouir trop vite: c'est un cadeau de grec. Le gouvernement se rattrape en haussant les taux de l'impôt sur le revenu et sur les gains du capital.

C. Les donations

C'est une autre façon d'acquérir des biens. On peut disposer de ses biens à titre gratuit de son vivant. C'est la donation entre vifs. On a vu que le testament était un acte de donation à cause de mort, qui ne prenait effet qu'au décès du testateur.

La donation entre vifs est un acte par lequel le donateur se dépouille, à titre gratuit, de la propriété d'une chose en faveur du donataire dont l'acceptation est requise et rend le contrat parfait. Cette acceptation la rend irrévocable. Dans le cas d'une donation à cause de mort, il ne peut être question d'une telle acceptation car elle peut toujours être révoquée par une autre disposition testamentaire. Une seule exception: la donation à cause de mort prévue dans un contrat de mariage si le donateur ne s'est pas réservé le droit d'en disposer autrement.

Par exemple, pour compenser la rigueur d'un contrat de mariage en séparation de biens, le futur fera donation à sa future d'une somme de $10,000.00. Après la célébration du mariage, si le mari prédécède et que la donation n'a jamais été exécutée, la veuve aura le droit d'être payée, en premier, avant tous les autres héritiers. Cette clause inscrite dans un contrat de mariage ne peut être par la suite révoquée par testament de la part du mari, à moins que du vivant de ce dernier la femme n'y ait expressément renoncé; dans un autre contrat de mariage, par exemple, passé après le premier juillet 1970.

Il arrive souvent que, dans le contrat de mariage, le futur donne à sa future tous les meubles meublants qui garniront le domicile conjugal. Il faut alors se demander s'il s'agit d'une donation entre vifs ou à cause de mort. Tout dépendra de la phraséologie employée dans le contrat. Si le contrat dit simplement "tous les meubles meublants qui garniront le domicile conjugal appartiendront à la future épouse" il s'agira alors d'une donation de biens futurs ou à cause de mort qui n'entrera en vigueur qu'à la mort du mari, parce qu'on n'a pas précisé davantage. Si le contrat stipule que "tous les meubles meublants appartiendront à la future épouse, qui en deviendra propriétaire au fur et à mesure qu'ils entreront dans le domicile conjugal" on traitera la clause comme étant une donation entre vifs, donc de biens présents. Ceci peut avoir son importance: s'il s'agit de biens présents, la femme étant considérée comme propriétaire pourra faire opposition à la saisie des meubles du ménage pour une dette du mari. Dans le cas contraire, elle ne le pourra pas, devant attendre le décès du mari avant de devenir propriétaire des meubles.

Qui peut faire une donation? Toute personne capable de disposer librement de ses biens. Généralement, toute personne majeure et saine d'esprit. Le mineur ne peut faire de donations que dans son contrat de mariage. Le mineur émancipé est limité à des donations mobilières conditionnées à son état et à sa fortune et qui n'affectent pas notablement ses capitaux.

Qui peut recevoir une donation entre vifs? Toute personne capable de succéder et d'acquérir. Les donations entre vifs faites par le donateur à celui ou à celle avec qui il a vécu en concubinage et à ses enfants incestueux ou adultérins sont limitées aux aliments. Cette prohibition ne s'applique pas aux donations faites par contrat de mariage intervenu entre les concubinaires. Les autres enfants illégitimes peuvent recevoir des donations entre vifs comme toute autre personne. Aucune telle limite n'est imposée dans un testament.

De quelle façon? Les actes portant donations entre vifs doivent être notariés et porter minute, sous peine de nullité. L'acceptation doit avoir lieu en la même forme. Cependant, la donation de choses mobilières, accompagnée de délivrance, peut être faite et acceptée par acte sous seing privé, ou par convention verbale.

Exception faite pour le contrat de mariage, l'on ne peut donner par actes entre vifs que des biens présents. Toute donation de biens à venir est nulle comme faite à cause de mort. Le donateur peut stipuler le droit de retour (clause de retour) des choses données en cas de prédécès du donataire. Cette stipulation est courante dans les contrats de mariage. Toute donation entre vifs, stipulée révocable suivant la seule volonté du donateur, est nulle. On l'a dit dans la définition: la donation entre vifs de biens présents dépouille le donateur de la propriété de ces biens dès l'acceptation par le donataire. Si le donateur ne s'exécute pas, le donataire pourra l'y forcer en justice. Cette disposition relative à l'irrévocabilité ne s'applique pas cependant aux donations faites par contrat de mariage.

Les donations entre vifs, pour être valides à l'égard des tiers, doivent être enregistrées. Toute donation faite au détriment des droits de ces derniers peut être annulée.

La règle générale veut qu'une donation entre vifs soit irrévocable à moins que le donateur n'ait stipulé une condition résolutoire ou qu'elle n'ait été faite en fraude des droits d'autrui.

Il peut arriver qu'avant la donation le futur donataire soit tout miel tout sourire et que, le contrat passé et accepté, le donataire devienne tout fiel tout vinaigre. Ici, la loi est intervenue pour protéger le donateur. Ce dernier pourra faire révoquer la donation pour cause d'ingratitude et il serait illégal de stipuler qu'une donation ne pourrait être annulée pour cette raison.

Mais il n'est pas question de ne plus se saluer!

La loi définit quel genre d'ingratitude:

— si le donataire a attenté à la vie du donateur;

— s'il s'est rendu coupable envers lui de sévices, délits majeurs ou injures graves;
— s'il lui refuse des aliments ayant égard à la nature de la donation et aux circonstances des parties.

La demande en révocation pour cause d'ingratitude doit cependant être formée dans l'année de la commission de l'acte reproché ou dans l'année à compter du jour où l'acte a pu être connu du donateur.

Il arrivait souvent, il y a quelques années, qu'un père cultivateur "se donnait" au fils qui restait sur la terre à la charge par ce dernier de le loger, de le nourrir et de l'entretenir et cela créait énormément de difficultés. On préfère aujourd'hui, et avec raison, vendre le bien à des conditions convenables. Ce moyen rend moins tendus les rapports familiaux: le père court moins longtemps après son tabac et la bru a l'humeur moins massacrante!

Dans de vieux contrats de donations, que les gens appelaient "donaisons", on trouve des expressions savoureuses et imagées. Ainsi, quand une personne donne un animal de moyenne grosseur, on parle de cochons "raisonnables" ou, quand elle s'engage à fournir une bête jusqu'à la fin de ses jours, il est fait mention de vaches "éternelles" ou "perpétuelles".

D. Les privilèges et hypothèques

Les biens mobiliers et immobiliers d'une personne répondent de ses obligations. Ils deviennent alors le gage commun de ses créanciers à moins qu'il n'y ait entre eux des causes légitimes de préférence. C'est là qu'interviennent les privilèges et les hypothèques.

a) Les privilèges

Le privilège est le droit qu'a un créancier d'être préféré à d'autres créanciers suivant la cause de sa créance.

Entre créanciers privilégiés, la préférence se règle par les différentes qualités des privilèges ou par la cause des créances. Le privilège résulte de la loi seule et peut porter:

— sur les meubles. Suivant les cas, ils sont établis sur tous les biens meubles du débiteur ou sur certains biens meubles seulement.

Ce sont, dans l'ordre, les frais de justice et les dépenses faites dans l'intérêt commun, la dîme, la créance du vendeur, les créances de ceux qui ont droit de gage ou de rétention, les frais funéraires, les frais de dernière maladie, les taxes municipales, la créance du locateur, la créance du propriétaire d'une chose prêtée, louée, donnée en gage ou volée, les gages des serviteurs, et les droits de la Couronne pour créances contre ses comptables.

Ainsi, le travailleur en forêt, pour assurer ses gages ou son salaire, a un privilège sur tout le bois appartenant à la personne pour laquelle il a travaillé. Le mécanicien qui a effectué des réparations sur une automobile est privilégié sur cette automobile et a droit de la retenir jusqu'à acquittement du coût de la réparation. Il perdra cependant son privilège s'il se départ de l'automobile. Au contraire du bijoutier qui a le droit de retenir et de vendre, le garagiste ou tout locateur d'ouvrage ne possède que le droit de rétention. Pour être payé, il devra prendre action ordinaire et vendre le bien qu'il détient après avoir obtenu jugement. A son action, il joindra la saisie avant jugement pour devancer toute autre saisie qui pourrait être faite sur ce bien. Les domestiques et les engagés ont privilège sur tous les biens meubles de leur employeur pour leurs salaires dus sur une période d'un an.

Les privilèges sur les meubles ne sont soumis à aucune formalité spéciale. A est domestique chez B qui lui doit du salaire. C qui a obtenu jugement contre ce dernier fait saisir et vendre ses meubles. A, par une opposition à fin de conserver sur le produit de la vente, pourra se faire payer immédiatement après les frais de justice et, à cause de son privilège, de préférence à C.

— sur les immeubles. Il prend rang dans l'ordre qui suit: les frais de justice et ceux faits dans l'intérêt commun, les frais funéraires lorsque le produit des biens meubles s'est trouvé insuffisant pour les acquitter, les frais de dernière maladie sous la même restriction que les frais funéraires, les frais de labours et de semences, les cotisations et répartitions, les droits seigneuriaux, la créance de l'ouvrier, du fournisseur de matériaux, du constructeur et de l'architecte, la créance du vendeur et les gages des domestiques.

Les cotisations et répartitions sont celles des églises, les taxes d'écoles et les taxes municipales. Ces cotisations viennent en concurrence en ce sens qu'elles sont mises sur le même pied quant à leurs paiements. Supposons la vente d'un immeuble en justice. Le protonotaire, dans la préparation de l'état de collocation, paiera d'abord les frais de justice, puis les cotisations et taxes, les autres privilèges s'il y en a, les hypothèques, et enfin les créances ordinaires ou chirographaires. On paie en premier et au complet ceux qui ont la préférence. Si le produit de la vente est insuffisant pour payer toutes les créances privilégiées qui sont sur le même pied — comme les taxes municipales et scolaires — le protonotaire fera la distribution au prorata.

Les taxes scolaires et municipales se prescrivent par trois ans. Cette limitation est prévue au code scolaire, au code municipal et dans la loi des cités et villes. Pourtant, sans crier gare, l'article 2011 du code civil établit une prescription de six ans en disant qu'il "ne peut être réclamé plus de cinq années d'arrérages outre la courante" de cotisations municipales. Cela en traitant des cotisations et répartitions privilégiées sur les immeubles. Mais il ajoute: "sans préjudice aux cas spéciaux où une prescription plus courte est établie". Il faut comprendre ici que le mot "cotisation" comprend le mot "taxe" et que la prescription de trois ans dont parlent le code municipal et la loi des cités et villes l'emporte sur celle de l'article 2011. Cependant, si on se trouve en face d'une cotisation ou taxe spéciale (une taxe de construction de trottoir par exemple) on doit conclure que la prescription de six ans s'applique. Mais, sur réclamation pour arrérages de taxes basée sur le code scolaire ou sur la loi des cités et villes, il appartiendra à la personne qui veut profiter de la prescription acquise, de soulever ce moyen pour se libérer, le tribunal ne pouvant en être saisi proprio motu (La ville de Lac Etchemin vs Fleury 1975 C.A. 129). Parce que l'article 2188 du code civil déclare que "les tribunaux ne peuvent pas suppléer d'office le moyen résultant de la prescription..." Pour ce qui a trait aux taxes imposées en vertu du code municipal, l'article 690 est catégorique: "Les arrérages de taxes municipales se prescrivent par trois ans. Cette disposition est sujette à l'application des articles 2267 et 2270 du Code civil. Et l'article 2267 dénie tout recours possible en disant que "nulle action ne peut être reçue après l'expiration du temps fixé pour la prescription". Au sujet des arrérages de taxes imposés en vertu du code scolaire et de la loi des cités et villes, les articles 397 et 519 se bornent à décréter une prescription de 3 ans sans référer à l'article 2267, et c'est pour cela qu'elle doit être invoquée. Nous étudierons plus loin, au chapitre de la prescription, toutes les subtilités légales que font naître les articles 2188 et 2267.

L'ouvrier a un privilège de 20 jours d'arrérages de salaires pour les travaux qu'il a exécutés sur un immeuble. Ce privilège n'est soumis à aucune formalité et il subsiste pendant trente jours après la fin des travaux. Mais il s'éteint si l'ouvrier néglige de poursuivre son débiteur pendant ce délai et de mettre en cause le registrateur de la division d'enregistrement où se trouve l'immeuble. Si l'ouvrier a été engagé par un entrepreneur, il devra mettre également en cause le propriétaire qui aura alors le droit de retenir sur le prix du contrat un montant suffisant pour acquitter sa créance.

Le fournisseur de matériaux, de son côté, s'il signe un contrat avec un entrepreneur, sera privilégié pour le prix de tous les matériaux qui auront été incorporés à la construction, mais à la condition qu'il en ait avisé le propriétaire de l'immeuble. Le propriétaire ne sera responsable que pour la valeur des matériaux fournis après cet avis. Si le fournisseur de matériaux a contracté directement avec le propriétaire, il ne sera pas nécessaire de lui donner un tel avis. Dans un cas comme dans l'autre, le fournisseur de matériaux ne conservera son privilège que s'il l'a fait enregistrer dans les trente jours après la fin des travaux et qu'il a intenté une poursuite dans les trois mois à compter de cette date.

Quant au constructeur et à l'architecte, ils doivent aussi enregistrer leurs privilèges dans les trente jours suivant la fin des travaux, mais le délai pour prendre action est de six mois.

b) Les hypothèques

L'hypothèque est un droit réel sur les immeubles affectés à l'acquitement d'une obligation, en vertu duquel le créancier peut les faire vendre en quelques mains qu'ils soient.

Le privilège peut porter sur les meubles et sur les immeubles, l'hypothèque ne concerne que les immeubles. Dans le privilège, la préférence que peut avoir un créancier sur l'autre dépend de la cause de la créance tandis qu'en matière d'hypothèque c'est la date de l'enregistrement qui donne la priorité. Le privilège résulte de la loi seule tandis que l'hypothèque peut être conventionnelle, légale ou judiciaire.

— Elle est conventionnelle quand elle naît de la convention, et ne peut être consentie que par acte notarié. J'ai une propriété et j'ai besoin d'argent.

Je ferai un emprunt et mon prêteur prendra comme garantie une hypothèque sur ma propriété.

— Elle est légale quand elle résulte de la loi. Ainsi l'hypothèque de la femme pour toutes réclamations et demandes qu'elle peut avoir contre son mari à raison de ce qu'elle a pu recevoir ou acquérir pendant le mariage, l'hypothèque des mineurs et des interdits sur les immeubles de leurs tuteurs ou curateurs pour se protéger contre leur administration.

— Elle est judiciaire quand elle résulte des jugements ou des actes judiciaires. J'ai jugement contre quelqu'un: je peux le faire enregistrer sur un immeuble qui lui appartient.

Il arrive, dans certains contrats, en matière de promesse de vente par exemple, qu'on stipule la défense d'enregistrer sous peine de nullité du contrat. Cela se comprend pour le promettant-vendeur qui reste propriétaire de l'immeuble: s'il doit reprendre l'immeuble, au cas où le promettant-acheteur ne remplirait pas ses obligations, il n'aura pas à faire radier une inscription devenue inutile.

Quand les hypothèques sont enregistrées, on le répète, elles obtiennent leurs rangs selon la date de l'enregistrement, quelles que soient leurs causes. Certains privilèges et les hypothèques sont soumis aux formalités de l'enregistrement afin que les tiers intéressés et le public en général en soient avertis. L'enregistrement sert de publicité et dénonce les droits qui peuvent grever un immeuble.

Le privilège à préséance sur l'hypothèque. Pour éviter toute déconvenue, le créancier hypothécaire prudent fera insérer dans l'acte une clause stipulant que tout privilège enregistré après l'enregistrement du prêt ne prendra rang seulement qu'après ce dernier enregistrement ou disant que tout enregistrement postérieur de privilèges sera considéré comme nul. Le fournisseur de matériaux doit alors prendre la précaution de s'informer de ce qui en est là-dessus au bureau d'enregistrement.

L'hypothèque ne dépouille pas le propriétaire d'un immeuble du droit d'en jouir et ne l'empêche pas non plus de le vendre, mais grevé de l'hypothèque. Il en est de même des privilèges. Les créances privilégiées et hypothécaires suivent alors l'immeuble.

E. La prescription

C'est un moyen d'acquérir ou de se libérer par un certain laps de temps et sous les conditions déterminées par la loi. On ne peut renoncer d'avance à la prescription mais on peut renoncer à celle qui est acquise.

— Elle est acquisitive et alors elle fait présumer ou confirmer le titre et transfère la propriété au possesseur par la continuation de sa possession.

La prescription acquisitive se fait par possession mais cette possession doit être continue, non interrompue, paisible, publique, non équivoque et à titre de propriétaire. On peut joindre sa possession à celle de ses auteurs.

On ne peut prescrire que les choses dans le commerce. Ainsi on ne peut prescrire les biens de la Couronne et les choses sacrées. Par la prescription acquisitive, on acquiert un droit absolu de propriété sur la chose faisant l'objet de la prescription. Le possesseur de bonne foi d'un immeuble avec titre translatif en acquiert la propriété absolue après dix ans d'une possession qui remplit les conditions prévues: continue, non interrompue, etc. Cette prescription a pour but généralement de clarifier un titre et de libérer l'immeuble de certaines charges. Il faudra trente ans à un possesseur de mauvaise foi pour prescrire l'immeuble qu'il occupe. Je m'installe comme "squatter" sur un immeuble qui ne m'appartient pas et j'y fais des actes de propriétaire pendant trente ans sans être troublé dans ma possession. Après ce délai, je pourrai, par requête, me faire déclarer par la Cour propriétaire absolu de l'immeuble; je ferai enregistrer le jugement rendu sur la requête et j'obtiendrai un titre parfait.

La prescription des meubles corporels a lieu par trois ans, à compter de la dépossession en faveur du possesseur de bonne foi, et la possession actuelle d'un meuble à titre de propriétaire fait présumer le juste titre.

— Elle est extinctive ou libératoire et repousse ou exclut en certains cas la demande en accomplissement d'une obligation ou en reconnaissance d'un droit, lorsque le créancier n'a pas réclamé pendant le temps fixé par la loi. Dépassé ce temps, la créance est absolument éteinte et nulle action ne peut être reçue pour la faire valoir ou revivre.

Cependant, l'article 2188 dit que "les tribunaux ne peuvent pas suppléer d'office le moyen résultant de la prescription, sauf dans les cas où la loi dénie l'action". Les cas ou la loi dénie l'action sont ceux dont parle l'article 2267. L'article 2267 s'exprime comme suit: "Dans tous les cas mentionnés aux articles 2250, 2260, 2260a, 2261 et 2262, la créance est absolument éteinte, et nulle action ne peut être reçue après l'expiration du temps fixé pour la prescription". Comme nous l'avons vu précédemment, l'énumération aurait pu comprendre l'article 690 du code municipal. L'article 2250 dit: "A l'exception de ce qui est dû à Sa Majesté, et de l'intérêt sur les jugements, les arrérages de rentes, même viagères, ceux de l'intérêt, ceux des loyers et en général tous les arrérages de fruits naturels ou civils se prescrivent par cinq ans".

Les articles 2260, 2260a, 2261 et 2262 se rapportent aux courtes prescriptions.

Article 2260: "L'action se prescrit par cinq ans dans les cas suivants:

— pour services professionnels et déboursés des avocats et procureurs à compter du jugement final dans chaque cause;

— pour services professionnels et déboursés des notaires, et émoluments des officiers de justice, à compter de l'exigibilité du paiement;

— contre les avocats, procureurs, notaires et autres officiers et fonctionnaires, dépositaires en vertu de la loi, pour la remise des pièces et titres qui leur sont confiés, et ce, à compter de la fin de la procédure à laquelle ces pièces et titres ont servi, et, dans les autres cas, à compter de leur réception;

— en fait de lettres de change à l'intérieur ou à l'étranger, billets promissoires ou billets pour la livraison de grains ou autres choses, négociables ou non, et en toutes matières commerciales, à compter de l'échéance; cette prescription, néanmoins, n'a pas lieu quant aux billets de banque;

— pour vente d'effets mobiliers entre non-commerçants de même que entre un commerçant et une personne qui ne l'est pas, ces dernières ventes étant dans tous les cas réputées commerciales;

— pour louage d'ouvrages et prix de travail, soit manuel, professionnel ou intellectuel, et matériaux fournis; sauf les exceptions contenues aux articles qui suivent;

— quant aux précepteurs et instituteurs, pour enseignement y compris la nourriture et le logement par eux fournis;

— pour les visites, soins, opérations et médicaments des médecins et chirurgiens et les services d'hôpitaux, à compter de chaque service ou fourniture.

Le médecin ou chirurgien en est cru à son serment quant à la nature et à la durée des soins;

— Pour répétition de taxes ou cotisations payées par erreur de droit ou de fait".

Article 2260a: "En matière de responsabilité médicale ou hospitalière, l'action en indemnité pour le préjudice corporel ou mental causé à un patient se prescrit par trois ans à compter de la faute. Toutefois, si le préjudice se manifeste graduellement, le délai ne court qu'à compter du jour où il s'est manifesté pour la première fois".

Cette disposition a été apportée au code civil par le chapitre 80 des lois du Québec 1974 et est en vigueur depuis le 1er janvier 1975. Elle a mis fin à la discussion de savoir si l'action, en cette matière, se prescrivait par un an ou par trente ans et a introduit la notion du préjudice qui se manifeste graduellement.

Article 2261: "L'action se prescrit par deux ans dans les cas suivants:

— pour séduction et frais de gésine;

— pour dommages résultant de délits et quasi-délits, à défaut d'autres dispositions applicables;

— pour salaires des employés non réputés domestiques et dont l'engagement est pour une année ou plus.

— pour dépenses d'hôtellerie ou de pension".

Article 2262: "L'action se prescrit par un an dans les cas suivants:

— pour injures verbales ou écrites, à compter du jour ou la connaissance en est parvenue à la partie offensée;

— pour lésions ou blessures corporelles, sauf les dispositions spécialement contenues en l'article 1056; et les cas réglés par des lois spéciales;

— pour gages des domestiques de maison ou de ferme; des commis de marchands et des autres employés dont l'engagement est à la journée, à la semaine, au mois ou pour moins d'une année".

C'est dire que la règle générale veut que le moyen résultant de la prescription soit invoqué et plaidé par la partie intéressée tandis que les courtes prescriptions opèrent de plein droit et emportent déchéance par le seul écoulement du temps requis pour prescrire.

Si on me réclame un billet à demande, vieux de six ans, le tribunal pourra d'office débouter mon téméraire de créancier. Le tribunal agira de la même façon sur dommages matériels causés dans un accident d'automobiles; s'il constate que l'action n'a pas été instituée dans les deux ans de la perte, il refusera tous droits à l'action. Par contre, l'architecte et l'entrepreneur qui seront poursuivis pour vice de construction devront, pour se libérer par prescription, opposer que l'action a été introduite après les cinq ans prévus aux articles 1688 et 2259. Nous avons appliqué les mêmes règles au sujet des réclamations pour arrérages de taxes. L'action en restitution des mineurs pour lésion ou pour réformation des comptes rendus par le tuteur et celle en rescision de contrat pour erreur, fraude, violence ou crainte se prescrivent par dix ans.

Enfin, la condamnation en justice forme un titre qui ne se prescrit que par trente ans.

Le créancier n'est pas obligé de laisser prescrire sa créance. La loi met des moyens à sa dispostion pour interrompre la prescription. Il y a également des causes qui la suspendent. Elle peut être interrompue:

— naturellement, quand le possesseur est privé pendant plus d'un an de la jouissance de la chose, soit par l'ancien propriétaire, soit par un tiers.

— civilement, par le dépôt d'une demande en justice au greffe du tribunal, pouvu que cette demande soit signifiée, conformément au code de procédure civile, à celui qu'on veut empêcher de prescrire, dans les 60 jours du dépôt ou par la production d'une réclamation conformément à la loi des dépôts volontaires (loi Lacombe) et aux dispositions gouvernant les réclamations sur saisies-arrêts. C'est le dépôt de l'action qui empêche la prescription. J'ai une réclamation à faire sur un billet. Si je dépose à la cour ma demande en justice avant l'expiration de 5 ans de la date de la confection du billet et la fais par la suite signifier à mon débiteur dans les 60 jours, j'aurai interrompu la prescription. Ceci pour un billet à demande. S'il s'agit d'un billet à terme, disons payable à un an, le cinq ans commence à courir à compter de l'échéance soit, dans le cas soumis, à compter de six ans de sa confection. Règle générale, l'action est signifiée par huissier.

Une réclamation sur la loi Lacombe ou sur saisies-arrêts interrompt la prescription à partir de la signification faite au débiteur par l'huissier ou par lettre recommandée.

L'interpellation extrajudiciaire, la lettre d'avocat ou la demande écrite (qui n'est pas une action) ou verbale n'opèrent pas interruption de prescription. Le paiement d'acomptes (la chose est discutée cependant) n'interrompt pas la prescription à moins que le débiteur ne reconnaisse la dette par écrit. S'il s'est produit une interruption, la prescription recommencera à courir à compter de cette interruption. Le billet que je détiens contre quelqu'un va se prescrire dans une semaine; mon débiteur m'envoie une lettre me disant qu'il n'est pas en mesure de payer mais qu'il le fera bientôt. La prescription est alors interrompue et je ne serai pas tenu de poursuivre immédiatement mon débiteur. Je pourrai exercer mon recours dans les cinq ans de la date de cette lettre.

Il peut arriver qu'un compte soit prescrit en partie. A achète chez le même épicier depuis plusieurs années et le paie assez mal, chose que celui-ci tolère. L'épicier se décide un jour à réclamer son dû: il ne pourra pas se faire payer des marchandises achetées depuis plus de cinq ans mais obtiendra jugement pour celles vendues dans les 5 ans.

Certaines causes suspendent la prescription. La prescription ne court pas contre les mineurs, non plus contre les insensés dotés ou non d'un curateur. Ni entre époux.

4. Les lois commerciales

Nous ne possédons aucun recueil de lois commerciales comme c'est le cas en France ou en Suisse. C'est dire que le code civil est loin de contenir toutes les lois qui régissent les rapports commerciaux entre personnes. Pour compléter le tableau, il faut recourir aux autres lois édictées par le parlement provincial ou par le parlement fédéral, lois qui peuvent être exclusivement commerciales ou le plus souvent mixtes. (Provincial: loi des déclarations sociales, loi des compagnies etc., fédéral: loi des lettres de change, — billets, chèques ou mandats à ordre —, loi des compagnies, loi sur la faillite etc.)

A. Définition

Aucun texte ne définit ce qu'est une matière commerciale ou un acte commercial. Perrault donne la définition suivante: "un contrat à titre onéreux consenti dans le but de spéculer ou de réaliser un bénéfice et contribuant à la circulation des biens mobiliers". Ce qu'il faut retenir dans un acte commercial, c'est la notion de "spéculation" et de "circulation". La plupart des auteurs français semblent limiter cette notion aux biens mobiliers seulement mais il ne fait aucun doute qu'elle puisse s'appliquer également aux biens immobiliers. Tels sont les rapports entre agents ou courtiers en immeubles.

Certains actes sont commerciaux par leur nature. Ainsi, en matière de billets ou de lettres de change. Alors que les auteurs hésitent sur la question, la jurisprudence l'a fixée définitivement.

D'autres actes le sont en raison de la qualité de celui ou de ceux qui les posent. Par exemple, si je suis commerçant et que je fasse effectuer des réparations à mon établissement, j'accomplis un acte qui, par ma qualité de commerçant, sera réputé commercial.

Certains actes seront dits "mixtes" quand ils seront passés entre non-commerçants et commerçants, c'est-à-dire civils par rapport aux non-commerçants et commerciaux par rapport aux autres. Il arrivera enfin que la loi déclarera expressément qu'un acte est commercial. Ainsi, à l'article 2260 du code civil (au chapitre de la prescription!) le paragraphe 5 stipule: "L'action se prescrit par cinq ans dans les cas suivants 1 ... 2 ... 3 ... 4 ... 5. — Pour vente d'effets mobiliers entre non-commerçants de même que entre commerçants et une personne qui ne l'est pas, ces dernières ventes étant dans tous les cas réputées commerciales".

La règle générale sera donc celle-ci: Tous les actes inter-personnes sont réputés matières civiles, Ils seront considérés comme matières commerciales dans le cas de vente d'effets mobiliers entre toutes personnes, commerçantes ou non.

Je vends une montre à mon voisin. Nous ne sommes ni l'un ni l'autre commerçants en cette matière. Nous ferons un acte commercial parce que la loi le dit. Même chose si j'achète une montre d'un bijoutier.

Un agent d'immeubles achète un immeuble d'un autre agent d'immeubles: les deux feront un acte commercial parce qu'ils sont professionnels en ce domaine.

Je me fais construire une résidence par un entrepreneur: le contrat sera mixte, commercial quant à l'entrepreneur, civil quant à moi. Ces distinctions peuvent avoir beaucoup d'importance surtout en matière de preuve. Dans le dernier cas soumis, s'il s'élève un litige au sujet de la construction, litige qui n'a pas été prévu au contrat écrit, l'entrepreneur ne pourra pas faire une preuve par témoins et moi je pourrai en faire une. Nous verrons la preuve en abordant le code de procédure civile.

Sur la question de l'élection de domicile, faite par un non-commerçant, l'article 85 du code civil pose la restriction suivante: "Excepté dans un acte notarié, l'élection de domicile est sans valeur quant à la juridiction des tribunaux, si elle est signée par un non-commerçant dans les limites du district où il a sa résidence".

Dans ce dernier chapitre, nous ne verrons que la loi des lettres de change et la loi sur la faillite, laissant aux experts ce qui concerne l'assurance et le droit maritime. Les lois sur les assurances ont été complètement refondues en 1974 tandis que les dispositions du code civil traitant du droit maritime doivent se lire en fonction de la loi fédérale de la marine marchande.

B. Les lettres de change

La loi des lettres de change est une loi fédérale (S.R.C. 1970 ch. B-5, vol. I). Le code civil contenait des dispositions sur le sujet mais il s'agissait d'une matière fédérale que la province de Québec à tort ou à raison avait fait sienne en vertu de la théorie du champ inoccupé. Ces dispositions ont été abrogées quand le pouvoir fédéral est entré dans son domaine en 1890.

Etablissons d'abord la distinction essentielle entre un chèque et un billet.

a) Le chèque

Le chèque est un ordre de paiement. Il est une lettre de change tirée sur une banque ou sur une caisse populaire par une personne qu'on appelle le tireur en faveur d'une autre personne appelée bénéficiaire ou preneur, et payable sur demande.

BANQUE COMMERCIALE

TROIS-RIVIÈRES, LE 5 JUILLET 1977

PAYEZ À L'ORDRE DE JEAN LEBLANC

LA SOMME DE $20.00

PIERRE LENOIR

La Banque Commerciale est le tiré, Lenoir le tireur, et Leblanc le bénéficiaire ou preneur. Inutile d'ajouter que Lenoir est censé avoir un compte à la Banque Commerciale et qu'il y a les fonds suffisants pour couvrir le montant inscrit sur le chèque. Par son endossement, Leblanc pourra toucher le montant du chèque ou le mettre en circulation, par exemple, pour payer une somme qu'il doit à un tiers. Le chèque peut circuler indéfiniment et passer entre les mains de plusieurs personnes avant d'être présenté pour encaissement. Il devient alors au porteur. Mais le tireur ou un endosseur peuvent en restreindre la portée, le tireur, par interdiction de négociation postérieure (payez à l'ordre de Jean Leblanc seulement), l'endosseur, par endossement spécial ou restrictif (payer à A pour le compte de B).

Quand le chèque est présenté pour encaissement plus de six mois après son émission, les banques exigent ordinairement qu'il soit initialé ou approuvé par le tireur.

Si le chèque est refusé faute de provision (N.S.F.), le bénéficiaire pourra poursuivre le paiement par action en justice. Comme on l'a déjà dit, c'est la prescription de cinq ans qui s'applique dans le cas. Les endosseurs, de leur côté, ont le droit d'intenter des poursuites contre les endosseurs précédents et de remonter ainsi jusqu'au tireur.

Il peut arriver que le tireur "arrête" le chèque en donnant ordre à la banque de ne pas le payer. Le bénéficiaire frustré s'adressera alors à la Cour qui jugera du bien-fondé de l'arrêt.

Le tireur d'un chèque sans fonds est susceptible de poursuites criminelles. S'il ne possède aucun compte de banque, sa position sera plutôt précaire; s'il en possède un, il pourra montrer patte blanche en prouvant qu'au moment de la confection du chèque il avait de bonnes raisons de croire que ses dépôts étaient suffisants pour le couvrir. Le cas est malheureusement assez fréquent chez certaines personnes en affaires. Un chèque peut être antidaté ou postdaté. Il n'y a aucune raison valable pour qu'un chèque soit antidaté, à moins de vouloir faire croire à son créancier qu'on avait déjà pensé à lui! A moins encore qu'un débiteur, en recevant la signification d'une action, n'antidate le chèque en paiement du montant réclamé dans le but de se libérer des frais de justice. Mais cela, c'est du fil blanc qui ne dupe personne.

Le chèque postdaté a sa raison d'être. J'achète un objet qui ne me sera livré que dans un mois: je daterai mon chèque du jour prévu pour la livraison. On confond couramment les expressions "antidaté" et "postdaté", employant à tort la première à la place de la deuxième.

b) Le billet à ordre

Le billet à ordre est une promesse de payer. En anglais, on emploie l'abréviation I.O.U. (I owe you). "Pour valeur reçue, je promets de payer à..." C'est une promesse pure et simple, faite par écrit, par une personne à une autre, signée par le souscripteur, par laquelle celui-ci s'engage à payer, sur demande, ou dans un délai déterminé ou susceptible de l'être, une somme d'argent précise à une personne désignée ou à son ordre, ou au porteur.

Le billet payable sur demande doit être présenté à l'encaissement dans un délai raisonnable après son endossement.

Le billet est à terme quand il prévoit un délai pour le paiement: "à un mois, je promets payer...". Il n'y a aucune limite prévue au terme mais la prescription ne commencera à courir que du moment où le billet deviendra payable. Ainsi, le billet à un an ne sera prescrit qu'après six ans de la date de sa confection. Le billet peut être souscrit par plus d'une personne. S'il est fait à la première personne, il engagera ses souscripteurs solidairement (chacun pourra être tenu de payer le montant complet), sinon, il ne les engagera que conjointement (chaque souscripteur ne paiera que sa part).

Le billet n'est pas une lettre de change et le chèque n'en est qu'une forme. Mais, en pratique, quand on parle de lettres de change, on s'en tient presque exclusivement au chèque. La "traite" est fréquemment employée dans le commerce. Le marchand de gros qui a fourni des marchandises à un commerçant l'enverra à la banque où celui-ci fait des affaires, et ce dernier acceptera ou refusera qu'elle soit débitée sur son compte de banque. C'est une lettre de change.

A titre d'information seulement, lisons, de la lettre de change, la définition donnée par la loi: "C'est un ordre, sans conditions, donné par écrit, adressé par une personne à une autre, signé par celle qui le donne, mandant à celle à qui il est adressé de payer sur demande, ou à une époque future déterminée ou susceptible de l'être, une somme d'argent précise à une personne ou à l'ordre d'une personne désignée, ou au porteur". Supposons que j'exploite un moulin à scie et que je doive $200.00 pour des "billots" que B m'a vendus. Ce dernier, qui est débiteur de C, signe en faveur de celui-ci un document me donnant ordre de lui verser cette somme. Le document qui m'est présenté n'est pas un chèque mais remplit les conditions d'une lettre de change.

C. L'assurance

La loi de 1974 sur les assurances, sanctionnée le 24 décembre 1974 (L. du Q. 1974, ch. 70), a englobé les lois particulières qui pouvaient exister au Québec sur le sujet, comme la loi de l'assurance des maris et des parents, la loi des compagnies diocésaines d'assurance mutuelle ou la loi des agents de réclamation.

Elle comprend 482 articles. Elle a le mérite d'avoir laissé au code civil les dispositions gouvernant le contrat entre l'assureur et l'assuré. Le domaine de l'assurance est complexe et doit être réservé aux spécialistes. Nous référons au texte de la loi le lecteur qui voudrait pousser plus avant ses recherches.

D. La faillite

La loi sur la faillite est une loi fédérale (S.R.C. 1970, ch. B-3, Vol. I). Cette loi n'a rien à voir avec le code civil mais nous l'incluons dans le chapitre des lois commerciales à cause de l'intérêt que son étude peut représenter. Dans la province de Québec, l'administration de la loi sur la faillite est sous la juridiction de la Cour supérieure. A cette fin, la province de Québec ne représente qu'un seul district réparti en "divisions" au nombre de 22. Avec la conséquence qu'un débiteur domicilié à Gaspé pourrait requérir les services d'un syndic de Montréal et déposer sa cession de biens à la divison de faillite de cet endroit. Cependant, à la première assemblée, les créanciers auront le droit d'exiger que le dossier soit transféré à la division numéro 11 de Bonaventure, dont le chef-lieu est à New-Carlisle, et confié à un syndic de leur choix. Toute personne — individu ou corporation — qui a $1,000.00 ou plus de dettes et qui est insolvable peut faire faillite. Il n'est pas suffisant d'avoir $1,000.00 de dettes. A ce compte, tout le monde pourrait faire faillite! Il faut aussi être insolvable. L'insolvabilité est l'état d'un débiteur qui a cessé ses paiements et qui ne peut plus faire face à ses obligations.

Cette personne pourra proposer un arrangement à ses créanciers, c'est la proposition, ou faire purement et simplement cession de ses biens. Un créancier pourra également la mettre en faillite, par requête à cet effet, ou pétition.

Le législateur a confié au juge de la Cour supérieure et au registraire le soin d'appliquer la loi de la faillite. L'administration en a été réservée au surintendant, au séquestre et au syndic. Le registraire décide des demandes non contestées tandis que le juge de la Cour supérieure se réserve celles qui le sont. Le surintendant, qui a son bureau à Ottawa, est nommé par le gouverneur en conseil. Il possède des pouvoirs très étendus. Il surveille les actes des séquestres et des syndics. Il a droit de regard sur les comptes de banque et les actifs et peut ordonner les enquêtes qu'il juge utiles.

Le séquestre officiel est un fonctionnaire nommé par le gouverneur en conseil dont la charge consiste à faire rapport au surintendant de toute faillite qui a pris naissance dans sa division et à le notifier de toute augmentation ou diminution de la garantie produite par le syndic. Il a aussi la tâche de diriger la première assemblée des créanciers, de mener l'interrogatoire du failli sur les causes de sa faillite et de terminer l'administration d'un syndic démissionnaire, suspendu ou décédé. Enfin, le syndic, d'ordinaire un comptable, administre les actifs qui lui sont confiés en cas de cessions ou de mise sous séquestre des biens à la suite d'une ordonnance accordant une requête en faillite. Sur une proposition, il verra à la réalisation des conditions de paiements qui ont été acceptées par les créanciers. Le syndic, avant d'entrer en fonction, doit obtenir une licence du ministre de la Consommation et des Corporations sur rapport favorable du surintendant et verser un cautionnement de fidélité.

a) La proposition

Le débiteur est devenu insolvable mais il ne désire pas faire cession de ses biens. Il croit pouvoir remonter la côte, mais tout ce dont il a besoin, c'est un délai qui lui permette de respirer. Il proposera alors un arrangement à ses créanciers. Il leur dira: "Laissez-moi continuer mon commerce et je m'engage, au bout d'un certain temps, à payer vos créances". Le paiement suggéré peut être à cent cents dans le dollar ou tant de cents dans le dollar et réparti sur une période de temps déterminé, par exemple $0.25 immédiatement, $0.25 dans un an et $0.50 dans deux ans.

La proposition peut contenir de multiples arrangements mais elle doit être soumise et acceptée par les créanciers réunis en assemblée. Ceux-ci ont le droit de la modifier ou de la refuser. Pour être acceptée, la proposition doit être votée par la majorité en nombre des créanciers présents à l'assemblée et détenant au moins les trois quarts du montant des créances et être approuvée par un juge de la Cour supérieure à qui la loi donne juridiction en matière de faillite. Il y a trois catégories de créanciers: les créanciers privilégiés, les créanciers garantis et les créanciers ordinaires. Les créanciers n'ont droit de vote que dans leur catégorie respective et sur des sujets n'intéressant que cette catégorie. Si la proposition ne passe pas, le débiteur est automatiquement mis en faillite et celui-ci est alors réputé avoir fait une cession le jour où la proposition a été produite.

Quand la proposition est acceptée, telle que présentée, ou modifiée par les créanciers (concordat), le débiteur garde l'administration de ses biens mais, par mesure de précaution, on pourra lui adjoindre un ou plusieurs inspecteurs qui exerceront un certain contrôle pour protéger l'actif déjà entamé et qui verront à ce que les conditions de la proposition soient respectées. Cela se comprend: on est en face d'un débiteur qui n'a presque plus de crédit et il est à craindre qu'il ne dilapide ce qui reste de ses biens. Dans le cas d'une corporation, les créanciers donnent généralement le feu vert mais, dans le cas d'un individu, ils sont beaucoup plus réticents et, la plupart du temps, ils refusent la proposition, préférant profiter d'un moins tiens qu'attendre un plus tu l'auras. Les tranches de paiement proposées sont versées par le débiteur au syndic qui fera la distribution aux créanciers ayant produit leurs réclamations.

L'administration de la proposition terminée, le syndic fait rapport à la Cour et demande sa libération. Et le régistraire libérera le syndic s'il ne trouve rien à redire sur son administration.

b) La cession de biens

C'est le cas du débiteur qui fait purement et simplement cession de ses biens entre les mains du syndic ou dont la proposition a été refusée par les créanciers. La cession doit être acceptée par le séquestre officiel. Les biens, ou plutôt ce qui reste des biens du débiteur, deviennent le gage commun des créanicers. On appelle cela la "masse". En pratique, le débiteur qui fait faillite ne laisse pas grand-chose entre les dents de ses créanciers. Il a déjà été décidé qu'un débiteur, pour faire une cession de biens, devait... avoir des biens. Ce qui est très logique.

Il faut cependant envisager les causes qui ont pu rendre un débiteur insolvable. Il y a des cas pénibles que seule la faillite peut régler. Il peut s'agir d'une personne malchanceuse, éprouvée par la maladie et noyée sous un déluge de dettes. Il ne sert à rien de la poursuivre, de lui faire des frais inutiles, de la saisir dans ses salaires et dans ses biens si on est assuré qu'elle ne se sortira jamais de sa misère. La faillite sera une solution. Libérée de ses débiteurs, cette personne pourra probablement recommencer à neuf et voir un peu le jour.

Lorsque la faillite a été déposée et acceptée, on pourra exiger du débiteur qu'il verse la partie saisissable de ses salaires ou qu'il fasse des remises raisonnables et cela jusqu'à sa libération. Entre-temps, le syndic disposera des biens du débiteur. Il remettra les immeubles aux créanciers garantis s'il n'y a aucune équité ou les vendra après autorisation. Le mot équité est employé ici dans un sens très restreint. La bâtisse d'une valeur réelle de $15,000.00 peut être grevée d'une hypothèque de $12,000.00. Si je la vends au prix de sa valeur réelle, j'obtiendrai une équité de $3,000.00. Le syndic réalisera l'actif, demandera au registraire de fixer une date pour l'audition de la demande de libération du débiteur et fera rapport écrit au Tribunal des causes de la faillite.

Au jour fixé, le débiteur présentera sa demande au juge de la Cour supérieure qui pourra ou le libérer absolument, ou suspendre sa libération pour une période subséquente (un mois, trois mois, un an) ou la rendre sujette à certaines conditions, par exemple, jusqu'à ce que le débiteur ait remboursé 25% des créances prouvées. La libération d'un débiteur le lave généralement de toutes les dettes contractées avant sa faillite, à l'exception de celles faites frauduleusement et de celles dites pour nécessités de la vie (compte d'épicerie, bois de chauffage, huile, vêtements).

Les créanciers peuvent faire opposition à la demande de libération du débiteur et présenter devant le juge toutes preuves pouvant motiver telle opposition. Le juge en tiendra compte dans son jugement ou la refusera. La partie qui se croit frustrée peut appeler de la décision dans les dix jours. Pendant la période qui s'écoulera entre la cession de biens et la libération, le débiteur pourra partir une nouvelle affaire, mais pour obtenir du crédit, il devra sous peine de sanctions déclarer son état de faillite. Une corporation pourra demander une libération à la condition d'avoir acquitté intégralement les réclamations de ses créanciers.

Le syndic, l'administration terminée, dresse un relevé définitif des recettes et déboursés et, si l'actif le permet, paie les créanciers privilégiés d'abord, les créanciers ordinaires ensuite. C'est le dividende. Il demandera alors sa libération comme syndic, après qu'il aura fait parvenir des avis recommandés aux créanciers et au surintendant.

En matière de faillite, l'administration est "sommaire" quand le débiteur cède peu de biens, moins de $500.00 (art. 31, alinéa 6), et est "ordinaire" quand la valeur des biens dépasse $500.00 et, dans ce dernier cas, les créanciers nomment un ou plusieurs inspecteurs mais pas plus de cinq qui les représenteront et qui assisteront le syndic dans l'exécution de sa charge. En administration sommaire, il ne doit pas y avoir d'inspecteur à moins que les créanciers ne décident d'en nommer. A la première assemblée, il appartient aux créanciers de confirmer le syndic dans sa fonction ou de lui en substituer un autre, privilège qu'ils peuvent d'ailleurs exercer tout au cours de l'administration.

c) La requête en faillite ou la pétition

C'est le droit de tout détenteur d'une créance de $1,000.00 ou plus de demander la mise en faillite d'un débiteur devenu insolvable. Le requérant ne doit pas être téméraire. S'il se sert de ce moyen pour être payé plus vite et que son débiteur est solvable, il court le risque d'être poursuivi en dommages. Si la requête est bien fondée, le juge émettra une ordonnance de séquestre et nommera un syndic. On suivra alors le processus qui a été décrit au sujet de la cession de biens.

Les procédures de faillite suspendent toutes les réclamations contre un débiteur et, pour les continuer, on doit obtenir la permission du tribunal. Pour intenter une poursuite quelconque contre un débiteur qui a fait une proposition ou qui est sous le coup d'une cession de biens, on devra également obtenir semblable permission, par exemple dans le cas d'une action en dommages à la suite d'un accident d'automobiles.

Pour répondre aux voeux exprimés par le "Comité d'étude sur la législation en matière de faillite et d'insolvabilité", le Ministère fédéral de la consommation et des corporations à instauré, en juin 1972, un programme dont le but est de rendre plus accessible aux petits débiteurs les dispositions de la loi sur la faillite. Jusque-là, de nombreuses personnes écrasées de dettes ne pouvaient songer à prendre un nouveau départ dans la vie parce qu'elles n'étaient pas en mesure de débourser le dépôt destiné à couvrir les honoraires et les déboursés d'un syndic privé ($300.00 à $700.00). Sont admis à profiter du programme, les salariés disposant d'avoirs réalisables inférieurs à la somme de $500.00 et ayant un revenu annuel ne dépassant pas $3,000.00 dans le cas d'un célibataire et $5,000.00 dans le cas d'une personne mariée, limites haussées de $500.00 pour chaque personne à charge. On a confié l'application du programme à des officiers du Ministère qui sont, à cette fin, nommés syndics publics. Un déboursé minimal de $50.00 est cependant exigé du débiteur qui remplit les conditions prévues et qui désire se réhabiliter par une faillite volontaire.

On a prévu, dans la loi sur la faillite, un système devant servir au paiement méthodique des dettes. En gros, il ressemble aux dispositions qui sont déjà contenues dans notre code de procédure civile et qui ont trait au dépôt volontaire que doit faire un débiteur, de la partie saisissable de ses salaires, pour se mettre à l'abri de saisies sur ses salaires et sur ses meubles meublants.

III. Le code de procédure civile

1. Préambule

Un autre principe important en droit est celui-ci: nul ne peut se faire justice soi-même.

Quand on vit dans une société civilisée, on doit accepter de soumettre ses différends à des personnes désintéressées et compétentes et suivant des règles de procédures établies.

Le code de procédure indique la manière de faire valoir un droit civil, quel que soit ce droit. Il prévoit à peu près tous les cas qui peuvent se présenter devant les tribunaux. Si un cas particulier n'est pas prévu, cela ne veut pas dire que le droit sera perdu: "Si le moyen d'exercer un droit n'a pas été prévu par ce code on peut y suppléer par toute procédure non incompatible avec les règles qu'il contient ou avec quelque autre disposition de la loi" (art. 20).

En matière de procédure, il n'existe pas de formules consacrées et obligatoires. Personne n'est plus soumis à la rigueur d'un formalisme étroit, comme la chose existait il y a quelques années, et que les Javert de la procédure exploitaient sans scrupule au risque de faire perdre irrémédiablement un droit. Par exemple, la partie qui ne faisait pas de procédure utile pendant une période de deux ans, c'est-à-dire dont l'avocat avait oublié de produire une procédure de nature à avancer le dossier, pouvait se faire débouter de sa demande sans qu'il soit de sa faute aucunement. Il suffisait à la partie adverse, à l'expiration de ce délai, de demander à la Cour le certificat de dernier errement (date de la dernière procédure) et de présenter ensuite une requête en péremption d'instance. La situation était sans issue: le juge renvoyait l'action et le demandeur ne pouvait plus se pourvoir car, la plupart du temps, la prescription avait également joué contre lui. Les compagnies d'assurance s'étaient spécialisées dans ce genre de procédure en matière de réclamations en dommages basées sur accidents d'automobiles.

En pratique, à la suite de cette procédure, l'avocat se voyait dans la désagréable obligation de rembourser à son client les dommages causés par son omission. La péremption est demeurée au code de procédure, mais on l'a rendue moins sévère. Le délai pour présenter la demande a été réduit de deux ans à un an, mais on ne prend plus l'avocat par surprise. Un amendement datant de 1963 lui permet de produire la procédure utile dans un délai de trente jours de la signification de la requête à cet effet.

Il peut être amusant de prendre connaissance du huitième rapport des commissaires responsables de l'ancien code: "On n'a point, écrivent-ils, à combattre en ce pays les opinions des utopistes qui ont prétendu que la procédure n'était qu'une entrave dans l'administration de la justice et seulement un rouage imaginé par les hommes de loi pour se procurer un moyen de subsistance. Ces idées qui ont pu avoir quelque faveur un certain temps n'attirent plus que le sourire, surtout depuis que les tentatives qu'on a faites pour les supprimer n'ont fait que rendre plus apparente l'utilité des formes dans l'administration de la justice. On connaît l'opinion exprimée à ce sujet par Napoléon, au Conseil d'Etat: "Les formes sont la garantie nécessaire de l'intérêt particulier; des formes à l'arbitraire il n'y a pas de milieu. C'étaient des temps barbares que ceux où les rois assis au pied d'un arbre jugeaient sans formalités."

Aujourd'hui, un droit ne se perd plus par surprise et il est toujours possible de remédier à la situation périlleuse dans laquelle une partie peut avoir placé l'autre. Le seul risque que celle-ci encourt est de payer les frais occasionnés par son oubli ou par l'acte de l'adversaire devenu subitement pressé.

Notre code de procédure civile en usage actuellement date de peu. Il est entré en vigueur le premier septembre 1966. Il s'agit d'un code complètement nouveau qui remplace celui de 1897. Suivant l'expression du comité chargé de sa refonte, il a été fait dans le but de "rendre la procédure plus simple, mieux adaptée aux besoins actuels et propre à assurer une justice plus expéditive et moins onéreuse".

2. Notions préliminaires

Nous verrons d'abord quelques notions préliminaires importantes puis nous suivrons une action ou une demande en justice du début jusqu'à la fin, en soulignant au passage les procédures qui peuvent s'y greffer.

A. Jours juridiques et calcul des délais

On entend par jours juridiques les jours où les tribunaux peuvent siéger et où il est permis d'accomplir des actes juridiques. Sont décrétés jours non juridiques les dimanches, le premier janvier, le Vendredi saint, le lundi de Pâques, le 24 juin, le premier juillet, le premier lundi de septembre, fête du Travail, le 25 décembre, le jour de l'anniversaire de naissance du Souverain et les jours fixés comme tels par proclamation du lieutenant-gouverneur en conseil.

Il est important de savoir cela dans le calcul des délais. Je reçois une action: la loi m'accorde un délai de 10 jours pour produire une comparution; si le dixième jour tombe un jour non juridique, je pourrai comparaître le lendemain ou le premier jour juridique qui suivra.

"Dans la computation de tout délai fixé par le code, le jour qui marque le point de départ (jour "a quo") n'est pas compté, mais celui de l'échéance (jour "ad quem") l'est." Un huissier me signifie une action le 8 octobre 1976 et, comme on le sait, la loi m'accorde un délai de 10 jours pour comparaître. Le 8 octobre 1976 sera le jour a quo et le 18 octobre suivant sera le jour ad quem. Le 8 n'est pas compté, mais le 18 l'est. Je devrai donc comparaître au plus tard le 18 octobre. Autrement, l'adversaire pourra faire enregistrer défaut contre moi.

"Les jours non juridiques sont comptés; mais lorsque le dernier jour est non juridique, le délai est prorogé au premier jour juridique suivant". Si l'action est signifiée le vendredi 8 octobre 1976, les dimanches 10 et 17 octobre suivants seront inclus dans le calcul des 10 jours. Si elle est signifiée le jour précédent, soit le 7 octobre, le défendeur calculera un jour de plus pour former les 10 jours et il ajoutera le 18 octobre. "Le samedi est assimilé à un jour non juridique, de même que le 2 janvier et le 26 décembre". Si l'action est signifiée le 6 octobre 1976, le dixième jour tombera le 16 suivant, un samedi. Dans ce cas, le défendeur aura jusqu'au 18 octobre inclusivement pour produire sa comparution. Ceci ne vaut que pour la computation des délais, car le samedi est un jour juridique et il est donc permis, ce jour-là, de faire des actes légaux comme les autres jours de la semaine. Il en est de même des 2 janvier et 26 décembre quand ils ne tombent pas un dimanche.

B. Qualité requise pour plaider

Celui qui forme une demande en justice soit pour obtenir la sanction d'un droit méconnu, menacé ou dénié, soit pour faire autrement prononcer sur l'existence d'une situation juridique, doit y avoir un intérêt suffisant. On dit avec raison, et ceci ne vaut pas seulement en loi, que l'intérêt est la mesure des actions.

Pour ester en justice, il faut avoir la liberté d'exercer ses droits et celui qui ne l'a pas ou qui en est privé doit être représenté, assisté ou autorisé, de la manière fixée par les lois qui régissent son état et sa capacité. Un étranger a droit d'ester en justice au même titre qu'un citoyen de la province de Québec ou d'une autre province du Canada. Le tribunal pourra cependant exiger de lui qu'il verse un cautionnement qui garantira le sérieux de sa demande.

Ce principe vaut pour les compagnies et même pour les groupes qui n'ont aucune existence légale. Il s'agit, dans le dernier cas, d'associations "bona fide" qui sont plus nombreuses qu'on ne pense dans notre province. On limitera cependant leur droit d'ester pour défendre aux actions seulement. Le mineur doit être représenté par son tuteur, l'interdit par son curateur, le faible d'esprit assisté de son conseil judiciaire et la femme mariée autorisée dans certains cas. Elle doit, par exemple, dans une instance en séparation de corps, être autorisée par le juge pour établir un nouveau domicile.

C. Les avocats et les parties

Nul n'est tenu de se faire représenter par un procureur devant les tribunaux. Mais en droit, comme dans tout métier ou toute profession, il est impensable que quelqu'un devienne subitement, du jour au lendemain, expert en une branche dont il ignorait la veille les règles les plus élémentaires. La science infuse n'existe pas. On voit mal un peintre remplir les offices d'un chirurgien et pratiquer une opération sur le corps humain. Il arrive qu'une personne gagne sa cause sans l'assistance d'un avocat. Il faut se réjouir de la chose, car cela veut dire que le succès de cette personne ne dépend pas tellement des talents d'avocat qu'elle a pu déployer, mais plutôt de la précaution avec laquelle le juge a entouré l'audition de l'affaire.

A Chicago, rapporte la revue *Time* du 9 mai 1977, un accusé de vol choisit de se défendre lui-même. Probablement en vertu de l'adage que la personne qui se défend elle-même s'est trouvée un imbécile comme client. Il décide de se faire entendre. Il s'installe dans la boîte aux témoins, boutonne son veston, toussote un peu pour s'éclaircir la voix et s'immobilise, prêt à faire face à la musique. Puis il se rend à la table des avocats et pose la question: "Monsieur l'accusé, que faisiez vous le 20 juillet 1976 à 7 heures du soir?" Ses paroles flottant encore dans l'air, il retourne aussitôt dans la boîte aux témoins pour demander, la main en cornet sur l'oreille: "Voulez-vous s'il vous plaît répéter la question?" Quoique cette scène représente assez bien ce qui se passe parfois à l'audience, il semble qu'elle n'ait pas eu l'heur de plaire aux membres du jury qui ne délibérèrent que deux minutes avant de le déclarer coupable.

Dans une autre cause, l'accusé veut contredire le témoin principal qui affirme catégoriquement l'avoir vu commettant un vol à tel endroit. Le témoin ne bronche pas sous le flot des questions. A la fin, excédé, l'accusé laisse tomber: "Comment avez-vous pu me voir: à ce moment-là, je portais une cagoule!"

Au Québec, rien ne justifie qu'un accusé assume luimême sa propre défense. S'il est dans le besoin, il peut obtenir les services gratuits d'un avocat; s'il est capable financièrement de se procurer les services d'un homme de loi, il doit comprendre qu'il n'a aucun intérêt à faire cavalier seul.

Quand il s'agit de plaider au nom d'autrui, la loi exige l'intermédiaire d'un avocat. C'est le cas pour les corporations, pour le curateur public, les syndics, gardiens, liquidateurs, séquestres, et autres représentants d'intérêts collectifs, lorsqu'ils agissent en cette qualité. Même chose pour les agents de recouvrement et les acheteurs de comptes, relativement aux créances qu'ils sont chargés de recouvrer ou dont ils se sont portés acquéreurs, pour les associations de bonne foi et enfin pour les tuteurs, curateurs et autres représentants de personnes qui n'ont pas le libre exercice de leurs droits. Cela se comprend, car, là, il n'est plus question de représentation personnelle. Seuls les avocats, généralement, et les notaires, dans certains cas — dans les matières non contentieuses entre autres que nous verrons plus loin — sont autorisés par la loi à plaider pour les autres. Par exception, la loi favorisant l'accès à la justice permet au créancier ou au débiteur de se faire représenter, gratuitement et sur mandat écrit, par un parent ou un allié ou, à défaut de parent et d'allié dans le district judiciaire, par un ami. Devant le tribunal qui dispose des petites créances, l'avocat ne peut représenter personne, même gratuitement, sauf lui-même!

L'avocat n'a jamais joui d'une bonne presse auprès du public. Il est vrai qu'il oeuvre dans un domaine où des droits sont ouvertement contestés et qu'il doit épouser les querelles de ses clients. Ce qui ne va pas sans créer des ressentiments sérieux. Le client lui apporte souvent une cause gâchée à l'avance par ses tentatives malhabiles et malheureuses de la régler lui-même et il lui demande toujours d'accomplir des miracles de science juridique. Si d'aventure le miracle se produit, l'avocat en retire rarement le mérite: la cause étant devenue claire et limpide aux yeux du client, la Cour n'a fait que reconnaître un bon droit évident. S'il perd la cause, c'est qu'il l'a mal préparée ou qu'il a fait avec l'adversaire des tractations cachées, inavouables et malhonnêtes.

Règle générale, une moitié des justiciables croient en la justice et l'autre moitié n'y croient pas. Et le jugement est sans appel. Pour l'excellente raison que la plupart d'entre eux n'ont eu affaire avec la justice qu'une fois dans leur vie et qu'ils ont gagné ou perdu leur procès.

S'il est une profession contrôlée chez nous quant à l'acte professionnel, c'est bien celle de l'avocat. Le Barreau de la province de Québec est doté d'un comité de discipline créé en vertu du code des professions (L.du Q. 1973, ch. 43) qui étudie les plaintes de clients qui se sentent lésés par les actes de l'avocat et qui applique les correctifs que nécessite chaque cas particulier. L'avocat doit également tenir une comptabilité fidèle des sommes qu'il perçoit ou qui lui sont confiées et les déposer en fiducie dans un compte séparé du sien. Si l'avocat ne se conforme pas à cette directive, il risque d'encourir des sanctions sévères. Selon la gravité des offenses qui lui sont reprochées, il peut être suspendu de son droit de pratique pour une période déterminée ou à vie. Et les noms des avocats ainsi suspendus ou rayés du Tableau de l'Ordre sont affichés dans tous les palais de justice de la province. Le Barreau du Québec a même constitué un fonds destiné à rembourser aux clients spoliés les montants que l'avocat a pu s'approprier à leurs dépens.

Peu de professions, faut-il le reconnaître, emploient des moyens aussi sévères pour assurer la protection du public.

D. L'aide juridique

Le code de procédure consacrait un chapitre à l'égard de l'assistance judiciaire. La loi de l'aide juridique (bill 10), sanctionnée le 8 juillet 1972, l'a remplacé. Il s'agit d'une loi spéciale dont le but est de faciliter à une personne économiquement défavorisée l'accès aux tribunaux, aux services professionnels d'un avocat ou d'un notaire et à l'information nécessaire sur ses droits et obligations. Auparavant, les avocats, les barreaux de districts et quelques cliniques légales dispensaient bien gratuitement certains services juridiques aux citoyens démunis, avec des ressources de fortune. Au niveau de la collectivité, la charité privée et l'assistance personnelle ont toujours été des moyens limités, inefficaces et paternalistes et il appartenait à l'Etat de prendre à sa charge le problème de l'aide juridique. Cette loi, en plus de créer une Commission des services juridiques, a prévu la formation de corporations d'aide juridique. La Commission, composée de 12 membres, est chargée d'appliquer la loi à l'échelle de la province. Les corporations d'aide juridique, instituées par la Commission dans chacune des régions administratives du Québec, ont le devoir de fournir les services juridiques aux personnes économiquement défavorisées. Une personne économiquement défavorisée est toute personne qui, au jugement de la Commission ou, selon le cas, d'une corporation d'aide juridique, n'a pas les moyens pécuniaires suffisants pour exercer un droit, obtenir un conseil juridique ou retenir les services d'un avocat ou d'un notaire sans se priver des moyens nécessaires de subsistance.

Toute personne qui bénéficie de l'aide sociale est admissible à l'aide juridique. Sont également admissibles, les personnes qui répondent aux conditions suivantes:

taille de famille	revenus bruts hebdomadaires n'excédant pas
une personne seule	**$115.**
une personne seule avec 1 dépendant	**$130.**
une personne seule avec 2 dépendants	**$140.**
une personne seule avec 3 dépendants	**$155.**
une personne seule avec 4 dépendants	**$165.**
une personne seule avec 5 dépendants	**$180.**

$10. pour chaque dépendant supplémentaire

un couple (l'homme et la femme qui sont mariés et cohabitent, ou qui vivent ensemble maritalement)	**$130.**
un couple avec 1 dépendant	**$145.**
un couple avec 2 dépendants	**$155.**
un couple avec 3 dépendants	**$170.**
un couple avec 4 dépendants	**$180.**
un couple avec 5 dépendants	**$195.**

$10. pour chaque dépendant supplémentaire

La loi de l'aide juridique dispense le bénéficiaire du paiement des honoraires des hommes de loi, des déboursés de cour ou des droits requis par un régistrateur, des honoraires d'huissiers ou de sténographes et des frais d'experts. L'application de cette loi a apporté d'heureux résultats en corrigeant des situations pénibles. Il est à espérer que le législateur l'étende à tous les citoyens, sans exception, comme la chose existe à l'égard des services médicaux. Question d'argent qui entraîne des hausses de taxes. Reste à savoir si nous sommes prêts à y mettre le prix.

E. Lieu d'introduction de l'action

Il existe des règles qui fixent l'endroit, et à toutes fins pratiques le district judiciaire, où l'action doit être intentée. L'action purement personnelle est portée "devant le tribunal du domicile réel du défendeur, ou devant celui de son domicile élu". Nous avons vu cela lors de l'étude du code civil.

"Devant le tribunal du lieu où toute la cause d'action a pris naissance; ou, dans le cas d'une action fondée sur un libelle de presse, devant le tribunal du district où réside le demandeur, lorsque l'écrit y a circulé." Un accident se produit à Trois-Rivières entre un automobiliste domicilié à Québec et un autre domicilié à Sherbrooke. La cause d'action a pris naissance à Trois-Rivières. Si l'automobiliste de Québec décide de poursuivre celui de Sherbrooke, il pourra introduire son action dans le district de Trois-Rivières ou dans le district de Saint-François. Si c'est l'automobiliste de Sherbrooke qui poursuit, il aura le choix entre les districts de Trois-Rivières et de Québec.

"Devant le tribunal du lieu où a été conclu le contrat qui donne lieu à la demande. Le contrat d'où résulte une obligation de livrer, et qui a été négocié par l'entremise d'un tiers qui n'était pas le représentant du créancier de cette obligation, est tenu pour avoir été conclu au lieu où ce dernier a donné son consentement." Cela est conforme aux règles des contrats et à la jurisprudence qui a été établie sur la question.

L'action réelle et l'action mixte peuvent être portées soit devant le tribunal du domicile du défendeur, soit devant celui du district où est situé, en tout ou en partie, le bien en litige.

Si l'action est formée contre plusieurs défendeurs domiciliés dans des districts différents, elle peut être portée au tribunal devant lequel l'un ou l'autre pourrait être assigné, s'il s'agit d'une action personnelle ou mixte; mais s'il s'agit d'une action réelle, elle doit être portée devant le tribunal du lieu où est situé l'objet en litige.

Le défendeur, qui a été convoqué devant un tribunal autre que celui où il aurait dû normalement l'être, peut, en invoquant l'article 163 du code de procédure civile, décliner la juridiction du tribunal devant lequel il a été assigné et demander le renvoi devant le tribunal compétent. Lui seul a le droit de se plaindre de la chose. S'il n'exerce pas ce privilège, le tribunal ne pourra pas intervenir d'office et devra entendre et juger la cause dont il a été saisi.

3. L'action

Une action commence par un bref d'assignation au nom du Souverain, qui ordonne à un défendeur de comparaître devant la Cour qui y est désignée pour répondre à une réclamation dirigée contre lui. Ce sera, suivant le montant ou l'objet de la demande, ou la Cour provinciale ou la Cour supérieure. Ce bref est préparé en deux exemplaires, par le demandeur ou par son avocat, sur des formules fournies par le ministère de la Justice et que l'on peut se procurer aux greffes des Cours. L'objet de la demande et ses causes doivent être exposés dans le bref même ou dans une déclaration qui y est jointe. Les allégués de la déclaration, habituellement numérotés, conduisent aux conclusions que le demandeur veut obtenir du tribunal.

Pour soutenir une procédure, il est souvent nécessaire d'invoquer des documents. On dit alors que les documents seront produits à l'enquête ou qu'ils font partie intégrante de la procédure. Dans le premier cas, ils seront cotés à l'enquête par l'officier de la Cour et, dans le deuxième cas, c'est la partie elle-même qui les numérotera. Le demandeur cotera ses documents comme suit: P-1, P-2, etc. (la lettre "P" étant la première du mot anglais "plaintiff"); le défendeur, comme suit: D-1, D-2, etc.; le requérant et l'intimé (défendeur sur une requête): R-1, R-2, etc.; ou I-1, I-2, etc. La partie établira ensuite un résumé des documents qu'elle aura produits dans une procédure appelée "liste des pièces" ou "inventaire".

Le bref ainsi préparé est apporté au greffe de la Cour.

L'un des exemplaires est numéroté, signé et scellé par le protonotaire ou le greffier suivant que l'action est intentée en Cour supérieure ou en Cour provinciale, ou par un officier autorisé à cet effet, et commence le dossier qui restera à la Cour. Il est placé dans une chemise sur laquelle les officiers inscrivent le numéro déjà donné et les noms des parties. L'autre, après avoir été timbré par le caissier, est remis au demandeur ou à son avocat qui en fera lui-même une copie pour fin de signification à la partie poursuivie, le défendeur. A la suite d'une heureuse initiative du ministre de la Justice, il est plus facile maintenant de distinguer chacune de ces procédures. Chose presque révolutionnaire, on a pensé à mettre un peu de couleur dans l'administration de la justice! L'exemplaire du bref destiné à la Cour et qui commence le dossier est rose, celui qui porte le timbre, et sur lequel l'huissier doit dresser son procès-verbal de signification, blanc et la copie préparée à l'intention du défendeur, jaune.

Depuis le premier janvier 1974, le numérotage des procédures est codé. Il comprend 13 chiffres: les trois premiers indiquent le greffe d'où émane la procédure, les deux suivants la juridiction, les 6 autres servent à l'identification de la procédure et les deux derniers à la mention de l'année.

Ainsi, le nombre

400 05 000001 76

signifie que l'action provient du greffe de Trois-Rivières, qu'elle a été intentée en Cour supérieure et qu'elle est la première de l'année 1976.

Le chiffre 700 correspond au greffe de St-Jérome, le chiffre 500 à celui de Montréal, le chiffre 550 à celui de Hull, le chiffre 450 à celui de Sherbrooke, le chiffre 100 à celui de Rimouski et le chiffre 200 à celui de Québec.

01 indique les causes criminelles
02 " les causes civiles en Cour provinciale
05 " les causes en Cour supérieure
09 " les causes en appel en matière civile
14 " les procédures non contentieuses, etc.

Le numérotage des procédures recommence à 1 au début de chaque année. Par exception, on ne sait trop pourquoi, le numérotage des procédures de divorce se poursuit d'année en année. Depuis le 1er avril 1976, selon les exigences de l'article 119a, le bref doit contenir pour l'information du défendeur, le texte suivant:

Avis au défendeur.

1) Ce document indique qu'une action est prise contre vous.
2) Cette action peut entraîner une condamnation à votre égard.
3) Il est important que vous agissiez dans le délai mentionné dans ce document
    a) soit en vous adressant à un avocat qui peut vous représenter et agir en votre nom,
    b) soit en vous rendant vous-même au palais de justice pour y remplir une formule de comparution. Vous pourrez alors par la suite contester cette action dans les délais légaux.
4) Si vous n'agissez pas dans le délai mentionné dans ce document, personnellement ou par avocat, le demandeur aura droit d'agir en votre absence et le juge pourra alors rendre un jugement sans que vous en soyez avisé.

A. Les timbres judiciaires

La province de Québec impose des droits sur toutes procédures qui émanent de chacune des cours. Sur paiement des droits, le caissier du greffe y appose des timbres de loi imprimés au montant requis. C'est un signe qui en garantit l'authenticité. Un tarif, en vigueur depuis le 1er septembre 1971, détermine le coût des procédures par classes d'actions.

Il y a quatre classes d'actions:

1 — Les actions dont le montant ou la valeur en litige se situent entre $1.00 et $500.00 exclusivement.

2 — Les actions dont le montant ou la valeur en litige se situent entre $500.00 et $3,000.00 exclusivement.

3 — Les actions dont le montant ou la valeur en litige se situent entre $3,000.00 et $50,000.00 exclusivement.

4 — Les actions dont le montant ou valeur en litige est de $50,000.00 ou plus.

D'autre part, toutes les procédures sont groupées en trois paliers: celui de la procédure introductive, celui de l'inscription, et celui de l'exécution. Ainsi, un bref d'action pour un montant de $5,000.00 sera de la classe 3, premier palier, et coûtera $15.00. Le coût des timbres judiciaires n'est pas exorbitant en regard des montants réclamés sur les procédures.

B. La signification

"Il ne peut être prononcé, dit l'article 5, sur une demande en justice sans que la partie contre laquelle elle est formée ait été entendue ou dûment appelée." C'est la raison de la signification. La signification est un moyen prévu par la loi pour avertir une partie d'une réclamation dirigée contre elle ou d'une procédure faite par son adversaire au cours d'un procès. A cette fin, le législateur à créé la fonction d'huissier.

Nul ne peut agir à titre d'huissier, ni exercer les fonctions d'huissier s'il ne détient un permis à cet effet. Pour obtenir le permis requis, le candidat doit "avoir passé avec succès l'examen du ministère de la justice démontrant une connaissance suffisante... des dispositions pertinentes du code de procédure civile ainsi que des lois ou matières connexes, établir sa probité et sa compétence et répondre aux autres exigences requises par la loi". L'huissier est désormais soumis au contrôle et à la surveillance du ministre de la justice. Auparavant, il était nommé sur requête présentée à un juge de la Cour supérieure et la personne qui avait à se plaindre de ses agissements devait elle-même entamer les procédures pour obtenir sa disqualification. Il était temps de protéger le public et de chasser les loups de la bergerie. Aujourd'hui, il n'est plus question pour l'huissier d'exercer en dilettante: il est devenu un officier au service de la justice.

Pour signifier une action, l'huissier se présentera au domicile du défendeur, laissera à ce dernier la copie préparée par l'avocat et qui lui est destinée, sur laquelle il aura noté, sous sa signature, la date et l'heure de la signification et dressera sur la foi de son serment d'office un rapport ou procès-verbal à cet effet sur le verso de l'exemplaire scellé et timbré par la Cour. Il inscrira également, sur le rapport, le coût de la signification et du millage nécessairement parcouru à cette fin, suivant ce que lui accorde le tarif auquel il est soumis.

L'huissier ne peut exploiter dans les affaires où il a intérêt, ni dans celles qui concernent ses parents et alliés jusqu'au degré de cousin germain inclusivement sous peine de suspension. Il n'est pas nécessaire que l'action soit signifiée au défendeur en personne. Il suffit que la copie soit laissée à son intention aux soins d'une personne raisonnable de son domicile ou de sa résidence ordinaire et qui y réside. La signification peut encore être faite au domicile élu par convention. Quand on signifie au destinataire lui-même, on peut le faire n'importe où. Si la signification est faite à une personne raisonnable, ce doit être toujours au domicile ou à la résidence ordinaire du défendeur. Il faut dire qu'un shérif peut agir au même titre qu'un huissier, mais il est rare qu'il le fasse, ses activités en ce domaine se résumant à la vente des immeubles en justice. Il arrive que le destinataire d'un acte refuse d'en recevoir copie. Le refus sera alors constaté sur l'original du bref et la signification est censée avoir lieu à ce moment. Et l'officier instrumentant effectue la signification en laissant une copie de l'acte par tout moyen approprié.

Aux endroits où il n'y a ni shérif ni huissier capable d'agir, la signification peut être faite par tout résident majeur qui devra faire assermenter son rapport, exigence logique, mais qui ne rend pas le moyen facile ou par le moyen plus simple du courrier recommandé ou certifié. Dans ce cas, le rapport de la signification se fera par une déclaration assermentée de l'expéditeur, attestant l'accomplissement par lui des formalités prévues par l'article 140 (envoi de la copie de l'acte à signifier à son destinataire, à la dernière adresse connue de sa résidence ou de sa place d'affaires). A la déclaration, on attachera, pour le courrier recommandé, le reçu du maître de poste et l'avis de réception et, pour le courrier certifié, l'avis de livraison. Quand on ne peut atteindre le défendeur par les voies ordinaires, la loi accorde au protonotaire ou au greffier, et aux juges des Cours que ces officiers représentent, le pouvoir de permettre, par ordonnance, des modes de signification spéciaux. L'éventail de ces modes dépendra des circonstances. Les plus usuels sont par avis publics dans les journaux et par courrier recommandé ou certifié.

Quand une partie a son domicile ou sa résidence ordinaire dans une province du Canada, le juge ou l'officier en charge de la Cour intéressée peut permettre qu'une signification lui soit faite par toute personne majeure qui devra en faire rapport sous serment. A remarquer que ce mode est semblable à celui qui est prévu aux endroits où il n'y a ni shérif ni huissier, avec la différence toutefois que, dans ce dernier cas, aucune ordonnance préalable n'est nécessaire.

Si un défendeur se cache ou semble se soustraire à la signification, on émettra une ordonnance permettant à l'huissier de signifier la procédure en la glissant, avec une copie de l'ordonnance, sous l'huis de son domicile ou de sa résidence, ou en la mettant simplement dans sa boîte aux lettres. Et l'huissier fera un rapport conforme à ce mode de signification. On voit là le soin extrême qu'a pris le législateur pour qu'un défendeur ou une partie ne soit jamais pris par surprise. Pour que les justiciables ne soient pas dérangés à toute heure du jour ou de la nuit, le code a fixé des heures pendant lesquelles toute signification doit être faite: entre 7 heures du matin et 10 heures du soir. Des raisons spéciales permettront cependant de déroger à cette règle. Dans le cas où le défendeur se cache ou semble se soustraire, on accordera le droit de signifier en dehors des heures prévues et même aux jours non juridiques.

Le but qu'on poursuit en se servant des modes spéciaux de signification, c'est d'atteindre le défendeur. Un résident de New-York endommage mon automobile alors qu'il est de passage à Trois-Rivières. S'il néglige de payer la réparation, je peux à mon choix intenter la procédure à Trois-Rivières ou à New-York. Comme je n'ai pas à pousser la délicatesse à l'extrême, la décision est facile à prendre: je poursuis à Trois-Rivières. Pour les fins de la signification, je peux demander au juge ou au protonotaire la permission qu'elle soit faite par la voie des journaux "publiés dans la localité où le défendeur est appelé à comparaître" (art. 139 c.p.c.). J'aurai suivi la loi mais il est fort probable que le défendeur ne prenne jamais connaissance de l'avis public paru dans le Nouvelliste. J'obtiens jugement et je le fais exemplifier dans l'Etat de New-York. Sur saisie, je cours le risque d'être mis en face d'une demande en rétractation si le défendeur prouve qu'il n'a pas eu connaissance des procédures que j'ai dirigées contre lui et qu'il entend plaider qu'il n'est en rien responsable des dommages que je veux lui faire supporter. Il sera plus prudent de ma part de m'assurer que l'adversaire a bel et bien été mis au courant de l'action ou encore de songer à obtenir un mode de signification plus approprié. Dans la circonstance, le courrier recommandé ou certifié atteindra probablement mieux la personne visée.

C. Options du défendeur

La signification faite, le demandeur devra agir en conséquence du mutisme ou des réactions du défendeur. Il pourra se produire trois choses: le défendeur ne comparaît pas; il comparaît mais ne plaide pas; il comparaît et plaide. Le délai accordé à un défendeur pour comparaître est de 10 jours. La comparution n'est pas une procédure compliquée. Elle consiste à donner signe de vie. L'avocat emploie la formule suivante: "Je comparais pour le défendeur en cette cause, sous toutes réserves que de droit." Et la comparution est produite au dossier.

a) Il ne comparaît pas

Si le défendeur ne fait aucune comparution, en d'autres termes, s'il ne donne aucun signe de vie à la suite de la signification de l'action dirigée contre lui, le demandeur, pour obtenir jugement, devra retourner au greffe l'exemplaire qui y a été timbré et sur lequel l'huissier instrumentant a dressé son procès-verbal de signification. C'est le rapport du bref. C'est le fait de remettre le document au greffe et d'y faire apposer le sceau de production. Puis le bref, sera classé dans le dossier de la cause. Sur vue du procès-verbal de l'huissier, les officiers de la Cour constateront l'expiration des délais et enregistreront défaut de comparution le onzième jour. Dès lors, le demandeur inscrira pour "jugement par défaut".

Le demandeur n'est pas soumis à des délais fixes pour rapporter l'original du bref et de la déclaration. Il ne le produit que s'il veut obtenir jugement. Dans une cause contestée, il doit le produire avant le jour de l'enquête à moins que le défendeur ou une autre partie au litige ne lui en ait fait auparavant la demande par écrit.

b) Il comparaît, mais ne plaide pas

Le défendeur comparaît et ne produit pas de défense. Celle-ci doit être produite dans les 10 jours de l'expiration du temps fixé pour comparaître.

Dans ce deuxième cas, le demandeur rapportera le bref, fera enregistrer défaut de plaider et inscrira "pour jugement ex parte" après avis au défendeur ou à son avocat d'au moins deux jours juridiques francs de la date où il sera procédé sur cette inscription. Semblable avis n'est pas requis si le défendeur est en défaut de comparaître.

c) Il comparaît et plaide

Le défendeur comparaît et plaide. Dans ce dernier cas, il produira une défense après avoir fait signifier copie au demandeur. Entre procureurs, on s'échange les procédures en inscrivant, avec lieu et date sur les originaux: "reçu copie pour valoir signification". Les procédures écrites de contestation terminées, le demandeur ou le défendeur inscrira la cause pour enquête et audition.

1a) L'interrogatoire préalable

Avant ou après la production de sa défense, le défendeur pourra se prévaloir de l'interrogatoire préalable pour juger du sérieux de la demande. "Dans toute cause susceptible d'appel, de même que dans toute autre cause où la valeur de l'objet en litige n'est pas inférieure à deux cents dollars, le défendeur, après avis d'un jour franc aux procureurs des autres parties, peut assigner à comparaître devant le juge ou le protonotaire, pour y être interrogé sur tous les faits se rapportant à la demande:

1 — le demandeur, son agent, employé ou officier, et,

2 — dans une action en responsabilité, la victime, de même que toute personne impliquée dans la commission du fait dommageable;

3 — la personne pour laquelle le demandeur réclame en qualité de tuteur ou de curateur, de même que celle pour laquelle il agit comme prête-nom ou de qui il tient ses droits par cession, subrogation ou autre titre analogue.

A moins d'une permission du juge ou du protonotaire, cet interrogatoire doit avoir lieu dans le délai fixé pour la production de la défense."

Ce même droit est accordé au demandeur, à l'égard de la partie défenderesse ou de toute autre partie, après la production de la défense.

La défense produite, le demandeur aura, à son tour, dix jours pour répondre. Par la demande, la défense, et la réponse se trouvant au dossier, la contestation est liée. Sur autorisation du juge, le défendeur pourra ajouter une réplique. Par la suite, l'une ou l'autre des parties inscrira la cause pour enquête et audition.

2a) Moyens préliminaires

Toutefois, avant de plaider au fond, c'est-à-dire avant de produire sa défense, le défendeur pourra invoquer des moyens préliminaires dans les 5 jours de l'expiration du délai prévu pour comparaître. S'il a été assigné devant un tribunal autre que celui où la demande aurait dû être portée, il aura le droit de demander le renvoi de l'action devant le tribunal compétent ou à défaut, le rejet de la demande. Il opposera, le cas échéant, l'irrecevabilité de la demande et conclura à son rejet s'il y a litispendance (si un procès est déjà pendant pour la même cause d'action) ou chose jugée, si l'une ou l'autre des parties est incapable ou n'a pas qualité, si le demandeur n'a manifestement pas d'intérêt et si la demande n'est pas fondée en droit (par exemple, si le demandeur réclame le montant d'un billet non encore échu). Enfin, le défendeur, dans les cas prévus à l'article 168, se servira de moyens dilatoires pour demander l'arrêt de la poursuite pour le temps fixé par la loi ou par le jugement qui sera énoncé en conséquence. Les moyens préliminaires sont proposés par requête. Si après jugement sur les moyens préliminaires, la cause doit se continuer, le défendeur produira sa défense. Dans certains cas, on exige que celle-ci soit produite en même temps que la requête proposant les moyens préliminaires.

3a) L'affidavit requis sur certaines défenses

De plus, certaines défenses doivent être appuyées d'un affidavit. Sinon, elles sont réputées non avenues. Il s'agit des défenses produites aux actions sur compte pour services rendus ou marchandises vendues et livrées, fondées sur lettre de change, chèque, billet à ordre ou reconnaissance de dette, en réclamation de salaire ou de loyer ou en remboursement d'un prêt d'argent et en recouvrement de taxes, contributions, cotisations imposées par une loi de cette province ou en vertu de quelqu'une de ses dispositions. L'affidavit requis doit être rédigé à la première personne et attester que la défense est sincère et que les faits allégués sont vrais, et, si celle-ci est fondée sur le défaut de présentation régulière pour paiement d'une lettre de change, d'un chèque ou d'un billet à ordre, il atteste de plus qu'à l'époque de l'échéance il y avait provision au lieu voulu. L'affidavit est également exigé à l'article 89 pour appuyer la dénégation de la signature ou d'une partie importante d'un écrit sous seing privé, ou celle de l'accomplissement des formalités requises pour la validité d'un écrit, la prétention des héritiers ou représentants légaux du signataire d'un des écrits déjà énumérées qu'ils ne connaissent pas l'écriture ou la signature de leur auteur, et la dénégation d'un document visé à l'article 1220 du code civil. Cet article traite des écrits faits hors la province de Québec. Sur défaut de l'affidavit requis, les écrits prévus à l'article 89 sont tenus pour reconnus ou les formalités pour accomplies, selon le cas.

Nous serons donc en face d'inscriptions pour jugements par défaut, ex parte et, après contestation, pour enquête et audition.

D. Juridictions

Ici, il faut parler des matières en litige, des juridictions et des pouvoirs accordés aux juges de la Cour supérieure et au protonotaire. On l'aura remarqué: que l'action soit intentée en Cour supérieure ou en Cour provinciale, on applique les mêmes règles de procédures. Ainsi, quand le code de procédure parle de la Cour supérieure, de ses juges et du protonotaire, il englobe aussi les activités de la Cour provinciale, de ses juges et du greffier de cette cour. L'alinéa f de l'article 4 définit le mot "protonotaire" comme suit: "non seulement le protonotaire de la Cour supérieure, mais aussi le greffier d'une autre cour à laquelle la disposition est applicable".

D'habitude c'est le montant en jeu qui détermine les juridictions des Cours supérieure et provinciale et les pouvoirs de ceux qui les exercent (Cour supérieure: $3,000.00 et plus, Cour provinciale: moins de $3,000.00). Si le législateur a confié à la Cour supérieure le soin d'entendre les causes en séparation de corps ou a accordé à la Cour provinciale l'autorité de connaître des actions en recouvrement de taxes, c'est par exception qu'il l'a fait.

Règle générale, la loi accorde au protonotaire ou au greffier le pouvoir de rendre jugement dans les causes qui ne sont pas contestées et dont la preuve est au dossier, c'est-à-dire, seulement sur défaut de comparaître ou de plaider, jamais quand il y a une preuve à faire, par exemple, pour déterminer le quantum d'un dommage ou pour établir la responsabilité d'une partie. Sur confession, cependant, il pourra le faire même si la contestation a déjà été engagée.

L'article 194 énonce l'étendue de ce pouvoir: "Peuvent seules être inscrites pour jugement par le protonotaire les actions en recouvrement de deniers, fondées sur:

1 — un écrit authentique ou sous seing privé;

2 — une convention verbale pour le paiement d'un montant déterminé;

3 — un compte détaillé pour services rendus ou marchandises vendues ou livrées. Cette inscription doit être assortie d'un affidavit attestant que le montant réclamé est dû par le défendeur au demandeur.

Le protonotaire rend jugement sur le vu de l'affidavit et de la pièce sur laquelle l'action est fondée".

L'affidavit est une déclaration écrite appuyée du serment du déclarant ou de son affirmation solennelle, dans le cas où elle est permise par l'article 299, reçue et attestée par toute personne autorisée par la loi à recevoir un serment. L'artcile 299 permet l'affirmation solennelle dans les cas où une personne se refuse à prêter serment pour le motif qu'elle n'a pas de croyance religieuse ou que sa croyance s'y oppose.

a) Le serment ou l'affirmation solennelle

Le serment ou l'affirmation solennelle énonce que, dans le témoignage que l'on rendra, on s'engage à dire la vérité, toute la vérité et rien que la vérité. Dans une déclaration écrite et signée (affidavit), on atteste la vérité des faits qui y sont mentionnés. Les personnes autorisées à recevoir le serment ou l'affirmation solennelle sont celles que la loi des tribunaux judiciaires nomme spécialement à cette fin ou celles qui, à cause de leurs fonctions, peuvent exercer ce pouvoir (S.R.Q. 1964 ch. 20, particulièrement l'amendement apporté par le chapitre 17, L. du Q. 1965.)

Les commissaires à l'assermentation ont remplacé, en 1965, les commissaires de la Cour supérieure qui étaient désignés sur requête présentée à un juge de cette cour. La nomination du commissaire à l'assermentation se fait par commission sous le sceau du ministre de la Justice (art. 223). Celui-ci peut restreindre le pouvoir du commissaire à un district judiciaire déterminé ou l'étendre à tous les districts judiciaires du Québec. Un registre de ces nominations est tenu par le protonotaire de la Cour supérieure de chaque district judiciaire. Le ministre de la Justice peut également nommer des personnes qui résident en dehors de la province de Québec pour y faire prêter le serment aux fins d'une procédure dans une cour de cette province ou de tout document de nature à engendrer des effets juridiques.

La loi des tribunaux judiciaires détermine les personnes qui, à cause des fonctions qu'elles exercent, sont autorisées à recevoir le serment ou l'affirmation solennelle. Ce sont: (art. 228)

a) le protonotaire ou greffier d'une cour de justice ou son adjoint;
b) le maire et le greffier ou secrétaire-trésorier de toute municipalité;
c) le curé ou ministre du culte autorisé à tenir les registres de l'état civil dans tout territoire non érigé en municipalité;
d) les membres du Barreau inscrits au tableau de l'ordre comme avocats en exercice;
e) les notaires en exercice;
f) les juges de paix.

Toute personne, détenant un brevet d'officier dans les forces armées du Canada et ayant le rang de major ou un rang équivalent ou supérieur, est autorisée à faire prêter, au Québec, à toute personne enrolée dans les forces armées du Canada, le même serment qu'un commissaire nommé en vertu de l'article 223, ou à en recevoir la même affirmation solennelle.

Les personnes suivantes qui se trouvent à l'extérieur de la province de Québec sont ex officio autorisées à recevoir une déposition sous serment ou une affirmation solennelle: (art. 229)

a) un agent général ou un délégué général de la province;
b) un notaire public sous ses seing et sceau d'office;
c) le maire ou le magistrat en chef d'une cité, d'une ville ou d'un bourg sous le sceau de cette cité, de cette ville ou de ce bourg.
d) le juge d'une cour supérieure d'une province du Canada ou d'un autre territoire britannique;

e) un consul, vice-consul, consul temporaire, proconsul ou agent consulaire du Canada ou de Sa Majesté exerçant ses fonctions en pays étranger.

Il en est de même d'une déposition sous serment ou d'une affirmation solennelle reçue en dehors du Québec d'une personne enrôlée dans les forces armées du Canada par une personne détenant un brevet d'officier dans les forces armées du Canada et ayant le rang de major ou un rang équivalent ou supérieur.

L'agent de la paix est compétent pour faire prêter le serment ou pour recevoir l'affirmation solennelle prouvant la délivrance d'une citation à comparaître en vertu du code criminel.

Semblable incapacité d'agir à celle des huissiers existe à l'égard des commissaires à l'assermentation quant à leurs parents et alliés.

Les pouvoirs qui sont ainsi accordés se bornent-ils à faire prêter le serment ou à recevoir l'affirmation solennelle? Le troisième alinéa de l'article 227 de la loi des tribunaux judiciaires laisse entendre qu'un commissaire à l'assermentation ou un juge de paix puisse détenir, dans certains cas, la capacité de faire prêter le serment d'office. Il se lit comme suit: "Cependant, ces commissaires ne peuvent faire prêter un serment d'office ou recevoir une affirmation solennelle qui en tient lieu sauf dans les cas où la loi permet que ce serment soit prêté devant un commissaire de la Cour supérieure ou devant un juge de paix". Comme on le verra plus loin, le code municipal permet au commissaire à l'assermentation et au juge de paix de recevoir les serments d'office du maire et des conseillers.

Soulignons que le commissaire à l'assermentation ne peut pas recevoir les serments qui ont trait à une plainte criminelle ou statutaire ou qui sont requis pour l'émission d'un mandat de perquisition. Ce domaine est réservé à ceux qui possèdent les pouvoirs de juge de paix.

Une question revient périodiquement: le greffier-audiencier a-t-il le pouvoir d'assermenter les témoins? S'il est officier de justice, c'est-à-dire s'il détient et exerce par ses fonctions des pouvoirs judiciaires, il est habilité, sans plus de formalité, à faire prêter le serment, selon l'article 228, comme adjoint du protonotaire ou du greffier. Sont officiers de justice, les personnes qui posent des actes demandant l'exercice d'un pouvoir juridictionnel ou discrétionnaire, comme celui de rendre jugement, de taxer un mémoire de frais ou de nommer un tuteur. Dans les palais de justice, on reconnaît l'officier de justice par la classification qui lui est accordée par la Commission de la fonction publique. Il est technicien judiciaire, ou il a charge d'un greffe ou d'une section de greffe. Le technicien judiciaire ne détient que des pouvoirs judiciaires alors que la personne chargée d'un greffe supporte, en plus, la responsabilité administrative d'un groupe plus ou moins important d'employés. Le directeur III s'occupe du greffe des petites créances situé au chef-lieu du district, le directeur II oeuvre dans une cour de comté et le directeur-adjoint II administre un secteur déterminé, celui du civil ou celui du pénal, et le directeur local supervise le tout.

Il arrive souvent, dans les petits districts, qu'un agent de bureau serve de greffier-audiencier. Plus, la fonction de greffier-audiencier existe à titre de classification. Comme tels ces employés ne sont pas autorisés à recevoir les serments. Ils ne sont pas adjoints du protonotaire ou du greffier et ne détiennent pas, comme eux, les pouvoirs du commissaire à l'assermentation. Comment peuvent-ils agir? Le deuxième alinéa de l'article 44 du code de procédure à prévu le cas: "Pour l'exécution de ses fonctions à l'audience, pour recueillir les dépositions des témoins, pour délivrer des expéditions de documents dont il a la garde, et, d'une façon générale, pour tous les actes qui ne demandent pas l'exercice d'un pouvoir juridictionnel ou discrétionnaire, le protonotaire (ou le greffier) peut être suppléé par les membres de son personnel qu'il désigne".

L'article 44 ne dit pas carrément que le protonotaire a le pouvoir d'autoriser les membres de son personnel à recevoir les serments des témoins à l'audience; il n'emploie que l'expression "recueillir les dépositions des témoins". Le rapport des commissaires à la refonte du code de procédure lève la difficulté. Il s'exprime ainsi: "La troisième (modification) autorise le protonotaire à choisir lui-même des membres de son personnel qui pourront le suppléer dans l'exécution de fonctions qui ne demandent pas l'exercice d'un pouvoir juridictionnel ou discrétionnaire (par exemple, *recevoir le serment des témoins,* agir comme greffier d'audience, certifier des registres etc...), cela pour assurer une plus grande efficacité des nombreux services qu'il dirige". En désignant un membre de son personnel pour agir comme greffier-audiencier, le protonotaire ou le greffier l'autorisera donc à assermenter les témoins. Mais le pouvoir ainsi accordé sera limité aux besoins de l'audience et ne permettra pas à la personne qui en sera investie d'exercer tous les pouvoirs conférés à un commissaire à l'assermentation. Cela pour le côté civil. En matière pénale, le greffier-audiencier qui est aussi officier de justice se sert de sa qualité de commissaire à l'assermentation pour assermenter les témoins. S'il n'est pas officier de justice, la question se complique. La loi de la preuve fédérale n'a rien prévu sur le sujet, pas plus que la loi des poursuites sommaires du Québec. Il appartient en ce cas au président du tribunal de recevoir le serment. La personne qui sert de greffier-audiencier ne fait alors que prononcer les paroles requises à cette fin.

b) Le serment d'office et de discrétion

Le serment d'office est une promesse de remplir les devoirs d'une charge ou d'un emploi avec honnêteté, fidélité et justice. L'article 62 de la loi des cités et villes stipule que "Nul ne peut exercer les fonctions de maire ou de conseiller avant d'avoir prêté le serment d'office". Il habilite le greffier de la municipalité à le recevoir. Par ailleurs, l'article 9 pourvoit à la prestation des autres serments quand ils sont requis par la loi des cités et villes ou par la charte d'une corporation municipale. Ils peuvent être reçus par le maire, le greffier, un juge de paix, un commissaire de la Cour supérieure ou un notaire.

De son côté, le code municipal offre une petite divergence en disant, à l'article 83, que le maire et les conseillers doivent prêter le serment d'office devant l'autorité compétente.

L'article 7 détermine qui est l'autorité compétente en pareil cas: "Tout serment requis par les dispositions du présent code peut être prêté devant un juge, un magistrat, le protonotaire, le greffier de la Cour de circuit, le greffier de la Cour de magistrat de district, (un membre du conseil), le secrétaire trésorier, un juge de paix, un commissaire de la Cour supérieure, ou un notaire, dans leur juridiction territoriale respective". Il faudra refaire l'article: la Cour de circuit est disparue, la Cour de magistrat de district porte maintenant le nom de Cour provinciale et le commissaire de la Cour supérieure a été remplacé par le commissaire à l'assermentation. Plusieurs textes de loi emploient encore l'ancienne appellation de "commissaire de la Cour supérieure".

Le serment ou l'affirmation d'office d'une personne relevant de la loi de la fonction publique est prêté devant la personne habilitée à recevoir son serment ou son affirmation d'allégeance.

Le serment de discrétion, quand il est requis, est reçu à l'occasion de la prestation du serment d'office. Par ce serment, on s'engage à ne révéler et à ne faire connaître, sans y être dûment autorisé, quoi que ce soit dont on aura eu connaissance dans l'exercice d'une charge.

c) Le serment d'allégeance

Il est courant qu'un juge fasse prêter le serment d'allégeance aux nouveaux employés d'un palais de justice: pourtant, il outrepasse ses pouvoirs.

La loi des employés publics (S.R.Q. 1964, ch. 12) et la loi de la fonction publique (L. du Q. 1965, ch. 14) déterminent qui doit prêter le serment d'allégeance et qui peut le recevoir.

La première loi vise "toute personne nommée à un office, à une charge ou à un emploi, tout maire, tout fonctionnaire ou employé d'une corporation publique et toute personne admise à pratiquer comme arpenteur, avocat ou notaire." Et les personnes habilitées à recevoir le serment ou l'affirmation d'allégeance de ces gens sont les juges et toutes autres personnes autorisées, soit en vertu de leur charge soit par commission spéciale.

D'autre part, la loi de la fonction publique dit, à l'article 46, que: "Le sous-chef et *les fonctionnaires permanents* ainsi que les membres du cabinet d'un ministre, du chef de l'opposition, du président de l'Assemblée nationale, du vice-président de l'Assemblée nationale, du whip en chef du gouvernement ou du whip en chef de l'opposition, doivent, avant d'entrer en fonction et de toucher un traitement, prêter le serment ou faire l'affirmation solennelle contenu à l'annexe A de la présente loi. Le même serment ou la même affirmation peuvent être exigés des employés temporaires ou surnuméraires, par le chef du ministère". L'annexe A comprend, dans une même formule, les serments d'allégeance et d'office.

Et l'article 48 ajoute que: "les serments ou affirmations mentionnés sont prêtés ou faits devant toute personne autorisée en vertu d'un règlement adopté à cette fin par le lieutenant-gouverneur en Conseil". Or, le règlement n'autorise que les personnes ci-après nommées:

1 — Le greffier du Conseil exécutif et son adjoint ainsi que le greffier suppléant, pour tous les serments et affirmations solennelles visés à ladite section;

2 — Les présidents ou directeurs généraux et les vices-présidents ou directeurs généraux adjoints, des commissions et organismes visés au paragraphe 7 de

> l'article 2 et de la Loi de la fonction publique et, à leur défaut ou en leur absence, l'administrateur, le secrétaire ou le directeur du personnel, pour les serments et affirmations solennelles des fonctionnaires et employés relevant de ces commissions ou organismes.

Le paragraphe 7 de l'article 2 de la loi de la fonction publique se lit comme suit:

> ...les fonctionnaires et employés (non les membres) de la Commission de la fonction publique du Québec, de la Commission municipale de Québec ou d'un autre organisme dont la loi ordonne que les fonctionnaires ou employés soient nommés ou rémunérés suivant la Loi du service civil ou la présente loi;
>
> 3 — ...les délégués généraux et les conseillers économiques des maisons ou bureaux du Québec à l'étranger pour les serments et affirmations solennelles des fonctionnaires et employés sous leur juridiction;
>
> 4 — le sous-chef, les sous-ministres associés ou adjoints et les directeurs de personnel de chaque ministère, pour les serments et affirmations solennelles des fonctionnaires et employés de chaque ministère au siège du Gouvernement;
>
> 5 — tout représentant désigné par le sous-chef de chaque ministrère exerçant une fonction de direction, dont le nom, la fonction et la classification auront été transmis au greffier du conseil exécutif et dont la désignation aura été approuvée par le lieutenant-gouverneur en conseil pour les serments et affirmations solennelles des fonctionnaires et employés exerçant leurs charges ailleurs qu'au siège du Gouvernement.

C'est en vertu de ce dernier alinéa que les directeurs régionaux des greffes sont nommés commissaires *per dedimus potestatem.*

Explorons quelques lois particulières. La loi de police (Lois du Québec 1968, chapitre 17) dit à l'article 64 que "tout juge de la Cour d'appel, de la Cour supérieure, de la Cour provinciale, des sessions ou d'une cour municipale peut, avec l'approbation du procureur général, nommer par écrit... des personnes désignées sous le titre de constables spéciaux et que ceux-ci doivent prêter les serments d'allégeance, d'office et de discrétion devant le juge qui les nomme", alors qu'elle ne précise pas devant qui un membre de la Sûreté devra le faire. Il faut conclure de cette omission que les personnes compétentes à recevoir les serments d'entrée en fonction d'un membre de la Sûreté du Québec sont celles mentionnées dans la loi de la fonction publique.

Encore, la loi des enquêtes sur les incendies (Loi du Québec, 1968, ch. 16) oblige tout commissaire-enquêteur nommé en vertu de cette loi à prêter les serments d'allégeance et d'office devant un juge, devant un commissaire *per dedimus potestatem,* un protonotaire de la Cour supérieure, un greffier de la Cour provinciale, un greffier de la couronne ou un notaire.

Depuis le 18 décembre 1969, on ne prête plus au Québec "vraie allégeance à Sa Majesté la reine, ses hoirs et successeurs" mais "à l'autorité constituée". Alors qu'au Québec, il faut recourir chaque fois au texte de la loi prévoyant la nomination d'une personne à une charge pour savoir qui peut recevoir les serments d'allégeance et d'office, la loi fédérale, chose rare, propose une loi générale qui couvre tous les cas. (S.R.C. ch. 0-1, 1970). Elle sert en obéissance aux prescriptions de toute loi en vigueur au Canada, sauf l'Acte de l'Amérique du Nord britannique et la loi sur la citoyenneté canadienne. On comprendra qu'en ce dernier cas il serait assez peu logique de prêter allégeance à une reine qui, même divisible, reste la reine d'Angleterre et des autres dominions au-delà des mers!

"Le gouverneur en conseil peut établir des règlements, qui ont force de loi, enjoignant à toute personne nommée à une charge ou remplissant une charge qui relève de l'autorité législative du Parlement du Canada de prêter" les serments d'allégeance et d'office. Ainsi, un employé des postes doit se plier à cette exigence. La déclaration solennelle peut être substituée au serment. L'article 6 indique par qui les serments ou les déclarations sont reçus: "les juges de paix et autres fonctionnaires légalement autorisés, en vertu de leur charge ou d'une commission spéciale de la Couronne à cette fin". La formule prescrite a conservé toute déférence: "Je, A.B. jure d'être fidèle et de porter sincère allégeance à Sa Majesté la Reine Elisabeth Deux, à ses héritiers et à ses successeurs en conformité de la loi. Ainsi Dieu me soit en aide".

Le code de procédure accorde également au protonotaire ou au greffier les pouvoirs du juge en chambre. Ces pouvoirs sont indiqués à l'article 41. Au terme de l'article 4, "un juge" ou "juge en chambre" désigne un juge exerçant en son cabinet, par opposition à celui qui préside une séance du tribunal, lequel est désigné d'ordinaire par les mots "président du tribunal", "juge du procès" ou "du tribunal".

L'article 41 dit: "Le protonotaire a les pouvoirs du juge en chambre:

1. dans les cas où la loi le déclare expressément;

2. lorsque le juge est absent ou incapable d'agir et qu'un retard risquerait d'entraîner la perte d'un droit ou de causer un dommage sérieux."

Soulignons que le protonotaire en titre de la Cour supérieure ou le greffier en titre de la Cour provinciale, du fait de sa nomination, détient les pouvoirs du juge en chambre définis par l'article 41. Pour que l'adjoint du protonotaire ou du greffier puisse exercer ces pouvoirs, il doit auparavant avoir été nommé à cette fin par son supérieur avec l'assentiment du ministre de la justice. L'article 44 l'exige.

A sa lecture même, l'article 41 semble être clair. Quand l'article 877 dit "la demande en interdiction est portée devant un juge ou devant le protonotaire du district..." cela ne prête à aucune interprétation possible: le premier alinéa de l'article 41 le déclare expressément. L'application du deuxième alinéa semble être aussi facile. Le juge est absent, il y a urgence, donc le protonotaire ou le greffier possède les pouvoirs du juge en chambre. S'il est en face d'une demande de saisie avant jugement, selon l'article 733, il peut l'autoriser. On soumet au protonotaire une demande d'injonction interlocutoire basée sur l'article 753: il peut y faire droit. Pourtant...

Le 27 octobre 1966, le protonotaire du district de St-Maurice, dans l'affaire Désaulniers et autres vs Carbonneau et autres, accorde une injonction interlocutoire valable pour dix jours, en tout point conforme aux exigences de l'article 753. Sur révision, le juge Paul Lesage de la Cour supérieure infirme la décision (1967, C.S. p. 120)

Le 4 avril 1973, à Sept Iles, le juge André Dubé de la Cour supérieure, dans la cause Bérubé vs Crescent Investment Corporation, casse la décision du protonotaire qui avait autorisé une saisie avant jugement demandée en vertu de l'article 733 (1973, R.P. p. 186).

Précisons que seule la Cour supérieure peut connaître de l'injonction tandis que la demande de saisie avant jugement est portée devant la Cour provinciale ou la Cour supérieure selon le montant ou la valeur en jeu qui détermine la juridiction de ces cours (moins de $3,000.00: Cour provinciale; $3,000.00 et plus: Cour supérieure).

Que se passe-t-il? Le juge est absent, il y a urgence et on nie au protonotaire ou au greffier le droit d'exercer des pouvoirs clairement exprimés par l'alinéa 2 de l'article 41. Le juge Lesage dit que l'article 41 ne s'applique pas, que le protonotaire est sans juridiction et qu'il a outrepassé ses pouvoirs parce que l'article 39 édicte la façon de procéder: "en l'absence du juge, dans les demandes se rapportant aux articles 211 (intervention), 485 et 489 (rétractation), 733 (saisie avant jugement), 753 (injonction) et 834 (recours extraordinaires), la partie intéressée doit s'adresser à un juge du district de Québec ou de Montréal selon que sa demande provient du district d'appel de Québec ou de Montréal". L'article 39 fait une réserve quant aux protonotaires des districts de Québec, de Montréal, de Trois-Rivières, de St-François et de Bedford en disant que ceux-ci peuvent être directement saisis des demandes faites en pareils cas. Conclusion: le protonotaire du district d'Arthabaska a moins de pouvoirs que celui de Trois-Rivières. Le juge Dubé, répétant les arguments du juge Lesage, affirme que le juge du district de Mingan ne peut jamais être absent parce que, selon l'article 39, les demandes qui y sont prévues peuvent être présentées à un juge du district de Québec, qu'il est impensable que tous les juges de ce district soient absents à la fois et que, de toute façon, il faut s'adresser à un juge "lorsqu'il s'agit de procédures aussi sérieuses, aussi importantes et aussi remplies de conséquences que les procédures pouvant être intentées suivant l'article 733 du code de procédure civile".

Conclusion: le mot est lâché, on ne fait confiance ni au protonotaire de la Cour supérieure ni au greffier de la Cour provinciale. Et puis, pourquoi manifester tant d'inquiétude? Les décisions du protonotaire ou du greffier ne sont pas sans remède. Selon l'article 42, elles peuvent être révisées dans les dix jours par le juge ou le tribunal.

Mais les protonotaires et les greffiers ont la vie dure. Le 14 mai 1969, en l'absence du juge et vu l'urgence, le protonotaire de Bonaventure accorde une injonction interlocutoire en faveur de la Commission scolaire régionale de la Baie des Chaleurs contre Mc Brearthy et autres et, le 12 juin 1973, le greffier de la Cour provinciale de Hauterive, dans les mêmes circonstances, autorise une saisie-arrêt avant jugement dans la cause A. Nazair et Cie Ltée vs Gagnon et autres. Sur révision dans les deux cas, les pouvoirs du protonotaire et du greffier deviennent soudainement clairs, précis, lumineux.

Dans la première cause, (1969 C.S. p. 597) le juge Arthur Gendreau dit carrément: "le protonotaire a, vu les dispositions du paragraphe 2 de l'article 41 du Code de procédure civile qui ne comportent aucune exception et s'appliquent chaque fois qu'il y a preuve qu'un retard risquerait d'entraîner la perte d'un droit ou de causer un dommage sérieux, lorsque le juge est absent ou incapable d'agir, juridiction pour émettre une injonction intérimaire pour une durée de dix jours". Il ajoute: "Le champ d'application de cet article n'est limité par aucune disposition restrictive et semble ouvert chaque fois que, d'après la preuve un retard entraînerait les conséquences que le législateur a prévues".

Dans la deuxième cause, rapportée à 1974 R.P. p. 411, le juge Raymond Beaudet, dans un jugement fort élaboré, dit pourquoi il ne peut suivre l'arrêt Bérubé.

Selon lui, l'exigence de recourir, dans le cas soumis, à un juge du district de Québec risque d'entraîner la perte d'un droit ou de causer un dommage sérieux. Comme le juge Gendreau, le juge Beaudet énonce: "Lorsqu'il n'y a pas d'urgence, et que les droits des parties ne sont pas menacés, les justiciables des districts où le juge ne se trouve pas, doivent s'imposer des voyages dans la capitale ou dans la métropole, selon le cas.

Mais si les exigences de la justice requièrent une autorisation urgente ne laissant pas le temps d'accomplir un voyage à Québec ou à Montréal, le justiciable d'un district éloigné doit-il subir une discrimination et renoncer à ses droits?

Par l'article 41 c.p.c. le législateur a accordé au protonotaire et, par conséquent, au greffier, les pouvoirs du juge en chambre...

Dans le cas du deuxième paragraphe, le législateur a investi le protonotaire ou le greffier de pouvoirs judiciaires étendus sans aucune réserve. Le tribunal peut-il dénier au protonotaire ou au greffier des pouvoirs qui lui sont positivement accordés, dans les cas où il considère que l'exercice d'une discrétion judiciaire est trop lourde de conséquences?

Dans quels cas, le tribunal pourrait-il ainsi déshabiliter le protonotaire ou le greffier?"

En 1972, le Parlement du Québec avait amendé l'article 195 du code de procédure en vue de permettre au juge en chef de désigner un protonotaire pour entendre et juger les causes réservées au tribunal et dans lesquelles le défendeur ne produisait aucune défense, à l'exception des causes en séparation de corps ou en annulation de mariage. Cette nomination devait être autorisée par arrêté en conseil. L'amendement était resté lettre morte. Par le projet de loi no 38, sanctionné le 19 décembre 1975, le législateur est revenu à la charge pour accorder au protonotaire, sous les mêmes conditions, des pouvoirs accrus. Le protonotaire ainsi nommé, en plus de détenir les pouvoirs énumérés à l'article 195, possède ceux que mentionne le nouvel article 44a. Ils sont importants car ils peuvent être exercés même à l'égard des causes contestées. Il s'agit de "toute demande, contestée ou non, pour réunion d'actions, cautionnement, assignation d'un témoin en vertu de l'article 282 (pour contraindre toute personne résidant en

Ontario de comparaître au Québec comme témoin), production ou rejet de pièces, examen médical, précisions, amendement, substitution de procureur, nomination d'un praticien, pour être relevé du défaut ou pour cesser d'occuper, et sur toute autre procédure interlocutoire ou incidente, non contestée ou contestée mais, dans ce dernier cas, avec l'accord des parties". Les décisions de cet officier spécial, qu'on se plaît déjà à appeler superprotonotaire, peuvent être, comme toutes décisions rendues par les officiers de justice, révisées par le juge ou le tribunal dans les dix jours de la date ou elles ont été prononcées. D'après les notes explicatives du projet de loi, l'amendement a pour but d'accélérer l'administration de la justice. On a déjà créé la fonction d'attaché judiciaire. L'attaché judiciaire est un homme de loi dont la tâche consiste à rédiger, pour le juge, les jugements que ce dernier est appelé à rendre. Voilà qu'on demande l'aide de protonotaires désignés. A ce jour, cinq protonotaires désignés ont été nommés: deux à Québec, deux à Montréal et un à St-Jérôme.

E. L'enquête et l'audition

Pour être jugées, les actions autres que celles qui sont énumérées dans l'article 194 doivent être inscrites pour enquête et audition devant le tribunal. Il s'agit des actions contestées et de celles qui, même inscrites par défaut ou *ex parte*, nécessitent une preuve.

Si j'intente une action sur loyers à mon locataire et que celui-ci ne comparaît pas, ou comparaît sans produire de plaidoyer, je pourrai inscrire, selon le cas, par défaut ou ex parte, et le protonotaire pourra rendre jugement sur vue de mon affidavit. Si, à mon action, j'ajoute une demande pour dommages causés au logement par mon locataire, le protonotaire référera la cause au tribunal pour que celui-ci puisse entendre et apprécier ma peuve sur les dommages que je réclame. Si le locataire à comparu, mais n'a pas plaidé, il aura le droit, comme tout défendeur en pareil cas, de contre-interroger mes témoins, mais ne pourra pas en produire lui-même pour contredire ma preuve.

"Lorsqu'une enquête est requise et que le défendeur a fait défaut de comparaître, les témoins peuvent être entendus hors de Cour; mais lorsque le défendeur a comparu, les témoins ne peuvent être entendus hors de Cour que si le tribunal le permet ou si les parties y consentent. Les dépositions doivent alors être prises par sténographie ou en écriture courante, devant une personne autorisée à recevoir le serment, et être produites au dossier pour valoir comme si elles avaient été recueillies à l'audience." Cette disposition a pour but de réduire les frais. Une personne de Gaspé intente dans le district de Montréal une action à un défendeur demeurant à cet endroit. Celui-ci ne donne aucun signe de vie à la signification qui lui est faite. Pour éviter un voyage onéreux, le Gaspésien pourra faire prendre sa déposition, par sténographie, à Gaspé même, laquelle sera envoyée à la Cour de Montréal qui sera en mesure de rendre jugement.

Si la cause nécessitant une preuve n'est pas contestée, il en sera disposé à la Cour de pratique; si elle l'est, elle sera mise au rôle pour être entendue à une date déterminée.

a) La Cour de pratique

La Cour de pratique siège régulièrement à chaque semaine ou au besoin pour faire droit à des demandes de toutes sortes, la plupart urgentes. Le juge qui la préside entend des requêtes se rapportant à des dossiers déjà existants ou aux matières non contentieuses, les actions par défaut ou ex parte qui requièrent une preuve, et les causes qui intéressent la Cour de faillite.

La requête est une procédure très usitée, elle doit toujours être écrite et appuyée d'un affidavit si la preuve n'est pas déjà au dossier. Sa formule est pompeuse et parfois certaines expressions qui y sont employées attirent le sourire, tant elles paraissent d'un autre siècle. On lit encore, à la fin d'une requête, "et le défendeur ne cesse de prier". Il n'est pas nécessaire de plier l'échine si bas pour obtenir un droit! On se servira de la requête au cours d'une instance, pour demander que deux actions soient réunies pour fin d'enquête (enquête commune), parce que les faits qui y ont donné lieu sont les mêmes, ou pour demander une pension alimentaire, dans une instance en séparation de corps. La requête commence à peu près ainsi: "le requérant à l'honneur d'exposer...". Puis suivent les allégués exposant les faits.

Quand la requête est introductive d'instance, elle se rapporte généralement aux matières non contentieuses énoncées au livre sixième du code de procédure, comme la rectification des registres de l'état civil, les tutelles, les curatelles, la vente des biens des mineurs, etc. On emploie de temps à autre l'expression "motion" pour désigner une demande de peu d'importance faite dans le but de régulariser un dossier ou de corriger tout simplement une erreur d'addition. Elle est généralement verbale. Quand elle est écrite, elle précède les allégués par des "Attendu que..." Les commissaires chargés de la refonte du code de procédure civile en 1966 ont mis le mot de côté en disant qu'il s'agissait d'un anglicisme et que, de toute façon, la requête pouvait remplir le même but.

Pour les actions par défaut ou ex parte qui doivent être entendues par la Cour de pratique, de même que pour les causes de faillite, le juge les entendra conformément aux règles de la preuve.

b) Le terme

Si la cause est contestée, elle sera mise au rôle. La mise au rôle d'une cause contestée dépend de la date de son inscription. Il peut donc arriver qu'une cause intentée depuis 5 ans soit entendue après une cause qui n'a été signifiée que depuis un an. Cela peut dépendre de la célérité, du retard ou de l'intérêt des parties. Avant d'être entendue, une cause doit subir un délai assez considérable. Il y a d'abord les délais prévus par la loi, entre chaque procédure, et qui sont ordinairement de 10 jours. Ces délais sont rarement respectés. Les avocats et les parties le voudraient que la chose serait impossible. Notre monde contemporain nous force à entreprendre bien des activités que nous n'avons pas toujours le temps et le moyen de mener à terme et, en matière de procès, il faut l'avouer, le temps règle bien des choses.

Les commissaires chargés de la révision du code de procédure déplorent les délais de trop longue durée en s'exprimant ainsi: "C'est que la lenteur de la justice ne dépend pas seulement des règles procédurales elles-mêmes, mais qu'elle est trop souvent imputable à ceux qui, chargés de les appliquer, permettent que s'établissent des pratiques qui ralentissent indûment le cours normal des procès. Ainsi, l'inobservance quasi systématique des délais et l'abus des remises de dernière heure (qui, en créant des vides impossibles à combler, empêchent l'évacuation régulière des affaires) sont peut-être les obstacles les plus importants à l'accélération de la justice. Et les textes n'y peuvent rien; car il est évident que, sous un système qui vise d'abord à sauvegarder les droits des parties, il est impossible que tous les délais emportent déchéance et que les dates d'audition soient fixées péremptoirement dans tous les cas: le remède ne peut venir que de la bonne volonté et de la diligence des avocats, de la vigilance et de la fermeté des juges".

Avant l'amendement apporté à l'article 276 du code de procédure civile, en 1972, le mode de préparation du rôle des causes contestées était uniforme dans la province. Le protonotaire le confectionnait à partir des dates des inscriptions pour enquête et audition. L'audition d'une cause dépendait de la date de son inscription. L'amendement est venu compliquer la question. Il laisse entendre que la préparation du rôle des causes contestées pourrait être assujettie à la date de l'introduction de l'instance. Le premier alinéa de l'article 276 se lit maintenant comme suit: "Des rôles d'audience pour chaque district judiciaire sont préparés suivant les directives du juge en chef en *tenant compte* de la date de l'introduction de l'instance et en tenant compte, le cas échéant, des règles de pratique qui peuvent prévoir l'obligation de produire un certificat d'état de cause attestant que la cause est prête pour l'enquête et l'audition". D'autre part, l'article 275 oblige le protonotaire à tenir "un rôle général sur lequel sont portées les causes ainsi inscrites".

Tout porte sur l'interprétation à donner à l'expression "en tenant compte". Disposons d'abord du certificat d'état de cause. La règle de pratique no 13 dit qu'aucune cause inscrite au rôle de la Cour supérieure n'est portée au rôle d'audience à moins que les parties n'aient rempli et déposé au greffe le certificat d'état de cause. Et quand la règle no 16 mentionne que "la cause est portée au rôle d'audience, compte tenu de la date de l'introduction de l'instance", elle ne va pas plus loin que la loi, elle ne fait que répéter une disposition de l'article 276. Le certificat d'état de cause ne change rien à la question de savoir si la cause doit être mise au rôle selon la date de son inscription ou selon la date de son institution: tout ce que la loi et les règles de pratique disent, c'est qu'on ne peut placer sur le rôle une cause dans laquelle le certificat d'état de cause n'a pas été produit.

Une fois le certificat d'état de cause déposé au greffe, sur quoi le protonotaire doit-il se baser pour préparer le rôle? La loi n'est pas claire. Cependant, le législateur ne parle jamais pour ne rien dire: il impose au protonotaire l'obligation de tenir un rôle général des causes inscrites. Alors, comment concilier cette obligation avec l'expression "en tenant compte de la date de l'introduction de l'instance". Si le législateur avait absolument voulu que les rôles soient préparés en fonction de la date de l'introduction de l'instance, il l'aurait dit de façon plus précise. Au lieu de se servir des mots "en tenant compte" il aurait employé une expression plus impérative comme "en se basant sur la date de l'introduction" ou "selon la date de l'introduction". A notre avis, l'expression "en tenant compte" veut dire, dans le contexte, "sans oublier". Elle dit au protonotaire que si, dans la préparation du rôle des causes contestées, il se trouve en face de plusieurs actions inscrites le même jour, il ne doit pas oublier de donner préséance aux causes les plus anciennes. La règle établie par l'article 275 est générale et il faut accorder aux mots leur pleine signification. Le mot "rôle" veut dire: "liste sur laquelle on inscrit les causes dans l'ordre où elles doivent se plaider". *(Quillet)*. L'article 276 ne peut à son tour établir une règle qui contredit la première. Il ne vient qu'apporter une solution à un problème qui se pose souvent lors de la confection du rôle: celui de la préséance à accorder à des causes inscrites le même jour. En cela, le code de procédure reste fidèle au principe reconnu voulant que l'audition d'une cause soit laissée à la diligence des parties.

Dans la pratique, du côté administratif, cela n'a aucun sens de préparer un rôle selon les dates de l'introduction de l'instance. C'est obliger le protonotaire à changer constamment l'ordre du rôle et à vérifier, sur chaque inscription nouvelle, les dates d'introduction des actions. A la rigueur, la chose peut se faire dans les districts à faible débit mais elle est impensable dans les gros districts à moins qu'on ait recours aux services d'un ordinateur. Nous croyons que le mode de préparation du rôle des causes contestées, à partir des dates d'inscription, a encore sa raison d'être parce qu'il est le plus logique, le plus expéditif et le plus juste.

Quand l'article 276 dit que les rôles d'audience sont préparés suivant les directives du juge en chef, il a pour but d'assurer l'expédition de la justice de la façon la mieux appropriée. Il permet au juge en chef, par l'intermédiaire des juges doyens de chaque district, tout en respectant le rang des causes entre elles, de fixer des règles quant à l'audition des causes de diverses catégories: il peut répartir sur un terme tant de causes en divorce ou en responsabilité ou décider que les causes de même catégorie seront entendues tel jour de la semaine.

Il arrive souvent que les procureurs s'entendent pour hâter la date de l'audition. L'inscription pour enquête et audition ne peut se faire qu'après la production de la défense. Le procureur de la défense, qui n'a pas encore tous les éléments à sa disposition pour bâtir une défense particularisée, produira une dénégation générale avec réserve de faire une défense plus élaborée et le procureur du demandeur inscrira aussitôt. Les parties auront alors le temps suffisant de faire leurs procédures écrites entre la date de l'inscription et celle où la cause sera mise au rôle. Cependant, les juges tolèrent de moins en moins cette pratique. Selon eux et avec raison la dénégation générale n'est pas prévue au code et fausse la confection du rôle d'audience.

Il est des cas cependant, qui, par leur nature, doivent être décidés sans délai car autrement les parties risqueraient de subir de graves préjudices. Il s'agit des causes d'urgence qui sont déclarées telles en vertu d'une disposition de la loi ou d'une décision du juge en chef ou d'un juge désigné par lui à cette fin.

Les affaires qui doivent être inscrites et jugées d'urgence en vertu de la loi sont les procédures incidentes à l'exécution forcée des jugements, en contestation d'une réclamation produite par un créancier dans une saisie-arrêt, en contestation d'une réclamation produite dans les cas de dépôts volontaires, relatives aux demandes de saisies avant jugement, à l'obligation alimentaire entre époux et autres parents et alliés, aux recours extraordinaires comme les cas de quo warranto, de mandamus et d'évocation et enfin en habeas corpus.

Les affaires qui doivent être inscrites et jugées d'urgence par décision des juges sont les anciennes matières sommaires: les procédures qui résultent des rapports entre locateurs et locataires, fondées sur lettre de change, chèque, billet, ou reconnaissance de dette, pour services rendus ou marchandises vendues et livrées, en réclamation de salaires, gages ou rémunération en remboursement d'un prêt d'argent, garanti, ou non, en réclamation de pension ou logement, pour garde d'enfants, en expropriation, basées sur clause résolutoire ou clause de dation en paiement et en injonction.

Ces affaires-là ne sont considérées comme urgentes qu'en Cour supérieure. La Cour provinciale n'ayant pris à ce jour aucune décision sur le sujet s'en tient uniquement aux matières d'urgence prévues par la loi. Enfin, rien n'empêche un justiciable de demander, par requête, que sa cause soit entendue par préférence. Le juge, s'il trouve que les motifs invoqués sont sérieux, accordera la permission de ce faire. Le juge doyen d'un district peut également décider que certaines causes seront mises sur le rôle spécial. Il le fera, par exemple, pour les causes de blessures corporelles parce que les victimes, à la suite de leur accident, connaissent la plupart du temps des situations financières particulièrement difficiles et qu'il est pressant de décider du bien-fondé de leur réclamation.

Pour toutes ces causes d'urgence, le protonotaire ou le greffier établira un rôle spécial. Dans les districts populeux de Montréal et de Québec, les Cours tiendront des séances spéciales pour épuiser le rôle des causes d'urgence. Ailleurs, on placera ces causes sur le rôle général du terme le plus près. On entend par terme l'ensemble des séances qu'un tribunal tient pour entendre les causes qui ont été fixées sur le rôle.

La durée d'un terme est en fonction du nombre de causes inscrites qui attendent leur tour. On pourra, par exemple, décider qu'il n'y aura qu'un terme à chaque mois et à date fixe: commençant le premier lundi de chaque mois, et comprenant 25 causes réparties sur 5 jours d'audience. Le protonotaire ou le greffier enverra aux parties et à leurs procureurs un avis indiquant la date et l'heure de l'audition de la cause à laquelle ils sont intéressés. L'avis doit être expédié par la poste au moins 15 jours et pas plus de 30 jours avant la date fixée pour enquête et audition. L'exigence quant à l'avis à donner aux parties date de peu. Elle a sa raison d'être. L'avis apprend au justiciable quand sa cause va passer, à défaut par son procureur de le lui dire, ou le prépare à une demande d'espèces trébuchantes et sonnantes que ce dernier ne manque jamais de lui faire.

L'appel du rôle se fait à la première séance du terme. Si une partie est absente, le juge pourra décider d'entendre quand même la cause ou la reporter à un terme subséquent.

Si c'est le demandeur qui est absent, il pourra la rayer surtout si ce n'est pas la première fois que la chose se produit. En cette occurrence, si le demandeur persiste toujours dans sa réclamation, il devra réinscrire et attendre son tour à nouveau avant d'être entendu. D'habitude, les parties, quand elles ne sont pas prêtes au jour fixé pour l'audition, s'entendent pour procéder à un terme subséquent, mais c'est le juge qui a le dernier mot en cette matière.

c) La conférence préparatoire

Le juge appelé à connaître la cause peut, s'il le croit utile ou s'il en est requis, "convoquer les procureurs à son cabinet pour conférer sur les moyens propres à simplifier le procès et à abréger l'enquête, notamment sur l'opportunité d'amender les actes de procédure, de définir les points véritablement en litige, ou d'admettre quelque fait ou document. Les ententes et décisions prises à cette conférence sont rapportées dans un procès-verbal signé par les procureurs et contresigné par le juge; elles régissent pour autant l'instruction devant le juge du procès, à moins que celui-ci ne permette d'y déroger pour prévenir une injustice". Cette réunion à la chambre du juge s'appelle la conférence préparatoire à l'instruction et est prévue par l'article 279. On devrait accorder aux parties le droit de participer à la conférence préparatoire et leur faire signer les ententes de nature à modifier leurs droits, ceci afin de prévenir le reproche facile que pourrait trouver le mauvais perdant à l'effet que le juge et les avocats lui ont "joué dans le dos" et même que son procureur "a été acheté".

d) L'audience

Puis tout le monde se retrouve à l'audience.

L'officier appelle: "Cause no 500 05 18114 75, Georges Lebrun versus Les héritiers de Jacques Lebrun, Me Leblanc, Me Lenoir". Ceux-ci répondent: "prêt". Les parties en présence ont à débattre une cause sur billet. La partie défenderesse, une succession, prétend que la signature apparaissant au bas du document est un faux.

Voici comment se présente le dossier.

Au départ, on retrouve l'exemplaire du bref certifié par le procureur du demandeur et qui a commencé le dossier. La copie de la déclaration y est annexée. Puis la comparution du défendeur, un exemplaire du bref signé et scellé par le protonotaire et qui porte le procès-verbal de signification de l'huissier, les pièces invoquées au soutien de la demande et leur liste, la défense, accompagnée de l'affidavit spécial prévu à l'article 89, la réponse, avec preuve de signification aux procureurs ou "reçu copie" de ces derniers, et enfin l'inscription et l'avis d'audition de la part du demandeur. De ces procédures, dégageons la mise en demeure, la déclaration, la comparution, la liste des pièces, la défense accompagnée de l'affidavit, la réponse et l'inscription pour enquête et audition.

TELEPHONE: 667-8263
15, rue Saint-Jacques,
Montréal, P.Q.

JEAN LEBLANC, B.A.L.L.L.,
Avocat & Procureur

Montréal, le 27 octobre 1975.

Madame Jacques Lebrun,
4011, rue Boyer,
Montréal, P.Q.

RE: Georges Lebrun

Madame,

Le 30 juillet 1975, votre mari a signé en faveur de son frère, monsieur Georges Lebrun, un billet pour la somme de $3,700.00, faisant suite à un emprunt qu'il avait contracté en date du 21 octobre 1974.

Comme vous êtes la légataire de la succession de votre mari, je vous prierais de bien vouloir me faire parvenir cette somme de $3,700.00 à mon bureau d'ici 6 jours, plus un intérêt de 5% l'an à compter du 30 juillet 1975.

Capital:	$3,700.00
hon.	$ 25.00
Total	$3,725.00
plus int.	

Espérant un règlement amiable, je vous prie de me croire,

Votre dévoué,
(signé) Jean Leblanc
procureur du demandeur

COPIE CONFORME
Jean Leblanc
Proc. du demandeur.

CANADA
PROVINCE DE QUÉBEC
DISTRICT DE MONTRÉAL
No 500 05 18114 75

COUR SUPÉRIEURE

GEORGES LEBRUN,

Demandeur,

vs

LES HÉRITIERS DE JACQUES LEBRUN,

Défendeurs.

DÉCLARATION

Le demandeur expose:

1 — Le 30 juillet 1975, à Montréal, district de Montréal, Jacques Lebrun a souscrit en faveur du demandeur, un billet au montant de $3,700.00 payable à demande et "valable après mon décès seulement", tel qu'il appert au billet déposé comme pièce P-1;

2 — Ce billet avait été souscrit par Jacques.Lebrun, pour valeur reçue du demandeur, par chèque du 21 octobre 1974, au montant de $3,700.00, et tiré sur la Caisse Populaire de Maisonneuve, tel qu'il appert au chèque endossé par le dit Jacques Lebrun et déposé comme pièce P-2;

3 — Jacques Lebrun est décédé le 12 août 1975 sans avoir payé au demandeur le montant du billet allégué et déposé comme pièce P-1;

4 — La succession de Jacques Lebrun est ouverte, depuis moins de deux ans, à 4011, rue Boyer, cité et district de Montréal, et le demandeur est en droit de réclamer des héritiers de Jacques Lebrun le montant du billet dont il est question plus haut, plus un intérêt de 5% l'an, à compter de sa souscription, soit à compter du 30 juillet 1975.

5 — Requis de payer cette somme de $3,700.00, plus un intérêt de 5% l'an à compter du 30 juillet 1975, par lettre du procureur soussigné, en date du 27 octobre 1975, les héritiers de Jacques Lebrun refusent de ce faire; copie certifiée de cette lettre est produite comme pièce P-3;

6 — L'action du demandeur est bien fondée en faits et en droit;

PAR CES MOTIFS, PLAISE AU TRIBUNAL:

Condamner les héritiers de Jacques Lebrun à payer au demandeur la somme de $3,700.00, avec intérêts de 5% l'an, à compter du 30 juillet 1975, et aux dépens.

Jean Leblanc
procureur du demandeur.

Montréal, le 5 novembre 1975

CANADA
PROVINCE DE QUÉBEC
DISTRICT DE MONTRÉAL
No 500 05 18114 75

COUR SUPÉRIEURE

GEORGES LEBRUN,

Demandeur,

vs

LES HÉRITIERS DE JACQUES LEBRUN,
QUES LEBRUN,

Défendeurs.

COMPARUTION

Je comparais pour les défendeurs en cette cause sous toutes réserves que de droit.

Montréal, le 10 novembre 1975.

Paul Lenoir
Avocat des défendeurs.

CANADA
PROVINCE DE QUÉBEC
DISTRICT DE MONTRÉAL
No 500 05 18114 75

COUR SUPÉRIEURE

GEORGES LEBRUN,

Demandeur,

vs

LES HÉRITIERS DE JACQUES LEBRUN,

Défendeurs.

LISTE DES PIÈCES

Pièce P-1: Billet au montant de $3,700.00 souscrit le 30 juillet 1975 à Montréal, à demande, par Jacques Lebrun en faveur du demandeur.

Pièce P-2: Chèque du 21 octobre 1974, au montant de $3,700.00, tiré par le demandeur sur la Caisse Populaire de Maisonneuve, rue Adam, Montréal, et fait à l'ordre de Jacques Lebrun.

Pièce P-3: Copie certifiée de mise en demeure envoyée par le procureur soussigné en date du 27 octobre 1975.

Jean Leblanc
procureur du demandeur.

Montréal, le 5 novembre 1975.

CANADA
PROVINCE DE QUÉBEC
DISTRICT DE MONTRÉAL
No 500 05 18114 75

COUR SUPÉRIEURE

GEORGES LEBRUN,

Demandeur,

vs

LES HÉRITIERS DE JACQUES LEBRUN,

Défendeurs.

DEFENSE

Comme défense à l'action du demandeur, les défendeurs allèguent et disent:

1 — Ils nient catégoriquement l'allégation contenue au paragraphe premier, ajoutant que la signature au bas du document d'exhibit P-1 n'est pas celle de Jacques Lebrun, et qu'elle n'a pas été apposée par lui au bas du dit document:

2 — Ils nient l'allégation contenue au paragraphe 2, et ils ajoutent que le demandeur a apposé à l'exhibit P-2 des écritures et indications après l'encaissement de façon à en modifier l'objet ou la considération;

3 — De l'allégation contenue au paragraphe 3, ils nient que Jacques Lebrun devait de l'argent au demandeur;

4 — L'allégation contenue au paragraphe 4 est niée comme mal fondée en faits et en droit;

5 — Pour ce qui est de l'allégation contenue au paragraphe 5, les défendeurs admettent refuser de payer pour les raisons déjà mentionnées;

6 — Ils nient l'allégation contenue au paragraphe 6, ajoutant que l'exhibit P-1 est un faux document sans aucune valeur légale;

7 — L'action du demandeur est mal fondée en faits et en droit;

PAR CES MOTIFS, PLAISE AU TRIBUNAL:

Accueillir la défense des défendeurs et déclarer nul, de nul effet, en tant que faux document, le billet exhibit P-1;

Débouter le demandeur et le condamner aux dépens incluant les frais et services d'experts.

Montréal, le 18 novembre 1975.

Paul Lenoir
Avocat des défendeurs

AFFIDAVIT

Je, Dame Irène Leroux-Lebrun, ménagère, domiciliée à 4011, rue Boyer, en la cité de Montréal, sous serment affirme:

1 — Je suis la veuve de Jacques Lebrun, ainsi que son héritière défenderesse;

2 — J'ai souvent vu écrire et signer Jacques Lebrun, je connais sa signature, et je

crois que celle apposée au bas de l'exhibit P-1 n'est pas la signature de mon mari, feu Jacques Lebrun.

Et j'ai signé,

Affirmé sous serment prêté en nos mains à Montréal, ce dix-huitième jour de novembre 1975.

Irène Leroux-Lebrun

Anatole Leclerc
Commissaire à l'assermentation

CANADA
PROVINCE DE QUÉBEC
DISTRICT DE MONTRÉAL
No 500 05 18114 75

COUR SUPÉRIEURE

GEORGES LEBRUN,

Demandeur,

vs

LES HÉRITIERS DE JACQUES LEBRUN,

Défendeurs.

RÉPONSE

Pour réponse à la défense des défendeurs, le demandeur nie tous et chacun des allégués de la défense, autant qu'ils ne concordent pas avec la déclaration, et lie contestation.

POURQUOI, le demandeur persistant dans les allégations et conclusions de sa demande, conclut au rejet de la défense des défendeurs et au maintien de sa réponse, avec dépens.

Montréal, le 10 décembre 1975.

Jean Leblanc
procureur du demandeur.

CANADA
PROVINCE DE QUÉBEC
DISTRICT DE MONTRÉAL
No 500 05 18114 75

COUR SUPÉRIEURE

GEORGES LEBRUN,

vs

Demandeur,

LES HÉRITIERS DE JACQUES LEBRUN,

Défendeurs.

INSCRIPTION POUR ENQUÊTE ET AUDITION AU MÉRITE

Le demandeur inscrit cette cause pour enquête et auditon au mérite contre les défendeurs, pour le premier jour du prochain terme de la Cour supérieure, siégeant pour le district de Montréal, ou aussitôt que conseil pourra être entendu, et donne avis de telle inscription à Me Paul Lenoir, procureur des défendeurs.

Montréal, le 16 décembre 1975.

Jean Leblanc
procureur du demandeur.

Temps prévu: 3 heures

Il appartient au demandeur de faire la preuve de sa réclamation à l'encontre des prétentions du défendeur. S'il ne réussit pas, il sera débouté de son action et devra supporter les frais de la cause.

Dans la cause modèle, la veuve de Jacques Lebrun a été assignée pour produire la pièce P-3. Puis le demandeur a expliqué les circonstances qui ont entouré la signature du billet. Ensuite, le gérant de la Caisse Populaire est venu dire à la barre que le demandeur avait spécialement emprunté le montant pour pouvoir le prêter à son frère maintenant décédé. En défense, la veuve de Jacques Lebrun a été réentendue pour affirmer qu'elle n'avait pas eu connaissance de la signature du billet par son mari. Suivie de l'expert en écriture Léo Sans Peur qui, par ses constatations, a prétendu que la signature apparaissant au billet n'était pas celle de Jacques Lebrun. La preuve close de part et d'autre, le juge a pris la cause en délibéré.

e) La preuve

L'enquête et l'audition d'une cause ne sont pas laissées au gré de l'imagination et à la fantaisie du moment. La preuve et les témoigangnes dépendent de règles précises que doivent respecter le juge et les parties. En limitant les débats, on ne restreint pas nécessairement les droits. On évite simplement de soulever des questions qui n'ajoutent rien au sujet ou qui n'ont rien à voir avec la cause. Les règles de la preuve sont ainsi faites qu'elles permettent à chaque partie de se faire entendre complètement et d'épuiser tous les moyens qu'elle invoque. Pour des raisons d'ordre, elles soumettent la preuve à des exigences particulières et indiquent quand et comment celle-ci doit être administrée.

On trouve la loi de la preuve au code civil. Il aurait été plus logique de la consigner au code de procédure.

En droit criminel, les règles qui gouvernent la preuve sont différentes et font l'objet d'une loi spéciale édictée par le gouvernement fédéral.

On énonce d'abord, au code civil, les principes suivants: celui qui réclame l'exécution d'une obligation doit la prouver; réciproquement, celui qui en oppose la nullité ou l'extinction doit justifier les faits sur lesquels est fondée sa contestation; la preuve offerte doit être la meilleure possible; une preuve secondaire ou inférieure ne peut être reçue à moins qu'au préalable il n'apparaisse que la preuve originaire ou la meilleure ne peut être fournie.

La preuve peut être faite par écrit ou par témoins. Elle peut encore se tirer de la présomption, ou provenir de l'aveu.

1a) La preuve par écrit

La preuve littérale découle de quatre sources: des écrits authentiques, des copies des titres, de certains écrits faits hors du Bas-Canada (nos lois se servent encore de cette expression pour désigner la province de Québec) et des écritures privées.

1b) Les écrits authentiques

L'écrit authentique, on a vu cela au chapitre des actes de l'état civil, fait preuve de son contenu, sans qu'il soit nécessaire de prouver la signature qui y apparaît, non plus que le sceau qui y est attaché, ni le caractère de l'officier qui l'atteste. Sont déclarées authentiques: les copies des actes, des statuts, des ordonnances, des lettres patentes, des arrêtés en conseils, des proclamations, des archives et des registres des Parlements fédéral et provinciaux ainsi que tout acte notarié reçu devant notaire et signé par toutes les parties. L'acte authentique fait preuve complète entre les parties, leurs héritiers et représentants légaux, de l'obligation qui y est exprimée et de tout ce qui est cité, pourvu que l'énonciation ait un rapport direct à telle obligation ou à l'objet qu'avaient en vue les parties en passant l'acte. L'énonciation étrangère à l'obligation même ou à l'objet que visaient les parties ne peut servir que comme commencement de preuve. On entend par commencement de preuve ce qui est de nature à conduire à un genre de preuve qui autrement serait refusé. La loi, dans certains cas, défend, par exemple, le recours à la preuve par témoins à moins qu'il n'existe un commencement de preuve par écrit. Le commencement de preuve consiste donc dans l'usage d'un écrit qui va permettre l'emploi de la preuve testimoniale. Ainsi, un prêt en argent entre non-commerçants et dont le montant excède $400.

Dans ce cas, la loi exige du prêteur qu'il détienne un écrit de l'emprunteur pour pouvoir en exiger le remboursement. S'il ne possède pas un tel écrit, il pourra avec succès utiliser un autre écrit, où il est fait incidemment mention du prêt en question, pour servir de commencement de preuve.

2b) Les copies de titres

Elles sont également authentiques. Il s'agit des copies des actes notariés, certifiées vraies copies de la minute par le notaire ou autre officier public dé la minute par le notaire ou autre officier public dépositaire légal de telle minute. Ce dépositaire est soit le notaire qui a acheté le greffe d'un notaire décédé ou démissionnaire, soit le protonotaire de la Cour supérieure. Le protonotaire devient généralement dépositaire de greffes dont les documents ne servent plus au traitement des affaires courantes. Les copies des documents déposés chez le protonotaire ou le registrateur et certifiées par ceux-ci ou leurs officiers dûment autorisés sont également authentiques.

3b) Les écrits de pays étrangers

La loi considère encore comme authentiques les copies de jugements, de procédures judiciaires, de testaments, d'actes de naissance, de mariage ou de sépulture provenant de pays étrangers si elles sont revêtues du certificat du secrétaire ou du gouvernement exécutif de ces pays.

4b) Les écritures privées

Les actes auxquels la loi ne reconnaît pas la qualité d'authentiques servent comme actes sous seing privé. Ces actes portent en eux-mêmes autant de valeur égale que les authentiques en ce sens qu'ils engagent autant. Leurs caractères respectifs ne joueront qu'au moment où on contestera leur validité. Le document authentique ne sera contredit et mis à néant comme faux, en tout ou en partie, que sur inscription de faux, procédure commençant par une requête appuyée d'un dépôt judiciaire, et qui exige un débat particulier. La validité des écritures privées, au contraire, pourra être soulevée en tout état de cause, dans une défense par exemple. Tout ce qu'on exige, c'est que la procédure y donnant lieu soit accompagnée d'un affidavit. De même que les actes authentiques, les écritures privées reconnues par celui à qui on les oppose, ou légalement tenue pour reconnues ou prouvées, font preuve entre ceux qui sont parties, et entre les héritiers et représentants légaux.

Un écrit, à moins qu'il ne soit public, ne vaut contre ceux qui n'y sont pas parties que s'il est enregistré. L'enregistrement est un mode d'avertir les tiers de l'existence d'un droit constaté par écrit. Il donne la publicité à un document. Du fait de son inscription dans les livres du bureau d'enregistrement, l'écrit ne peut plus être changé, modifié ou annulé par les parties intéressées sans que le public en soit mis au courant. Les bureaux d'enregistrement servent, règle générale, à enregistrer les écrits se rapportant aux immeubles.

Les papiers ou livres domestiques ou personnels ne font pas foi en faveur de qui les a écrits. Même, ils font preuve contre lui s'ils énoncent un paiement reçu ou lorsqu'ils mentionnent une obligation envers un autre. En matière de réclamations sur comptes, certains jugements ont dépassé l'idée du législateur quant à l'application de ces données. Ils ont interprété à tort les inscriptions domestiques en faveur de ceux qui les avaient faites. Face à la mention d'un reçu acompte portant date, ils concluaient à l'interruption de la prescription en faveur du créancier alors qu'ils auraient dû simplement s'arrêter à déduire du montant total de l'obligation la somme que l'écrit mentionne avoir été versée par le débiteur. Autrement, c'est donner au créancier malhonnête la tentation de falsifier ses livres en y inscrivant un léger acompte que lui aurait versé son débiteur et faire ainsi revivre une dette déjà éteinte par prescription.

2a) La preuve par témoins

Il va sans dire que l'écrit, authentique ou sous seing privé, constitue la preuve idéale. Il remplace avec avantage et moins de risques d'erreur la mémoire des parties. La règle générale veut que la preuve d'une convention se fasse au moyen d'écrits ou par le serment de la partie adverse. La loi cependant intervient pour permettre la preuve testimoniale dans les cas suivants:

— "de tout fait relatif à des matières commerciales". L'exception est de taille mais on comprendra facilement que la mobilité des affaires exige qu'il en soit ainsi. On ne voit pas bien un épicier dresser avec son client un contrat écrit au sujet de la vente d'une livre de sucre

Lors de l'étude des lois commerciales, nous avons vu en quoi consistaient un acte civil, un acte commercial ou un acte mixte. Répétons que l'acte commercial implique la notion ou l'idée de "spéculation" et de "circulation".

— "dans toute matière où le principal de la somme ou la valeur demandée n'excède pas $400.00". Si je prête $401.00 à mon voisin et que pour nous deux il s'agit d'un acte civil, je ne pourrais les lui réclamer à moins d'avoir un écrit à cet effet ou d'obtenir son aveu. Il me sera refusé de faire la preuve verbale du prêt. Il en serait autrement s'il s'agissait d'un acte commercial car, en ce cas, la loi ne limite pas le montant. Le montant de $400.00 correspond à la valeur limite d'une créance. Avant 1972, en matière civile, la preuve par témoins n'était permise que sur des réclamations n'excédant pas $50.00. Avec l'institution de la Cour d'accès à la justice, le montant limite est passé à $300.00 puis à $400.00. Il devrait bientôt être porté à $500.00.

— "dans le cas du bail par tolérance, tel que pourvu à l'article 1634". L'article 1634 se lit comme suit: "La personne qui occupe un immeuble avec la tolérance du propriétaire est présumée locataire, sauf preuve contraire. Dans ce cas, le bail est à durée indéterminée. Il commence en même temps que l'occupation et comporte un loyer correspondant à la valeur locative".

— "dans les cas de dépôt nécessaire ou de dépôts faits par des voyageurs dans une hôtellerie, et autre cas de même nature".

— dans les cas d'obligation résultant des quasi-contrats, délits et quasi-délits, et dans tout autre cas où la partie réclamante n'a pu se procurer une preuve écrite". Il saute aux yeux que, dans un cas de collision entre deux automobiles, les parties n'ont pas le temps, dans leurs manoeuvres in extremis, de préparer un contrat en bonne et due forme!

— "dans les cas où la preuve écrite a été perdue par cas imprévu, ou se trouve en la possession de la partie adverse, ou d'un tiers, sans collusion de la part de la partie réclamante, et ne peut être produite".

— "lorsqu'il y a un commencement de preuve par écrit". Nous avons déjà soulevé ce point en donnant un exemple.

La preuve par témoins ne vaut pas à l'encontre d'un écrit valablement fait, et l'article 1234 du code civil affirme nettement: "Dans aucun cas, la preuve testimoniale ne peut être admise pour contredire ou changer les termes d'un écrit valablement fait". Nos tribunaux, à plusieurs reprises, ont été appelés à interpréter ce principe et ils l'ont fait de façon stricte. Cela avec raison. Il ne servirait à rien de passer des écrits pour ne pas les respecter ensuite. L'écrit peut être mal fait ou contenir des imprécisions et, pour le comprendre, il faut se mettre dans la peau des parties et essayer de découvrir leurs intentions. Tout au plus, les auteurs et les tribunaux acceptent la preuve testimoniale pour ajouter à l'écrit un élément essentiel sans lequel celui-ci n'aurait aucun sens. Il en est ainsi d'un bail écrit dans lequel on aurait oublié d'inscrire le quantum de loyer; et le prouver par témoins, ce n'est ni contredire ni changer les termes de l'écrit. Cependant, la loi de la protection du consommateur permet à celui-ci d'administrer une preuve testimoniale, même pour contredire ou changer les termes d'un écrit lorsque les dispositions de cette loi n'ont pas été respectées.

3a) La présomption

Les présomptions se tirent de conséquences logiques qui découlent de faits connus. En preuve, elles sont établies par la loi ou résultent des faits. Les présomptions légales sont spécialement attachées par la loi à certains faits. La loi criminelle a créé bon nombre de présomptions. Plus que la loi civile. Elle les applique à certains gestes qui jouent contre un prévenu ou à certains principes qui favorisent sa non-culpabilité. Elle posera au départ la présomption d'innocence de tout accusé et l'obligera cependant à expliquer, par exemple, la possession d'outils de cambrioleurs.

En droit civil, les présomptions légales se rapportent principalement à la légitimité, à la propriété et aux conventions. Certaines sont juris tantum (de droit seulement), d'autres juris et de jure (de plein droit). Les premières peuvent se réfuter, les deuxièmes, pas. "La bonne foi, dit l'article 2202 du code civil, se présume toujours. C'est à celui qui allègue la mauvaise foi de la prouver". On voit immédiatement ici que la bonne foi est une présomption juris tantum. Au contraire, l'autorité de la chose jugée est une présomption contre laquelle la loi n'admet aucune preuve. L'autorité de la chose jugée a lieu à l'égard de ce qui a fait l'objet du jugement, et lorsque la demande est fondée sur la même cause, est entre les mêmes parties, agissant dans les mêmes qualités, et pour la même chose que dans l'instance jugée.

Prenons l'exemple d'un accident d'automobiles dans lequel les deux parties, A et B, ont subi des dommages de même valeur, soit $600.00 chacun. Si A intente, en Cour provinciale, une action contre B et qu'il gagne sa cause, B ne pourra pas, à son tour, se porter demandeur contre A puisque l'autorité de la chose jugée s'est installée entre les parties. Bien plus, si B avait subi des dommages assez considérables pour nécessiter l'intervention de la Cour supérieure ($3,000.00 et plus), il ne pourrait soumettre le litige au tribunal de cette Cour, celui-ci étant lié par la décision de la Cour provinciale. Notons que l'article 981 du code de procédure civile prend la peine de spécifier qu'un jugement rendu par les petites créances ne constitue pas chose jugée.

Les présomptions qui résultent des faits sont abandonnées à la discrétion et au jugement du tribunal. Le tribunal ne se basera pas uniquement sur la présomption pour fixer son jugement; il l'appréciera en fonction d'une preuve déjà soumise.

4a) L'aveu

Quant à l'aveu, il peut être judiciaire ou extrajudiciaire, soit qu'il est fait en cour ou hors cour. D'après les circonstances et suivant la discrétion du tribunal, il est possible de le tirer de son contenu quand celui-ci renferme des éléments qui lui sont étrangers. A doit de l'argent à B. A l'occasion d'un voyage à l'étranger, il lui envoie une lettre racontant son périple et décrivant la beauté des monuments visités. En post-scriptum, il ajoute: "à mon retour, je te rembourserai la somme que tu as eu l'amabilité de me prêter". B pourra dégager cet aveu de la lettre pour s'en servir contre A. On dit, dans ce cas, que l'aveu est divisible.

L'aveu judiciaire fait pleine foi contre celui qui l'a fait tandis que l'aveu extrajudiciaire doit être prouvé par écrit ou par le serment de la partie contre laquelle il est invoqué.

f) Les témoins

L'audition des témoins est également ordonnée de façon à ce que chaque partie puisse exposer sa cause équitablement. Rares sont les gens qui aiment servir de témoins. En plus de craindre ou d'appréhender les manifestations d'un appareil qu'ils connaissent mal, ils voient là une obligation qui consiste en une perte de temps et d'argent qu'une rétribution quotidienne de $10.00, (1) plus les frais de séjour (jusqu'à 1968, elle était de $2.00), n'est pas de nature à agrémenter. Ajoutons à cela une formation civique à peu près nulle chez les nôtres et on saura pourquoi tant de témoins se défilent à la suite d'un accident d'automobiles.

1a) Convocation

Les témoins sont assignés à la diligence des parties par bref de subpoena pour déclarer ce qu'ils connaissent, pour produire quelque document, ou pour les deux objets à la fois. Le subpoena est signifié par le ministère d'huissier et ordonne à la personne à qui il est adressé de se présenter devant telle Cour, à date et heure fixées, pour être entendue comme témoin et cela sous peine d'y être contrainte par mandat d'amener et d'être détenue sous garde de justice.

L'assignation doit être faite au moins vingt-quatre heures avant le moment de la comparution. La partie qui entend produire un témoin lui avance ses frais de déplacement par l'intermédiaire de l'huissier qui signifie le subpoena. Si la personne ainsi convoquée ne se présente pas devant la Cour, le juge peut décerner contre elle un mandat d'amener et ordonner

1. Quand l'absence du témoin de son domicile dure moins de 5 heures, la rétribution est réduite à $5.00. Si le témoin se déplace en automobile, il lui est alloué $0.10 du mille; autrement on lui accorde le coût du transport le moins cher. Pour le déjeuner, il est prévu $1.25, pour le dîner $2.75 et pour le souper $3.00. Au civil, les témoins sont payés par la partie perdante à moins que le juge n'en décide autrement. Au criminel, les frais des témoins de la couronne sont supportés par l'Etat.

qu'elle soit détenue jusqu'à ce qu'elle ait rendu témoignage. Le juge peut aussi lui faire supporter les frais occasionnés par son défaut. La personne à qui on n'aura pas procuré l'avance requise pourra, pour cette raison, refuser de se déplacer. Il en est autrement en droit criminel où le témoin régulièrement assigné ne saurait pour tel motif justifier son absence. Le témoin déjà rendu à l'audience ne peut pas refuser de témoigner pour la raison que ses frais de déplacement ne lui auraient pas été fournis.

L'article 294a met à la disposition des parties un moyen pratique et efficace. Il leur donne la faculté de produire un rapport de police, un rapport médical ou un rapport d'employeur, pour tenir lieu de témoignage, évitant ainsi aux policiers, aux médecins et aux employeurs des déplacements toujours ennuyeux. Il se lit comme suit: "Le tribunal peut accepter un rapport de police, un rapport médical ou un rapport d'un employeur sur l'état du traitement ou autres avantages dont bénéficie un employé pour tenir lieu du témoignage du policier, du médecin ou de l'employeur qui l'a signé, pourvu que le rapport ait été préalablement déposé au greffe avec avis et copie signifiés aux parties, au moins dix jours avant la date de l'audition". L'article 402a pose la même règle quant à la production du rapport d'un témoin expert. Sur une demande en interdiction fondée sur l'aliénation mentale d'une personne qui n'est pas déjà internée dans un institut psychiatrique, le réquérant, au lieu de convoquer le médecin devant le conseil de famille, déposera le certificat médical au dossier et en fera signifier des copies, avec avis du dépôt, à la personne dont il requiert l'interdiction, à une personne raisonnable de sa famille et au curateur public. Ainsi, on ne prend personne par surprise et toute partie intéressée aura le loisir de contester un rapport médical dont elle se sera déclarée insatisfaite.

2a) Assermentation

Avant d'être entendu, le témoin doit déclarer ses nom, prénom, âge, profession et résidence et être assermenté ou faire l'affirmation solennelle. "Le témoin de religion chrétienne prête serment soit sur les Saints Evangiles, en touchant le livre de sa main, soit face au crucifix, la main levée; celui de religion juive sur l'Ancien Testament; celui d'une autre religion, suivant le rite de sa croyance, à moins que le juge n'y voie quelque inconvénient d'ordre pratique, auquel cas le témoin est tenu de faire l'affirmation solennelle".

Il existe une coutume chez certains peuples de prêter serment en cassant une assiette. C'est probablement l'inconvénient que l'article 299 a voulu prévenir. L'affirmation solennelle s'exprime en ces termes: "J'affirme solennellement que le témoignage que je vais rendre sera la vérité, toute la vérité et rien que la vérité". L'enfant qui ne comprend pas la nature du serment peut être admis à témoigner mais son témoignage ne sera retenu que s'il est corroboré, c'est-à-dire, s'il est appuyé par un autre témoignage fait sous la foi du serment ou par des faits qui conduisent à sa véracité.

Celui qui refuse de prêter serment ou de faire l'affirmation solennelle est réputé refuser de rendre témoignage. Comme celui qui refuse de témoigner, il se rend coupable d'outrage au tribunal, et risque de subir l'emprisonnement.

3a) Les témoignages

La partie sur laquelle repose le fardeau de la preuve procède la première à l'interrogatoire de ses témoins. C'est d'habitude le demandeur. Il les interroge, généralement par l'intermédiaire de son avocat, sur les faits de la contestation seulement. On appelle cela l'interrogatoire ou l'examen. Puis le défendeur, par son procureur, interroge à son tour le témoin présenté par le demandeur. Il s'agit du contre-interrogatoire. Si celui-ci soulève des faits nouveaux ou qu'il devient nécessaire de fournir des explications aux réponses données, le demandeur procédera au réexamen de son témoin. La preuve du demandeur est alors close.

Par la suite, la défendeur interrogera ses propres témoins, qui seront contre-interrogés par le demandeur puis ré-examinés, si besoin est. La preuve du défendeur est alors close. Après quoi, le demandeur peut soumettre une contre-preuve, non pour répéter la preuve déjà faite mais pour rétablir certains faits ou pour contredire par de nouveaux moyens les affirmations du défendeur. Dans la preuve, les parties sont liées par les allégués de leurs procédures. En termes de Palais, on dit qu'elles ont fait leur lit. Elles ne peuvent en dépasser le contenu. "Cependant, il sera loisible à une partie de modifier, rectifier ou compléter les énonciations ou conclusions de l'acte initial, soit pour invoquer des faits survenus en cours d'instance, soit pour faire valoir un droit déchu depuis l'assignation et lié à celui exercé par la demande originale. Si la partie adverse n'a pas encore répondu à la procédure que l'autre partie désire amender, cette dernière pourra se prévaloir de l'amendement une fois sans autorisation ni frais. Dans le cas contraire, le tribunal devra l'autoriser et en fixer les conditions".

Et l'enquête est déclarée close généralement.

Il est défendu à une partie de poser au témoin qu'elle produit des questions suggestives. Ce sont des questions posées de telle manière qu'elles amènent à la réponse désirée. En termes plus simples, il n'est pas permis à une partie de mettre la réponse dans la bouche de son témoin. L'expression classique de la question suggestive est: "N'est-il pas vrai que...?".

Cette règle ne lie la partie que lorsqu'elle a affaire à son témoin. Elle a beaucoup de latitude en contre-interrogatoire où elle peut tortiller à plaisir le témoin présenté par la partie adverse.

Des études récentes permettent de mesurer l'influence de "l'horizon temporel" sur le comportement de la personne. Les notions qui s'en dégagent nous amènent à réfléchir sur l'exactitude des témoignages, principalement quand ils sont requis longtemps après l'événement qui y a donné lieu.

L'horizon temporel est la représentation qu'un individu se fait des événements passés, présents et futurs de sa vie. Il situe le dynamisme ou la motivation de l'individu entre le percept de la situation actuelle et le projet. (1) Le percept de la situation actuelle correspond au passé et au présent. Par lui, l'individu construit son passé psychologiquement et de façon continuelle. Par le projet, il élabore et construit son avenir; il se perçoit comme un projet en réalisation. Et devant cette perception qu'il a de lui, il reconstruit son passé en fonction de son avenir.

Le témoin, dans ces conditions, reconstruit ou rebâtit son passé à partir de sa façon de concevoir le futur. Si son horizon temporel s'est considérablement modifié, entre l'événement sur lequel il est appelé à déposer et le moment de sa déposition, le témoignage qu'il rendra en sera une reproduction exacte. (2)

---

1. Joseph Nuttin, *Structure de la personnalité,* Paris, P.U.F. 1964.
2. Guy Filteau, *La Motivation des Adultes,* Montréal, oeuvre non publiée.

Ces notions expliquent bien la raison de quantités de témoignages contradictoires portant sur les mêmes faits. Et alors, il y aurait peut-être lieu, en matière d'accidents par exemple, de prévoir un mode de recueillir sur-le-champ des versions qui seraient plus conformes à la vérité.

4a) Les communications privilégiées

Le code de procédure a prévu les cas épineux de communications privilégiées, de secrets professionnels et de témoignages incriminants et a dû les soumettre à certaines règles. Un témoin ne peut être contraint de divulguer une communication que son conjoint lui aurait faite pendant le mariage. Des personnes vivant en concubinage ne pourraient pas se couvrir du privilège de la communication privilégiée (l'affaire Coffin).

De même, ne peuvent être contraints de divulguer ce qui leur a été révélé confidentiellement en raison de leur état ou profession: les prêtres et autres ministres du culte, les avocats, les notaires, les médecins, les dentistes, à moins, dans tous les cas, qu'ils n'y aient été autorisés, expressément ou implicitement, par ceux qui leur ont fait ces confidences, les fonctionnaires de l'Etat, pourvu que le juge soit d'avis, pour les raisons exposées dans l'affidavit du ministre ou du sous-ministre de qui relève le témoin, que la divulgation serait contraire à l'ordre public, et les membres de la Sûreté, les policiers municipaux ou les constables spéciaux si le juge est d'avis, pour les raisons mentionnées dans une déclaration assermentée du président de la Commission de police du Québec, que la divulgation peut nuire à une enquête en cours.

Le code de procédure civile n'accorde la prérogative du secret professionnel qu'aux professions dites libérales. Il devrait l'étendre à toutes les professions dont les principales activités sont faites de contacts humains. Si la loi protège ce qui entoure l'acte du dentiste, elle devrait, à plus forte raison, couvrir avec autant de soin l'activité du travailleur social, du conseiller social, du courtier en assurances ou du journaliste.

En pratique, les tribunaux ont limité le secret à la divulgation reliée directement à l'acte professionnel. Ils refusent de considérer comme confidentielle la divulgation faite à l'occasion de cet acte. Je vais voir mon dentiste. C'est une personne en qui j'ai grande confiance. Je lui fais part d'un violent mal de dent qui me tourmente. Il examine la dent et lui apporte les soins nécessaires. Au moment de le quitter, je lui avoue être l'auteur d'un meurtre jusque-là demeuré mystérieux. Le secret professionnel l'incitera à ne pas divulguer que j'avais une dent cariée alors qu'il pourra me dénoncer comme criminel!

En matière criminelle, la common law ne reconnaît pas le secret professionnel du médecin et trouve peine à admettre comme confidentielle la confession faite à un ministre du culte. Les seules communications qu'elle considère comme vraiment privilégiées sont celles qui ont lieu entre conjoints durant le mariage et celles qui découlent de la relation entre client et avocat.

Un témoin peut craindre que ses réponses soient de nature à l'incriminer ou à l'exposer à une poursuite. Dans ce cas, il ne sera pas dispensé de témoigner mais il aura le droit de faire objection en demandant la protection de la Cour et, s'il agit ainsi, son témoignage ne pourra servir contre lui dans aucune poursuite pénale intentée en vertu de quelque loi de la province.

L'article 5 de la loi de la preuve au Canada (S.R.C. ch. E-10 Vol. III) prévoit semblable immunité. Appelé à déposer dans une cause d'accident, je dois dévoiler que je roulais, avec ma voiture, sans être muni du permis de conduire exigé par le code de la route et à une vitesse de 80 milles à l'heure dans une zone la limitant à 30 milles. Je ferai objection, le juge en tiendra compte et je témoignerai sans craindre que mes réponses servent contre moi dans une poursuite pour un délit statutaire relatif au permis et basé sur le code de la route ou sur une plainte pour vitesse dangereuse portée en vertu du code criminel.

Les témoins ne sont pas toujours faciles et il arrive qu'ils mettent dans l'embarras la partie qui les produit. Ils peuvent faire des mots d'esprit, tenter de jouer de finesse avec l'avocat qui les interroge ou, tout simplement, répondre n'importe quoi aux questions posées. Le juge pourra alors déclarer le témoin hostile et accorder à cette partie le droit de lui poser des questions suggestives. Si le témoin pousse trop loin l'insolence, le juge pourra le condamner pour outrage au tribunal.

Les avocats n'ont pas toujours le dernier mot. Ils peuvent être longs, tortueux et ennuyeux dans leurs plaidoyers, surtout quand ils ont mal préparé leur cause. L'intimé des Plaideurs de Racine commence ainsi le sien:... "Avant la naissance du monde..." pour aussitôt se faire rabrouer par le juge Dandin, baillant: "Avocat, ah! passons au déluge..."

Notre ami Gayot de Pitaval raconte le fait suivant. "Un avocat plaidait aux Requêtes de l'Hôtel contre une bourgeoise: c'était une cause sommaire qu'il chargeait de beaucoup de moyens inutiles. La bourgeoise perdit patience: elle interrompit l'avocat. Messieurs, dit-elle, voici le fait en peu de mots. Je me suis engagée de donner au tapissier, qui est ma partie, une somme pour une tapisserie de Flandres à personnages bien dessinés, beaux comme M. le Président: il veut m'en livrer une où il y a des personnages croqués, mal bâtis comme l'avocat de ma partie: ne suis-je pas dispensée d'exécuter ma convention? La comparaison, qui flatta l'amour propre du Président qui était un bel homme, déconcerta entièrement l'avocat dont la figure semblait être faite en dépit de la nature: il ne put répliquer. Les juges allèrent aux opinions: la bourgeoise gagna son procès".

Il vaut de rapporter ici la réponse merveilleuse que Jeanne d'Arc fit à ses juges. Laissons Philippe Toussaint (1) raconter la scène. "Alors, doucereux, Beaurepère interroge, mine de rien:

— Etes-vous sûre d'être en état de grâce, Jeanne?

Question terrible, question-piège entre toutes. En principe, quelle que soit la réponse, Jeanne se perd. Si elle répond "oui": crime de présomption; et "non", c'est l'aveu. Un des assesseurs en a le souffle coupé et s'écrie:

— L'accusée n'est pas tenue de répondre!

Ce courageux, c'est Jean Ligny. Des murmures s'élèvent, peut-être approbateurs, mais Cauchon rembarre ce scrupuleux intempestif.

— Vous feriez mieux de vous taire!

Jeanne impose le silence; elle répond, tout uniment, et l'on voudrait que son regard ait rassuré Jean Ligny.

— Si je n'y suis, Dieu veuille m'y mettre; si j'y suis, Dieu veuille m'y garder!

Les plus subtils casuistes eussent mis des heures à mitonner pareille réponse. Lors du procès de réhabilitation, on dira que les juges de Rouen en demeurèrent bouche bée".

---

1) Philippe Toussaint, *Rien que la Vérité* Gérard & Co. Verviers, 1969.

Le tribunal peut accepter la production d'un rapport médical pour tenir lieu du témoignage du médecin qui l'a signé pourvu que ce rapport ait été déposé au greffe du tribunal au moins dix jours avant la date de l'audition et qu'avis de ce dépôt ait été donné à la partie adverse.

La parenté, l'alliance et l'intérêt peuvent être causes de reproche contre un témoin, mais seulement quant au degré de crédibilité de son témoignage. On est loin des fadaises rapportées dans l'introduction.

Une partie ne peut faire entendre plus de cinq témoins sur le même fait à moins que le juge n'en décide autrement.

Pour faciliter l'interrogatoire d'un témoin, le juge peut recourir aux services d'un interprète.

Chaque partie peut demander que les témoins déposent hors la présence des uns des autres. La demande est faite au juge au début de l'audience. Alors, les noms des témoins présents sont pris en note et ceux-ci se retirent de la salle pour n'y revenir, sur appel de l'huissier-audiencier, que lorsqu'ils sont requis de rendre témoignage. L'exclusion des témoins est une mesure sage qui a pour but de parer à toute connivence entre ceux-ci à l'effet de rendre des témoignages identiques.

5a) Le procès-verbal

Pendant l'audience, l'officier représentant le protonotaire ou le greffier, suivant le cas, doit tenir un compte rendu fidèle dee tout ce qui se passe. Il y inscrit les objections et les aveux des parties, les noms des témoins avec mention qu'ils ont été assermentés et interrogés, les amendements qui sont autorisés par le juge et les pièces ou exhibits, avec leurs cotes, qui ont été déposés au cours de l'enquête.

Ce compte rendu porte le nom de procès-verbal d'audience. Voici comment a été dressé le procès-verbal dans la cause Lebrun vs Lebrun.

CANADA	COUR SUPÉRIEURE
PROVINCE DE QUÉBEC	ENQUÊTES ET
DISTRICT DE MONTRÉAL	PLAIDOIRIES
No 500 05 18114 75	

GEORGES LEBRUN,

Demandeur,

vs

LES HÉRITIERS DE JACQUES LEBRUN,

Défendeurs.

Audience du 12 mai 1976
Présidence de l'Honorable
Juge Maurice Leblond
S.O. Cyprien Leborgne
Procès-verbal des procédures faites à l'audience devant le tribunal.

Me Jean Leblanc comparaît pour le demandeur
Me Paul Lenoir comparaît pour les défendeurs
Preuve du demandeur

Mme Jacques Lebrun 4011, Boyer, Montréal
assermentée et interrogée

pièce P-3

Jean Caisse 367, Clark, Montréal
assermenté et interrogé

Piece P-4, livret
Pièce D-1, 6 chèques
Pièce D-2, 4 reçus

Georges Lebrun 45, Dufresne, Montréal
assermenté et interrogé

Enquête du demandeur close

Preuve des défendeurs

Mme Jacques Lebrun,
assermentée et interrogée
Léo Sans Peur, 645, Chabot, Montréal
assermenté et interrogé

Pièce D-3, photo
Pièce D-4, photo
Pièce D-5, photo
Pièce D-6, photo
Pièce D-7, photo

Enquête des défendeurs close

Enquête close généralement
Parties entendues C.A.V.
André Legris
Greffier-audiencier

6a) La confession de jugement

L'enquête n'est pas toujours nécessaire. Le défendeur, qui admet le bien-fondé de la réclamation du demandeur, peut éviter certains frais en produisant une confession de jugement. Ou encore, le créancier s'arrangera avec son débiteur à la condition que celui-ci confesse jugement. Si le débiteur ne donne pas suite aux ententes qu'il a prises il aura, suspendue sur sa tête, l'épée de Damoclès du jugement. Le créancier pourra alors exécuter le jugement en procédant à la saisie des biens du débiteur. La confession de jugement se fait en tout temps par la production au greffe de la procédure à cet effet. Elle est signée par la partie elle-même, en présence du protonotaire ou du greffier, ou par son procureur muni d'une procuration spéciale. La confession peut n'être que partielle et, dans ce cas, le demandeur obtiendra jugement pour la partie qui est admise et continuera la procédure pour la partie qui reste contestée. En cette matière, le protonotaire ou le greffier a juridiction pour rendre jugement.

7a) Les faits et articles

L'interrogatoire sur faits et articles permet aussi d'obtenir jugement contre la partie adverse sans passer par l'audience. Il peut être parfois avantageux de s'en servir. Il a lieu après la production de la défense ou l'enregistrement du défaut de comparaître ou de plaider. Il consiste en un bref obtenu de la même manière qu'un bref introductif d'instance et il enjoint à la partie de comparaître en personne devant le tribunal, le juge, le protonotaire ou le greffier pour répondre sous serment à l'interrogatoire qui y est joint. Les questions sont posées par écrit et, à la comparution, les réponses du défendeur sont inscrites à la suite de ces questions. Sur son défaut de comparaître ou de répondre aux questions, les faits sur lesquels porte l'interrogatoire sont tenus pour admis. L'interrogatoire sur faits et articles conduit en pratique à l'aveu judiciaire.

8a) La commission rogatoire

On entend quelquefois parler de commissions rogatoires. C'est une façon de recueillir le témoignage de personnes qui résident hors de la province, ou dans un lieu trop éloigné de celui où la cause est pendante. Dans le cas d'une demande en interdiction pour démence, une personne, demeurant à Montréal, a fait antérieurement un séjour dans un hôpital psychiatrique de Los Angeles. Au lieu de déplacer les médecins, les gardes-malades et les membres du personnel de cet hôpital, pour les entendre déposer sur le comportement de l'intimé, le juge préférera nommer un commissaire qui ira sur les lieux recueillir les témoignages de tous ces gens.

g) Le procès par jury

Le procès par jury en matière civile a été aboli en 1976 par d'adoption du projet de loi no 33. On y avait droit quand le montant réclamé excédait cinq mille dollars et uniquement dans les causes en responsabilité pour dommages aux biens ou à la personne. Les statistiques ont révélé qu'on y avait rarement recours. Sur une période de six ans, de 1954 à 1960, dans tous les districts de la province, un total de 215 causes seulement avaient été inscrites pour instruction devant jury civil. Tous les cas qui donnaient droit au procès par jury civil pouvaient être soumis à un juge de la Cour supérieure siégeant seul. Plus cher que le moyen ordinaire, le procès par jury civil ne remplissait pas efficacement les fins de la justice.

Il s'est déjà produit qu'on ait demandé à des jurés, dans un procès dirigé contre un radiologiste, un médecin et un hôpital, de se prononcer sur des questions médicales fortement controversées. On voyait mal l'homme de la rue trancher ces questions, dans l'espace de trois à quatre jours, après avoir suivi des cours intensifs donnés par des experts dont le seul lien commun semblait consister en ce qu'ils n'étaient jamais d'accord.

h) L'arbitrage

L'arbitrage est un autre moyen de mettre fin à un litige. Un moyen dont on se sert trop peu souvent et de nature à remplacer avantageusement le procès par jury civil. Il est mis à la disposition des parties, soit dans une cause pendante, soit devant l'imminence d'un conflit juridique.

Dans le premier cas, les arbitres sont des avocats en exercice ou des juges retraités. Les parties s'entendent sur le choix et sur le nombre des arbitres et le juge référera la cause à la décision de ces derniers. A compter de ce moment, les arbitres auront un délai de trente jours pour rendre leur sentence.

Dans le deuxième cas, le nombre des arbitres est limité, au choix des parties, à un ou à trois. On n'exige pas que ce soit des hommes de loi. Le ou les arbitres se prononceront alors sur les droits en jeu.

Dans l'un et l'autre cas, la loi procure aux arbitres les moyens qui sont généralement accordés au juge pour disposer d'une cause. Les arbitres sur compromis doivent déposer leur sentence au plus tard six mois après avoir été saisis de l'affaire.

4. Le jugement

Après avoir écouté les témoins et entendu les plaidoyers des procureurs, le juge prend la cause en délibéré*. Le délibéré est le temps que le juge s'accorde pour réfléchir au jugement qu'il va rendre. Le juge ne peut pas refuser de rendre jugement. Même si la cause est difficile, il doit trancher le différend. Rien ne l'empêche de rendre sa décision sur le banc, mais il est rare qu'il le fasse, surtout quand la cause est contestée. Et cela avec raison. L'intérêt de la justice ne requiert pas l'humiliation d'une partie perdante face à l'adversaire. Socialement, la chose est inacceptable et ce n'est pas retarder l'expédition de la justice que d'attendre le départ des parties avant de prononcer jugement. Ce qui n'oblige pas le juge à épuiser le délai de six mois qui lui est accordé par le code de procédure pour décider d'une cause. Le tribunal ne peut adjuger au-delà de ce qui est demandé. Un demandeur réclame, par son action, la somme de $500.00. A

* Quand une cause est prise en délibéré, pour l'indiquer sur le procès-verbal, on se sert du sigle C.A.V. qui représente les premières lettres de l'expression latine *curia advisari vult*... la Cour veut être avisée.

l'audience, il fait la preuve précise que le défendeur lui doit $50.00 de plus. Le juge ne pourra lui accorder que le montant de $500.00 indiqué dans la déclaration à moins que celle-ci n'ait été auparavant amendée. Ce serait juger "ultra petita".

Le jugement rendu dans la cause Lebrun vs Lebrun se lit comme suit:

CANADA
PROVINCE DE QUÉBEC
DISTRICT DE MONTRÉAL — COUR SUPÉRIEURE
No 500 05 18114 75

Montréal le dix-neuvième jour de mai,
mil neuf cent soixante-seize.

PRÉSENT: Sa Seigneurie l'Honorable Maurice Leblond, J.C.S.

GEORGES LEBRUN, journalier, domicilié
à 2, place Montmorency, Laval des Rapides,
district de Montréal,

Demandeur,

vs

LES HÉRITIERS DE JACQUES LEBRUN,
de son vivant journalier, domicilié à 4011,
rue Boyer, en les cité et district de Montréal,

Défendeurs.

LA COUR, après avoir entendu les parties par leurs procureurs et les témoins, avoir examiné le dossier de la procédure ainsi que les pièces produites et délibéré:—

Il s'agit d'une réclamation au montant de $3,700.00 basée sur un chèque exhibit P-2 et sur une reconnaissance de dette ou billet, exhibit P-1.

Le demandeur était le frère de Jacques Lebrun décédé le 12 août 1975, et il poursuit ses héritiers légaux , dans les délais de deux ans.

La veuve de Jacques Lebrun déclare qu'elle est la seule héritière en vertu de son contrat de mariage.

Pour comprendre cette réclamation, il faut procéder par ordre chronologique et vérifier la cause qui y a donné naissance.

Ils étaient trois frères, Jacques, Emile et le demandeur. L'entente fraternelle ne semblait pas exister entre Jacques et Emile, et il fut même mentionné à l'enquête que des procès furent intentés entre eux.

Georges déclare: que pour mettre la paix entre ses deux frères, il a consenti à Jacques, le 21 octobre 1974, un prêt de $3,700.00 que ce dernier a reconnu, par le chèque fait à son ordre, qu'il a endossé et encaissé à la Caisse Populaire Maisonneuve de Montréal, exhibit P-2.

Dans le livre de dépôts du demandeur exhibit P-4 il y apparaît, en date du 23 ocotbre 1974, un retrait pour ce montant de $3,700.00 et, sur le chèque, il est indiqué qu'il a été payé à nette date.

La défense n'a pu détruire cette preuve; car le témoigange de l'épouse de Jacques Lebrun à l'effet qu'elle l'ignorait, et que pourtant elle connaissait toutes les affaires de son mari, ne peut renverser la preuve claire et précise d'un prêt de $3,700.00 par le demandeur à son frère Jacques Lebrun.

Le chèque du 21 octobre 1974 exhibit P-2 était suffisant par lui-même pour établir le bien-fondé de l'action du demandeur.

Ce dernier à cru qu'un autre document signé par Jacques lui aiderait à établir son prêt, et il produit l'exhibit P-1 qui porte la date du 30 juillet 1975, soit quelques jours avant le décès de Jacques.

Georges ayant insisté pour obtenir le remboursement de la somme de $3,700.00, son frère Jacques lui aurait demandé comme faveur et afin d'avoir la paix avec son épouse de ne réclamer le remboursement qu'après son décès; et il accepta. C'est dans cette circonstance que Jacques aurait signé le document exhibit P-1.

Cette reconnaissance de dette ou billet exhibit P-1 a donné lieu à toute une contestation. Un expert en écriture Léo Sans Peur déclare avec force arguments à l'appui de son opinion qu'il s'agit d'un faux et que ce n'est pas la signature de Jacques Lebrun. Voir les exhibits D-3, D-4, D-5, D-6 et D-7.

De son côté le demandeur jure: que c'est Jacques Lebrun qui l'a signé devant lui.

Peu importe la validité de ce document exhibit P-1; il n'est pas nécessaire dans l'opinion de la Cour, pour établir le bien-fondé de l'action du demandeur, au montant de $3,700.00 contre les défendeurs; et elle l'ignore complètement.

Cependant, la Cour déclare que les montants de $3,700.00 mentionnés dans les exhibits P-1 et P-2, se rapportent au même prêt de $3,700.00 fait le 21 octobre 1974 et ne peuvent donner lieu à deux réclamations distinctes.

CONSIDÉRANT que le demandeur, qui avait le fardeau de la preuve par suite de la contestation liée, a établi le bien-fondé de son action au montant de $3,700.00 contre les héritiers de Jacques Lebrun en vertu d'un prêt pour ce montant, fait le 21 octobre 1974 à Jacques Lebrun, par le chèque exhibit P-2;

CONSIDÉRANT que la Cour tout en ignorant l'existence du document portant la date du 30 juillet 1975, exhibit P-1, pour les fins du présent jugement, déclare: que le montant de $3,700.00 qui y est mentionné se rapporte à celui mentionné à l'exhibit P-2 en date du 21 octobre 1974 et ne peut servir à une réclamation distincte contre les héritiers de Jacques Lebrun;

CONSIDÉRANT que les défendeurs n'ont pas établi qu'ils avaient payé cette somme de $3,700.00 due à Georges Lebrun, et qu'ils doivent la lui payer;

CONSIDÉRANT que le 27 octobre 1975, ils ont été mis en demeure de la payer avec intérêt au taux de 5% l'an, et qu'ils ont refusé de payer;

POUR CES MOTIFS: REJETTE le plaidoyer des défendeurs; MAINTIENT l'action du demandeur; CONDAMNE les héritiers de Jacques Lebrun à payer au demandeur la somme de $3,700.00 avec intérêt à 5% l'an, à compter du 27 octobre 1975 et les dépens.

(signé) Maurice Leblond
J.C.S.

A. Les frais d'avocats

Dans les jugements qu'il prononce, le juge doit décider des frais... "et des dépens", voilà trois petits mots bien significatifs.

On a vu que l'Etat exigeait des droits à certaines étapes des procédures. Ici, il sera question des frais d'avocats ou des honoraires judiciaires qui sont ajoutés aux droits de timbres et aux autres frais comme ceux d'huissiers, de sténographie ou de témoins.

En matière d'honoraires judiciaires, la règle générale est celle-ci: la partie qui succombe supporte les dépens. Il est rare que le juge déroge à cette règle et, quand il le fait, la loi l'oblige à motiver sa décision.

Les actes judiciaires de l'avocat sont soumis à un tarif qui, par classes d'actions, détermine les honoraires auxquels il a droit. Le tarif dont on se sert présentement est en vigueur depuis le premier février 1975. Les honoraires sont établis selon la valeur en jeu ou selon le genre de la procédure quand le montant ne peut être déterminé (injonction, habeas corpus, etc.). Ils dépendent encore du chemin que l'action a pu franchir. Une action en dommages d'un montant de $2000.00, réglée après signification, coûtera évidemment moins cher en honoraires que si elle est réglée après contestation et jugement. Les honoraires seront alors de $100.00 au lieu de $350.00 en faveur du procureur du demandeur. Le tarif n'a pas oublié le procureur du défendeur qui aura droit, en pareil cas, à $75.00 ou à $350.00, mais avec cette différence importante qu'il devra faire payer ses honoraires par son client.

Les classes d'action se répartissent comme suit:

	mise en demeure	non contestée	contestée
I — La demande dont la somme ou la valeur en litige:			
a) n'atteint pas $300;	5	40	75
b) se situe entre $300 et $500 exclusivement;	10	80	125
c) se situe entre $500 et $1,000 exclusivement;	15	100	200
II — La demande dont la somme ou la valeur en litige:			
a) se situe entre $1,000 et $3,000 exclusivement;	25	150	350
b) se situe entre $3,000 et $10,000 exclusivement;	25	225	500
III — La demande dont la somme ou la valeur en litige:			
a) se situe entre $10,000 et $25,000 exclusivement;	25	300	500
b) se situe entre $25,000 et $50,000 exclusivement;	25	375	800
IV — La demande dont la somme ou la valeur en litige:			
a) se situe au-delà de $50,000	25	450	1000

A titre d'information, nous avons mis en regard de chaque étape les honoraires de mise en demeure, quand celle-ci est requise par la loi, les honoraires sur jugement par défaut avec enquête et les honoraires sur jugementaprès contestation.

Dans l'affaire Lebrun, la valeur en litige de $3,700.00 est donc soumise à la classe II b du tarif: la mise en demeure rapportera un honoraire de $25.00 et le jugement un honoraire de $500.00. Quant aux droits de timbres, ils avaient coûté $33.00.

Pour les affaires matrimoniales, le tarif des avocats détermine des honoraires particuliers. Cela se comprend: on est en face d'affaires spéciales qu'on ne peut évaluer en argent. Sur une action en séparation de corps, jugée après contestation, le tarif prévoit un honoraire de $300.00 en faveur de chaque procureur.

Sans faire entorse à la règle voulant que la partie qui succombe doit supporter les frais, le code de procédure apporte certaines restrictions.

Ainsi, à l'article 477, il est dit au deuxième alinéa: "Néanmoins, dans le cas d'une action personnelle, et sous réserve des articles 992, 993 et 995 (petites créances) la somme des frais de poursuite et d'exécution que le défendeur condamné peut être appelé à payer ne doit pas excéder le montant de la condamnation si celui-ci n'est pas supérieur à $25.00, à moins que, par décision motivée, le tribunal n'en ait ordonné autrement". J'intente une action de $2000.00 pour diffamation et je n'obtiens par jugement que $20.00 à titre de dommages exemplaires. Si le juge ne fait aucune réserve quant aux dépens, je ne pourrai faire payer à mon adversaire plus de $20.00 en frais de jugement et en frais d'exécution.

La règle 17 du tarif des avocats apporte une restriction de plus. Elle déclare: "A l'exclusion des frais d'exécution, dans toutes les actions de classe I-a (c'est-à-dire, celles qui n'atteignent pas $300.00), les frais taxés contre la partie qui succombe ne peuvent être supérieurs au montant de la condamnation.

Enfin, sur une cause instituée en vertu de la loi des petites créances, la condamnation aux frais ne peut excéder la somme de $5.00 ou de $10.00 selon que le montant accordé est inférieur ou non à $100.00. Avec cette exception: si le débiteur, dans une action ne dépassant pas $400.00, a été poursuivi devant la Cour provinciale, juridiction ordinaire, et qu'il n'a pas référé la cause à la Cour provinciale, division des petites créances, alors qu'il aurait dû le faire, et qu'il perd sa cause, les frais ne seront pas limités à $5.00 ou $10.00: il sera tenu de payer les frais d'une action ordinaire.

Un débiteur doit $120.00 à une compagnie d'huile et refuse de payer. La compagnie d'huile, parce qu'elle est une corporation, ne peut se prévaloir de la loi des petites créances. Sur l'institution de l'action, le débiteur néglige de la référer aux petites créances comme c'est son droit de le faire. Il néglige même de produire une comparution. Il devra, sur condamnation par défaut, payer les frais réellement encourus. Par exemple, sur jugement rendu par défaut, il paiera $56.00 en frais, plus ceux de signification de l'action. S'il conteste, sans référer l'affaire aux petites créances, et perd, les frais de jugement qu'il sera appelé à payer ne pourront pas dépasser la somme de $120.00. De bonnes raisons peuvent inciter un défendeur à demeurer devant la Cour provinciale, juridiction ordinaire. Il a droit de se faire représenter par avocat. Il peut également songer à invoquer l'autorité de la chose jugée s'il a l'intention de produire à son tour une grosse réclamation à la suite d'un accident d'automobiles. Il fait alors, à risque de frais minimes, prononcer le tribunal sur la responsabilité des parties.

Un amendement, apporté à l'article 992 par la loi 38 sanctionnée le 19 décembre 1975, a dégagé une impasse. Il décrétait que "dans toute action dont le montant n'excède pas $300.00 et qui n'est pas instituée suivant le présent livre (se rapportant aux petites créances) les frais contre un défendeur condamné par défaut de comparaître ou de plaider ne peuvent excéder la somme de $5.00 si le montant accordé n'excède pas $100.00 et la somme de $10.00 si le montant accordé excède $100.00". Le cas classique était celui d'une compagnie qui prenait action contre une autre compagnie. Sur jugement par défaut ou ex parte, la compagnie demanderesse ne pouvait pas réclamer plus que $5.00 ou $10.00 en frais de la compagnie défenderesse et devait en conséquence supporter le paiement des honoraires de ses avocats. Malgré la clarté du texte, une jurisprudence tortueuse avait décidé de préserver les honoraires judiciaires des avocats. Elle fut par après renversée par une suite de jugements plus sérieux et plus logiques. Devant l'impasse, le législateur a adouci le texte de l'article 992 qui se lit maintenant comme suit: "Dans toute action dont le montant n'excède pas $400.00 et qui n'est pas instituée suivant le présent livre (petites créances), le défendeur qui a été condamné par défaut de comparaître ou de plaider alors qu'il aurait été admis à se prévaloir de l'article 983 (référé aux petites créances) est tenu au remboursement des frais du demandeur". C'est dire que le nouveau texte de l'article 992 a fait disparaître toute restriction sur les frais, dans les actions ordinaires de $400.00 ou moins, et que, de plus, il punit le défendeur qui néglige de se rapporter aux petites créances en lui faisant supporter les frais d'une action ordinaire.

Les intérêts sur le capital du jugement seront payables à compter de la date de la convention, s'il en existe une à cet effet, sinon à compter de la signification de l'action.

Quand le taux de l'intérêt n'a pas été prévu, c'est l'intérêt légal qui a cours. Les dépens portent intérêts du jour du jugement qui les accorde.

Les mémoires de frais sont préparés par l'avocat. L'officier taxateur les approuve ou les modifie, après avis d'au moins cinq jours donné à la partie adverse.

Il ne faut pas confondre ces frais judiciaires, toujours soumis au contrôle de la Cour, avec les frais extra-judiciaires. Ceux-ci dépendent de l'expérience de l'avocat, de l'importance de la cause et du temps qu'il a dû y consacrer. Il est toujours prudent de s'entendre à l'avance au sujet de ces frais. En matière de perception de comptes, le Barreau de la province de Québec, à défaut d'entente entre avocat et client, suggère un pourcentage de 15% sur les premiers $300.00, 8% sur les sommes comprises entre $300.00 et $1,000.00 et 4% sur le surplus. Cette norme sert souvent de guide dans plusieurs autres cas, sur les montants obtenus dans les actions en dommages, par exemple.

Le mémoire de frais dans l'affaire Lebrun a été taxé à la somme de $632.90

CANADA
PROVINCE DE QUÉBEC
DISTRICT DE MONTRÉAL — COUR SUPÉRIEURE
No 500 05 18114 75

GEORGES LEBRUN,
Demandeur,
vs
LES HÉRITIERS DE JACQUES LEBRUN,
Défendeurs.

MÉMOIRE DE FRAIS de Me Jean Leblanc, procureur du demandeur, suivant jugement du 19 mai 1976, pour $3,700.00 avec intérêt à 5% du 27 octobre 1975 et les dépens.

Bref d'assignation			15.00
Signification			8.00
Signification réponse			2.60
Mise en demeure			25.00
Honoraire examen préalable du demandeur			30.00
Inscription			15.00
Signification inscription			2.60
Taxe témoins:	Jean Caisse	5.00	
	Georges Lebrun	5.00	10.00
Sténographie			13.00
Signification subpoena			2.60
Copie de jugement			3.50
Honoraire de cause			500.00
Taxation, mémoire et signification			5.60
		Total:	$632.90

AVIS

A Me Paul Lenoir,
procureur des défendeurs.

Prenez avis que le mémoire de frais ci-dessus sera présenté pour taxation au Protonotaire, à son bureau, Palais de Justice, Montréal, le 6 juin 1976 à dix heures a.m., et veuillez agir en conséquence.

Montréal, le 25 mai 1976.

Jean Leblanc
Procureur du demandeur.

B. Moyens de se pourvoir contre les jugements

Le demandeur qui a perdu sa cause est tenu de payer les frais de la partie adverse et ceux de son avocat... à moins qu'il ne décide d'appeler du jugement. Le défendeur malchanceux, de son côté, si la loi le lui permet, peut réagir de diverses façons. Il paiera, il se servira des moyens de se pourvoir contre les jugements, ou il subira l'exécution sur ses biens.

Le défendeur condamné à payer une somme d'argent se conformera au jugement en acquittant l'obligation qui lui est imposée avec, en plus, les dépens taxés par la Cour. Si le jugement lui ordonne de livrer un bien, il se libérera en obtempérant. Il obtiendra un reçu final ou une quittance et un règlement hors Cour, signé par les procureurs, sera produit au dossier.

a) Rétractation de jugement

Il est possible qu'une partie, condamnée par défaut de comparaître ou de plaider, ait été empêchée de se défendre, par surprise, par fraude ou par quelque autre cause. Elle pourra alors, par requête, dans les quinze jours de la connaissance acquise du jugement, en demander rétractation. Le même droit est accordé à une partie frustrée par un jugement contre lequel il n'existe aucun autre recours utile:

— lorsque la procédure prescrite n'a pas été suivie, ou qu'il a été prononcé contrairement aux conclusions;

— lorsqu'il a été statué sur la foi d'un consentement non autorisé ou que jugement a été rendu sur des pièces fausses, ou à la suite du dol de la partie adverse;

— et lorsque, depuis le jugement, il a été découvert une nouvelle preuve qui aurait pu changer l'issue de la cause.

Le tiers dont les intérêts sont affectés par un jugement rendu dans une instance où ni lui ni ses représentants n'ont été appelés, peut également demander qu'il soit retracté dans la mesure de ses intérêts.

Le jugement accordant la requête en rétractation remet les parties dans l'état où elles étaient avant qu'il ne soit porté préjudice à leurs droits. Un nouveau procès s'engagera donc, si besoin est, pour permettre aux parties lésées de faire valoir pleinement leurs droits.

En matière de petites créances, le droit à la rétractation de jugement existe également et pour les mêmes raisons mais dans les dix jours de la connaissance.

b) Surveillance et contrôle de la Cour supérieure

Il est bon de souligner, ici, le pouvoir de surveillance et de contrôle que peut exercer la Cour supérieure. Ce pouvoir lui est accordé par l'article 846. "La Cour supérieure peut, à la demande d'une partie, évoquer avant jugement une affaire pendante devant un tribunal soumis à son pouvoir de surveillance ou de contrôle (bref de prohibition) ou réviser le jugement déjà rendu par tel tribunal (bref de certiorari):

— dans le cas de défaut ou d'excès de juridiction;

— lorsque le règlement sur lequel la poursuite a été formée ou le jugement rendu est nul ou sans effet;

— lorsque la procédure suivie est entachée de quelque irrégularité grave, et qu'il y a lieu de croire que justice n'a pas été, ou ne pourra pas être rendue;

— lorsqu'il y a eu violation de la loi ou abus de pouvoir équivalent à de la fraude et de nature à entraîner une injustice flagrante.

Toutefois, ce recours n'est ouvert, dans les cas prévus aux trois derniers alinéas que si, dans l'espèce, les jugements du tribunal saisi ne sont pas susceptibles d'appel".

c) L'appel

L'appel, dans les cas où il est permis, est le moyen normal et habituel de se pourvoir contre un jugement dont on n'est pas satisfait. Il est entendu par la Cour d'appel et portera sur un jugement rendu soit par la Cour supérieure, soit par la Cour provinciale. En se reportant aux explications que nous avons déjà données au sujet de sa juridiction on prendra connaissance de la liste des causes qui lui sont réservées.

L'appel doit être formé dans les 30 jours de la date du jugement y donnant lieu. Il se fait par le dépôt au greffe du tribunal de première instance (d'où émane le jugement frappé d'appel) d'une inscription signifiée à la partie adverse ou à son procureur. Sitôt l'inscription déposée, le protonotaire en transmet une copie au greffe des appels duquel relève son district, à celui de Québec ou à celui de Montréal. Dans les dix jours qui suivent le dépôt de l'inscription, l'appelant et l'intimé produiront un acte de comparution. Dans les dix jours qui suivent le temps fixé pour comparaître, l'intimé pourra se plaindre de l'irrégularité de l'appel, de la non-existence ou de la déchéance du droit d'appel, de l'acquiescement au jugement frappé d'appel ou du désistement de tel jugement.

Dans les 30 jours du dépôt de l'inscription ou du jugement rendu sur la demande de rejet d'appel présentée par l'intimé, l'appelant devra produire, au greffe des appels, dix exemplaires d'un dossier conjoint. Celui-ci est préparé d'après le dossier de la cause transmis à la Cour d'appel par le protonotaire.

Dans les 15 jours de la production du dossier conjoint, l'appelant présentera, en dix exemplaires, un mémoire exposant ses prétentions et l'intimé fera de même à son tour. Ces mémoires portent plus familièrement le nom de factums.

Trois juges siègent généralement en Cour d'appel et le jugement est rendu à la majorité. Normalement, un seul juge élabore le jugement et les autres concourent à la décision. Le juge qui n'est pas d'accord enregistre sa dissidence et la motive.

Le jugement de la Cour d'appel confirmera, cassera ou modifiera le jugement de première instance qui a été porté à son attention. L'exécution du jugement de la Cour d'appel est laissée à la charge de la Cour de première instance. Le cautionnement auparavant exigé pour porter une cause en appel a été aboli par l'introduction du nouveau code de procédure.

Enfin, si l'importance de la cause y donne droit, le plaideur pourra épuiser son dernier recours en portant devant la Cour suprême le jugement rendu par la Cour d'appel.

5. L'exécution

Le jugement devient exécutoire trente jours après qu'il a été prononcé s'il est susceptible d'appel et qu'il ait été rendu après contestation. S'il n'est pas susceptible d'appel ou a été rendu par défaut de comparaître ou de plaider, il peut être exécuté après l'expiration de dix jours à compter de sa date (art. 568).

Quand les droits du demandeur demeurent en péril par suite des agissements du défendeur, le juge peut lui permettre de saisir les biens de ce défendeur avant l'expiration des délais requis.

Les biens qu'une personne peut posséder sont meubles ou immeubles. Cette personne n'a pas le droit de posséder des biens au détriment des droits de ses créanciers et ces biens deviennent alors leur gage commun. Il n'est plus question dans notre droit d'emprisonner quelqu'un pour dette. Le créancier qui appliquait cette disposition devait se charger de la pitance de son débiteur emprisonné.

Quand on parle d'un 543, on emploie un terme de palais bien connu. C'est tout simplement la procédure décrite à l'article 543. Elle permet à un créancier, lorsque son jugement est devenu exécutoire, d'assigner le débiteur à comparaître devant le juge, le protonotaire ou le greffier du district où le jugement a été rendu ou du district de sa résidence pour l'interroger sur tous les biens qu'il possède ou qu'il a possédés depuis la naissance de la créance qui a donné lieu au jugement, ainsi que sur ses sources de revenu. Si le débiteur refuse de se présenter, le juge pourra décerner contre lui un mandat d'amener et ordonner qu'il soit détenu sous garde jusqu'à ce qu'il ait rendu témoigange. Le 543 donnera au créancier une idée assez précise des chances qu'il aura de se faire payer quand il n'aura pas incité son débiteur à convenir d'un arrangement avec lui.

Le demandeur qui a obtenu jugement contre le défendeur aura donc le droit de l'exécuter contre les biens de ce dernier devenu son débiteur.

Par l'exécution, il pourra les saisir et les vendre. Les principales saisies se rapportant à ces biens sont la saisie de meubles (de bonis), la saisie d'immeubles (de terris) et la saisie-arrêt. Les deux premières peuvent se joindre dans le même bref.

Le créancier peut exercer en même temps les différents moyens d'exécution que la loi lui accorde. Rien ne répugne à ce qu'il prenne à la fois contre son débiteur une saisie de salaire, une saisie de biens meubles et une saisie de biens immeubles. Cependant, s'il fait saisir, en vertu d'un même bref, les biens meubles et immeubles du débiteur, il devra discuter ou disposer des meubles avant de procéder à la vente des immeubles.

A. Sur les meubles

Le bref de saisie-exécution mobilière enjoint à l'officier compétent, un huissier généralement, de prélever le montant de la dette en principal, intérêts et dépens, ceux d'exécution compris.

Il est obtenu sur réquisition écrite, ou fiat indiquant la date du jugement, le montant accordé et les frais taxés.

Il doit contenir le texte suivant:

AVIS AU DÉBITEUR

1) Vous n'avez pas payé la dette que vous deviez à votre créancier. Les biens que vous possédez sont en conséquence saisis et vous en avez la garde jsuqu'à la vente en justice, sauf si le tribunal confie cette garde à une autre personne.

2) Vous pouvez soustraire à la saisie des objets d'utilité courante que vous pouvez choisir, jusqu'à concurrence d'une valeur de $1,000 fixée par l'officier saisissant.

3) Si vous avez quelque droit à faire valoir à l'encontre de la saisie, vous pourrez par la suite vous y opposer.

4) Comme gardien des biens saisis, vous avez, jusqu'à la vente, l'obligation de ne pas vous en départir et de ne pas les détériorer. Si vous ne vous conformez pas à cette obligation, vous pouvez être condamné pour outrage au tribunal, ce qui peut entraîner une amende et une peine d'emprisonnement; vous pouvez aussi être condamné à payer tous les dommages que subirait votre créancier.

5) Les biens saisis seront vendus publiquement aux enchères et la dette sera remboursée pour autant à votre créancier à même le prix provenant de cette vente.

6) Vous avez donc intérêt, pour éviter la vente de vos biens, à prendre les arrangements nécessaires avec qui de droit.

Si vous avez des questions à poser, nous vous suggérons de consulter un avocat".

A moins de circonstances spéciales, la saisie ne peut être pratiquée un jour non juridique, ni entre huit heures du soir et sept heures du matin. L'article 141 permet la signification entre 7 heures du matin et 10 heures du soir tandis que, suivant l'article 581, une saisie ne peut être pratiquée qu'entre 7 heures du matin et 8 heures du soir. Elle pourra cependant être poursuivie après 8 heures du soir dans un local commercial, industriel ou professionnel, sans autre formalités, si l'officier saisissant l'estime nécessaire dans l'intérêt des parties. Pour continuer une saisie dans un local d'habitation, en dehors des heures prévues, l'officier saisissant devra avoir obtenu une permission préalable du protonotaire ou du greffier.

Si la chose est nécessaire, il pourra même se faire autoriser à pratiquer la saisie un jour non juridique ou en dehors des heures légales. La permission à cet effet est inscrite sur l'original et sur les copies du bref d'exécution. Si le débiteur refuse l'accès des lieux où se trouvent des biens, l'officier saisissant obtiendra une ordonnance pour ouverture des portes par les moyens nécessaires en présence de deux témoins. Avant de procéder à la saisie, l'huissier demandera le paiement et lira le texte intitulé "Avis au débiteur". Si rien n'y fait, il saisira les biens saisissables qu'il pourra trouver et les confiera à la garde du débiteur, charge que celui-ci est tenu d'accepter. Le fait de rendre un débiteur gardien de ses propres meubles est du droit nouveau depuis le 19 décembre 1975. Dans le but d'apaiser les inquiétudes des créanciers, l'article 583 dit que le débiteur ainsi constitué gardien ne peut les enlever ni les détériorer sous peine d'outrage au tribunal et de dommages-intérêts. Pour des raisons jugées sérieuses, les biens saisis seront confiés à une autre personne que le débiteur. Si l'intérêt des parties l'exige, le gardien pourra enlever les effets pour les tenir sous sa garde. L'officier saisissant doit rédiger un procès-verbal de la saisie en triple exemplaire et y indiquer les lieu, jour et heure auxquels la vente se fera et en remettra un exemplaire au débiteur, ainsi que copie du bref de saisie et copies des autorisations ou ordonnances qu'il aura pu obtenir de la Cour. Il doit ensuite faire paraître un avis public de vente au moins dix jours avant celui qu'il a fixé à cet effet. L'avis mentionne les noms des parties, la nature des biens saisis et indique le lieu, le jour et l'heure où la vente sera faite. L'article 595 oblige l'officier saisissant à transmettre au shérif du district d'où émane la saisie, un double de l'avis de vente. Celui-ci doit insérer l'avis dans un registre tenu à cette fin. Rares sont les shérifs qui accomplissent ce devoir. Pourtant, il est imposé sous peine de dommages-intérêts.

a) Oppositions

Certaines personnes peuvent trouver à se plaindre de la saisie des meubles. La loi a prévu le droit d'opposition. Elle l'accorde d'abord au saisi qui pourra demander l'annulation pour le tout ou pour une partie de la saisie-exécution (art. 596):

— pour cause d'irrégularité dans la saisie, s'il lui résulte un préjudice sérieux; sauf le pouvoir du tribunal d'autoriser le saisissant à y remédier, si possible;

— pour cause d'insaisissabilité des biens saisis. Nous reviendrons là-dessus;

— pour cause d'extinction de la dette;

— pour quelque cause de nature à affecter le jugement dont l'exécution est poursuivie.

L'opposition peut aussi être formée par un tiers qui a droit de revendiquer un bien saisi. A, marchand de meubles, a vendu par contrat à tempérament, un appareil de télévision à B. Cet appareil est saisi en même temps que les autres biens de B. A aura le droit de faire opposition à fin de distraire l'appareil de télévision des biens saisis. Si l'opposition est contestée, elle sera plaidée en Cour de pratique. Généralement, quand celle-ci est bien fondée, le demandeur délaisse aussitôt l'objet réclamé. D'autres personnes peuvent détenir des créances privilégiées contre un débiteur dont les biens sont saisis. Sans s'opposer à la saisie, elles formeront des oppositions à fin de conserver et pourront exercer leurs privilèges sur le produit de la vente.

b) Les biens insaisissables

Le code de procédure a déclaré certains biens insaisissables parce qu'ils sont nécessaires à la vie ou parce qu'il ne conviendrait pas de les vendre.

D'abord, il laisse au débiteur la faculté de choisir parmi ses biens, et de soustraire à la saisie: (article 552)

— les vêtements ordinaires et la literie nécessaire pour lui-même et sa famille;
— des meubles meublants, des ustensiles ou autres objets d'utilité courante, jusqu'à concurrence d'une valeur de $1,000.00 établie par l'officier saisissant, ainsi que les comestibles et combustibles nécessaires pour lui et sa famille. Il est fortement question de porter l'exemption à une valeur marchande de $2,000.00.

L'évaluation de l'officier saisissant peut être révisée par le juge; si ce dernier considère que la valeur des meubles meublants, des ustensiles et autres objets d'utilité courante laissés au débiteur n'atteint pas $1,000.00, il peut ordonner de permettre au débiteur de choisir et de reprendre parmi les biens semblables qui ont été saisis ceux requis, suivant l'évaluation qu'il a faite, pour combler la différence entre cette valeur et la somme de $1,000.00:

— les abeilles et les ruches, de même que les articles nécessaires pour l'exploitation du rucher;
— une vache, cinq têtes de petit bétail et vingt volailles, ou, s'il est cultivateur ou éleveur, deux chevaux, dix bêtes à cornes, dix têtes de petit bétail et deux cents volailles; le tout avec la litière et la nourriture pour trois mois;
— les livres, instruments, outils et autres objets nécessaires à l'exercice de sa profession, de son art ou de son métier; ou, s'il est cultivateur, horticulteur ou arboriculteur, tous les instruments aratoires, outils et autres objets qui servent à son exploitation;
— s'il est transporteur, voyageur de commerce, ou qu'il en ait besoin pour gagner sa vie, soit un cheval et son harnais, une voiture d'été et une voiture d'hiver, soit un véhicule automobile;
— s'il est pêcheur, ses bateaux, ses agrès et les provisions nécessaires à son travail.

Néanmoins, ces biens peuvent être saisis et vendus pour les sommes dues sur leurs prix, ou lorsqu'ils ont été donnés en gage ou en nantissement. Dans le cas d'un pêcheur, les bateaux et leurs agrès ne peuvent être saisis ni vendus entre le premier mai et le premier novembre.

Toute renonciation à l'insaisissabilité résultant des dispositions du présent article est nulle.

Puis l'article 553, décrète l'insaisissabilité des biens suivants:

— "les vases sacrés et autres objets servant au culte religieux;

— les papiers et portraits de famille, les médailles et autres décorations;

— les biens donnés ou légués sous condition d'insaisissabilité; néanmoins, ces biens peuvent être saisis à la poursuite des créanciers postérieurs à la donation ou à l'ouverture du legs, avec la permission du juge et pour la portion qu'il détermine;

— les provisions alimentaires adjugées en justice, de même que les sommes et pensions données ou léguées à titre d'aliments, encore que le titre qui les a constituées ne les ait déclarées insaisissables; elles peuvent néanmoins être saisies pour dette alimentaire;

— les livres de compte, titres de créance et autres documents en la possession du débiteur, à l'exception de ceux énumérés à l'article 570. Il s'agit des obligations, des bons, billets à ordre ou autres effets payables à ordre ou au porteur, de l'argent comptant et des actions de compagnies;

— le casuel et les honoraires dus aux ecclésiastiques et ministres du culte en raison de leurs services comme tels; et les revenus des titres cléricaux;

— les pensions accordées à des employés à même une caisse de retraite ou un fonds de pension, de même que les contributions qui sont versées ou doivent l'être pour constituer ceux-ci (paragraphe 7);

— les prestations périodiques d'invalidité au titre d'un contrat d'assurance contre la maladie ou les accidents (7a);

— le remboursement pour frais engagés au titre d'un contrat contre la maladie ou les accidents (7b);

— la solde et la pension des personnes faisant partie des forces armées du Canada;

— les traitements, salaires et gages, pour les sept dixièmes de ce qui excède une première portion, elle-même insaisissable:
de trente dollars par semaine, plus cinq dollars par semaine pour chaque personne à charge, à compter de la troisième, si le débiteur pourvoit aux besoins de son conjoint, s'il a charge d'enfant, ou s'il est le

principal soutien d'un parent; ou de vingt dollars par semaine, dans les autres cas (paragraphe 9). Le législateur a l'intention de doubler ces sommes d'ici peu.

Dans le calcul des traitements, salaires et gages, il doit être tenu compte de toutes prestations, en argent, en nature ou en services, consenties en contrepartie des services rendus en vertu d'un contrat de travail, de louage de services ou de mandat, à l'exception:

— des contributions de l'employeur à quelque fonds de pension, d'assurance, ou de quelque service de sécurité sociale;

— de la valeur de la nourriture et du logement fournis ou payés par l'employeur à l'occasion de déplacements effectués au cours de l'exécution des fonctions;

— des laissez-passer donnés par une entreprise de transport à ses employés;

— toutes choses déclarées telles par quelque disposition de la loi.

— Néanmoins, s'il s'agit de dette alimentaire, les pensions, traitements ou salaires mentionnés aux paragraphes 7, 7a et 9 ne sont insaisissables qu'à concurrence de cinquante pour cent".

Sous l'ancien code, on déclarait insaisissables les salaires et les traitements des professeurs, précepteurs et instituteurs de même que ceux des pilotes. Avec le nouveau code on a fait diparaître ces passe-droits avec raison.

c) Calcul de la partie saisissable des salaires

A la lecture des derniers paragraphes de l'article 553, il semble que le calcul de la partie saisissable des salaires, traitements et gages soit bien compliqué. Il n'en est rien. Il s'agit simplement de procéder à l'inverse. Le calcul se fait toujours sur le salaire brut, c'est-à-dire avant toutes déductions d'impôts, de cotisations syndicales, de retenues pour rentes, etc. Du salaire brut, on soustrait le montant des exemptions selon que le débiteur a ou non des charges de famille: $20.00 par semaine s'il n'a aucune charge de famille (ordinairement un célibataire) ou $30.00 par semaine si le débiteur a des charges de famille, plus $5.00 par personne à compter de la troisième personne à charge. Il ne faut pas confondre ces exemptions avec celles prévues par les lois sur le revenu. Le 30% du résultat obtenu au moyen de la soustraction représentera la partie saisissable du salaire d'un débiteur.

Imaginons le cas de la saisie des salaires d'un débiteur marié et père de cinq enfants. Il gagne $100.00 par semaine. Il aura droit à une déduction de $30.00 plus quatre fois $5.00, sa femme étant comprise dans les personnes à charge, ce qui formera un total de $50.00. Il restera $50.00 sur lesquels on appliquera le 30%. La partie saisissable des salaires de ce débiteur sera donc de $15.00.

On sait déjà que, pour une dette alimentaire, la partie saisissable du salaire s'établit à 50%. Prenons le cas d'une femme qui a obtenu contre son mari un jugement le condamnant à lui verser une pension alimentaire de $50.00 par semaine. Le salaire brut hebdomadaire est de $150.00. Le mari se laisse tirer les oreilles et la femme lui fait signifier un bref de saisie-arrêt. L'employeur retiendra $75.00 sur la paie du mari pour en faire remise à la Cour. Celle-ci versera le montant dû à la femme et remboursera le surplus de $25.00 au mari. Si d'autres créanciers ont greffé leurs réclamations à la saisie de la femme, le préposé aux saisies-arrêts calculera d'abord la partie saisissable ordinaire en considérant le débiteur comme n'ayant aucune personne à charge. (Ici, on considère le mari comme n'ayant aucune charge de famille parce que le montant de la pension représente la charge et qu'il ne pourrait l'invoquer une deuxième fois. Le mari qui doit une pension alimentaire à son épouse mais qui entretient ses père et mère aura droit à une exemption de $30.00). Soit $150.00 moins $20.00: $130.00 X 30%: $39.00. Il déduira cette somme du $75.00 reçu pour en arriver à $36.00 montant qu'il réservera à la femme. Puis, il fera la distribution du $39.00 aux autres créanciers en faisant participer la femme au même titre qu'eux au prorata de la balance qui lui reste due. Supposons deux créances, l'une de $28.00, l'autre de $42.00. Le premier créancier recevra $13.00, le deuxième $19.50 et la femme $6.50 qu'elle ajoutera au montant déjà réservé de $36.00. Lors de cette distribution, elle recevra donc la somme de $42.50.

Le calcul s'applique de la même façon quand le débiteur s'est prévalu des dispositions relatives aux dépôts volontaires, mieux connues sous le nom de loi Lacombe.

d) La vente

La vente des biens meubles saisis a lieu au jour, à l'heure et à l'endroit indiqués dans l'avis. Sinon, d'autres annonces seront requises. Elle ne peut être commencée avant dix heures du matin. Si, à cinq heures de l'après-midi, elle n'est pas terminée, elle est ajournée au lendemain.

L'adjudication est faite au plus offrant, contre paiement comptant. L'officier chargé de la vente peut fixer une mise à prix. Il peut même retirer tout bien de la vente s'il estime qu'il y a collusion entre les enchérisseurs pour obtenir les biens à vil prix ou que le prix offert est dérisoire par rapport à la valeur marchande du bien. Plus, la loi lui accorde la faculté de mettre fin à la vente s'il juge que la chose est dans l'intérêt du créancier et du débiteur. Ces dispositions, en vigueur depuis le 19 décembre 1975, ont corrigé une situation dont les causes se trouvaient dans la loi elle-même. L'huissier vendait les biens au plus offrant et, comme les ventes en justice ne sont pas tellement courues, il arrivait assez souvent qu'un seul enchérisseur se présentait et obtenait les biens à des prix ridicules. La vente terminée, l'officier dressera un procès-verbal contenant la liste des articles mis en vente et, en regard de chacun, les noms et résidence de l'adjudicataire et le prix d'adjudication. Si une opposition à fin de conserver a été signifiée, il rapportera les deniers devant le tribunal qui adjugera à qui de droit. Sinon, il attendra dix jours, soit le délai de production d'une opposition afin de conserver, et fera rapport à l'avocat du saisissant qui paiera les frais et le capital à même le produit de la vente. Lors des adjudications, si l'huissier constate qu'il a prélevé suffisamment d'argent pour payer le jugement, les frais et les autres créances, s'il y a lieu, il doit arrêter immédiatement la vente à moins que le débiteur ne l'autorise à continuer. Dans ce cas il remettra le surplus au débiteur. Si le produit de la vente est insuffisant, le demandeur pourra utiliser le même bref pour effectuer, sur les biens meubles du débiteur, autant de saisies qu'il sera nécessaire à l'extinction du jugement. Le bref de saisie de bonis est valide pour une durée de trente ans.

L'huissier ne dépose à la cour le produit de la vente des meubles saisis que sur réception d'une opposition afin de conserver. S'il n'est en face d'aucune opposition, il se paiera des frais qu'il a encourus et remettra le solde à l'avocat qui l'a chargé de la vente. Et personne n'est là pour contrôler la répartition des argents. Il est facile d'ajouter des faux frais ou des intérêts supplémentaires. Sans faire insulte à qui que ce soit, il serait souhaitable que le produit de toute vente d'effets ou de meubles en justice soit rapporté à la Cour pour que celle-ci dispose des réclamations à leur mérite.

B. Sur les immeubles

Je peux encore faire saisir et vendre les immeubles de mon débiteur en satisfaction du jugement que j'ai obtenu contre lui. La saisie de terris s'obtient également sur réquisition et est pratiquée par la signification, au débiteur et au registrateur du bureau d'enregistrement où est situé l'immeuble, d'une copie du bref d'exécution et d'un exemplaire du procès-verbal de saisie. Ce procès-verbal doit contenir l'énoncé du titre en vertu duquel la saisie est pratiquée et la description de l'immeuble saisi.

L'immeuble saisi reste en la possession du débiteur jusqu'à l'adjudication. Le shérif est l'officier exécutant en cette matière. Il est tenu de faire paraître un avis public contenant:

— le numéro de la cause et la nature du bref;
— les noms du saisissant et du débiteur; s'il y a plusieurs saisissants ou débiteurs, le nom du premier nommé dans le bref, avec indication qu'il y en a d'autres, d'où l'expression "et al.";
— la désignation de l'immeuble ou des rentes, selon le cas, telle qu'elle apparaît au procès-verbal, avec les charges y mentionnées, et celles dont le saisissant ou le saisi a requis par écrit l'insertion;
— le jour, l'heure et le lieu où l'immeuble sera mis aux enchères;
— le montant minimum que l'adjudicataire devra verser au moment de l'adjudication. Ce montant est fixé par le shérif et doit être égal à 25% de l'évaluation de l'immeuble telle que portée au rôle d'évaluation de la municipalité;
— le nom du shérif, et le district où il exerce ses fonctions.

La publication de cet avis doit être faite dans la Gazette officielle du Québec au moins trente jours avant la date fixée pour la vente. Si les circonstances l'exigent, le juge ou le protonotaire peuvent ordonner que l'avis soit également publié dans un journal au moins quinze jours avant la date fixée pour la vente.

Comme la saisie mobilière, la saisie immobilière peut donner lieu à des oppositions.

Le saisi demandera l'annulation de la saisie-exécution de ses immeubles s'il est en droit d'invoquer les mêmes raisons que le saisi en matière mobilière.

Le tiers qui réclame la propriété d'une partie seulement de l'immeuble ou des immeubles saisis pourra former opposition à fin de distraire. Il pourra encore former une opposition à fin de charge en sa faveur, si l'annonce n'a pas mentionné la charge en question, ou s'opposer aux charges dont l'imposition sur l'immeuble lésera ses intérêts.

Si l'exécution doit se continuer, l'immeuble est mis aux enchères et vendu au bureau du registrateur de la division d'enregistrement où il est situé ou au bureau du shérif s'il se trouve dans la même municipalité que celui-ci ou dans les limites de l'île de Montréal. Le shérif donne d'abord lecture du texte de l'annonce, précise les charges et les conditions de la vente, puis met l'immeuble aux enchères. Celui-ci doit être adjugé au dernier enchérisseur et il est dressé procès-verbal des offres reçues.

L'adjudicataire a droit à un délai de cinq jours pour acquitter le solde du prix et, sur paiement, le shérif lui délivrera un certificat de vente. Lorsque l'immeuble a été adjugé au saisissant ou à un créancier hypothécaire qui a fait opposition ou dont la créance est portée au certificat du régistrateur, l'adjudicataire peut retenir le prix jusqu'à concurrence de sa créance, et tant que ne lui a pas été signifié le jugement de distribution.

Le décret, résultat de cet acte judiciaire, donne à l'adjudicataire un titre quasi parfait sur l'immeuble nouvellement acquis.

Le shérif déposera les deniers provenant de la vente au crédit du ministre des finances et rapportera ses procédures au protonotaire. Ce dernier, si la chose n'a pas déjà été faite par le shérif, obtiendra du registrateur un certificat des privilèges, hypothèques ou autres charges pouvant grever l'immeuble et préparera l'état de collocation en tenant également compte des oppositions à fin de conserver.

Il considérera, au moment de la distribution, les droits de chacun et les rangs que les créanciers privilégiés et hypothécaires peuvent avoir entre eux. Il est question de cet état lors de l'étude du code civil. Le protonotaire prépare semblable état quand un immeuble est vendu pour taxes par une municipalité régie par la loi des cités et villes et pour disposer de l'indemnité accordée lors d'une expropriation.

Le protonotaire doit afficher au greffe son état de collocation et aviser, par courrier recommandé ou certifié, les parties intéressées que si elles entendent le contester elles peuvent le faire dans les quinze jours. Ce délai écoulé, ou dès que les contestations ont été jugées, celui-ci homologuera l'état, avec ou sans modifications, attendra un autre quinze jours et demandera au ministre des finances de payer à qui de droit les deniers prélevés.

Le protonotaire est dispensé des formalités de l'état de collocation lorsqu'aucune opposition à fin de conserver n'a été produite et que le certificat du registrateur ne constate aucune créance. Il adjugera sans délai le produit de la vente aux parties qui y ont droit. Il fera de même encore si les deniers prélevés n'excèdent pas les frais de saisie ou si toutes les parties intéressées y consentent.

C. Sur les salaires

Enfin, le demandeur pourra exécuter son jugement sur les salaires du défendeur. La saisie-arrêt est certainement le moyen le plus efficace d'exécution. Une personne qui possède des valeurs en meubles ou en immeubles, en un mot une personne solvable, n'attend pas l'exécution avant de remplir une obligation, à plus forte raison quand celle-ci lui est imposée par jugement.

Les gens vivent au-dessus de leurs moyens. C'est devenu un lieu commun que de le dire. La maison que le voisin possède ne lui appartient pas. Si un créancier s'avise de la saisir, il se trouve immédiatement en face d'une opposition présentée par la Société centrale d'hypothèques et de logements détenant une première hypothèque sur l'immeuble. S'il décide de saisir l'automobile, la compagnie de finance fera opposition en brandissant un contrat-lien. Même chose pour la plupart des meubles de quelque valeur en possession du débiteur: ils n'ont aucune "équité", soumis qu'ils sont à un contrat de vente à tempérament. Le tour du propriétaire sera vite fait et le demandeur se rabattra forcément sur les salaires du défendeur.

Par le bref de saisie-arrêt, les salaires du défendeur sont saisis entre les mains de l'employeur. Celui-ci, dès signification à lui faite de la saisie, devra produire à la Cour, dans le délai imparti sur la procédure, une déclaration indiquant les salaires gagnés par son employé, de même que ses charges de famille, et retenir par la suite la partie saisissable des salaires. Il déposera cette partie saisissable à la Cour, à son choix, ou à chaque paie ou à chaque mois.

Ce sera la Cour provinciale ou la Cour supérieure qui administrera les dépôts selon que l'action sur laquelle repose la saisie appartient à l'une ou à l'autre de ces Cours. Les autres créanciers de ce débiteur pourront colloquer ou greffer leurs réclamations à cette saisie, ceci afin d'éviter des frais inutiles. Aux trois mois, ou quand les sommes accumulées deviennent suffisantes, le préposé aux saisies-arrêts distribuera l'argent perçu au prorata des créances produites en accordant toutefois préséance aux réclamations privilégiées.

Le débiteur dont les salaires sont déjà saisis pourra aviser ses autres créanciers de la chose et alors il sera protégé contre une deuxième saisie de salaires en plus de se mettre à l'abri de toutes saisies sur les meubles meublants de sa résidence. La collocation d'une créance se fait par sa production au dossier après avis donné par lettre recommandée ou certifiée, ou après signification par ministère d'huissier, au saisi, au saisissant et au tiers saisi.

Il est interdit à l'employeur, sous peine de tous dommages-intérêts, de congédier ou de suspendre son employé pour le seul motif que son salaire ou ses gages sont sous saisie-arrêt. L'employeur qui néglige de retenir et de déposer la partie saisissable des salaires de son employé est personnellement responsable des montants qu'il aurait dû conserver. Plus est, s'il ne fait la déclaration prévue après la réception de la saisie, il sera considéré comme défaillant et pourra même être appelé à payer le montant total du jugement.

La saisie des salaires est la forme la plus courante de la saisie-arrêt.

La saisie-arrêt, le mot le dit, est une saisie qui arrête des biens appartenant à un défendeur mais qui se trouvent entre les mains d'un tiers. On peut donc également saisir les dépôts qu'un débiteur peut avoir dans une banque ou dans une caisse populaire, les actions qu'il peut détenir en Bourse ou des meubles lui appartenant et se trouvant en possession d'un autre.

a) La loi Lacombe

Le débiteur peut éviter la saisie de ses salaires en se prévalant des dispositions relatives au dépôt volontaire. On sait que le demandeur après avoir obtenu jugement doit attendre, suivant les cas, un délai de 10 jours ou de 30 jours avant d'exécuter. Le défendeur, sur lequel pèse le poids d'un jugement, pourra employer ce délai à "se mettre sur la loi Lacombe". Il fera, à la Cour provinciale, une déclaration indiquant le nom de son employeur, le salaire qu'il gagne, ses charges de famille et les noms et adresses de ses créanciers. Les préposés aux dépôts volontaires aviseront alors les créanciers de cette déclaration par lettres recommandées ou certifiées envoyées aux frais de l'Etat.

La seule obligation d'un débiteur sur la loi Lacombe est de déposer, dans les cinq jours de la paie, la partie saisissable de ses salaires. C'est dans ce sens qu'on parle de dépôt volontaire, par opposition à la saisie-arrêt où c'est l'employeur qui est chargé de retenir la partie saisissable. Aucun créancier ne peut saisir les salaires du débiteur protégé par la loi Lacombe non plus que saisir ses meubles meublants. Les meubles meublants, comme il est dit au code civil, sont "des meubles destinés à garnir et orner les appartements comme tapisseries, lits, sièges, glaces, pendules, tables, porcelaines et autres objets de cette nature" (art. 396).

Quand un débiteur a avisé ses créanciers que ses salaires sont déjà saisis (article 642) ou qu'il s'est mis sur le dépôt volontaire (article 652), la loi le protège contre toutes saisies qui pourraient être pratiquées sur les meubles meublants de sa résidence. Peut-on alors prétendre que les articles 642 et 652 du code de procédure civile limitent cette protection jusqu'à concurrence d'une valeur de $1,000.00 comme le fait l'article 552 en matière de saisie mobilière? Rien ne justifie semblable raisonnement. La loi n'impose aucune restriction quant à la valeur des biens protégés. Un débiteur à l'abri du dépôt volontaire peut dès lors avoir dans sa résidence des meubles meublants d'une valeur considérable sans qu'aucun créancier ne puisse trouver motif à se plaindre. Nous croyons cependant qu'il s'agit de la résidence principale du débiteur et que les meubles meublants de sa maison d'été pourraient faire l'objet d'une saisie. Qu'il nous soit permis d'insister: seuls les meubles définis comme meublants et se trouvant dans la résidence du débiteur sont protégés par les articles 642 et 652 du code de procédure civile. Il ne peut donc être question pour un débiteur, de vouloir, à l'aide de ces moyens, soustraire tout autre meuble (cheval d'équitation, automobile de promenade, yatch) à l'exécution d'un jugement. Il est encore évident que cette disposition de la loi n'enlève aucun droit au détenteur d'un contrat-lien ni n'a pour but de priver le locateur de son privilège. Le vendeur d'un appareil de télévision pourra reprendre ou saisir-revendiquer ledit appareil sur défaut par le débiteur-acheteur de rencontrer ses mensualités alors que le locateur pourra saisir et vendre les effets mobiliers du débiteur-locataire pour garantir le paiement du loyer et les autres obligations résultant du bail, sous réserve de l'exemption de $1,000.00 prévue à l'article 552.

Le débiteur qui néglige d'effectuer régulièrement ses dépôts peut être rappelé à l'ordre par ses créanciers. Le créancier intéressé lui adressera un avis le sommant de déposer l'arriéré dans les dix jours de la réception de l'avis. Si le débiteur ne se conforme pas à l'avis, il perd la protection de la loi. Ses salaires et ses meubles meublants deviennent saisissables à la diligence de ses créanciers. Un débiteur dont les salaires sont déjà saisis ne peut profiter du dépôt volontaire. Là-dessus, le premier alinéa de l'article 658 du code de procédure civile semble prêter à confusion. Il donne au greffier de la Cour provinciale le pouvoir d'accorder mainlevée de la saisie-arrêt dans deux cas bien particuliers. Il se lit comme suit: "Le créancier qui, après avoir reçu l'avis prévu à l'article 655, procède à saisie au mépris de la prohibition de l'article 652, est responsable des dommages qui en résultent pour le débiteur; il en est de même du créancier qui refuse de donner mainlevée de la saisie qu'il aurait pratiquée avant la réception de cet avis. Dans les deux cas, le greffier doit lui-même, à la demande du débiteur, accorder mainlevée de la saisie".

De là conclure qu'un débiteur, dont les salaires sont déjà saisis, peut toujours requérir du greffier une mainlevée pour pouvoir profiter ensuite du dépôt volontaire, il y a un pas que des greffiers franchissent allègrement.

Le pouvoir du greffier de la Cour provinciale de donner mainlevée s'exerce lorsqu'un débiteur s'est déjà prévalu du dépôt volontaire et que, malgré l'avis qu'il en a reçu de la Cour, un créancier a effectué une saisie de salaire. En ce cas, sans hésitation aucune, et à la demande du débiteur, le greffier doit donner immédiatement mainlevée de la saisie-arrêt. Le greffier donne également mainlevée lorsque le créancier refuse de laisser tomber la saisie de salaires qu'il a pratiquée avant la réception de l'avis. C'est de là que provient la confusion. Ici, la saisie a été faite entre le moment de l'envoi de l'avis par le greffier et celui de sa réception par le créancier. Dans le premier cas, le créancier sait déjà que le débiteur est sur la loi Lacombe, dans le deuxième, il ne le sait pas encore mais il reste que le débiteur s'était prévalu de la protection du dépôt volontaire avant que le créancier saisisse ses salaires.

C'est dire que, si un débiteur désire s'installer sur le dépôt volontaire, après saisie de ses salaires, il devra désintéresser le créancier qui a procédé à la saisie, désintéresser également les autres créanciers qui ont pu colloquer leurs réclamations dans cette saisie, obtenir les mainlevées et produire aussitôt la déclaration requise à cet effet. D'ailleurs, à quoi servirait le deuxième alinéa de l'article 641: "Cette saisie reste tenante pour la partie saisissable aussi longtemps que le débiteur conserve son emploi et que n'ont pas été acquittées toutes les réclamations produites par ses créanciers."? Et le premier alinéa de l'article 643 procure précisément au débiteur, dont les salaires sont saisis, ce qu'il rechercherait sur le dépôt volontaire: "Tant que la saisie-arrêt reste tenante, tout créancier peut produire au dossier sa réclamation, après en avoir signifié copie, par courrier recommandé ou certifié, au saisi, au saisissant et au tiers-saisi". En lui accordant, par l'article 642, la même protection: "Le créancier qui a été avisé, par courrier recommandé ou certifié, de l'existence d'une saisie-arrêt des traitements, salaires ou gages de son débiteur, ne peut lui-même le saisir tant que cette saisie demeure tenante. Il ne peut non plus, à moins qu'il ne soit privilégié, exécuter son jugement sur les meubles meublants de la résidence du débiteur".

b) Les intérêts sur les réclamations

"Toute réclamation porte intérêt du jour de sa date au taux légal seulement". Les dispositions de l'article 644 valent tant pour la saisie des salaires que pour le dépôt volontaire. Par un amendement de 1966, le parlement provincial, en ajoutant le mot "seulement" au texte de cet article, a gelé à 5% l'intérêt sur toute réclamation produite sur une saisie de salaire ou sur un dépôt volontaire. Même si je produis, comme réclamation, un jugement dont le capital porte intérêt à 10%, il ne me sera pas accordé plus que l'intérêt légal. Je ne pourrai pas non plus faire une réclamation séparée pour le surplus des intérêts. Ceci, c'est le côté administratif de l'affaire: il permet aux préposés aux saisies-arrêts et aux dépôts volontaires de calculer les intérêts suivant un taux uniforme, ce qui allège considérablement leur travail. Il n'est pas certain que le parlement provincial puisse disposer comme cela d'un domaine réservé au pouvoir fédéral. Des jugements craintifs et encore isolés soulèvent sérieusement la question.

6. Mesures provisionnelles

Le code de procédure prévoit des mesures provisionnelles sans lesquelles les droits d'une personne deviendraient illusoires si on la limitait aux moyens ordinaires de la procédure. Avec ces mesures, il coupe au plus court; il assure la garantie du droit avant de le discuter.

A cet effet, il a établi la saisie avant jugement, le séquestre judiciaire et l'injonction.

A. La saisie avant jugement

On ne peut saisir les biens d'un défendeur que si on a obtenu jugement contre lui. C'est la règle générale. La saisie avant jugement déroge à cette règle.

Le demandeur peut faire saisir avant jugement:

— le bien meuble qu'il est en droit de revendiquer à titre de propriétaire, de gagiste, de dépositaire, d'usufruitier, de grevé de substitution, de substitué ou de vendeur impayé;

— les biens meubles sur lesquels il a un privilège à titre de locateur;

— le véhicule automobile qui lui a causé un dommage;

— le bien meuble sur le prix duquel il est fondé à être colloqué par préférence et dont on use de manière à mettre en péril la réalisation de son privilège;

— le bien meuble qu'une disposition de la loi lui permet de faire saisir pour assurer l'exercice de ses droits sur celui-ci.

La saisie avant jugement se fait en vertu d'un bref délivré par le protonotaire ou par le greffier sur réquisition appuyée d'un affidavit qui affirme l'existence de la créance, et des faits qui donnent ouverture à la saisie. On est plus exigeant que pour l'émission d'un bref d'action ordinaire. On requiert en pratique le fiat nécessaire à toute saisie, plus un affidavit.

Le bref enjoint à l'officier qui en est chargé de saisir tous les biens meubles du défendeur, ou les biens qui y sont spécialement désignés. L'unique but de cette saisie est de mettre les biens sous la garde de la justice pendant l'instance. Quand la déclaration n'accompagne pas le bref au moment de la signification, la loi accorde au demandeur un délai de cinq jours pour en laisser une copie au greffe à l'intention du défendeur. C'est dire qu'on va au plus pressé.

La saisie avant jugement peut encore servir à mettre sous la garde de la justice les biens meubles et immeubles du défendeur lorsqu'il est à craindre que, sans cette mesure, le recouvrement d'une créance ne soit mis en péril. Dans ce cas, cependant, il faudra obtenir l'autorisation du juge. Le demandeur, ici, ne peut invoquer aucune des raisons énumérées plus haut mais il a de bonnes raisons de croire, par exemple, que le débiteur contre lequel il détient une créance est à la veille de transporter ses pénates en Ontario. En rendant jugement sur le principal, le juge se prononcera sur la validité de la saisie et le demandeur obtiendra de la Cour, sur réquisition, un bref de venditioni exponas qui lui permettra de terminer l'exécution par la vente des objets saisis ou un bref de possession pour se faire remettre le bien revendiqué.

B. Le séquestre judiciaire

Le séquestre judiciaire est une personne nommée par la Cour pour administrer ou pour conserver des biens mobiliers ou immobiliers en litige. Les biens sont mis sous bonne garde pendant le temps requis par le tribunal pour disposer des droits des parties relativement à ces biens.

C. L'injonction

L'injonction est une ordonnace de la Cour supérieure ou de l'un de ses juges enjoignant à une personne, à ses officiers, représentants ou employés, de ne pas faire ou de cesser de faire, ou, dans les cas qui le permettent, d'accomplir un acte ou une opération déterminée sous les peines que de droit. L'injonction sera interlocutoire si elle est demandée au cours d'un procès. La procédure requise: la requête, appuyée d'un affidavit attestant la vérité des faits allégués. L'injonction est une mesure courante en matière de conflits ouvriers. Elle est prise par le patron pour contrôler les activités du syndicat aux abords de l'usine en cas de grève. Les syndicats s'en servent pour s'opposer aux agissements de syndicats concurrents. Enfin, les municipalités y ont recours pour assurer le respect de leurs règlements de construction.

7. Recours extraordinaires

Le code de procédure accorde encore certains recours extraordinaires pour parer aux abus de droit provenant d'usurpation de charges ou de franchises, de refus d'accomplir un devoir qui n'est pas de nature purement privée ou relatifs aux procédures ou jugements des tribunaux soumis au pouvoir de surveillance et de contrôle de la Cour supérieure. Les brefs émis en vertu de ces dispositions sont connus sous le nom de brefs de prérogative.

A. Quo warranto

Lorsqu'une personne occupe ou exerce sans droit, soit une charge publique ou une franchise dans la province, soit une charge dans une corporation publique ou privée, dans un corps ou un bureau public, ou dans un groupement visé par l'article 60, tout intéressé peut s'adresser au tribunal pour obtenir qu'elle en soit dépossédée; il peut même demander que telle charge ou franchise soit attribuée à une tierce personne, s'il allègue les faits nécessaires pour établir qu'elle y a droit. C'est le "quo warranto", expression curieuse dérivée du latin et de l'anglais qui veut dire à peu près ceci: "en vertu de quel mandat"... détient-on telle charge?

Pour garantir le sérieux de l'intéressé, on exige de lui un dépôt de $200.00 qui tient lieu de cautionnement pour frais. Le jugement qui fera droit à telle demande pourra en outre condamner le défendeur à une amende maximum de $500.00.

B. Mandamus

Tout intéressé peut s'adresser au tribunal pour obtenir une ordonnance enjoignant à une personne d'accomplir un devoir ou un acte qui n'est pas de nature purement privée, notamment:

— lorsqu'une corporation, un corps public ou un groupement visé par l'article 60 omet, néglige ou refuse d'accomplir un devoir que la loi impose ou un acte auquel la loi l'oblige;

— lorsqu'une corporation ou un groupement visé par l'article 60 omet, néglige ou refuse de procéder à une élection à laquelle la loi l'oblige, ou de reconnaître ceux de ses membres qui ont été légalement choisis ou élus, ou de rétablir dans leurs fonctions ceux qui ont été destitués sans cause légale;

— lorsqu'un fonctionnaire public, ou une personne occupant une charge dans une corporation, un groupement visé par l'article 60, un corps public ou un tribunal soumis au pouvoir de surveillance et de contrôle de la Cour supérieure, omet, néglige ou refuse d'accomplir un devoir attaché à sa charge, ou un acte auquel la loi l'oblige;

— lorsque l'héritier ou le représentant d'un fonctionnaire public omet, refuse ou néglige de faire un acte auquel la loi l'oblige en cette qualité.

L'article 60 se lit comme suit:

> Tout groupement de personnes formé pour la poursuite d'un but commun dans la province, mais qui n'y jouit pas de la personnalité civile ni ne constitue une société au sens du Code civil, peut néanmoins ester en justice pour défendre aux actions portées contre lui.
>
> Tel groupement peut aussi se porter demandeur, s'il dépose au greffe du tribunal, avec l'acte introductif d'instance, un certificat du commissaire-enquêteur en chef en vertu du Code du travail attestant qu'il constitue une association de salariés au sens du Code du travail.

Il est question ici d'un moyen de se pourvoir en cas de refus d'accomplir un devoir qui n'est pas de nature purement privée. Pour forcer l'accomplissement d'un devoir qui est de nature purement privée, l'injonction est la procédure toute désignée.

Quant au moyen de se pourvoir contre les tribunaux inférieurs, nous l'avons déjà opposé au jugement avec l'appel et la rétractation de jugement.

Tous les recours extraordinaires s'obtiennent sur requête énonçant les faits qui y donnent ouverture, et dont les allégations sont appuyées d'un affidavit.

8. L'habeas corpus

L'habeas corpus, en matière civile, fait l'objet d'un chapitre à part au code de procédure.

> Toute personne qui est emprisonnée ou autrement privée de sa liberté, si ce n'est pas en vertu d'une ordonnance rendue en matière civile par un tribunal ou par un juge compétent, ni pour une matière criminelle ou supposée telle, peut, de même qu'un tiers pour elle, s'adresser à un juge de la Cour supérieure pour obtenir un bref d'habeas corpus ordonnant à celui sous la garde de qui elle est détenue de la conduire sans délai devant un juge de la Cour et de lui rapporter la cause de la détention pour qu'il voie si elle est justifiée.

La demande est faite par requête appuyée d'un affidavit établissant la vérité des faits sur lesquels elle est fondée et a préséance sur toutes les autres. Il doit en conséquence en être disposé sans délai.

Depuis la Grande Charte et malgré la déclaration des droits de l'homme, il est encore et toujours nécessaire de se battre pour assurer la liberté fondamentale de l'individu qui consiste à disposer de sa personne pleinement et sans contrainte.

9. Les matières non contentieuses

Les matières non contentieuses sont de la juridiction de la Cour supérieure. En ces matières, la règle générale établie par l'article 863 veut que le protonotaire exerce tous les pouvoirs conférés au juge "à moins d'une disposition expresse au contraire" ou à moins de contestation. Les décisions rendues par le protonotaire en ce domaine sont toutefois sujettes à révision par le juge sur demande faite dans les dix jours. Les demandes non contentieuses sont introduites par requête présentable dix jours après signification à qui de droit: à la Cour de pratique, quand la juridiction a été réservée au tribunal, au juge en chambre ou au protonotaire en cas de juridiction concurrente.

Les pouvoirs qui sont refusés au protonotaire par disposition expresse de la loi se rapportent à la rectification des registres de l'état civil, au jugement déclaratif de décès, au compulsoire d'un testament révoqué ou d'un acte dont l'enregistrement n'est pas requis et au remplacement de certains écrits perdus ou enlevés.

L'article 864 dit que "la demande en rectification d'un acte de l'état civil ainsi que celle visant à faire insérer dans les registres un acte qui devrait s'y trouver doivent être portées devant le *tribunal* au greffe duquel le registre est ou doit être déposé". La requête en rectification est signifiée aux intéressés, au procureur général et aux dépositaires des registres. Cette procédure sert couramment à réparer les oublis ou les erreurs du fonctionnaire de l'état civil dans un acte de naissance. Il peut avoir omis de mentionner le nom de la mère, la date de la naissance ou le sexe de l'enfant. Cependant, quand il s'agit de changer ou de modifier un nom ou un prénom, il faut recourir à la loi du changement de nom. (S.Q. 13-14 Elizabeth II 1965 — chapitre 77). Le jugement en rectification ordonnera l'inscription requise dans les doubles du registre concerné.

Sur jugement déclaratif de décès, l'article 865d dit catégoriquement que "les pouvoirs accordés au juge... ne peuvent en aucun cas être exercés par le protonotaire". Au titre de l'absence, nous avons traité du sujet.

Sur le compulsoire, l'article 866 requiert un ordre du *tribunal* pour forcer le notaire à donner communication ou expédition d'un testament révoqué ou d'un acte dont l'enregistrement n'est pas requis, tandis que le juge, donc aussi le protonotaire, peut intervenir pour intimer à un notaire de donner communication ou expédition d'un acte ou d'un extrait d'acte. Quant au remplacement de certains écrits perdus, détruits ou enlevés, l'article 870 dit que "le *tribunal* peut permettre ou ordonner que cette copie... etc.".

Ces exceptions mises à part, le protonotaire a juridiction concurrente avec le juge de la Cour supérieure sur toutes les autres matières non contentieuses dont fait mention le code de procédure. Il s'agit du conseil de famille se rapportant à la tutelle et à l'interdiction, de la vente volontaire des biens qui appartiennent à des incapables ou à des absents ou qui sont l'objet d'une substitution, de la participation du tuteur ou du curateur à un partage ou à une licitation volontaire, de la vérification des testaments, des scellés, de l'inventaire et de la vente des biens inventoriés, de l'envoi en possession, de la déclaration de présomption de décès d'un assuré des successions vacantes et des lettres de vérification.

Les tuteurs ou les curateurs, chargés de l'administration des biens d'un pupille ou d'un interdit, se trouvent souvent dans l'obligation de disposer de ces biens ou d'une partie de ces biens. S'il s'agit de meubles, ils pourront obtenir du juge ou du protonotaire la permission de les vendre de gré à gré à moins qu'ils ne préfèrent les faire vendre par huissier après avis public. Il appartiendra au juge de décider s'il y a avantage pour l'incapable.

La procédure sur la vente des immeubles dépend de la valeur en jeu. Si la valeur de l'intérêt de l'incapable n'excède pas $2,000.00, le juge ou le protonotaire autorisera la vente de l'immeuble, de gré à gré, pour un prix qui ne doit pas être inférieur à celui qu'il fixe. Dans le cas contraire, il ne peut autoriser la vente qu'après avoir pris l'avis du conseil de famille et fait évaluer l'immeuble par un expert. En l'autorisant, il en règle les conditions, désigne le notaire qui y procédera et fixe une mise à prix, à partir généralement de la meilleure offre déjà faite. Cette vente aura lieu ensuite après avis publié dans les journaux.

Au sujet de la vérification des testaments, le juge ou le protonotaire n'a pas à s'inquiéter de l'état mental du testateur au moment où celui-ci a figé ses dernières volontés. Il appartiendra à la partie frustrée de faire valoir ses prétentions en se servant de la procédure appropriée. Il s'est déjà vu qu'un protonotaire ait homologué un testament dans lequel le testateur léguait $3,000.00 à sa chienne tout en gratifiant son épouse d'une chaleureuse salutation. Celui-ci avait peut-être de bonnes et saines raisons d'agir ainsi!

L'article 863 dit: "Toutefois, si la demande est contestée, elle sera portée devant le tribunal..." La matière non contentieuse est une matière qui, par définition, n'est pas susceptible d'être contestée. Dans la pratique, il peut être assez difficile de déterminer s'il y a contestation ou non. Risquons une opinion en disant que, si le débat porte sur le fond du problème, le juge devra intervenir. Si la discussion s'engage sur des modalités, le protonotaire gardera juridiction. Si une demande en interdiction est dirigée contre moi et que je la conteste au fond, le juge entendra l'affaire; si la discussion tourne autour du choix du curateur, il appartiendra au protonotaire de décider.

CINQUIÈME PARTIE

Le droit criminel et l'offense statutaire

I. Le code criminel

Si la province de Québec a un droit civil bien particulier, il n'en va pas de même du droit criminel qui s'applique partout au Canada.

Le droit criminel a pour objet de définir les crimes et d'en organiser la répression par des sanctions appropriées. Ici, la société intervient pour se protéger et pour protéger les citoyens contre ceux qui transgressent ses lois. Le droit criminel doit également être à l'avant-garde et jouer un rôle préventif.

Dans cette dernière partie, nous tenterons de dégager les notions les plus importantes qui gouvernent le droit criminel canadien, contenu au chapitre C-34, vol. II des Statuts révisés du Canada, 1970. Nous traiterons également du droit statutaire et des délits qui s'y rattachent.

Notre code criminel date de 1892. Il s'inspire de l'oeuvre de Stephen intitulée "Digest of the Criminal Law". Il a subi tellement de modifications depuis, qu'il a été nécessaire de le refondre complètement.

L'auteur à lire en droit criminel est le juge Irénée Lagarde. Son livre "Droit Pénal Canadien" (1) est le seul ouvrage d'importance écrit sur le sujet en langue française.

Les dispositions du code criminel se rapportent principalement aux infractions ou crimes commis contre la société proprement dite ou contre les droits des personnes.

---

(1) Wilson et Lafleur (limitée) Montréal — 2e édition 1974.

Les crimes et infractions y sont classifiés comme suit:

Contre l'ordre public: trahison, passeports, sédition, attroupements illégaux et émeutes, exercices illégaux, duels, piraterie, substances dangereuses, combats concertés, armes offensives.

Contre l'application de la loi et l'administration de la justice: corruption et désobéissance, tromper la justice, évasion et délivrance de prisonniers.

Contre les bonnes moeurs: d'ordre sexuel, corruption des moeurs, inconduite, nuisances.

Maisons de désordre, jeux et paris: perquisitions, entrave à l'exécution d'un mandat, maison de débauche, entremetteurs, sollicitation.

Contre la personne et la réputation: devoirs tendant à la conservation de la vie, négligence criminelle, homicide involontaire coupable, meurtre, suicide, infanticide, négligence à la naissance d'un enfant et suppression de part, lésions corporelles, automobiles, endroits dangereux, voies de fait, enlèvement et rapt, avortement, maladies vénériennes, infractions aux droits conjugaux, célébration illicite du mariage, libelle et propagande haineuse.

Contre les droits de propriété: vol, vol qualifié et extorsion, introduction par effraction, possession illégale, escroquerie, faux.

Actes volontaires et prohibés concernant certains biens: méfaits, incendie, bétail et autres animaux, cruauté envers les animaux.

Opérations frauduleuses: fraude, failsification de livres et documents, supposition de personnes, contrefaçons, violation de contrat, intimidation et distinction injuste envers les syndiqués, bons-primes, commissions secrètes.

Relatives à la monnaie: fabrication, possession, mise en circulation, dégradation de la monnaie.

Tentatives et complots.

Le code criminel prévoit tous les crimes: si l'on accuse quelqu'un d'avoir commis un acte criminel, il faut que cet acte soit contenu dans la loi. Il prévoit également les infractions les plus courantes. D'autre part, les lois statutaires fédérales et provinciales créent des délits à l'égard de ceux qui ne les respectent pas. Ainsi, au fédéral la loi des douanes, la loi des banques, la loi des aliments et drogues, la loi du revenu.

Il en est de même des lois statutaires provinciales, dans les limites de leurs attributions; par exemple, la loi de la Régie des alcools, le code de la route. Ajoutons qu'il existe encore, dans notre droit criminel, des dispositions de la "Common Law". Celles-ci n'ont pas été couvertes par le code criminel, soit délibérément, soit par oubli. Elles peuvent s'appliquer exceptionnellement. Elles proviennent de statuts impériaux qui faisaient force de loi dans les colonies anglaises avant la mise en vigueur du code criminel canadien.

On pourrait, par exemple, porter certaines accusations qui ne sont pas prévues au code criminel mais qui sont demeurées dans les statuts impériaux ou tout simplement dans la "Common Law" non écrite. Il en est ainsi d'accusations relatives aux attroupements illégaux. Un peu comme certains vieux statuts américains qui prohibent le baiser en public et dont la disposition s'y rapportant n'a pas été abrogée par les lois qui ont suivi.

1. Actes criminels et infractions

Le code criminel établit une démarcation entre l'acte criminel et l'infraction. L'acte criminel est considéré comme plus grave que l'infraction. Il s'agit d'une transgression sérieuse de l'ordre, et la société, pour se protéger, doit généralement retirer de la circulation, pour un temps déterminé, l'individu qui s'en est rendu coupable. D'où l'emprisonnement. En commettant une infraction, l'individu ne met pas tellement la société en danger et on le punira d'habitude sous forme d'amende.

Chacun des articles du code criminel détermine si on est en face d'un acte criminel ou d'une infraction. Comme on l'a dit, cela dépend de la nature du délit. Par exemple, l'article 185 décrète que celui qui tient une maison de jeu ou de pari est coupable d'un acte criminel et passible d'un emprisonnement de deux ans tandis que celui qui y est trouvé, sans excuse légitime, n'est coupable que d'une infraction punissable sur déclaration sommaire de culpabilité.

La distinction est de taille. En matière d'infraction, le juge pourra, à sa discrétion et suivant les circonstances, si la peine n'est pas spécialement prévue, condamner le prévenu à l'emprisonnement (maximum 6 mois) ou à l'amende (pas plus de $500.00) ou aux deux peines à la fois. Il lui sera encore loisible d'émettre une ordonnance de probation qui pourra surseoir à la sentence et prévoir une obligation de garder la paix pour une période déterminée ou imposer d'autres conditions qu'il croit appropriées à la mise en liberté (art. 663).

Sur l'acte criminel, l'accusé court le risque d'être condamné au maximum de l'emprisonnement prévu à l'article qui s'y rapporte, quoique le juge puisse, lorsque l'acte reproché est punissable d'un emprisonnement de cinq ans ou moins et ne prévoit pas une période minimum à cet effet, remplacer la peine par une amende dont la limite n'est pas fixée ou ajouter celle-ci à la peine ou émettre une ordonnance de probation. Si l'acte criminel est punissable d'un emprisonnement de plus de cinq ans, le juge qui déclare l'accusé coupable pourra prononcer, suivant les circonstances, une peine d'emprisonnement ou, s'il n'est pas lié par un minimum et que la peine prévue par le code criminel n'est pas un emprisonnement de 14 ans et plus, ou l'emprisonnement à perpétuité, une ordonnance de probation. La personne trouvée dans une maison de jeu, sans excuse légitime, court donc le risque d'être condamnée à un emprisonnement d'une durée d'au plus six mois alors que le tenancier est susceptible d'une peine de deux ans.

Il est bon de dire qu'une peine d'emprisonnement de moins de deux ans sera purgée dans une prison alors qu'une condamnation de deux ans et plus sera exécutée dans un pénitencier. Les prisons sont administrées par les provinces, les pénitenciers par le pouvoir fédéral. Les prisons de Bordeaux et d'Orsainville sont des lieux de détention relevant de la responsabilité du Québec tandis que les pénitenciers de Ste-Anne des Plaines et de St-Vincent de Paul sont à la charge du gouvernement fédéral.

Le code ciminel peut déclarer certains délits poursuivables des deux façons. Il appartient alors au poursuivant de traiter, à son choix, le délit comme une infraction ou comme un acte criminel sans que l'accusé puisse trouver à redire. L'article 294 dit: "Sauf disposition contraire des lois, quiconque commet un vol:

a) ......

b) est coupable

(i) d'un acte criminel et passible d'un emprisonnement de deux ans, ou

(ii) d'une infraction punissable sur déclaration sommaire de culpabilité, si la valeur de ce qui est volé ne dépasse pas deux cents dollars".

En pareil cas, le poursuivant décidera de la procédure à suivre. Ce qui peut entraîner des conséquences importantes. S'il traite l'offense comme étant un acte criminel, il pourra soumettre le contrevenant au bertillonnage, chose qui lui serait refusée sur infraction criminelle.

2. Sommations et mandats

La personne qui désire se plaindre de la commission d'un acte criminel ou d'une infraction, le fait sur demande écrite appuyée du serment. C'est la dénonciation. Celle-ci doit contenir la désignation de l'offense reprochée et la description de l'individu qu'on veut y relier. Si on ignore le nom de ce dernier, on pourra en établir une représentation physique: "un individu d'environ 30 ans, de sexe masculin, mesurant 5'8", au teint pâle et aux cheveux noirs, avec cicatrices à la main gauche et portant tatouage en forme de coeur à l'avant-bras droit". On peut dans une seule plainte reprocher plusieurs offenses au même individu, à la condition que ces offenses soient toutes de même nature, ou des actes criminels ou des infractions. Ceci à cause des explications que nous donnerons plus loin sur le choix qu'un prévenu peut être appelé à exercer sur un acte criminel alors que sur infraction ce choix lui est refusé.

La personne autorisée à cette fin, le juge de paix, émet alors une sommation ou un mandat selon les circonstances. Elle peut même émettre un mandat sur infraction si l'intérêt public le requiert. Dans la pratique, on se sert de la sommation en regard des infractions et des actes criminels de peu de gravité. Le but de la sommation ou du mandat est de convoquer ou d'amener l'accusé devant le tribunal. Ici, il est bon de souligner qu'une personne prise en flagrant délit d'infraction ou d'acte criminel peut être mise en état d'arrestation et détenue sans mandat par les gardiens de la paix ou par tout citoyen. La sommation, signifiée par officier de la paix, ordonnera à la personne à qui elle est adressée de se présenter elle-même devant le tribunal aux heure et date qui y sont mentionnées. En vertu du mandat, on emploie la manière forte; les membres de la Sûreté du Québec ou les membres des corps policiers procèdent "manu militari" à l'arrestation de la personne pour la détenir jusqu'à sa comparution devant le juge.

Le code criminel a introduit, en 1971, la citation à comparaître qui consiste, pour un agent de la paix, à délivrer à une personne qui se serait rendue coupable d'infraction un ordre de se présenter devant le tribunal aux heure et date qui y sont fixées. Au lieu de mettre la personne sous arrêt, on l'avise qu'au moment requis elle devra comparaître pour répondre de l'infraction qui lui sera alors reprochée. Si on la soupçonne d'avoir commis un acte criminel, la citation l'enjoindra de plus à comparaître aux fins de la loi sur l'identification des criminels (S.R.C. 1970, ch. I-1, vol. IV) pour se soumettre au bertillonnage. Cette expression tire son nom du créateur de la science anthropométrique, Alphonse Bertillon (1851-1914). C'est un ensemble de procédés de mesure des diverses parties du corps humain (empreintes digitales, photographies et mensurations). Semblable opération est d'ailleurs appliquée sur toute personne accusée d'avoir commis un acte criminel.

3. Le cautionnement

L'individu, sous le coup de l'arrestation, avec ou sans mandat, sera ou non admis à caution. Les règles sur le cautionnement ont été modifiées en profondeur par l'adoption du projet de loi C-218, en vigueur depuis le 22 mars 1971. Le cautionnement a un seul but, celui de garantir la présence de l'accusé à la Cour aux diverses étapes de son procès. Il peut être accordé à tout moment avant ou pendant le procès et quand il y a appel de la condamnation. Règle générale, c'est le droit de tout prévenu ou accusé d'être mis en liberté. Suivant l'article 5 du code criminel, il est réputé innocent jusqu'à preuve du contraire. Ce principe est également reconnu par la loi des droits de l'homme. Principe qui, avant la loi sur la réforme du cautionnement, avait souvent été battu en brèche.

La mise en liberté d'un individu dépendait alors de règles rigides dont l'application était laissée à l'entière discrétion du juge, souvent basée sur des informations ou représentations fournies par la poursuite seulement et échappant à tout contrôle sérieux. La plupart du temps, les conditions pécuniaires qui lui étaient imposées étaient disproportionnées à ses moyens. Ce dernier, quand la chose lui était permise, devait littéralement acheter sa liberté en attendant de passer en procès. Sinon, il prenait le chemin de la prison jusqu'à ce qu'il soit statué sur son sort. La cause terminée, le dépôt en argent était évidemment remis mais on peut facilement imaginer les tracasseries qu'un prévenu devait subir dans son combat singulier contre la société.

Aujourd'hui, dès qu'une personne est mise en état d'arrestation, elle a le droit de faire prononcer immédiatement sur sa mise en liberté. Soulignons d'abord que, sur la commission d'un acte criminel de peu de gravité (soit de ceux mentionnés à l'article 483 que nous verrons plus loin) ou d'une infraction criminelle, l'agent de la paix n'est pas tenu de procéder à l'arrestation de la personne qui y est reliée. Il peut, comme nous l'avons déjà dit, lui délivrer une citation à comparaître.

Quand une personne est mise sous arrêt, pour qu'elle puisse recouvrer sa liberté, on doit s'interroger sur les modalités de son arrestation. Elle a pu être arrêtée avec ou sans mandat. Si elle a été arrêtée sans mandat, l'agent qui aura procédé à son arrestation devra:

— la mettre en liberté dans l'intention de l'obliger à comparaître par voie de sommation qui sera signifiée dans le plus bref délai, ou
— lui délivrer une citation à comparaître et la mettre aussitôt en liberté.

A moins qu'il ne la mette sous garde, pour des motifs d'intérêt public ou dans la crainte qu'elle ne fasse faux bond. Dans ce cas, il la conduira devant un fonctionnaire responsable. L'expression "fonctionnaire responsable" désigne, soit un fonctionnaire chargé du poste de police ou autre lieu où un prévenu est conduit après son arrestation, soit un agent de la paix qui le représente. Celui-ci, s'il s'agit d'une infraction ou d'un acte criminel punissable d'un emprisonnement de cinq ans ou moins, et lorsque la personne n'a pas déjà été conduite devant un juge de paix, devra:

— la mettre en liberté dans l'intention de l'obliger à comparaître par voie de sommation;
— la mettre en liberté pourvu qu'elle remette sa promesse de comparaître;
— la mettre en liberté pourvu qu'elle contracte un engagement personnel (sans dépôt) d'un montant qu'il fixera mais de pas plus de $500.00. Cependant, quand le lieu de résidence de la personne est de plus de 100

milles du lieu où elle se trouve sous garde, le fonctionnaire responsable pourra, à son gré, lui faire souscrire l'engagement personnel ou exiger le dépôt, en argent ou autre valeur, du montant qu'il aura fixé.

Là encore, s'il a des motifs raisonnables de croire que la personne doit être laissée sous garde, il la détiendra jusqu'à sa comparution devant le juge de paix qui pourra à nouveau statuer sur sa mise en liberté.

Si on a procédé avec mandat à l'arrestation de la personne, et que le mandat a été visé par un juge de paix, on la conduira devant le fonctionnaire responsable qui soumettra sa liberté aux règles établies sur l'arrestation sans mandat; sauf qu'il ne peut être question de mettre la personne en liberté dans l'intention de l'obliger à comparaître par voie de sommation pour la bonne raison qu'elle est déjà sous l'effet d'un mandat. Si le mandat n'a pas été visé, il appartiendra au juge de paix lui-même de décider de la mise en liberté.

Au moment de la comparution qui, à moins de raisons bien spéciales, doit avoir lieu dans les 24 heures de l'arrestation, si la personne n'a pas déjà été mise en liberté, soit que le fonctionnaire responsable ait eu des motifs sérieux de la détenir, soit que l'acte reproché soit punissable de plus de 5 ans d'emprisonnement, la décision du juge quant à sa mise en liberté dépendra du choix que cette dernière aura exprimé. A la comparution, le greffier de la paix lit la plainte mentionnant l'offense dont la personne se serait rendue coupable. Lorsqu'elle est accusée d'une infraction ou d'un acte criminel soumis à la juridiction absolue d'un magistrat ou, quand le choix le permet, à celle d'un magistrat sans jury, il lui demandera si elle désire enregistrer un plaidoyer de culpabilité ou non. Si elle se déclare coupable et si le juge de paix ne rend pas immédiatement sa sentence, il pourra la mettre en liberté provisoire moyennant des conditions qu'il déterminera. Si elle manifeste l'intention de se défendre, la cause sera entendue, selon les cas, par un magistrat seul, par un magistrat sans jury, par un juge sans jury ou par une Cour composée d'un juge et d'un jury (dans ces deux derniers modes de procès, la cause passera nécessairement par le stade de l'enquête préliminaire) et les étapes du procès se dérouleront plus tard. Le juge de paix devra alors ordonner que la personne soit mise en liberté:

— sur remise d'une promesse sans condition d'être présente au procès ou à l'une et l'autre de ses étapes;

— sur remise d'une promesse assortie des conditions qu'il aura fixées;

— sur un engagement avec cautions, (sans dépôt d'argent) pour un montant qu'il aura fixé et sous des conditions, s'il en est qu'il aura imposées;
— sur un engagement sans caution, mais avec le consentement du poursuivant, pour un montant et sous les conditions fixées avec dépôt de la somme d'argent ou des valeurs que le juge de paix aura prescrit.
— quand elle ne réside pas dans la province ou dans un rayon de 100 milles, sur dépôt, avec ou sans caution, d'un montant d'argent ou autre valeur qu'il aura fixé.

Le juge de paix pourra également imposer à la personne d'autres conditions comme exiger qu'elle se présente périodiquement à un agent de la paix ou à une autre personne désignée, qu'elle reste dans telle juridiction territoriale, qu'elle avertisse qui de droit de tout changement d'adresse ou d'emploi, qu'elle s'abstienne de communiquer avec quelque témoin ou autre personne ou encore qu'elle remette son passeport si elle est étrangère, etc.

Sur demande de la poursuite qui devra, sous un délai de 3 jours présenter ses objections à la mise en liberté, le juge de paix pourra ordonner la détention sous garde de la personne pour l'un ou l'autre des motifs suivants:
— pour le motif principal que sa détention est nécessaire pour assurer sa présence au tribunal afin qu'elle soit traitée selon la loi; et
— pour le motif secondaire (la validité de ce motif ne doit être établie, d'une part, que s'il est déterminé que la détention du prévenu n'est pas justifiée pour le motif principal mentionné à l'alinéa précédent et, d'autre part, qu'après que ce fait a été déterminé) que sa détention est nécessaire dans l'intérêt public ou pour la protection ou la sécurité du public, compte tenu de toutes les circonstances y compris toute probabilité marquée que la personne, si elle est mise en liberté, commettra une infraction criminelle ou nuira à l'administration de la justice.

L'application des amendements apportés par la loi C-218 a donné lieu à des abus criants. (Quand cessera-t-on de protéger la société contre les citoyens alors qu'on doit plutôt protéger les citoyens contre les criminels?) Un individu pouvait être inculpé de quatre ou cinq offenses et être remis autant de fois en liberté provisoire jusqu'à la tenue de ses procès. L'adoption du projet de loi C-71, en 1976, est venue décourager cette pratique abusive. Désormais, le prévenu qui attend son procès pour acte criminel antérieur, qui a déjà profité des dispositions du régime de mise en liberté provisoire ou qui est étranger ou non résident, doit, s'il veut obtenir sa liberté en attendant la tenue de son procès, prouver devant le juge de paix que l'intérêt public ne justifie pas sa détention. Auparavant, en vertu du principe de la présomption d'innocence, le fardeau de cette preuve reposait sur la Couronne.

Il sera permis de demander la révision de l'ordonnance du juge de paix en s'adressant à un juge de la Cour supérieure ou à trois juges de la Cour des sessions de la paix ou de la Cour provinciale, après préavis de deux jours francs donné à l'autre partie. Semblable demande peut, au besoin, être répétée après 30 jours de la date de la décision antérieure, ou avant l'expiration des 30 jours mais avec l'autorisation du ou des juges.

Les dispositions du code criminel relatives à la mise en liberté des prévenus prévoient enfin l'examen de la détention d'une personne quand son procès est retardé. Elles obligent ses gardiens à demander à un juge de la Cour supérieure ou à 3 juges de la Cour des sessions de la paix ou de la Cour provinciale de fixer une date pour une audition aux fins de déterminer si la personne devrait être mise en liberté ou non. Et cela, à l'expiration des 90 jours ou des 30 jours de sa comparution ou de sa mise sous garde selon qu'elle est accusée d'un acte criminel ou d'une infraction.

Ajoutons que les conditions de la mise en liberté d'un prévenu valent jusqu'à la fin de son procès à moins qu'une ordonnance ne les ait modifiées en cours de route. Auparavant, après l'enquête préliminaire, quand un accusé était envoyé à son procès, il devait demander au juge d'établir un nouveau cautionnement. Autrement, il perdait sa liberté.

Sur les appels des condamnations, les règles gouvernant la mise en liberté des personnes sont sensiblement les mêmes.

Comme on peut le constater, les conditions de mise en liberté d'un prévenu ont été considérablement adoucies. Au point de procurer maintenant des maux de tête aux avocats de la couronne. S'il faut se réjouir d'une loi qui ne permet plus de pénaliser des citoyens à cause de leur pauvreté, on doit se garder, dans l'application des règles sur le cautionnement, de compromettre la sécurité des gens en les laissant à la merci de criminels dangereux qui savent profiter largement d'une liberté qui n'est pas faite pour eux.

4. La Cour

Les juges qui appliquent le code criminel sont les juges des sessions de la paix, les juges de la Cour provinciale, dans l'exercice de leur juridiction criminelle, les juges de certaines Cours municipales en vertu d'une juridiction spéciale et les juges de la Cour supérieure en des domaines bien déterminés.

La Cour des sessions de la paix, on le sait, a été instituée pour réprimer les actes criminels et les infractions commis en contravention des dispositions du code criminel, et pour juger les offenses au droit statutaire édicté par le parlement fédéral ou par un parlement provincial.

Le greffier de cette Cour est le greffier de la paix. D'autre part, la Cour provinciale, possédant une juridiction mixte, applique au même titre les lois criminelles et statutaires, avec cette différence qu'elle se sert du même appareil administratif que celui de la Cour des sessions de la paix. Par contre, la Cour supérieure ne siège que dans les procès par jury et sur les appels des jugements rendus en matière d'infractions criminelles. Le greffier qui l'administre porte le nom de greffier de la Couronne.

5. Les procès

Le code criminel accorde beaucoup de respect aux droits de l'individu même si celui-ci doit répondre des actes répréhensibles qu'il a posés. Il lui donnera l'initiative du procès en lui assurant, règle générale, le droit au procès par jury. Il ne lui refusera ce droit que pour les délits mineurs.

A. Sur l'acte criminel

Etablissons les situations où peut se trouver une personne accusée d'un acte criminel et les choix sur lesquels elle peut être appelée à se prononcer.

A) La juridiction absolue

L'acte en cause est de ceux sur lesquels le magistrat a juridiction absolue. Il s'agit des actes criminels entraînant peu de gravité. Ces actes criminels sont énumérés à l'article 483.

> La compétence d'un magistrat pour juger un prévenu est absolue et ne dépend pas du consentement du prévenu, lorsque celui-ci est inculpé, dans une dénonciation,
>
> a) d'avoir
>
> (i) commis un vol; à l'exception d'un vol de bestiaux;
>
> (ii) obtenu de l'argent ou des biens par de faux semblants,
>
> (iii) illégalement en sa possession un bien, une chose ou leur produit sachant que tout ou partie d'entre eux ont été obtenus par la perpétration au Canada d'une infraction punissable par voie de mise en accusation, ou
>
> (iv) par supercherie, mensonge ou autre moyen dolosif, frustré le public ou toute personne, même indéterminée, de quelque bien, argent ou valeur,
>
> lorsque l'objet de l'infraction n'est pas un titre testamentaire et que sa valeur ne dépasse pas deux cents dollars;
>
> b) d'avoir tenté de commettre une infraction visée à l'alinéa a); ou
>
> c) d'une infraction prévue par
>
> (i) l'article 185 (Maison de jeu)
>
> (ii) l'article 186 (Book-making, etc.)
>
> (iii) l'article 187 (Pari)
>
> (iv) l'article 189 (Loteries, etc.)
>
> (v) l'article 192 (Tricher au jeu)
>
> (vi) l'article 193 (Maison de débauche)
>
> (vii) le paragraphe 238 (3) (Conduite pendant interdiction)
>
> (viii) l'article 351 (Fraude en matière de prix de passage, etc.)

Dans ces cas, le prévenu, par exception, doit accepter le genre de procès qui lui est imposé, celui d'être jugé par un magistrat seul. L'offense est trop minime pour mettre en branle un appareil judiciaire complexe. Il faut considérer les dépenses que doit encourir l'Etat, dépenses toujours assumées par les payeurs de taxes. Il serait ridicule, sur un vol de $25.00, d'accorder à un accusé le droit à un procès par jury qui occasionne toujours un déboursé de plusieurs milliers de dollars. La juridiction absolue se dit par rapport au magistrat. Celui-ci peut y renoncer si, par exemple, après avoir entendu l'exposé de la cause par la poursuite, il arrive à la conclusion que la dénonciation n'est pas conforme à l'offense qu'on entend prouver. Il décidera alors de la tenue d'une enquête préliminaire pour prendre connaissance de la preuve et pour faire dresser un acte d'accusation qui cadre mieux avec la réalité.

Soumis à la juridiction absolue, le prévenu a reçu la signification d'une sommation, ou a été arrêté avec ou sans mandat, et il comparaît devant la Cour. Le greffier lit la plainte et on lui demande s'il enregistre un plaidoyer de culpabilité ou non relativement à l'offense qu'on lui reproche d'avoir commise. Si le prévenu s'avoue coupable, le magistrat rendra sa sentence sur-le-champ ou la fixera à une date ultérieure en vue de délibérer ou d'obtenir des renseignements supplémentaires. Dans le cas contraire, on s'entendra sur la date où le procès aura lieu — la période d'ajournement ne devant pas dépasser 8 jours à moins que les parties n'y consentent — on discutera de la mise en liberté ou non du prévenu et, au jour dit, on passera la cause. Et le juge, par son jugement, acquittera ou condamnera le prévenu.

B) Les options de l'accusé

L'acte en cause est de ceux sur lesquels l'accusé a le privilège d'établir un choix. Subir son procès devant un magistrat sans jury, devant un juge sans jury ou devant une Cour composée d'un juge et d'un jury. Ce choix est accordé en regard de tous les actes criminels en général, sauf ceux prévus à l'article 483 que nous venons de citer et ceux réservés à la juridiction exclusive du juge et des jurés (assises) que nous verrons plus loin (art. 427).

Lors de la comparution, après lecture de la dénonciation, on demandera au prévenu de faire son choix dans les termes suivants:

"Vous avez la faculté de choisir d'être jugé par un magistrat sans jury; ou vous pouvez choisir d'être jugé par un juge sans jury; ou encore vous pouvez choisir d'être jugé par une Cour composée d'un juge et d'un jury. Comment choisissez-vous d'être jugé?"

Il faut avouer que généralement l'accusé ne comprend rien à ce charabia judiciaire et, souventefois, le juge se perd en explications tellement claires à son point de vue qu'il réussit à mettre le prévenu dans une confusion encore plus grande.

Que représentent pour lui les mots magistrat sans jury et juge sans jury. Pourquoi cette distinction entre juge et magistrat? Quoiqu'il n'entre pas dans les objectifs de cet ouvrage d'expliquer les subtilités légales plus qu'il ne faut — celles-ci étant réservées aux spécialistes et n'apportant rien de plus à la compréhension du sujet — disons que, pour les gens des autres provinces du Canada, la distinction est facile à saisir.

Chez eux, les juges sont nommés par le pouvoir exécutif fédéral et les magistrats par le pouvoir exécutif provincial. En Ontario, par exemple, c'est un magistrat provincial qui joue le rôle de magistrat sans jury et c'est un juge fédéral qui agit comme juge sans jury. Dans la province de Québec, les juges des sessions de la paix et les juges de la Cour provinciale sont nommés par l'autorité provinciale seule, mais le code criminel leur reconnaît à la fois des pouvoirs de juge et de magistrat. C'est pourquoi on les voit siéger indifféremment comme magistrat sans jury ou comme juge sans jury. Quand l'accusé est représenté par ministère d'avocat, cela va mieux. Il lui fait confiance en acceptant le choix que celui-ci lui suggère. Si, malgré tout, l'accusé n'arrive pas à fixer son choix, il sera considéré comme ayant choisi un procès devant une Cour composée d'un juge et d'un jury.

1a) Devant un magistrat sans jury

En choisissant d'être jugé par un magistrat sans jury, l'accusé se met sous la juridiction absolue de ce dernier. Il subira alors le genre de procès qu'il aurait eu si la loi lui avait refusé toute option à ce sujet. C'est celui que nous venons de décrire. On choisira ce genre de procès pour être expéditif surtout quand on a une bonne défense à offrir, pour éviter une publicité trop tapageuse ou parce qu'il entraîne des frais moins considérables qu'un procès devant un juge sans jury ou devant les assises.

2a) Devant un juge sans jury

L'accusé qui exerce le choix d'être jugé par un juge sans jury indique son intention de passer par le stade de l'enquête préliminaire. Celle-ci précède toujours le procès et est présidée par un magistrat. Elle lui permet de connaître la preuve que la poursuite peut détenir contre lui.

1b) L'enquête préliminaire

L'enquête préliminaire n'est pas le procès que l'accusé doit subir. Elle consiste uniquement en une investigation de la part du magistrat dont le but est de lui indiquer si on a eu raison d'intenter une poursuite criminelle à l'accusé. Par l'audition de la preuve, le magistrat se rendra compte s'il y a matière ou non à procès, s'il y a crime ou non à retenir contre l'accusé.

Le code criminel exige que l'enquête préliminaire ait lieu dans les huit jours de la comparution, sinon le juge perd juridiction sur la cause. Pour la reporter plus loin, il faut obtenir le consentement de l'accusé et en faire mention au procès-verbal de l'audience. Si l'accusé est en prison, parce que tout cautionnement lui a été refusé ou parce qu'il n'a pas pu le souscrire, le délai ne peut dépasser les huit jours.

L'enquête préliminaire se déroule en deux étapes, celle de l'enquête proprement dite et celle de l'examen volontaire.

1 c) L'enquête proprement dite

L'enquêtre proprement dite se résume en pratique à l'audition de la preuve présentée par la poursuite, généralement la couronne. Elle se déroule comme dans un procès ordinaire, avec droit pour la défense de contre-interroger les témoins produits par l'accusation. Puis la poursuite déclare sa preuve terminée. A ce moment, si le magistrat juge la preuve insuffisante, il cassera la plainte de lui-même et libérera l'accusé.

La défense peut également arriver au même résultat en faisant jouer le mécanisme du non-lieu. La motion de non-lieu veut dire à peu près ceci: en admettant, sans restriction, la preuve de la poursuite, il est évident que l'accusé ne serait jamais condamné s'il était envoyé à son procès. Il faut souligner ici que, lors de l'enquête préliminaire, une présomption de culpabilité pèse contre l'accusé. Ceci, par exception, parce que cette enquête est essentiellement celle du magistrat et ne constitue pas un procès.

Dans tout procès, une présomption d'innocence joue pleinement en faveur de l'accusé. Quand le magistrat casse la plainte de lui-même ou sur motion de non-lieu en tenant compte de la présomption de culpabilité qui pèse sur l'accusé, il considère également que ce dernier, en subissant un procès où la présomption d'innocence joue en sa faveur, ne pourrait jamais être trouvé coupable de l'acte criminel qui lui est reproché.

La libération d'un accusé n'équivaut pas à son acquittement. L'accusé est peut-être coupable de l'acte qu'on veut lui imputer, mais la poursuite ne possède pas, à ce moment, la preuve suffisante pour le faire condamner. Si elle l'obtient plus tard, elle pourra lui intenter une autre cause sur la même accusation. Au contraire, quand l'accusé profite d'un acquittement, il ne peut plus être recherché en justice sur une plainte identique ou parfois semblable et il plaidera, si besoin est, l'autrefois acquit avec succès.

2c) L'examen volontaire

Si après l'audition de la preuve de la poursuite, le magistrat croit qu'il peut y avoir matière à procès, on passera à l'étape de l'examen volontaire. Elle commence par l'allocution du juge ou du greffier qui s'exprime ainsi:

> Après avoir entendu les témoignages, désirez-vous dire quelque chose en réponse à l'inculpation? Vous n'êtes pas obligé de dire quoi que ce soit, mais tout ce que vous direz sera pris par écrit et peut servir de preuve contre vous lors de votre procès. Vous devez comprendre clairement que vous n'avez rien à espérer d'une promesse de faveur qui a pu vous être faite, non plus que rien à craindre d'une menace qui a pu vous être adressée, pour vous induire à faire un aveu ou vous reconnaître coupable, mais tout ce que vous direz maintenant pourra servir de preuve contre vous lors de votre procès, nonobstant la promesse ou menace.

Ce sera au tour de l'accusé de faire entendre sa défense. Généralement, il préfère s'en abstenir et réserver ses moyens au procès. Il est toujours avantageux pour lui de ne pas dévoiler immédiatement ses batteries, surtout s'il a une bonne défense à offrir ou des défauts de procédure à exploiter. S'il le fait à l'enquête préliminaire, il sera probablement libéré, mais s'exposera à de nouvelles poursuites. Si par contre, il invoque ses moyens au procès et que ceux-ci sont retenus, il obtiendra un acquittement définitif.

L'accusé qui aura répondu n'avoir rien à déclarer ou qui n'aura pas, par sa preuve, réussi à convaincre le magistrat, sera envoyé à son procès. Cela ne veut pas nécessairement dire qu'il est coupable. Cela signifie simplement que, le doute jouant contre lui, il est possible qu'il soit relié à l'affaire. La transcription des témoignages entendus à l'enquête lui sera d'un précieux secours au moment du procès; il saura parfaitement ce qu'on lui reproche et sera en mesure d'assumer une défense pleine et entière.

On dressera alors un acte d'accusation conforme à la preuve soumise. Il sera fait au nom de la reine, par l'intermédiaire de son représentant. Dans certains cas, en matière de libelle par exemple, on exige l'intervention du ministère de la Justice pour autoriser la procédure.

Le procès qui suivra sera entendu par un juge sans jury, selon le choix déjà exprimé par l'accusé. Il se déroulera comme tout procès ordinaire: audition des témoins de part et d'autre, discussion sur des points de droit, objection à la preuve le cas échéant, plaidoyers et jugement sur le banc ou après délibéré.

3a) Devant une Cour composée d'un juge et d'un jury

Dans son option, l'accusé avait enfin le choix d'être jugé par une Cour composée d'un juge et d'un jury. Dans l'exécution de ce dernier choix, l'enquête préliminaire a également lieu et elle se déroule de la même manière que nous venons de voir. Si l'enquête nécessite la tenue d'un procès, le magistrat enverra l'accusé le subir devant les assises criminelles. Les termes des assises sont fixés par le lieutenant-gouverneur en conseil, par mode d'arrêté ministériel, suivant les besoins des districts. Dans la plupart des districts il y a trois termes par année. Durant ces termes les juges de la Cour supérieure, désignés à cet effet par le juge en chef, disposent avec l'aide d'un jury des affaires criminelles relevant de leur juridiction. Dans un district important comme celui de Montréal, les assises se tiennent continuellement.

C) La juridiction exclusive

Le code criminel réserve cependant certains crimes à la juridiction exclusive du juge et du jury. Ce genre de procès n'a pas lieu en vertu d'un choix fait par l'accusé, mais il lui est imposé à cause de la gravité de l'offense. La juridiction exclusive est prévue à l'article 427 du code criminel et s'applique aux crimes suivants:

a) (i) article 47 (Trahison)
 (ii) article 49 (Alarmer sa Majesté)

(iii) article 51 (Intimider le Parlement)
(iv) article 53 (Inciter à la mutinerie)
(v) article 62 (Sédition)
(vi) article 75 (Piraterie)
(vii) article 76 (Actes de piraterie)
(viii) article 218 (Meurtre)

b) l'infraction d'être complice après le fait d'une haute trahison, d'une trahison ou d'un meurtre (Complicité)

c) une infraction aux termes de l'article 108 par le détenteur de fonctions judiciaires (Corruption de la justice)

d) l'infraction de tentative de commettre une infraction mentionnée aux sous-alinéas à (i) à (vii) (Tentatives) ou

e) l'infraction de comploter en vue de commettre une infraction mentionnée à l'alinéa a) (Complot)

Le procès est encore précédé de l'enquête préliminaire qui a lieu devant un juge de la Cour des sessions de la paix ou un juge de la Cour provinciale. Si, au stade de l'enquête, celui-ci trouve matière à procès, il envoie l'accusé le subir aux assises criminelles. Certains districts ruraux possèdent encore des Cours de comté où siègent ces juges, qui peuvent disposer des actes criminels, des infractions et des offenses statutaires, tenir les procès de juridiction absolue, présider les procès comme magistrat sans jury ou comme juge sans jury et entendre les enquêtes préliminaires; mais si ces enquêtes conduisent à la citation au procès d'un accusé devant une Cour composée d'un juge et un jury, le procès se déroulera au chef-lieu du district duquel relèvent ces Cours de comté.

1a) Le procès par jury

L'accusé, à la faveur de l'option, a choisi d'être jugé par une Cour composée d'un juge et d'un jury. Ou encore, ce mode de procès lui a été imposé par l'application de la juridiction exclusive.

La Cour, c'est la Cour supérieure qui en exerçant sa juridiction criminelle se transforme en Cour d'assises; la personne qui en administre les dossiers, c'est le greffier de la Couronne.

1b) Le jury et la constitution du tableau

Le jury est composé d'un groupe de douze citoyens comme vous et moi qui portent le nom de jurés. Il appartient aux jurés, lors d'un procès par jury criminel, de décider, à la lumière des faits qui sont portés à leur connaissance, si la personne qui subit son procès devant eux et devant un juge de la Cour supérieure est coupable ou innocente de l'acte criminel qui lui est reproché. La loi des jurés, qui a été refaite en 1976 (projet de loi no 33 sanctionné le 30 juin 1976) indique la qualification requise à cette fin de même que la procédure à suivre pour constituer le tableau qui servira au choix des douze jurés. Pour être juré, une personne doit posséder la citoyenneté canadienne, être majeure et être inscrite sur la liste électorale. Auparavant, en plus d'être citoyen canadien, il fallait être âgé de 21 ans et être inscrit sur les rôles d'évaluation des municipalités situées dans un rayon de 40 milles du chef-lieu du district. Le principe de base étant établi, la loi déclare certaines personnes inhabiles et d'autres exemptes. La personne inhabile ne peut en aucune façon servir de juré; celle qui est exempte a le privilège de se faire libérer de l'obligation d'agir comme tel.

Est inhabile à être juré:

— une personne qui ne possède pas la qualité de base déjà mentionnée.

— un membre du Conseil privé, du Sénat, ou de la Chambre des Communes du Canada et son conjoint;

— un membre du Conseil exécutif ou de l'Assemblée nationale et son conjoint;

— un officier de justice et son conjoint;

— un avocat ou un notaire en exercice et son conjoint;

— un agent de la paix et son conjoint;

— un pompier;

— une personne souffrant d'une déficience ou d'une maladie mentale;

— une personne qui ne parle pas couramment le français ou l'anglais.

La loi des jurés pose une exception à l'égard des territoires d'Abitibi, de Mistassini et du Nouveau-Québec situés dans le district judiciaire d'Abitibi, pour permettre à l'Indien ou à l'Inuk d'être jugés dans leur propre langue.

— une personne sous le coup d'une accusation pour un acte criminel ou qui en a été trouvée coupable, et son conjoint.

— le conjoint d'un juge d'une Cour fédérale, provinciale ou municipale; les juges sont nécessairement inhabiles à servir comme jurés du fait que leurs noms ne doivent être inscrits sur aucune liste électorale.

Peuvent être exemptés de servir comme juré:

— un ministre du culte;
— un fonctionnaire qui participe à l'administration de la justice et son conjoint;
— une personne âgée de 65 ans et plus et son conjoint;
— un membre des forces régulières canadiennes au sens de la loi sur la défense nationale;
— pour les 5 années qui suivent, une personne qui a agi ou a été retenue pour agir comme juré;
— une personne atteinte d'une infirmité;
— une personne dont la santé ou les charges domestiques ne lui permettent pas d'être juré;
— et enfin, si l'intérêt public le permet, une personne qui a un motif raisonnable d'obtenir une exemption pour une cause non prévue. A titre d'exemple, le médecin qui pratique seul dans une région éloignée: il est plus utile auprès de ses patients que sur le banc des jurés... ses chances de devenir membre d'un jury étant par ailleurs fort minces.

C'est le shérif du district qui a charge de la confection du tableau. A cette fin, il doit accomplir, en présence du greffier de la couronne, toutes les opérations que la loi lui impose. Le tableau doit contenir 150 inscriptions. Si les circonstances l'exigent, le shérif peut toutefois prévoir un nombre différent.

Le shérif a auparavant reçu du président d'élection du ou des comtés qui, en tout ou en partie, se trouvent dans les limites territoriales de son district, les listes électorales préparées à son intention conformément aux exigences de l'article 111 de la loi électorale du Québec (S.R.Q. 1964, ch. 7). Ces listes contiennent les nom, prénoms, profession ou métier, l'âge et l'adresse de l'électeur et sont numérotées en regard de chaque nom. Il a également, dès réception des listes, rayé les noms des personnes qu'il sait inhabiles, absentes du district ou décédées. Par une opération assez simple mais qui doit dépendre du hasard, le shérif puisera dans ces listes le nombre d'inscriptions requises. Il dépose d'abord dans une boîte 300 cartes de dimension uniforme et numérotées consécutivement de 1 à 300. Il tire ensuite l'une de ces cartes, prend connaissance du numéro qui y est inscrit, repère sur les listes électorales les noms des personnes dont le numéro correspond à celui qu'il a tiré, et les inscrit sur des cartes distinctes. De ces cartes, il pigera le nombre des personnes qui devront composer le tableau. Supposons que le tableau doit contenir 150 noms et que le shérif tire la carte portant le numéro 6. Il repère alors les noms qui y correspondent. Il peut sortir ainsi 500 noms. Il préparera 500 cartes en conséquence et, par voie d'un second tirage, arrivera au nombre désiré. S'il arrive que le nombre des noms repérés par un premier tirage est inférieur au nombre prévu, le shérif tirera alors une deuxième carte et recommencera l'opération jusqu'à ce qu'il ait atteint son but. Le tableau complété, le shérif dresse un procès-verbal certifiant que les noms qui y sont contenus ont été choisis et inscrits conformément à la loi, en présence du greffier de la couronne. Puis, au moins trente jours avant la date d'ouverture des assises, il assigne par sommation chacune des personnes dont le nom apparaît sur le tableau. L'assignation se fait par courrier recommandé ou certifié. La sommation indique la date et l'heure de la comparution, renseigne le destinataire sur les causes d'inhabileté ou d'exemption et lui facilite la tâche de faire valoir l'un ou l'autre de ces motifs. La personne assignée doit invoquer ses moyens dans les 20 jours de la signification de la sommation. Il appartiendra au shérif de les évaluer et de rendre sa décision dans les plus brefs délais. Avant d'être assermentée comme juré, toute personne assignée peut encore invoquer, devant le juge, ses motifs d'exemption ou lui faire reviser la décision du shérif refusant sa demande. A moins d'avoir obtenu son exemption ou d'avoir été déclarée inhabile, toute personne qui a été assignée pour servir de juré doit être présente à la Cour à l'heure et à la date imparties, sous peine de sanctions prises suivant la loi des poursuites sommaires.

2b) Les assises

1c) Plaidoyer de culpabilité

Soulignons que, sauf rares exceptions, l'accusé qui a choisi d'être jugé par une Cour composée d'un juge et d'un jury, ou qui est sous le coup d'une affaire relevant de la juridiction exclusive de la Cour supérieure, peut quand même plaider coupable et le juge lui imposera la sentence méritée. S'il est devant cette Cour en vertu du choix qu'il a exercé et qu'il entend plaider coupable, il demandera de faire une nouvelle option pour recevoir sa sentence devant un juge sans jury c'est-à-dire devant un juge de la Cour des sessions de la paix ou devant un juge de la Cour provinciale exerçant sa juridiction criminelle, mais rien ne l'y oblige.

Il peut préférer demeurer devant la Cour supérieure et recevoir sa sentence du juge qui la préside. Pour ce faire, on sera dispensé de la formation d'un jury. Cela se comprend, l'accusé admet les faits qui lui sont reprochés.

2c) Plaidoyer de non-culpabilité

L'accusé entend toujours plaider et le jour est arrivé où il doit subir son procès. Le terme des assises a été fixé et les personnes dont les noms figurent sur le tableau des jurés et qui n'ont pas été déclarées exemptes ou inhabiles sont présentes à l'audience. C'est sur ce tableau qu'on se base pour effectuer dans chaque cause le choix des douze jurés.

1d) Appel des jurés

Le shérif fait l'appel des noms et les jurés répondent, à tour de rôle: "présent". Une pratique courante veut que ce soit le greffier qui fasse cet appel. Il est plus logique de laisser cette tâche au shérif puisque c'est lui qui a la charge de convoquer les jurés et qui a la responsabilité d'assurer leurs présences à la Cour.

2d) Formation du jury et récusations

On procède comme suit à la formation du jury, c'est-à-dire au choix des douze jurés. La défense et la poursuite (Couronne) ont le droit de refuser les personnes qu'elles préfèrent ne pas voir composer le jury. C'est la récusation. Elle est péremptoire, sans qu'il soit nécessaire de donner aucune raison, ou "pour cause", c'est-à-dire motivée sur preuve que la personne est inapte à remplir la fonction.

Sur crime de haute trahison ou de meurtre au premier degré, l'accusé a droit de récuser péremptoirement 20 jurés, sur crime autre que la haute trahison ou le meurtre au premier degré et punissable d'un emprisonnement de plus de 5 ans, 12, et sur les autres crimes, 4. Quelle que soit l'accusation, la Couronne n'a droit, dans tous les cas, qu'à 4 récusations péremptoires. Aucune limite de nombre n'est imposée quant aux récusations "pour cause". De plus, la Couronne a droit à 48 mises à l'écart. Exceptionnellement, le juge peut permettre à la Couronne de dépasser ce nombre. La mise à l'écart a lieu de la part de la poursuite seulement et relativement aux jurés non récusés péremptoirement par la défense. Elle consiste à différer l'acceptation de jurés. On aura recours aux jurés à l'écart si on n'a pas réussi à en trouver 12 après avoir épuisé le tableau.

Le choix se fait comme suit: le greffier sort une à une, de la boîte du shérif, les cartes où sont inscrits le nom et le numéro de chaque juré. A chacune des cartes, il est donné le numéro et le nom du juré. C'est à ce moment que les parties acceptent, récusent ou mettent à l'écart le juré ainsi désigné.

Si, au départ, un juré est récusé pour cause, on assermentera deux personnes dans l'assistance pour juger des motifs à l'appui de la récusation. Elles portent le nom de vérificateurs. D'habitude on fait appel au concours de deux journalistes qui ne refusent jamais. Le service équivaut à une rétribution de $5.00 gagnée en peu de temps. Les règles de pratique énoncent que "pour la composition du jury, aucun juré assermenté ne peut servir comme vérificateur avec une personne choisie dans la salle et qui n'est pas elle-même assermentée comme jurée. Tant que deux jurés n'auront pas été assermentés les vérificateurs devront être des personnes étrangères".

Quand deux jurés au moins ont été assermentés, ce sont eux qui décident des motifs de la récusation demandée. Puis, à tour de rôle les deux derniers jurés assermentés agissent comme vérificateurs. La récusation peut porter sur une question de parenté avec l'accusé ou avec un témoin à charge, sur l'incapacité physique ou mentale du juré à remplir convenablement la fonction ou sur toute autre raison de nature à favoriser l'accusé ou à lui porter préjudice.

Les vérificateurs prêtent le serment sur la lecture, par le greffier, de la formule suivante: "Vous examinerez bien fidèlement si (nom), un des jurés, est en état de juger impartialement le procès de l'accusé à la barre, et rendrez un verdict vrai suivant la preuve. Dites, je le jure. Ainsi que Dieu vous soit en aide".

Au juré dont on demande la récusation "pour cause" le greffier dira: "Le témoignage que vous rendrez à la Cour et aux vérificateurs assermentés dans cette enquête sera la vérité, toute la vérité et rien que la vérité. Dites, je le jure. Ainsi que Dieu vous soit en aide".

L'assermentation du juré qui a été accepté se fait comme suit: "Accusé, regardez le juré, juré, regardez l'accusé. Vous jurez de considérer attentivement tous les faits qui seront mis en preuve dans cette cause de la Reine contre l'accusé; vous jurez de rendre un verdict basé uniquement sur la preuve; vous jurez aussi de garder confidentielles, pendant et après le procès, les discussions et les délibérations auxquelles vous prendrez part. Ainsi, que Dieu vous soit en aide".

Aussitôt la formation du jury complétée, le greffier fait l'appel nominal de tous les jurés choisis. On assermente alors les constables spéciaux qui assureront leur surveillance pendant la durée du procès, d'après la formule suivante: "Vous jurez de bien et fidèlement remplir vos devoirs de constable auprès des jurés assermentés dans la présente cause; vous les garderez ensemble et ne leur parlerez ni ne permettrez à personne de leur parler de ce qui fait le sujet du présent procès. Vous les garderez dans les lieux qui vous seront désignés et les ramènerez à la Cour chaque fois qu'il en sera ainsi ordonné et ceci pour la durée du présent terme des assises criminelles. Ainsi, que Dieu vous soit en aide".

Sauf cas exceptionnels, les juges ont pris aujourd'hui l'habitude de libérer les jurés à la fin de chaque journée d'audience en leur demandant de ne pas déroger à la foi de leur serment. Lors du délibéré cependant, les jurés devront demeurer ensemble jusqu'à ce qu'ils aient rendu leur verdict ou déclaré qu'ils ne réussissent pas à s'entendre.

3d) Lecture de l'acte d'accusation

Le greffier lit ensuite, à l'intention du jury, l'accusation portée contre l'accusé et leur dit ceci: "A cet acte d'accusation, l'accusé à répondu qu'il était non coupable et qu'il était prêt pour que son procès se fasse. Pour son procès, il s'en est remis à Dieu et à sa patrie, laquelle patrie vous représentez. C'est donc votre devoir de vous enquérir s'il est coupable ou non de l'offense dont il est accusé. Tenez-vous bien ensemble et écoutez les témoignages". La phraséologie des formules de serment et de recommandations n'est pas sacramentelle. Elle diffère suivant les usages en cours dans chaque district. Il serait peut-être bon de la repenser et de lui donner une facture plus moderne.

4d) L'exposé de la cause

Puis le procureur de la Couronne expose la cause en résumant la preuve qu'il entend faire pour en arriver à la condamnation de l'accusé.

5d) Le procès proprement dit

Et l'on procède, comme dans une cause ordinaire, à l'audition des témoins et à la production des pièces ou exhibits, preuve de la Couronne, preuve de la défense et contre-preuve si nécessaire. Et enfin les plaidoiries.

6d) L'adresse du juge

Alors, ce sera l'adresse du juge, nommée à tort "charge", par laquelle ce dernier résume la preuve de part et d'autre, tout en l'appréciant, avec mention des verdicts que le jury peut être appelé à rendre.

7d) Le verdict

Dans tout procès par jury, le juge est le maître du droit tandis que les jurés sont les maîtres des faits. Quand une question de droit est débattue, on fait sortir les jurés de la salle d'audience pour ne les rappeler qu'à la reprise des témoignages. A partir de la preuve soumise, ils décident du sort de l'accusé. Au terme de leurs cogitations, ils retourneront pour la dernière fois à la salle d'audience. Le greffier les interpellera par leurs noms et leur demandera: "Messieurs les jurés, êtes-vous d'accord sur votre verdict et qui parlera pour vous?" Le président du jury prononcera alors, au nom de ses collègues, le verdict attendu.

S'il décide en faveur de l'acquittement, il aura pour effet de libérer aussitôt l'accusé. Au cas contraire, le juge prononcera la sentence. Le verdict du jury doit être unanime. Si celui-ci ne réussit pas à s'entendre, le président le dira au juge qui ordonnera la tenue d'un nouveau procès.

8d) La libération des jurés

Et la Cour libérera temporairement les jurés jusqu'au prochain procès ou définitivement si le terme est épuisé.

On sait que le procès par jury civil a été aboli par la législature du Québec en 1976. Quoique le procès par jury criminel ait plus de raison d'être que celui-là, nous pensons qu'il reste un moyen désuet pour notre époque.

Il était nécessaire au temps où, pour une humeur imprécise ou selon le caprice de sa fantaisie, le potentat pouvait disposer de ses sujets comme il l'entendait, mais le monde a évolué depuis. Le procès par jury occasionne des dépenses considérables de la part de l'Etat et n'apporte rien de tellement valable dans la recherche de la justice.

On dérange une centaine de citoyens et on en choisit douze parmi eux pour constituer un jury.

Douze citoyens de milieux sociaux différents. On les coupe de leur famille. On oblige à vivre ensemble des gens qui, la veille, ne soupçonnaient même pas l'existence les uns des autres. Des gens avec leurs problèmes et leurs manies. Les uns sont effacés, les autres parlent ferme; les uns sont ignorants et pleins de jugeotte, les autres instruits et bourrés de complexes. Qui est inculte et buté, qui est intelligent et compréhensif. Et on leur demande de décider du sort de leurs semblables. On les retire de leur milieu pour leur faire apprécier, comme cela, sans préparation légale aucune et avec l'autorité d'experts, les éléments d'une preuve toujours controversée.

Les procureurs, tant en poursuite qu'en défense, sont tellement conscients de la chose qu'ils évitent comme la peste, dans la composition d'un jury, les instruits et les costauds qui, par leurs savantes digressions ou par leur aspect imposant, seraient en mesure de prendre de l'ascendant sur le groupe. Des citoyens moyens, ni trop gras, ni trop maigres, pas trop instruits, juste assez, voilà de quoi former un bon jury!

Dans *Le palais indiscret* (1), le journaliste Jean-Paul Lacroix donne une description savoureuse des jurés: "Silencieux, intimidés, assis sur un quart de fesse, ils ont l'air d'inoffensifs spectateurs, venus en curieux, et à qui l'on aurait donné des places de faveur; ils tiennent dans leurs mains la

---

(1) Jean-Paul Lacroix, *Le palais indiscret*, Julliard, 1965.

vie ou la liberté d'un homme. Ils sont cultivateur, pharmacien, retraité des Postes, plombier, institutrice, jeune patron. Le pharmacien a son foie qui le taquine, le retraité a encore été oublié dans les dernières légions d'honneur, le jeune patron a appris la veille au soir que sa femme le trompait, l'institutrice a ses petits ennuis du mois... Et c'est à ce faisceau d'impondérables que l'on demande de juger sereinement, impartialement, "en leur âme et conscience". Eh bien, contre toute attente, leurs verdicts ne sont pas tellement plus mauvais que les arrêts des magistrats professionnels".

Quant aux verdicts, on espérerait mieux encore!

Le juge John Voelker, de la Cour supérieure du Michigan, a écrit de nombreux ouvrages sur la justice sous le nom de plume de Robert Traver. Son célèbre et frissonnant thriller, "Autopsie d'un meurtre", a déjà fait l'objet d'un film d'Otto Preminger. Dans "La justice est une maîtresse jalouse", (1) il se porte avec un peu plus d'énergie à la défense du jury. On ne lui contestera pas ce droit. "Ancien district attorney blanchi sous le harnais, il m'est arrivé de pleurer à la perte d'un procès où j'étais certain d'avoir raison — et vice versa.

Mais maintenant, ces années tumultueuses sont loin, la paix est descendue dans mon âme et je sens se glisser dans mon esprit l'impression que la plupart de ces vieux jurys ont jugé "juste" dans la plupart des causes, tout vexé que j'aie été à l'époque. Rétrospectivement, je m'extasie de plus en plus devant ces jurés — plafonneurs, peintres en bâtiment, barmen, ménagères, mineurs — capables d'arriver aux recoins les plus obscurs de l'âme humaine, je suis stupéfait de les voir si sensibles aux nuances les plus délicates du comportement... Dieu sait combien de fois les jurés se sont trompés du tout au tout lorsqu'on ne leur a pas donné la "bonne" recommandation — alors que, dans d'autres procès, ils se sont trompés en l'ayant reçue... Je veux simplement dire ceci: dans un cas où il s'agit d'évaluer correctement la conduite, les émotions et motivations fondamentales des hommes, dans une situation que son expérience et ses possibilités d'observation lui permettent d'appréhender, le juré moyen a plus de chances de rendre un *bon* verdict qu'un *mauvais*".

Un mot de Me René Floriot, avocat français de grande réputation, invite cependant à la réflexion: "S'il était possible de recommencer

(1) Robert Traver, *La justice est une maîtresse jalouse*, Paris, Marabout, 1969.

plusieurs fois le même procès, avec les mêmes magistrats et le même défenseur, mais en procédant chaque fois à un nouveau tirage au sort des jurés, les verdicts seraient différents".

Lord Hewart, l'un des juges britanniques les plus connus de l'entre-deux-guerres, a défini le rôle du juge d'assises en ces termes: "La tâche du juge est de se taire le plus longtemps possible et de se montrer aussi discret qu'il se doit".

En Angleterre et en Allemagne, le procès par jury se passe à peu près de la même façon qu'au Canada. Le jury se compose aussi de 12 citoyens qui doivent déterminer seuls la culpabilité ou l'innocence de l'accusé.

En France, la Cour d'assises a été instituée en 1791, pendant la Révolution. Au début, 12 citoyens décidaient de la culpabilité d'un accusé et 3 juges, de concert, imposaient la peine. La réforme de 1932 fit participer les jurés au choix de la peine. Sous Vichy, durant la guerre 1939-1945, la composition du jury a été réduite à 6 membres. Présentement, la Cour d'assises française comprend 9 jurés et trois juges. La procédure française diffère considérablement de celle à laquelle nous sommes habitués. Soulignons que l'interrogatoire est mené par le président du tribunal et que les avocats ne peuvent poser aux témoins et aux experts que des questions complémentaires.

B. Sur l'infraction criminelle

L'infraction, répétons-le, au contraire de l'acte criminel qui constitue une menace sérieuse envers la société, ne représente qu'une violation temporaire de l'ordre public. Il en est tenu compte au niveau de la poursuite et de la peine. Le code criminel détermine les cas où il y a infraction en indiquant aux articles qui y correspondent la sanction prévue. La partie XXIV établit dans ces cas la procédure à suivre. Ici, il n'est pas question pour le prévenu d'exercer un choix quelconque ou de se trouver en face d'un tribunal d'assises. La poursuite est sommaire et l'accusé est soumis à la juridiction d'un magistrat seul qui est un juge de la Cour des sessions de la paix ou un juge de la Cour provinciale. A la comparution, on demande au prévenu s'il entend avouer sa culpabilité ou combattre la procédure. Dans le premier cas, sentence, avec ou sans les conditions qui peuvent s'y greffer. Dans le deuxième cas, on fixe la date du procès et celui-ci se déroulera par la suite comme s'il relevait de la juridiction absolue.

II. L'offense statutaire

La Constitution canadienne a donné au fédéral et aux provinces des pouvoirs de faire des lois qui ressortissent aux domaines qu'elle leur a expressément distribués. D'où, par exemple, la loi statutaire fédérale sur la faillite et la loi statutaire provinciale sur le code de la route. Quand on parle de loi statutaire, on emploie un terme du métier pour désigner une loi qui, tout en ayant son importance, n'est pas classée dans la catégorie des grandes lois ou lois principales. Le code criminel et le code civil sont des lois principales en ce qu'ils contiennent des lois de base et couvrent de vastes champs du droit tandis que le code de la route se confine à un terrain bien limité. Toutes les lois sont statutaires: elles sont toutes votées de la même façon par les parlements et sont consignées dans les statuts. L'expression offense statutaire signifie transgression à une disposition qui n'est pas considérée comme un crime par le code criminel. Pour qu'une loi soit exécutoire il faut la munir de sanctions. Le refus d'obéir à une loi autre que criminelle constitue une offense statutaire dont la punition est indiquée dans la loi même.

Les dérogations au droit statutaire sont considérées comme mineures en comparaison des actes criminels, à peu près au même titre mais moindre encore qu'une infraction criminelle.

Là encore, il n'est pas question du choix d'un procès dont le prévenu pourrait se prévaloir ou d'un procès réservé à la juridiction absolue ou exclusive. Les plaintes s'y rapportant sont entendues et jugées par le magistrat. On traitera les lois statutaires fédérales conformément aux dispositions du code criminel quant aux modes de poursuite et quant à l'administration de la preuve. On disposera des lois statutaires provinciales suivant la loi des poursuites sommaires (S.R.Q. 1964, ch. 35). Cette loi prévoit, par le détail, les cas de perquisition, établit des règles précises au sujet de la dénonciation et de la plainte, indique les processus de la sommation et du mandat, traite de l'assignation des témoins, de l'audition, de la décision du juge, des amendes, de l'emprisonnement, de l'exécution des jugements, des appels. C'est, en somme, une sorte de droit criminel qui s'applique au droit statutaire provincial. Les applications les plus courantes du droit statutaire provincial se rapportent au code de la route et à la loi de la régie des alcools.

III Les procès-verbaux en matière criminelle et statutaire

Le greffier de la paix tiendra des procès-verbaux qui relateront, du début jusqu'à la fin, la marche d'une cause criminelle ou statutaire. Dans un procès par jury, c'est le greffier de la Couronne qui assume cette fonction.

Les principaux sont relatifs à la comparution, à l'audition, à la nouvelle option et à l'ajournement.

Tout procès-verbal porte les mentions préliminaires d'usage: le nom du district, le numéro de la cause, le nom du juge, le nom du procureur de la poursuite, celui de la défense, l'objet de la cause et les noms des parties. Il indique l'heure du début et de la fin de la séance, la journée, le mois et l'année. Il mentionne également s'il y a sténographie ou tout autre moyen de recueillir les témoignages.

1. Sur la comparution

A. Pour acte criminel et infraction

Le procès-verbal de comparution sur actes et sur infractions criminels énumérera, dans l'ordre, les événements qui s'y sont produits. S'il s'agit d'une juridiction absolue, il en sera pris note. Si l'acte reproché permet à l'accusé d'exercer une option, on marquera le choix que celui-ci aura fait, ou on inscrira son refus de le faire. On fera mention de la juridiction exclusive si tel est le cas. S'il est soumis à une juridiction absolue ou s'il a choisi d'être jugé par un magistrat sans jury, l'accusé peut plaider coupable et recevoir aussitôt sa sentence. Dans le cas contraire, on fixera une date pour le procès.

Si l'accusé a choisi d'être jugé par un juge sans jury ou par une Cour composée d'un juge et d'un jury ou qu'il n'a pas fait de choix, il passera nécessairement par l'étape de l'enquête préliminaire. Alors, le greffier fera les inscriptions qui s'imposent.

Puis, le problème de la mise en liberté sera débattu et le greffier en notera le résultat et les objections qui ont pu s'élever sur le sujet.

B. Pour l'offense statutaire

Le procès-verbal de la comparution, sur offense statutaire fédérale ou provinciale, est plus simple. Il n'est ni question de choix que peut exercer l'accusé, ni question de juridiction exclusive. L'offense est du ressort absolu du juge, donc du magistrat seul. On y prévoit ce qui peut se passer à cette occasion. Le procès-verbal de la signification de la plainte n'étant pas au dossier, le juge peut ordonner de rayer la cause du rôle. L'accusé est en défaut de comparaître et preuve est faite de la signification de la plainte dans un délai raisonnable. Trois choses peuvent se produire: émission d'un mandat d'amener et suspension des procédures jusqu'à l'exécution du mandat, ajournement de la comparution à une date subséquente ou audition immédiate.

L'accusé comparaît et la plainte lui est lue. Il peut alors enregistrer un plaidoyer de culpabilité ou faire déposer, par son procureur, une confession de jugement. Dans ce cas, sentence. S'il plaide non coupable et que le poursuivant est absent ou que la poursuite déclare ne pas avoir de preuve à offrir, la Cour rejettera la plainte. Il peut encore arriver que la Cour renonce à sa juridiction, en faveur d'une autre Cour compétente, et alors l'audition de la cause sera ajournée à une date ultérieure. Dans ce procès-verbal, on ne mentionne la preuve de la poursuite que quand celle-ci procède ex parte. Puis sentence.

2. Sur l'audition

Que le procès-verbal se rapporte à l'audition d'une enquête préliminaire, d'un procès devant un magistrat seul, devant un magistrat sans jury, devant un juge sans jury, ou devant une Cour composée d'un juge et d'un jury, il devra rendre un compte fidèle de tout ce qui s'est passé à l'audience et rapporter notamment les admissions, les noms et adresses des témoins entendus, leur assermentation, les observations et commentaires formulés au cours des débats et l'ordre des plaidoiries.

3. Sur nouvelle option

Le procès-verbal sur nouvelle option couvre le cas d'un accusé qui a d'abord choisi d'être jugé par une Cour composée d'un juge et d'un jury. Ici, bien sûr, il ne peut être question d'un accusé soumis à la juridiction exclusive, laquelle refuse toute option. Celui-ci a déjà passé par le stade de l'enquête préliminaire et le magistrat l'a envoyé subir son procès devant les assises. Il a changé d'idée en cours de route ou a voulu retarder la tenue de son procès. Il aura alors le privilège de revenir sur sa décision et de se faire juger par un juge sans jury. Cette nouvelle option, il l'exercera au moins 14 jours avant l'ouverture du terme des assises. S'il veut l'exercer dans les 14 jours, il devra obtenir le consentement de la couronne. S'il plaide coupable, il recevra sa sentence. Sinon, son procès devant un juge sans jury, sera fixé à une date subséquente.

4. Sur ajournement

Les ajournements sont fréquents en matières criminelle et statutaire et le greffier doit prévoir un procès-verbal en conséquence. Si l'ajournement couvre une période de plus de huit jours, le procès-verbal contiendra le consentement des parties sous leurs signatures.

IV. Les appels

L'individu qui a été trouvé coupable de crime ou de délit et qui désire appeler du jugement rendu contre lui peut le faire sans difficulté. La loi a mis à sa disposition un éventail de moyens qui varieront suivant que la condamnation porte sur actes criminels, sur infractions ou sur offenses statutaires.

1. Sur actes criminels

Les appels sur actes criminels sont entendus par la Cour d'appel, division de Québec ou de Montréal, selon que la cause a été entendue dans un district relevant de l'une ou de l'autre division.

On peut faire reviser par cette Cour tous jugements rendus sur actes criminels, que l'accusé ait été soumis à la juridiction absolue, exclusive ou qu'il ait été condamné par un magistrat sans jury, par un juge sans jury ou par une Cour composée d'un juge et d'un jury. Depuis le 31 juillet 1974, l'audition des appels sur condamnation pour actes criminels a lieu devant trois juges mais le juge en chef peut en augmenter le nombre s'il le juge à propos.

2. Sur infractions criminelles

L'accusé, condamné pour infraction criminelle, aura droit d'appel devant la Cour supérieure. L'appel sera entendu dans le district même où le jugement frappé d'appel aura été rendu. C'est le greffier de la couronne qui administre les dossiers de cette Cour. Au besoin, et en dernier ressort, l'accusé pourra s'adresser à la Cour d'appel.

3. Sur offenses statutaires

Les appels de condamnations pour offenses statutaires fédérales seront également entendus par la Cour supérieure. Il en est de même des appels se rapportant aux offenses statutaires provinciales. Quand les statuts le permettent.

L'appel peut procurer des surprises désagréables. Il ne conduit pas toujours à la cassation ou à la réduction du jugement rendu en première instance. Rien n'empêche les juges d'imposer une condamnation plus forte.

Le dénonciateur ou la Couronne peuvent, dans certains cas, et en se servant des mêmes moyens, avoir recours à l'appel sur acquittement ou sur une condamnation qu'ils jugent trop légère. Ce droit, avec raison, est beaucoup plus limité que celui qui est accordé à l'individu.

Ajoutons qu'il y a appel à la Cour suprême du Canada des jugements dont la portée est exceptionnelle; condamnation à l'emprisonnement à vie, par exemple.

V. Généralités

1. Principes de base

Sans entrer dans les détails plus qu'il ne faut, retenons quelques principes. Cela paraît élémentaire, mais il faut dire que le crime ou l'infraction doivent être déclarés tels par la loi. Ainsi l'adultère, tout immoral qu'il soit, n'est pas considéré comme un crime. On a fait disparaître du code criminel certaines dispositions concernant les affaires de sexe entre adultes consentants.

Encore, on est assez inconséquent quand on parle de légaliser la drogue. Comme si on voulait en imposer l'usage à tout le monde! Si un jour, le code criminel est amendé à ce sujet, au lieu de dire que l'usage de la drogue est permis, il n'en parlera plus, il n'en fera plus l'objet d'un crime.

L'enfant de moins de 7 ans ne peut jamais être accusé de crimes ou d'infractions. Celui de 7 à 14 ans ne le sera que s'il est en état de comprendre la nature et les conséquences de ses actes. L'ignorance de la loi ne constitue pas une excuse. En vue de la sentence, elle peut cependant, dans certaines circonstances, être prise en considération.

L'ivresse volontaire ne constitue pas en soi une excuse valable, car toute personne est censée vouloir les conséquences logiques de ses actes. Si je prends un verre de trop pour me donner du courage, en vue de commettre un acte criminel, la défense d'ivresse ne sera pas retenue. L'offense commise dans un état non préparatoire pourra, au contraire, conduire à un acquittement.

La loi de la preuve au Canada (S.R.C. 1970, chap. E-10, vol. III) s'applique en matière criminelle. Elle est beaucoup plus flexible que la preuve gouvernant les actes civils. Les parties ne sont pas liées par les allégués de leurs procédures. Elles peuvent poser aux témoins toutes sortes de questions pertinentes à la cause. Distinguons entre le ouï-dire et le voir-dire. Il est de ces expressions qui semblent être spécialement créées pour jeter de la confusion! Le ouï-dire, soit le fait de rapporter les paroles d'une autre personne, n'est jamais permis tant dans la preuve civile que criminelle. Pour la bonne raison que le principe de la meilleure preuve exige qu'on traduise devant le tribunal la personne dont on cite les paroles. Il est permis cependant de rapporter les paroles d'un défendeur ou d'un accusé et celles qui ont été prononcées en sa présence. Le voir-dire consiste en une preuve spéciale qui permet au tribunal de s'assurer si une déclaration ou confession d'un accusé a été faite librement ou non.

2. La confession

La confession ou l'aveu d'un crime de la part d'un détenu est plus fréquent qu'on ne pense. Quelles que soient les raisons qui poussent ce dernier "à se mettre à table" ou "à cracher le morceau", la confession facilite grandement le travail du policier. Même, il arrive souvent que, sans elle, la poursuite ne pourrait réussir sa cause. Le 28 novembre 1867, Avinain, meurtrier du vieillard Duguet et du jeune Vincent, sur le point d'aller à la guillotine où l'avaient conduit ses aveux, au bourreau qui lui demandait s'il avait quelque chose à dire, s'écria: "Messieurs, n'avouez jamais! N'avouez jamais!" Ce cri du coeur rend bien les regrets tardifs de ceux qui avouent leurs crimes. Le juge ne doit admettre en preuve que la confession obtenue librement et volontairement. On entend par là une confession qui n'a pas été obtenue par la crainte d'un préjudice ou par l'espérance d'un avantage.

3. Le fardeau de la preuve

Il appartient à la poursuite de prouver le crime ou l'infraction et de relier l'accusé ou le prévenu à ce délit. Les éléments constitutifs du crime doivent être prouvés. L'article 175, paragraphe d, code criminel, dit "Commet un acte de vagabondage, toute personne qui tire sa subsistance, en totalité ou en partie, du jeu ou du crime et n'a aucune profession ou occupation légitime lui permettant de gagner sa vie". Pour qu'une personne soit trouvée coupable de cette infraction, il ne sera pas suffisant de faire la preuve qu'elle tire sa subsistance du jeu ou du crime. Il faudra de plus prouver le deuxième élément de la plainte, à savoir qu'elle n'a aucune profession ou occupation légitime lui permettant de gagner sa vie.

Sauf quand il subit l'enquête préliminaire, l'accusé jouit pleinement de la présomption d'innocence à moins que la loi ne crée certaines présomptions de culpabilité qu'il est appelé à repousser. A, récidiviste notoire, est arrêté alors qu'il transporte dans son automobile des pinces-monseigneur, des marteaux, une torche électrique et quelques tournevis. Pour un plombier en possession de tels instruments, cela passe. Mais, précisément, A ne pratique aucun métier connu. Sur plainte pour possession d'instruments pouvant servir aux effractions, il devra, s'il veut s'en tirer, repousser la présomption que la loi établit contre lui à l'effet qu'il s'agit d'outils de cambrioleur en donnant une explication raisonnable de cette possession. De l'explication qu'il donnera, se dégagera son intention coupable ou innocente.

Pour qu'une personne commette un acte punissable, il faut qu'elle agisse avec une intention coupable. Certains articles du code criminel emploient les expressions "négligemment", "malicieusement", "en connaissance de cause". Il est évident, dans ces cas, qu'il appartient à la poursuite de faire la preuve de l'intention coupable de l'accusé. Dans les autres cas, la "mens rea" se déduira des circonstances.

Sur certaines offenses cependant, il ne sera pas nécessaire de prouver l'intention coupable, la disposition législative pouvant décréter infraction du seul fait de l'acte posé ou omis.

4. Le témoignage de l'accusé

Un accusé n'est jamais tenu de témoigner dans sa propre cause et il n'est pas permis de lui en faire reproche. Lui seul décide s'il doit témoigner ou non et personne ne peut l'y forcer. Il agira en fonction du poids de la preuve présentée contre lui. S'il doit repousser une présomption légale et qu'il est le seul à pouvoir le faire, il aura intérêt à se faire entendre. Il est souvent préférable qu'il s'en abstienne. S'il n'est pas blanc comme neige il se mettrait à la merci du contre-interrogatoire de la poursuite. Ce principe a souvent été battu en brèche. Il semble inquiéter plusieurs juges qui, dans leurs décisions, sans faire directement reproche à l'accusé de ne pas s'être fait entendre, disent qu'"il aurait pu donner des explications de nature à jeter de la lumière sur certains faits restés obscurs". De là, la barrière est vite franchie. Tel ce juge qui, soutenu par un élan vengeur comparable à celui de l'archange Michel, rendait sa décision dans une cause de fraude en s'exprimant ainsi: "Or, l'accusé ne s'est pas fait entendre. S'il l'avait fait, il aurait ajouté le parjure à la fraude!"

5. La corroboration

Dans certains cas, la loi exige la corroboration. C'est une preuve indépendante, distincte de celle d'un autre témoin, et qui relie ou tend à relier un prévenu au crime dont on l'accuse. Ainsi, sur accusation d'avoir communiqué une maladie vénérienne, sur corruption d'une personne du sexe féminin, sur déflorement, sur faux, sur mariage feint, sur parjure, sur proxénétisme, sur rapports sexuels avec un faible d'esprit ou une jeune fille de moins de 16 ans, sur séduction et sur trahison, nul prévenu doit être déclaré coupable sur la déposition d'un seul témoin à moins que cette déposition ne soit corroborée, sous un rapport essentiel, par une preuve qui l'implique. De même, l'article 586 du code criminel exige la corroboration du témoigange d'un enfant non rendu sous serment. On comprendra la prudence du législateur, en matière de délits sexuels surtout: il est toujours possible que quelqu'un, par esprit de vengeance, porte de fausses accusations de viol ou d'attentat à la pudeur.

Il est reconnu cependant que la victime d'un délit sexuel n'ose presque jamais se plaindre de ce qui lui est arrivé de peur d'être soumise aux attaques d'une défense qui cherche par tous les moyens à entamer sa crédibilité. Le procureur de la défense, comme c'est son devoir de le faire, fouille dans la vie privée de la plaignante pour découvrir, la plupart du temps, des faits plus ou moins pertinents à la cause mais qui, mis en preuve, affaiblissent la portée de l'accusation au point que ce n'est plus l'accusé qui subit le procès mais bien la victime elle-même. Et cela appuyé de doctes thèses sur la victimologie. Dans le but d'adoucir la situation déjà pénible où se trouve la victime, et sans pour autant accabler l'accusé, le législateur a établi, en 1976, une procédure particulière qui régit toute preuve portant sur le comportement sexuel d'une plaignante avec une personne autre que l'accusé. Cette procédure s'applique aux cas de viol (art. 144), de tentative de viol (art. 145), de rapports sexuels avec une personne de sexe féminin âgée de moins de 14 ans (art. 146 (1)) et d'attentat à la pudeur sur une personne de sexe féminin (art. 149 (1)). Conformément aux dispositions de l'article 142, toute personne inculpée de l'une ou l'autre de ces offenses, ou son représentant, ne doivent poser de questions sur le comportement sexuel de la plaignante avec une autre personne qu'après avoir "donné, par écrit, à la partie demanderesse, un avis raisonnable de leur intention de poser ces questions, dont copie a été déposée auprès du greffier de la Cour accompagné d'un exposé de leur valeur probante et que si le juge, le magistrat ou le juge de paix, après tenue d'une audition à huis clos, en l'absence du jury, sont convaincus de la valeur de la preuve au point que l'exclure empêcherait toute décision équitable d'une controverse sur un point de fait et notamment sur le crédit accordé à la plaignante".

Il est de plus interdit, sous peine de sanction, de diffuser dans un journal ou à la radio l'avis donné par la défense, la preuve soumise, les renseignements fournis ou les observations faites lors du huis clos.

6. La preuve circonstancielle

C'est une erreur de croire que seule la preuve directe est permise. Le meurtrier, d'habitude, ne crie pas sur tous les toits son intention de commettre le forfait qu'il prémédite. Souvent, la preuve de circonstances conduit à des résultats plus certains que la peuve directe. Selon le mot de Bacon: "If a man will begin with certainties he shall end in doubts; but if he will be content to begin with doubts, he will end in certainties". "La preuve circonstancielle, d'après la définition de Lagarde déjà cité, est celle qui consiste dans la relation de faits, lesquels pris isolément peuvent n'avoir aucune portée directe sur le litige, mais dont l'ensemble amène l'esprit logique à conclure irrésitiblement dans un sens donné sans pouvoir concevoir, dans les circonstances, d'autres solutions logiques".

Hugh d'Autremont, bandit notoire américain qui, en 1923, avec ses deux frères, avait assassiné quatre passagers lors du hold-up d'un train en Oregon, après avoir été identifié et capturé à la suite d'une preuve circonstancielle, déclara: "Ecoutez, la preuve circonstancielle est la preuve à croire. La preuve directe est peut-être trompeuse mais celle-là, jamais! Il faut la croire quand elle colle à la réalité".

L'Anglais John George Haigh rêvait d'accomplir le crime parfait. Au cours de ses fréquentes visites en prison, il confiait à ses compagnons de cellules que, s'il commettait un meurtre et que si la police ne réussissait pas à trouver le corps, il ne pourrait jamais être accusé de ce meurtre. Dans son ignorance de la loi, il appelait cela le "corpus delicti". Il était tellement possédé par cette idée que les codétenus l'avait surnommé "Old corpus delicti". Un jour de février 1949, il assassine une dame Durand-Deacon et fait dissoudre son corps dans un bain d'acide. Par une preuve circonstancielle, la justice réussit à relier Haigh au crime et à le faire condamner à mort. Le meurtrier ne savait pas que l'expression latine signifiait le corps du délit, c'est-à-dire la substance, le motif, l'identification et tout ce qui se rattache à la cause elle-même! (1) John Haigh eut pourtant le mot de la fin. Devant la potence il déclara "Je ne regrette pas de quitter l'Angleterre à cause de ses préjugés".

Au Canada, le citoyen ne possède pas de fiche anthropologique et cela est à déplorer. Elle n'existe que pour l'individu ayant eu des démêlés avec la justice. Dans les causes de meurtres où la victime ne possède aucun dossier judiciaire, il est toujours possible de trouver, dans le domi-

(1) Eugène B. Block, *The Fabric of Guilt*, Modern Literary Editions Publishing Company, New York, 1968.

cile de la personne disparue, des empreintes digitales identiques à celles du cadavre rendu méconnaissable, mais on ne peut vraiment affirmer que ces empreintes sont celles de telle personne en particulier. L'identification pourra probablement se compléter à l'aide de vêtements ou de prothèses dentaires, mais la fiche anthropologique obligatoire réglerait immédiatement semblable problème.

7. La peine de mort

Aux partisans de l'aboliton de la peine de mort, leurs adversaires opposent volontiers le retentissant: "Que messieurs les assassins commencent!" d'Alphonse Karr.

— L'erreur judiciaire est toujours possible. Comment ressusciter un innocent?

— Quand un arbre porte de mauvais fruits, il faut le couper! Belle philosophie qui satisfait l'esprit mais qui n'a jamais réglé aucun problème humain.

— Les criminels sont des êtres humains, ils ont aussi des droits. Quand ils exercent "leurs droits" sur les autres, cela peut passer; mais, quand on se sent touché de près, il est curieux comme on peut mettre de côté, et vite, les beaux principes dont on se sert pour régler, entre deux verres, le sort de l'humanité.

Ceux qui se disent évolués, compréhensifs et permissifs affirment ouvertement qu'il n'y a rien de plus dégradant et de plus horrible pour un pays que de conserver la peine de mort. Au fond, ils entendent ne rien changer au système. Le système, c'est d'abord chacun de nous. Nous résistons à tout ce qui peut changer nos habitudes et nous n'acceptons pas que les autres viennent nous imposer leurs vérités. A l'échelle collective, il réunit les résistances individuelles et invente des moyens pour les entretenir. Des moyens qui dépassent souvent les besoins. C'est pour cela qu'il est si écrasant, si impitoyable, si inhumain.

Nos gens tiennent toujours à la manière forte, dure, répressive. Une enquête sérieuse, menée en 1976, indique que 75% des Canadiens favorisent toujours le maintien de la peine de mort. Sans trop l'avouer, on se livre à de petits calculs: les gens gagnent moins à travailler que ce qu'un prisonnier peut coûter à l'Etat. "Tenter de réformer un homme, disait l'humoriste anglais Jerrold, est un travail ingrat et d'un succès douteux. Le pendre est l'affaire d'un instant". Comme si un lion mort valait mieux qu'un chien vivant. On fait trois petits tours à gauche, trois petits tours à droite, puis on s'en va. On s'en va l'esprit libéré, la conscience tranquille, vaquer à ses occupations.

Ce genre de discussion ne fait de mal à personne et ne mène à rien sauf en ce qu'il donne cours au défoulement commun.

Et chacun demeure sur ses positions parce que la solution du juste milieu n'existe pas. Vous voyez le juge laisser tomber du banc: "Je condamne l'accusé à dix ans de mort et à dix ans de vie, les deux peines devant être purgées concurremment".

En d'autres termes, la question reste entière: "Est-il préférable de manger une pomme que d'être assis?"

Au moins, la peine de mort aura été l'occasion de mots célèbres. Le matin de son exécution, Charles Ier d'Angleterre réclame deux chemises: "Si je tremble de froid, mes ennemis prétendront que c'est de peur."

Le général Claude François de Malet, le superbe, condamné à être fusillé pour avoir tramé une conspiration contre Napoléon Ier, obtient de commander le peloton:

— Portez armes! Ça ne vaut rien, au temps pour les crosses, recommençons. Portez armes! Bien, à la bonne heure. Peloton, en joue... feu!

Tous les condamnés tombent, sauf lui.

— Et donc, sacré nom de Dieu! Le peloton de réserve, en avant! Portez armes! En joue... feu! (1)

A son procès, le président Dejean lui avait demandé:

— Alors quels sont vos complices?

— La France entière et vous-même, monsieur le président, si j'avais réussi. (2)

(1) Jean-Paul Lacroix, *Le palais indiscret*, Julliard, 1965.
(2) Alain Decaux, *La conspiration de Malet*, Presse Pocket, 1964.

Pierre Laval, faisant enlever la chaise devant le poteau:

— Un président de France meurt debout!

Le trait le plus joli devait se passer de parole. Dans la charette qui le conduisait à l'échafaud, le duc de Charost lisait un livre. Arrivé au lieu du supplice, il corna soigneusement la page à l'endroit où il avait interrompu sa lecture.

Contre toute attente, le 16 juillet 1976, par l'adoption de la loi C-84, le Parlement canadien a aboli la peine de mort. Auparavant, le code criminel prévoyait la peine capitale pour les crimes de trahison, de faire la guerre, de piraterie et de meurtre. Mais, par l'article 684, il en mitigeait de beaucoup la portée. L'article 684, maintenant abrogé, se lisait comme suit: "Le gouverneur en Conseil peut commuer une sentence de mort en emprisonnement au pénitencier à perpétuité ou pour une période d'au moins deux ans, ou en incarcération dans une prison autre qu'un pénitencier pendant une période de moins de deux ans". Seul le meurtre d'un policier ou d'un agent de la paix pouvait entraîner la mort du coupable. La réalité a été tout autre: depuis 1962, aucune personne n'a été pendue au Canada.

La loi C-84 distingue entre la haute trahison et la trahison et entre le meurtre au premier degré et celui au deuxième degré. Si je tue ou tente de tuer Sa Majesté, je commets un crime de haute trahison, si je recours à la violence pour renverser le gouvernement, je me rends coupable de trahison, mais si mes efforts violents sont couronnés de succès, je deviens dictateur ou président selon que je m'appelle Castro ou Washington.

Le meurtre au premier degré est celui commis avec préméditation. Il comprend le meurtre planifié et délibéré, le meurtre contractuel; le meurtre d'un agent de police ou d'un employé de prison ou de pénitencier, dans l'exercice de ses fonctions; le meurtre survenant au cours d'un détournement d'avion, d'un enlèvement et de certains délits sexuels. Il s'applique encore à toute personne trouvée coupable d'un deuxième meurtre. Tous les autres meurtres sont du deuxième degré: le meurtre passionnel, par exemple. La piraterie est aussi considérée comme un crime grave.

Les personnes trouvées coupables de haute trahison doivent être condamnées à l'emprisonnement à perpétuité tandis que celles qui ont commis le crime de trahison courent le risque de l'être ou, suivant les circonstances, peuvent s'en tirer avec un emprisonnement de 14 ans.

Les personnes trouvées coupables de meurtre ou de piraterie peuvent encourir l'emprisonnement à perpétuité. Cependant, celles qui auront été condamnées sur haute trahison ou sur meurtre au premier degré devront purger une peine de 25 années d'emprisonnement avant d'être admissibles pour la première fois à la libération conditionnelle. Celles reconnues coupables de meurtre au deuxième degré devront avoir accompli au moins 10 ans de la peine avant de pouvoir profiter d'une libération conditionnelle. Il sera toutefois loisible à la personne condamnée pour haute trahison ou pour meutre de demander, après 15 ans d'emprisonnement, une réduction du délai préalable à sa libération conditionnelle.

Avec l'abolition de la peine de mort, la discussion a pris une autre direction: a-t-on idée de laisser moisir comme ça des êtres humains en prison!

Le parlement fédéral peut désormais se pencher sur d'autres problèmes. Bouclons la boucle. Alphonse Karr avait découvert la station de St-Raphaël, sur la Côte d'Azur. Il écrivit à l'un de ses amis: "Quitte Paris, plante ta canne dans mon jardin. Le lendemain, à ton réveil, tu verras qu'il a poussé sur elle des roses".

8. L'avortement

Sur le sujet de l'avortement comme sur celui de la peine de mort, chacun se renvoie la balle.

— La femme a la libre disposition de son corps.

— Il n'est pas permis de tuer. Argument déplacé: les bons à droite, les méchants à gauche. On ne tranche pas des problèmes aussi sérieux sans qu'il ne reste rien au milieu.

— Le foetus est un agresseur. Argument bête s'il en est un.

— L'individu vit en société et l'état doit intervenir.

Surtout ne nous empressons pas. Laissons discuter les gens. Pendant ce temps, ils ne pensent pas à autre chose. Le truc n'est pas nouveau. Alcibiade avait un chien magnifique qui faisait l'admiration d'Athènes. Il désirait lever un impôt mais il craignait que cette mesure ne soulève le peuple. Le jour où il décida de la mettre à exécution, il s'avisa de faire couper la queue de son chien et de l'envoyer promener. Le peuple en oublia son malheur pour plaindre la pauvre bête.

Les gens discutent beaucoup d'avortement sans trop savoir ce que le code criminel contient sur le sujet. Ils seraient surpris d'apprendre que la loi le permet. Sous certaines conditions, bien sûr.

L'avortement est légal s'il est pratiqué par un médecin après autorisation reçue du comité de l'avortement thérapeuthique d'un hôpital. Ce comité est formé d'au moins trois membres, tous des médecins, nommés par le conseil de cet hôpital pour examiner les questions relatives aux arrêts de grossesse et en décider. Mais, voilà. Le hic, c'est que le problème de l'avortement n'est pas légal. Il est social et religieux. Social en ce qu'il appartient aux conseils d'administration des établissements hospitaliers de mettre sur pied les comités de l'avortement thérapeutique. Or les membres de ces conseils d'administration sont choisis selon les dispositions de l'article 51 de la loi sur les services de santé et les services sociaux (L. du Q. 1971, chapitre 48):

> Un centre hospitalier est administré par un conseil formé des membres suivants,
> qui en font partie au fur et à mesure de leur élection ou nomination:
>
> a) deux personnes majeures élues pour deux ans par l'assemblée des usagers du centre et choisies parmi ces usagers;
>
> b) deux personnes nommées pour deux ans par le lieutenant-gouverneur en conseil après consultation des groupes socio-économiques les plus représentatifs du territoire desservi par le centre;
>
> c) dans le cas d'un centre hospitalier dont les actifs immobiliers sont la propriété d'une corporation sans but lucratif autre qu'une corporation constituée en vertu de la présente loi, quatre personnes élues pour deux ans par les membres de la corporation;
>
> d) une personne élue pour deux ans par le conseil consultatif du personnel clinique constitué dans le centre et choisie parmi les membres de ce conseil;
>
> e) une personne élue pour deux ans par le conseil des médecins et dentistes constitué dans le centre et choisie parmi les membres de ce conseil;
>
> f) une personne élue pour deux ans par l'ensemble des membres du personnel non clinique à l'emploi du centre et choisie parmi ces membres;
>
> g) une personne élue pour deux ans conjointement par les conseils d'administration des centres locaux de services communautaires reliés au centre par un
> contrat de services professionnels visé à l'article 87, lorsqu'un tel contrat existe;
>
> h) dans le cas d'un établissement affilié à une université, un membre nommé pour deux ans par cette université et un autre élu pour deux ans par les médecins internes et résidents du centre;
>
> i) le directeur général du centre.

Les personnes ainsi nommées représentent bien la société québécoise et les valeurs que celle-ci véhicule. Et ce sont elles qui décident si un comité de l'avortement thérapeutique doit exister ou non dans le centre hospitalier qu'elles administrent. Pour obéir à leur conscience ou par crainte du milieu, elles n'osent, la plupart du temps, aborder le problème de front et refusent leur accord à la création d'un comité thérapeutique. Ou plus simplement, aucun membre du conseil d'administration ne soulève la question: pas de comité, pas d'avortement. Ainsi, tout le monde se retire doucement sur la pointe des pieds, bien content d'avoir mérité de la patrie.

L'avortement suscite également un problème religieux. Au Québec, les gens sont généralement opposés à l'avortement parce que la religion catholique le défend. Et la plupart des centres hospitaliers sont tenus par des congrégations religieuses. Il est alors facile de combattre avec succès l'avortement devant les conseils d'administration.

Donc, le code criminel canadien n'oblige en aucune manière les hôpitaux à créer des comités thérapeutiques de l'avortement; quand ceux-ci existent, ils n'interviennent que pour dire sous quelles conditions l'avortement doit être accompli. Bien plus, aucun texte de loi n'indique une déontologie quelconque à suivre dans le domaine hospitalier. Devant cette carence de l'Etat, les dirigeants des hôpitaux se sont faits législateurs. Ils ont bâti de toutes pièces des règlements conformes à leurs convictions morales. Ils se sont arrogés des responsabilités qui relèvent de l'Etat. Ils imposent des critères compliqués parce qu'ils s'inquiètent de la dénatalité et s'attardent à des considérations sociales. Par exemple, pour obtenir un avortement ou une ligature des trompes, une femme devra être mère de deux enfants et être âgée de plus de trente ans. Ils s'interrogent encore sur le milieu des conjoints et sur les salaires qui entrent au foyer.

L'avortement et les moyens de contraception sont permis dans tous les états américains.

Pourtant, plusieurs centres hospitaliers se refusent à tout compromis quand il est question de l'avortement.

Au mois de juillet 1970, Janet S. Stein de Mohegan Lake, Etat de New York, demande à la Cour du district sud de cet état un jugement pour faire déclarer nuls les règlements de l'hôpital Northern Westchester qui lui refusait une ligature de trompes. Elle invoque le motif que les règlements de l'hôpital — un hôpital municipal — la briment dans ses droits de citoyenne garantis par les premier, cinquième et neuvième amendements de la Constitution des Etats-Unis.

A son action, elle joint une réclamation en dommages au montant de $250,000.00. L'Hôpital règle l'affaire. Il consent à l'opération et paie un dédommagement de $2,000.00.

En 1973, à Nampa, Idaho, le Dr. Wilfred E. Watkins veut se servir des installations du Mercy Medical Center pour y pratiquer l'avortement et la stérilisation; l'hôpital refuse. La Cour du district de l'Idaho décide que même si l'hôpital reçoit des subsides de l'Etat on ne peut forcer ses dirigeants à participer à des actes qui répugnent à leurs principes religieux et moraux.

Le 22 mars de la même année, dans la cause Robbie Mae Hathaway vs Worcester City hospital et al, la Cour d'appel de premier circuit du Massachusetts déclare que la politique de l'institution hospitalière défenderesse relativement à la contraception est insconstitutionnelle parce qu'elle viole le quatorzième amendement.

Enfin, en date du 28 octobre 1972, les époux Taylor font la manchette du journal *The Billings Gazette.* Madame est enceinte. Ils ont obtenu, la veille, de la Cour de district de Montana, une injonction interlocutoire obligeant l'hôpital St-Vincent de Billings à ne pas s'opposer à une ligature de trompes au moment où elle délivrera son deuxième enfant. L'accouchement a lieu le 31 octobre. En même temps, on effectue la ligature. Par après, la Cour, se prononçant sur le fond du litige, décida qu'on ne pouvait pas forcer un hôpital à accomplir des actes que ses dirigeants tenaient pour immoraux!

La législation américaine reconnaissant l'avortement sous contrôle médical sans passer, comme au Canada, par le biais des hôpitaux, les médecins, pour régler la question, se sont installés des cliniques privées.

Alcibiade avait raison de couper la queue de son chien. En 1974, au Québec, 29 hôpitaux sur un total de 210 possédaient un comité thérapeutique de l'avortement. Et des avortements ont eu lieu dans 14 hôpitaux seulement. Pour un nombre de 4491, dont plus de la moitié (2343) au Montreal General Hospital, 4307 ont été faits dans des centres hospitaliers anglophones, 184 dans des centres hospitaliers francophones: 4491 avortements bien thérapeutiques, bien propres, bien aseptiques. Or, cette année-là, les chiffres les plus conservateurs indiquent qu'il s'est fait au moins 20,000 avortements clandestins au Québec, probablement pratiqués par les bouchers de la Commission d'Enquête sur le Crime organisé ou dans des cliniques de l'Etat de New York. Et félicitations aux gens de Québec. Dans cette ville, aucun avortement n'a eu lieu pendant les années 1974 et 1975. Cela, alors que l'Hôtel-Dieu, l'hôpital de l'Enfant-Jésus et le centre hospitalier Jeffrey Hale étaient dotés de comités thérapeutiques.

Nos lois permettent déjà l'avortement sous le contrôle des comités thérapeutiques. Peut-on faire un retour en arrière? Il est à craindre qu'un mouvement dans ce sens n'apporte plus de complications que de solutions. Selon toute évidence, les gens ne s'entendront jamais sur les principes moraux qui doivent gouverner le monde. Il est encore inacceptable que l'Etat laisse aux propriétaires des hôpitaux le soin et la responsabilité de décider ce qui est bien et ce qui est mal. Il faudra bien que le législateur intervienne un jour.

D'ici là, devons-nous accepter un état de chose qui marque, qu'on le veuille ou pas, le point où en est rendue l'évolution actuelle de notre société, ou devons-nous, personnellement, nous dégager de la foule et provoquer ouvertement le législateur en désobéissant à ses lois? Pour en arriver là, il ne suffit pas de devenir un martyr à la manière Morgentaler: il faut avoir auparavant acquis l'âme d'un apôtre!

9. L'ordre des plaidoiries

Un détail important à connaître, c'est l'ordre des plaidoiries. Il vaut au civil et au criminel. Quand l'accusé ou le défendeur témoigne ou produit des témoins à l'appui de sa défense, il plaidera le premier après que la preuve aura été déclarée close. S'il ne s'est pas fait entendre ou n'a pas produit de témoins, le procureur de la poursuite plaidera le premier et, lui, il aura le mot de la fin.

10. L'erreur judiciaire

Notre système est ainsi conçu qu'il ne conduit pratiquement jamais à l'erreur judiciaire. Quoi qu'en disent certains activistes en mal de sensation. Elle existe surtout dans l'esprit de ceux qui s'élèvent contre l'application de la peine de mort.

Le citoyen respectueux des lois n'est pas inquiété et a rarement maille à partir avec la justice. Quand celle-ci met la main sur un malfaiteur et qu'elle le traduit devant le tribunal, c'est qu'il est relié d'une façon ou d'une autre à un acte répréhensible sans qu'il soit nécessaire pour cela d'accabler inutilement l'individu. Entendons-nous bien: l'erreur judiciaire reste toujours possible. Au fur et à mesure que la société avance, ses rouages deviennent de plus en plus compliqués et le citoyen doit normalement s'attendre à subir peut-être un jour les conséquences d'un faux aiguillage. C'est un tribut que des innocents sont parfois et malheureusement appelés à payer envers toute société, si parfaite soit-elle. On peut cependant affirmer, sans jouer sur les mots, que l'erreur judiciaire se produit couramment, mais en sens inverse, lorsqu'un individu dont la culpabilité ne fait aucun doute est acquitté faute de preuve ou sur erreur technique. Et personne ne se plaindra de la chose. Cela témoigne de la qualité d'un système qui présume de l'innocence d'un accusé et qui ne lui fait pas reproche de ne pas s'être fait entendre. Il peut être intéressant de poser la question: est-il plus injuste de condamner un innocent que d'acquitter un coupable?

11. La responsabilité de l'individu

Il ne faut pas repousser du revers de la main les recherches en sciences humaines qui questionnent la responsabilité de l'individu lors de la commission d'un acte criminel. Les considérations sur le milieu social et économique et sur l'adaptation de l'individu à ce milieu méritent d'être retenues. Devons-nous pour autant conclure à l'irresponsabilité totale de ceux qui dérogent aux lois et les absoudre sur-le-champ dans un geste naïf de compréhension? Dernièrement, un juge montréalais, fatigué des doléances d'un professeur d'université parti en guerre contre nos moeurs judiciaires, lui a dirigé un prévenu pour le faire bénéficier des méthodes qu'il enseignait. L'histoire n'a pas eu de suite mais elle révèle des prises de position regrettables dans des sphères où le dialogue devrait s'engager.

Nos lois acceptent facilement les plaidoyers de non-responsabilité dans des cas bien précis où un individu n'était pas en mesure de comprendre la portée et les conséquences de ses actes, mais elles ne vont pas plus loin. Si elles doivent s'inspirer des dernières recherches en sciences humaines, elles ne peuvent se prêter à des expériences de toutes sortes, si intéressantes soient-elles. Le principe de la responsabilité découle de la philosophie de nos lois. Parce qu'elles ont été pensées pour être mises au service de gens normaux. Entretenir des doutes sur l'état mental de ses semblables, c'est rendre l'exception règle, c'est déjà faire insulte à l'intelligence et à la dignité humaine. Il faudra, un bon jour, s'entendre sur les mots: ou les gens sont responsables ou ils ne le sont pas. S'ils le sont, gardons nos tribunaux; s'ils ne le sont pas, fermons les palais de justice et construisons un plus grand nombre d'hôpitaux psychiatriques. Mais, qui restera pour décider de la thérapeutique?

La justice est loin de bouder le progrès. Elle a souvent recours aux experts. James A. Brussel, médecin-psychiatre, est un de ceux-là. On l'a surnommé "le Sherlock Holmes du divan". Il a écrit "Casebook of a Crime Psychiatrist" (1) où il raconte, avec l'humilité digne des grands personnages, les crimes mystérieux qu'il a résolus grâce à sa connaissance approfondie de l'âme humaine... ainsi que les erreurs qu'il a commises dans l'appréciation des cas qui lui étaient soumis. Ses dires seraient sujets à caution s'ils n'étaient confirmés par d'autres. (2) Le "fou à la bombe" terrorisait la ville de New York depuis 17 ans. Ne sachant où donner de la tête, le chef de police de l'endroit fit appel aux services de Brussel. C'était en 1956. Après étude des faits et des circonstances, le psychiatre conclut: "Votre fou à la bombe est probablement d'origine européenne, disons d'un pays comme l'Allemagne, l'Autriche ou la Lituanie, de religion catholique, vivant avec sa mère ou une soeur, mécontent de son employeur, méticuleux, propre de sa personne, et portant un veston à devant croisé... boutonné". Ce dernier mot, il l'avait lancé un peu en guise de boutade quoique, dans son esprit, ce détail cadrât bien avec l'image qu'il se représentait de l'individu.

Sur une indication qu'avait déjà donnée le "fou à la bombe" luimême dans l'une de ses nombreuses lettres anonymes, on découvrit, dans

---

(1) James A. Brussell, M.D., *Casebook of a Crime Psychiatrist.* Dell Publishing Co. Inc., New York, 1970.

(2) Alan Hynd, *Great True Detective Mysteries,* Tempo Books Edition, New York, 1969.

les dossiers de la compagnie Con Edison, une fiche correspondant au signalement fourni par le psychiatre. La police, peu après, mit en état d'arrestation George Metesky, né en Lituanie et demeurant avec deux de ses soeurs. Quand il apparut devant les policiers, après avoir changé de vêtements, il était bien mis et portait un veston à devant croisé... et il l'avait boutonné! L'enquête révéla également qu'il appartenait à la religon catholique!

Le docteur Brussel fit encore parler de lui quand il dénoua l'énigme de "l'étrangleur de Boston", auteur de onze assassinats et d'autant d'attentats sexuels. Il est assistant-commissaire au département de l'hygiène mentale de l'Etat de New York.

12. Le mandat de perquisition

Dans l'exécution de leur devoir, les agents de la paix doivent respecter les droits des citoyens et éviter de leur causer des ennuis inutiles. Sauf exceptions prévues au code criminel, comme dans la recherche d'armes à feu possédées illégalement ou lors de descentes dans les maisons de jeu, ils ne peuvent perquisitionner sans mandat. Le policier qui, dans les autres cas, se livre à cette activité sans être muni d'un mandat, est considéré comme un intrus et tout citoyen est en droit de se servir de la force nécessaire pour empêcher cette intrusion. Si ce policier blesse quelqu'un en résistant, il pourra même être accusé d'assaut. Il devra encore répondre des dommages qu'il a pu causer.

Cette rubrique serait incomplète si elle ne mentionnait la loi sur les mesures de guerre (S.R.C. 1970, ch. W-2, vol. VII) qui, pour des raisons de sécurité nationale, donne au gouvernement fédéral des pouvoirs d'une étendue exceptionnelle. Elle a été appliquée, on s'en souvient à l'occasion de ce qu'on a appelé les événements d'octobre 1970. Elle permet au gouverneur en conseil, par mode de décrets ou de règlements, de suspendre pour un temps déterminé les droits qui sont accordés aux citoyens par les lois générales. Le Gouvernement peut alors établir la censure et le contrôle de tout moyen de communication, procéder à l'arrestation sans mandat de tout individu jugé dangereux, perquisitionner dans les endroits où la chose semble nécessaire, confisquer les biens qui s'y trouvent et prescrire les peines utiles à l'exécution des mesures imposées. Et l'application de cette loi, le texte le dit, n'est pas censée constituer une transgression des droits reconnus par la déclaration canadienne des droits de l'homme. La proclamation des mesures d'urgence doit être soumise au Parlement, dans le plus bref délai, pour en recevoir l'approbation. Elle est révoquée de la même façon quand la situation revient à la normale. A la décharge de cette loi d'exception, retenons qu'elle prévoit l'indemnisation des victimes qu'elle peut toucher dans une mise en action nécessairement énergique.

Quoi qu'on pense des événements d'octobre, ils auront permis de prendre la mesure de la liberté que chacun de nous entend vivre. Ils auront servi de leçon aux gens qui essaient de retenir l'évolution inévitable de la société parce qu'ils se sentent menacés dans la possession tranquille de leurs vérités, qui prêchent sans cesse le retour au "law and order" pour mieux sauvegarder les privilèges qu'ils se sont taillés, qui désirent, une fois pour toutes, régler les comportements humains et qui, pour se sentir dans une sécurité plus grande encore, trouvent à établir des contrôles sur les débordements du système pileux et sur la façon de se vêtir.

Dans son livre, sur le baseball (1) Jim Bouton rapporte les propos suivants: "Hovley m'expliqua comment il en était arrivé à se faire couper les cheveux ras d'abord pour ensuite les laisser pousser au gré de leur fantaisie. Au printemps, dit-il, je les fais tondre tous à la même longueur, c'est-à-dire courts; après quoi, je me garde bien d'appliquer aucune ségrégation vis-à-vis de chacun d'eux. La plupart des gens se font couper les cheveux aux alentours des oreilles et non sur le dessus de la tête. Cela ne me paraît pas juste. J'entends que chacun de mes cheveux vive sa propre vie et remplisse les attributs qui lui sont conférés. Et les gens trouvent cela normal de voir des cheveux longs sur le dessus de la tête alors qu'ils n'acceptent pas de les voir tomber sur les oreilles ou descendre dans le cou. Pour eux, ce sont des cheveux provocants. Moi, ils ne me dérangent pas du tout".

Les événements d'octobre auront donné matière à réflexion à ceux qui soudainement découvrent la société et tentent de la changer sans consulter leurs voisins, qui posent toujours au martyr et acceptent facile-

---

(1) Jim Bouton, Ball Four, Dell Publishing Co. Inc., New York, 1971.

ment que d'autres le deviennent à leurs places, qui ne manquent rien des avantages que peut leur procurer la société actuelle tout en refusant d'en supporter les inconvénients, et qui voudraient montrer comme méprisable l'homme ordinaire, habillé comme tout le monde, accomplissant ses heures normales de travail, payant régulièrement ses impôts, pas plus politisé qu'il ne le faut et s'accommodant des règles du jeu d'un ordre établi.

Ajoutons, à titre d'information, que la loi sur l'indemnisation des victimes d'actes criminels, en vigueur depuis le premier mars 1972, dédommage maintenant toute personne qui a été blessée lors de la perpétration d'un acte criminel ou toute personne qui était à la charge de la victime tuée en semblables circonstances. L'administration de cette nouvelle loi provinciale a été confiée à la Commission des accidents du travail.

13. Selon que vous serez puissant ou misérable...

Dans notre système judiciaire, le citoyen est laissé à lui-même. A moins de profiter de l'aide juridique, réservée à la personne économiquement défavorisée, il doit supporter seul le coût des procédures et retenir, à ses frais, les services d'un procureur dont les facilités d'enquête sont extrêmement réduites. Sur contraventions à des règlements municipaux, ou sur infractions mineures, le prévenu, même s'il a un bon droit à faire valoir, préfère admettre sa culpabilité. En plaidant, cela lui occasionnerait une perte de temps et lui coûterait beaucoup plus cher que l'amende prévue. On ne plaide pas pour un enjeu de $10.00. Au point qu'on peut se demander s'il n'y a pas là déni de justice. Alors que l'Etat dispose de moyens illimités. Il profite des services de laboratoires bien équipés pour fins d'analyses ou de vérifications. Il s'entoure de spécialistes dans tous les domaines. Les corps policiers sont là pour préparer les enquêtes, pour rencontrer les témoins et pour recueillir leurs témoignages. Et les procureurs de la couronne pour établir la cause. Est-ce juste? C'est un problème que toute société qui se dit évoluée doit se poser. Nous pensons que le temps est venu de mettre à la disposition des gens un organisme gouvernemental qui soit en mesure de leur assurer une défense pleine et entière. Il est de plus en plus question de nommer des procureurs de la défense — au même titre que les procureurs de la couronne — qui, tirant parti des mêmes avantages qu'eux, apporteraient une contribution précieuse dans la recherche constante de la justice... cette maîtresse jalouse!

Table analytique et alphabétique des sujets

D

E

M

N

Q

R

S

T

U

V

W

Table des matières

Première partie

Deuxième partie

Troisième partie

Quatrième partie

Cinquième partie

Achevé d'imprimer sur les presses de
L'IMPRIMERIE ELECTRA* *
pour
LES EDITIONS DE L'HOMME LTÉE

* Division du groupe Sogides Ltée

Ouvrages parus chez les Éditeurs du groupe Sogides

Ouvrages parus aux ÉDITIONS DE L'HOMME

ART CULINAIRE

Art d'apprêter les restes (L'), S. Lapointe, **4.00**
Art de la table (L'), M. du Coffre, **$5.00**
Art de vivre en bonne santé (L'), Dr W. Leblond, **3.00**
Boîte à lunch (La), L. Lagacé, **4.00**
101 omelettes, M. Claude, **3.00**
Cocktails de Jacques Normand (Les), J. Normand, **4.00**
Congélation (La), S. Lapointe, **4.00**
Conserves (Les), Soeur Berthe, **5.00**
Cuisine chinoise (La), L. Gervais, **4.00**
Cuisine de maman Lapointe (La), S. Lapointe, **3.00**
Cuisine de Pol Martin (La), Pol Martin, **4.00**
Cuisine des 4 saisons (La), Mme Hélène Durand-LaRoche, **4.00**
Cuisine en plein air, H. Doucet, **3.00**
Cuisine française pour Canadiens, R. Montigny, **4.00**
Cuisine italienne (La), Di Tomasso, **3.00**
Diététique dans la vie quotidienne, L. Lagacé, **4.00**
En cuisinant de 5 à 6, J. Huot, **3.00**
Fondues et flambées de maman Lapointe, S. Lapointe, **4.00**
Fruits (Les), J. Goode, **5.00**
Grande Cuisine au Pernod (La), S. Lapointe, **3.00**
Hors-d'oeuvre, salades et buffets froids, L. Dubois, **3.00**
Légumes (Les), J. Goode, **5.00**
Madame reçoit, H.D. LaRoche, **4.00**
Mangez bien et rajeunissez, R. Barbeau, **3.00**
Poissons et fruits de mer, Soeur Berthe, **4.00**
Recettes à la bière des grandes cuisines Molson, M.L. Beaulieu, **4.00**
Recettes au "blender", J. Huot, **4.00**
Recettes de gibier, S. Lapointe, **4.00**
Recettes de Juliette (Les), J. Huot, **4.00**
Recettes de maman Lapointe, S. Lapointe, **3.00**
Régimes pour maigrir, M.J. Beaudoin, **4.00**
Tous les secrets de l'alimentation, M.J. Beaudoin, **2.50**
Vin (Le), P. Petel, **3.00**
Vins, cocktails et spiritueux, G. Cloutier, **3.00**
Vos vedettes et leurs recettes, G. Dufour et G. Poirier, **3.00**
Y'a du soleil dans votre assiette, Georget-Berval-Gignac, **3.00**

DOCUMENTS, BIOGRAPHIE

Architecture traditionnelle au Québec (L'), Y. Laframboise, **10.00**
Art traditionnel au Québec (L'), Lessard et Marquis, **10.00**
Artisanat québécois 1. Les bois et les textiles, C. Simard, **12.00**
Artisanat québécois 2. Les arts du feu, C. Simard, **12.00**
Acadiens (Les), E. Leblanc, **2.00**
Bien-pensants (Les), P. Berton, **2.50**
Ce combat qui n'en finit plus, A. Stanké,-J.L. Morgan, **3.00**

Charlebois, qui es-tu?, B. L'Herbier, **3.00**

Comité (Le), M. et P. Thyraud de Vosjoli, **8.00**

Des hommes qui bâtissent le Québec, collaboration, **3.00**

Drogues, J. Durocher, **3.00**

Epaves du Saint-Laurent (Les), J. Lafrance, **3.00**

Ermite (L'), L. Rampa, **4.00**

Fabuleux Onassis (Le), C. Cafarakis, **4.00**

Félix Leclerc, J.P. Sylvain, **2.50**

Filière canadienne (La), J.-P. Charbonneau, **12.95**

Francois Mauriac, F. Seguin, **1.00**

Greffes du coeur (Les), collaboration, **2.00**

Han Suyin, F. Seguin, **1.00**

Hippies (Les), Time-coll., **3.00**

Imprévisible M. Houde (L'), C. Renaud, **2.00**

Insolences du Frère Untel, F. Untel, **2.00**

J'aime encore mieux le jus de betteraves, A. Stanké, **2.50**

Jean Rostand, F. Seguin, **1.00**

Juliette Béliveau, D. Martineau, **3.00**

Lamia, P.T. de Vosjoli, **5.00**

Louis Aragon, F. Seguin, **1.00**

Magadan, M. Solomon, **7.00**

Maison traditionnelle au Québec (La), M. Lessard, G. Vilandré, **10.00**

Maîtresse (La), James et Kedgley, **4.00**

Mammifères de mon pays, Duchesnay-Dumais, **3.00**

Masques et visages du spiritualisme contemporain, J. Evola, **5.00**

Michel Simon, F. Seguin, **1.00**

Michèle Richard raconte Michèle Richard, M. Richard, **2.50**

Mon calvaire roumain, M. Solomon, **8.00**

Mozart, raconté en 50 chefs-d'oeuvre, P. Roussel, **5.00**

Nationalisation de l'électricité (La), P. Sauriol, **1.00**

Napoléon vu par Guillemin, H. Guillemin, **2.50**

Objets familiers de nos ancêtres, L. Vermette, N. Genêt, L. Décarie-Audet, **6.00**

On veut savoir, (4 t.), L. Trépanier, **1.00 ch.**

Option Québec, R. Lévesque, **2.00**

Pour entretenir la flamme, L. Rampa, **4.00**

Pour une radio civilisée, G. Proulx, **2.00**

Prague, l'été des tanks, collaboration, **3.00**

Premiers sur la lune, Armstrong-Aldrin-Collins, **6.00**

Prisonniers à l'Oflag 79, P. Vallée, **1.00**

Prostitution à Montréal (La), T. Limoges, **1.50**

Provencher, le dernier des coureurs des bois, P. Provencher, **6.00**

Québec 1800, W.H. Bartlett, **15.00**

Rage des goof-balls (La), A. Stanké, M.J. Beaudoin, **1.00**

Rescapée de l'enfer nazi, R. Charrier, **1.50**

Révolte contre le monde moderne, J. Evola, **6.00**

Riopelle, G. Robert, **3.50**

Struma (Le), M. Solomon, **7.00**

Terrorisme québécois (Le), Dr G. Morf, **3.00**

Ti-blanc, mouton noir, R. Laplante, **2.00**

Treizième chandelle (La), L. Rampa, **4.00**

Trois vies de Pearson (Les), Poliquin-Beal, **3.00**

Trudeau, le paradoxe, A. Westell, **5.00**

Un peuple oui, une peuplade jamais! J. Lévesque, **3.00**

Un Yankee au Canada, A. Thério, **1.00**

Une culture appelée québécoise, G. Turi, **2.00**

Vizzini, S. Vizzini, **5.00**

Vrai visage de Duplessis (Le), P. Laporte, **2.00**

ENCYCLOPEDIES

Encyclopédie de la maison québécoise, Lessard et Marquis, **8.00**

Encyclopédie des antiquités du Québec, Lessard et Marquis, **7.00**

Encyclopédie des oiseaux du Québec, W. Earl Godfrey, **8.00**

Encyclopédie du jardinier horticulteur, W.H. Perron, **8.00**

Encyclopédie du Québec, Vol. I et Vol. II, L. Landry, **6.00 ch.**

ESTHETIQUE ET VIE MODERNE

Cellulite (La), Dr G.J. Léonard, **4.00**
Chirurgie plastique et esthétique (La), Dr A. Genest, **2.00**
Embellissez votre corps, J. Ghedin, **2.00**
Embellissez votre visage, J. Ghedin, **1.50**
Etiquette du mariage, Fortin-Jacques, Farley, **4.00**
Exercices pour rester jeune, T. Sekely, **3.00**
Exercices pour toi et moi, J. Dussault-Corbeil, **5.00**
Face-lifting par l'exercice (Le), S.M. Rungé, **4.00**
Femme après 30 ans (La), N. Germain, **3.00**
Femme émancipée (La), N. Germain et L. Desjardins, **2.00**
Leçons de beauté, E. Serei, **2.50**
Médecine esthétique (La), Dr G. Lanctôt, **5.00**
Savoir se maquiller, J. Ghedin, **1.50**
Savoir-vivre, N. Germain, **2.50**
Savoir-vivre d'aujourd'hui (Le), M.F. Jacques, **3.00**
Sein (Le), collaboration, **2.50**
Soignez votre personnalité, messieurs, E. Serei, **2.00**
Vos cheveux, J. Ghedin, **2.50**
Vos dents, Archambault-Déom, **2.00**

LINGUISTIQUE

Améliorez votre français, J. Laurin, **4.00**
Anglais par la méthode choc (L'), J.L. Morgan, **3.00**
Corrigeons nos anglicismes, J. Laurin, **4.00**
Dictionnaire en 5 langues, L. Stanké, **2.00**
Petit dictionnaire du joual au français, A. Turenne, **3.00**
Savoir parler, R.S. Catta, **2.00**
Verbes (Les), J. Laurin, **4.00**

LITTERATURE

Amour, police et morgue, J.M. Laporte, **1.00**
Bigaouette, R. Lévesque, **2.00**
Bousille et les justes, G. Gélinas, **3.00**
Berger (Les), M. Cabay-Marin, Ed. TM, **5.00**
Candy, Southern & Hoffenberg, **3.00**
Cent pas dans ma tête (Les), P. Dudan, **2.50**
Commettants de Caridad (Les), Y. Thériault, **2.00**
Des bois, des champs, des bêtes, J.C. Harvey, **2.00**
Ecrits de la Taverne Royal, collaboration, **1.00**
Exodus U.K., R. Rohmer, **8.00**
Exxoneration, R. Rohmer, **7.00**
Homme qui va (L'), J.C. Harvey, **2.00**
J'parle tout seul quand j'en narrache, E. Coderre, **3.00**
Malheur a pas des bons yeux (Le), R. Lévesque, **2.00**
Marche ou crève Carignan, R. Hollier, **2.00**
Mauvais bergers (Les), A.E. Caron, **1.00**
Mes anges sont des diables, J. de Roussan, **1.00**
Mon 29e meurtre, Joey, **8.00**
Montréalités, A. Stanké, **1.50**
Mort attendra (La), A. Malavoy, **1.00**
Mort d'eau (La), Y. Thériault, **2.00**
Ni queue, ni tête, M.C. Brault, **1.00**
Pays voilés, existences, M.C. Blais, **1.50**
Pomme de pin, L.P. Dlamini, **2.00**
Printemps qui pleure (Le), A. Thério, **1.00**
Propos du timide (Les), A. Brie, **1.00**
Séjour à Moscou, Y. Thériault, **2.00**
Tit-Coq, G. Gélinas, **4.00**
Toges, bistouris, matraques et soutanes, collaboration, **1.00**
Ultimatum, R. Rohmer, **6.00**
Un simple soldat, M. Dubé, **4.00**
Valérie, Y. Thériault, **2.00**
Vertige du dégoût (Le), E.P. Morin, **1.00**

LIVRES PRATIQUES – LOISIRS

Aérobix, Dr P. Gravel, **3.00**
Alimentation pour futures mamans, T. Sekely et R. Gougeon, **4.00**
Améliorons notre bridge, C. Durand, **6.00**
Apprenez la photographie avec Antoine Desilets, A. Desilets, **5.00**

Arbres, les arbustes, les haies (Les), P. Pouliot, **7.00**
Armes de chasse (Les), Y. Jarrettie, **3.00**
Astrologie et l'amour (L'), T. King, **6.00**
Bougies (Les), W. Schutz, **4.00**
Bricolage (Le), J.M. Doré, **4.00**
Bricolage au féminin (Le), J.-M. Doré, **3.00**
Bridge (Le), V. Beaulieu, **4.00**
Camping et caravaning, J. Vic et R. Savoie, **2.50**
Caractères par l'interprétation des visages, (Les), L. Stanké, **4.00**
Ciné-guide, A. Lafrance, **3.95**
Chaînes stéréophoniques (Les), G. Poirier, **6.00**
Cinquante et une chansons à répondre, P. Daigneault, **3.00**
Comment amuser nos enfants, L. Stanké, **4.00**
Comment tirer le maximum d'une mini-calculatrice, H. Mullish, **4.00**
Conseils à ceux qui veulent bâtir, A. Poulin, **2.00**
Conseils aux inventeurs, R.A. Robic, **3.00**
Couture et tricot, M.H. Berthouin, **2.00**
Dictionnaire des mots croisés, noms propres, collaboration, **6.00**
Dictionnaire des mots croisés, noms communs, P. Lasnier, **5.00**
Fins de partie aux dames, H. Tranquille, G. Lefebvre, **4.00**
Fléché (Le), L. Lavigne et F. Bourret, **4.00**
Fourrure (La), C. Labelle, **4.00**
Guide complet de la couture (Le), L. Chartier, **4.00**
Guide de la secrétaire, M. G. Simpson, **6.00**
Hatha-yoga pour tous, S. Piuze, **4.00**
8/Super 8/16, A. Lafrance, **5.00**
Hypnotisme (L'), J. Manolesco, **3.00**
Information Voyage, R. Viau et J. Daunais, Ed. TM, **6.00**
Interprétez vos rêves, L. Stanké, **4.00**
J'installe mon équipement stéréo, T. I et II, J.M. Doré, **3.00 ch.**
Jardinage (Le), P. Pouliot, **4.00**
Je décore avec des fleurs, M. Bassili, **4.00**
Je développe mes photos, A. Desilets, **6.00**
Je prends des photos, A. Desilets, **6.00**
Jeux de cartes, G. F. Hervey, **10.00**
Jeux de société, L. Stanké, **3.00**
Lignes de la main (Les), L. Stanké, **4.00**
Magie et tours de passe-passe, I. Adair, **4.00**
Massage (Le), B. Scott, **4.00**
Météo (La), A. Ouellet, **3.00**
Nature et l'artisanat (La), P. Roy, **4.00**
Noeuds (Les), G.R. Shaw, **4.00**
Origami I, R. Harbin, **3.00**
Origami II, R. Harbin, **3.00**
Ouverture aux échecs (L'), C. Coudari, **4.00**
Parties courtes aux échecs, H. Tranquille, **5.00**
Petit manuel de la femme au travail, L. Cardinal, **4.00**
Photo-guide, A. Desilets, **3.95**
Plantes d'intérieur (Les), P. Pouliot, **7.00**
Poids et mesures, calcul rapide, L. Stanké, **3.00**
Tapisserie (La), T.-M. Perrier, N.-B. Langlois, **5.00**
Taxidermie (La), J. Labrie, **4.00**
Technique de la photo, A. Desilets, **6.00**
Techniques du jardinage (Les), P. Pouliot, **6.00**
Tenir maison, F.G. Smet, **3.00**
Tricot (Le), F. Vandelac, **4.00**
Vive la compagnie, P. Daigneault, **3.00**
Vivre, c'est vendre, J.M. Chaput, **4.00**
Voir clair aux dames, H. Tranquille, **3.00**
Voir clair aux échecs, H. Tranquille et G. Lefebvre, **4.00**
Votre avenir par les cartes, L. Stanké, **4.00**
Votre discothèque, P. Roussel, **4.00**
Votre pelouse, P. Pouliot, **5.00**

LE MONDE DES AFFAIRES ET LA LOI

ABC du marketing (L'), A. Dahamni, **3.00**
Bourse (La), A. Lambert, **3.00**
Budget (Le), collaboration, **4.00**
Ce qu'en pense le notaire, Me A. Senay, **2.00**
Connaissez-vous la loi? R. Millet, **3.00**
Dactylographie (La), W. Lebel, **2.00**
Dictionnaire de la loi (Le), R. Millet, **2.50**
Dictionnaire des affaires (Le), W. Lebel, **3.00**
Dictionnaire économique et financier, E. Lafond, **4.00**
Divorce (Le), M. Champagne et Léger, **3.00**
Guide de la finance (Le), B. Pharand, **2.50**
Initiation au système métrique, L. Stanké, **5.00**
Loi et vos droits (La), Me P.A. Marchand, **5.00**
Savoir organiser, savoir décider, G. Lefebvre, **4.00**
Secrétaire (Le/La) bilingue, W. Lebel, **2.50**

PATOF

Cuisinons avec Patof, J. Desrosiers, **1.29**
Patof raconte, J. Desrosiers, **0.89**
Patofun, J. Desrosiers, **0.89**

SANTE, PSYCHOLOGIE, EDUCATION

Activité émotionnelle (L'), P. Fletcher, **3.00**
Allergies (Les), Dr P. Delorme, **4.00**
Apprenez à connaître vos médicaments, R. Poitevin, **3.00**
Caractères et tempéraments, C.-G. Sarrazin, **3.00**
Comment animer un groupe, collaboration, **4.00**
Comment nourrir son enfant, L. Lambert-Lagacé, **4.00**
Comment vaincre la gêne et la timidité, R.S. Catta, **3.00**
Communication et épanouissement personnel, L. Auger, **4.00**
Complexes et psychanalyse, P. Valinieff, **4.00**
Contact, L. et N. Zunin, **6.00**
Contraception (La), Dr L. Gendron, **3.00**
Cours de psychologie populaire, F. Cantin, **4.00**
Dépression nerveuse (La), collaboration, **4.00**
Développez votre personnalité, vous réussirez, S. Brind'Amour, **3.00**
Douze premiers mois de mon enfant (Les), F. Caplan, **10.00**
Dynamique des groupes, Aubry-Saint-Arnaud, **3.00**
En attendant mon enfant, Y.P. Marchessault, **4.00**
Femme enceinte (La), Dr R. Bradley, **4.00**
Guérir sans risques, Dr E. Plisnier, **3.00**
Guide des premiers soins, Dr J. Hartley, **4.00**
Guide médical de mon médecin de famille, Dr M. Lauzon, **3.00**
Langage de votre enfant (Le), C. Langevin, **3.00**
Maladies psychosomatiques (Les), Dr R. Foisy, **3.00**
Maman et son nouveau-né (La), T. Sekely, **3.00**
Mathématiques modernes pour tous, G. Bourbonnais, **4.00**
Méditation transcendantale (La), J. Forem, **6.00**
Mieux vivre avec son enfant, D. Calvet, **4.00**
Parents face à l'année scolaire (Les), collaboration, **2.00**
Personne humaine (La), Y. Saint-Arnaud, **4.00**
Pour bébé, le sein ou le biberon, Y. Pratte-Marchessault, **4.00**
Pour vous future maman, T. Sekely, **3.00**
15/20 ans, F. Tournier et P. Vincent, **4.00**
Relaxation sensorielle (La), Dr P. Gravel, **3.00**
S'aider soi-même, L. Auger, **4.00**
Soignez-vous par le vin, Dr E. A. Maury, **4.00**
Volonté (La), l'attention, la mémoire, R. Tocquet, **4.00**
Vos mains, miroir de la personnalité, P. Maby, **3.00**
Votre personnalité, votre caractère, Y. Benoist-Morin, **3.00**
Yoga, corps et pensée, B. Leclerq, **3.00**
Yoga, santé totale pour tous, G. Lescouflar, **3.00**

SEXOLOGIE

Adolescent veut savoir (L'), Dr L. Gendron, **3.00**
Adolescente veut savoir (L'), Dr L. Gendron, **3.00**
Amour après 50 ans (L'), Dr L. Gendron, **3.00**
Couple sensuel (Le), Dr L. Gendron, **3.00**
Déviations sexuelles (Les), Dr Y. Léger, **4.00**
Femme et le sexe (La), Dr L. Gendron, **3.00**
Helga, E. Bender, **6.00**
Homme et l'art érotique (L'), Dr L. Gendron, **3.00**
Madame est servie, Dr L. Gendron, **2.00**
Maladies transmises par relations sexuelles, Dr L. Gendron, **2.00**
Mariée veut savoir (La), Dr L. Gendron, **3.00**
Ménopause (La), Dr L. Gendron, **3.00**
Merveilleuse histoire de la naissance (La), Dr L. Gendron, **4.50**
Qu'est-ce qu'un homme, Dr L. Gendron, **3.00**
Qu'est-ce qu'une femme, Dr L. Gendron, **4.00**
Quel est votre quotient psycho-sexuel? Dr L. Gendron, **3.00**
Sexualité (La), Dr L. Gendron, **3.00**
Teach-in sur la sexualité, Université de Montréal, **2.50**
Yoga sexe, Dr L. Gendron et S. Piuze, **4.00**

SPORTS (collection dirigée par Louis Arpin)

ABC du hockey (L'), H. Meeker, **4.00**
Aikido, au-delà de l'agressivité, M. Di Villadorata, **4.00**
Bicyclette (La), J. Blish, **4.00**
Comment se sortir du trou au golf, Brien et Barrette, **4.00**
Courses de chevaux (Les), Y. Leclerc, **3.00**

Devant le filet, J. Plante, **4.00**
D. Brodeur, **4.00**
Entraînement par les poids et haltères,
F. Ryan, **3.00**
Expos, cinq ans après,
D. Brodeur, J.-P. Sarrault, **3.00**
Football (Le), collaboration, **2.50**
Football professionnel, J. Séguin, **3.00**
Guide de l'auto (Le) (1967), J. Duval, **2.00**
(1968-69-70-71), 3.00 chacun
Guy Lafleur, Y. Pedneault et D. Brodeur, **4.00**
Guide du judo, au sol (Le), L. Arpin, **4.00**
Guide du judo, debout (Le), L. Arpin, **4.00**
Guide du self-defense (Le), L. Arpin, **4.00**
Guide du trappeur,
P. Provencher, **4.00**
Initiation à la plongée sous-marine,
R. Goblot, **5.00**
J'apprends à nager, R. Lacoursière, **4.00**
Jocelyne Bourassa,
J. Barrette et D. Brodeur, **3.00**
Jogging (Le), R. Chevalier, **5.00**
Karaté (Le), Y. Nanbu, **4.00**
Kung-fu, R. Lesourd, **5.00**
Livre des règlements, LNH, **1.50**
Lutte olympique (La), M. Sauvé, **4.00**
Match du siècle: Canada-URSS,
D. Brodeur, G. Terroux, **3.00**
Mon coup de patin, le secret du hockey,
J. Wild, **3.00**
Moto (La), Duhamel et Balsam, **4.00**
Natation (La), M. Mann, **2.50**
Natation de compétition (La),
R. Lacoursière, **3.00**
Parachutisme (Le), C. Bédard, **5.00**
Pêche au Québec (La), M. Chamberland, **5.00**
Petit guide des Jeux olympiques,
J. About, M. Duplat, **2.00**
Puissance au centre, Jean Béliveau,
H. Hood, **3.00**
Raquette (La), Osgood et Hurley, **4.00**
Ski (Le), W. Schaffler-E. Bowen, **3.00**
Ski de fond (Le), J. Caldwell, **4.00**
Soccer, G. Schwartz, **3.50**
Stratégie au hockey (La), J.W. Meagher, **3.00**
Surhommes du sport, M. Desjardins, **3.00**
Techniques du golf,
L. Brien et J. Barrette, **4.00**
Techniques du tennis, Ellwanger, **4.00**
Tennis (Le), W.F. Talbert, **3.00**
Tous les secrets de la chasse,
M. Chamberland, **3.00**
Tous les secrets de la pêche,
M. Chamberland, **3.00**
36-24-36, A. Coutu, **3.00**
Troisième retrait (Le), C. Raymond,
M. Gaudette, **3.00**
Vivre en forêt, P. Provencher, **4.00**
Vivre en plein air, P. Gingras, **4.00**
Voie du guerrier (La), M. di Villadorata, **4.00**
Voile (La), Nik Kebedgy, **5.00**

Ouvrages parus à L'ACTUELLE JEUNESSE

Echec au réseau meurtrier, R. White, **1.00**
Engrenage (L'), C. Numainville, **1.00**
Feuilles de thym et fleurs d'amour,
M. Jacob, **1.00**
Lady Sylvana, L. Morin, **1.00**
Moi ou la planète, C. Montpetit, **1.00**
Porte sur l'enfer, M. Vézina, **1.00**
Silences de la croix du Sud (Les),
D. Pilon, **1.00**
Terreur bleue (La), L. Gingras, **1.00**
Trou (Le), S. Chapdelaine, **1.00**
Une chance sur trois, S. Beauchamp, **1.00**
22,222 milles à l'heure, G. Gagnon, **1.00**

Ouvrages parus à L'ACTUELLE

Aaron, Y. Thériault, **3.00**
Agaguk, Y. Thériault, **4.00**

Allocutaire (L'), G. Langlois, **2.50**
Bois pourri (Le), A. Maillet, **2.50**
Carnivores (Les), F. Moreau, **2.50**
Carré Saint-Louis, J.J. Richard, **3.00**
Centre-ville, J.-J. Richard, **3.00**
Chez les termites,
M. Ouellette-Michalska, **3.00**
Cul-de-sac, Y. Thériault, **3.00**
D'un mur à l'autre, P.A. Bibeau, **2.50**
Danka, M. Godin, **3.00**
Débarque (La), R. Plante, **3.00**
Demi-civilisés (Les), J.C. Harvey, **3.00**
Dernier havre (Le), Y. Thériault, **3.00**
Domaine de Cassaubon (Le),
G. Langlois, **3.00**
Dompteur d'ours (Le), Y. Thériault, **3.00**
Doux Mal (Le), A. Maillet, **3.00**
En hommage aux araignées, E. Rochon, **3.00**
Et puis tout est silence, C. Jasmin, **3.00**
Faites de beaux rêves, J. Poulin, **3.00**
Fille laide (La), Y. Thériault, **4.00**
Fréquences interdites, P.-A. Bibeau, **3.00**
Fuite immobile (La), G. Archambault, **3.00**
Jeu des saisons (Le),
M. Ouellette-Michalska, **2.50**
Marche des grands cocus (La),
R. Fournier, **3.00**
Monsieur Isaac, N. de Bellefeuille et
G. Racette, **3.00**
Mourir en automne, C. de Cotret, **2.50**
N'Tsuk, Y. Thériault **3.00**
Neuf jours de haine, J.J. Richard, **3.00**
New Medea, M. Bosco, **3.00**
Ossature (L'), R. Morency, **3.00**
Outaragasipi (L'), C. Jasmin, **3.00**
Petite fleur du Vietnam (La),
C. Gaumont, **3.00**
Pièges, J.J. Richard, **3.00**
Porte Silence, P.A. Bibeau, **2.50**
Requiem pour un père, F. Moreau, **2.50**
Scouine (La), A. Laberge, **3.00**
Tayaout, fils d'Agaguk, Y. Thériault, **3.00**
Tours de Babylone (Les), M. Gagnon, **3.00**
Vendeurs du Temple (Les), Y. Thériault, **3.00**
Visages de l'enfance (Les), D. Blondeau, **3.00**
Vogue (La), P. Jeancard, **3.00**

Ouvrages parus aux PRESSES LIBRES

Amour (L'), collaboration **7.00**
Amour humain (L'), R. Fournier, **2.00**
Anik, Gilan, **3.00**
Ariâme . . .Plage nue, P. Dudan, **3.00**
Assimilation pourquoi pas? (L'),
L. Landry, **2.00**
Aventures sans retour, C.J. Gauvin, **3.00**
Bateau ivre (Le), M. Metthé, **2.50**
Cent Positions de l'amour (Les),
H. Benson, **4.00**
Comment devenir vedette, J. Beaulne, **3.00**
Couple sensuel (Le), Dr L. Gendron, **3.00**
Démesure des Rois (La),
P. Raymond-Pichette, **4.00**
Des Zéroquois aux Québécois,
C. Falardeau, **2.00**
Emmanuelle à Rome, **5.00**
Exploits du Colonel Pipe (Les),
R. Pradel, **3.00**
Femme au Québec (La),
M. Barthe et M. Dolment, **3.00**
Franco-Fun Kébecwa, F. Letendre, **2.50**
Guide des caresses, P. Valinieff, **4.00**
Incommunicants (Les), L. Leblanc, **2.50**
Initiation à Menke Katz, A. Amprimoz, **1.50**
Joyeux Troubadours (Les), A. Rufiange, **2.00**
Ma cage de verre, M. Metthé, **2.50**
Maria de l'hospice, M. Grandbois, **2.00**
Menues, dodues, Gilan, **3.00**
Mes expériences autour du monde,
R. Boisclair, **3.00**
Mine de rien, G. Lefebvre, **3.00**
Monde agricole (Le), J.C. Magnan, **3.50**
Négresse blonde aux yeux bridés (La),
C. Falardeau, **2.00**
Niska, G. Robert, **12.00**
Paradis sexuel des aphrodisiaques (Le),
M. Rouet, **4.00**
Plaidoyer pour la grève et la contestation,
A. Beaudet, **2.00**
Positions +, J. Ray, **4.00**
Pour une éducation de qualité au Québec,
C.H. Rondeau, **2.00**
Québec français ou Québec québécois,
L. Landry, **3.00**
Rêve séparatiste (Le), L. Rochette, **2.00**
Sans soleil, M. D'Allaire, **4.00**
Séparatiste, non, 100 fois non!
Comité Canada, **2.00**
Terre a une taille de guêpe (La),
P. Dudan, **3.00**
Tocap, P. de Chevigny, **2.00**
Virilité et puissance sexuelle, M. Rouet, **4.00**
Voix de mes pensées (La), E. Limet, **2.50**